高等政法院校法学系列教材

网 络 法

（第二版）

主　编：李　艳
撰稿人：（以撰写章节先后为序）
　　　　李　艳　杜小卫　韩续峰
　　　　孙　静

中国政法大学出版社

2017·北京

| 第二版说明 |

《网络法》出版以来，许多院校将其作为网络法课程的选定教材，给予该教材一定的好评，并提出了积极的意见反馈，在此编者致以诚挚的感谢。

距离《网络法》出版已经八年多了，在此期间我国的网络法律规范发生了非常大的变化。例如，《侵权责任法》增加了关于网络服务商的责任条款，网络著作权相关的司法解释、条例相继出台，影响了网络著作权的发展；有关网络人身侵权的司法解释的出台使得对网络名誉权、姓名权、隐私权等人身权益的保护具有了法律依据；《刑法修正案（九）》增加了有关网络犯罪的具体条款。为了让读者了解上述变化，使《网络法》能够紧跟时代的发展趋势，编者在第一版的基础上进行了较大幅度的修改。修改的内容主要体现在第二~五章、第十章、第十二章；同时对其他章节也做了一些局部的修改。

由于撰写内容的变化，对撰写人员做了一些调整。此版本的撰写人员分工如下：

李　艳：第一~四章，第七、八章，第十~十三章；

杜小卫：第五章；

韩续峰：第六章；

孙　静：第九章。

编　者

2016 年 11 月

｜编写说明｜

网络法是西北政法大学经济法学院新开设的一门选修课，根据我院教学计划的要求，我们承担了网络法教材的编写工作。

网络法是顺应时代发展的一门新兴学科。如何应对网络环境中产生的诸多法律问题和法律纠纷，如网络环境下的知识产权、电子合同、电子商务中的消费者保护等问题，需要法学本科生了解和把握。本教材在编写过程中试图在内容上做到最新、最全面，涉及网络环境中的知识产权、电子合同、电子签名与认证、电子商务中的消费者权益保护等方面的内容。本教材试图完善网络法体系设计，主要分为四编内容，分别为：网络法导论、网络环境中的知识产权、电子商务和其他网络法律问题。在每章具体的体例安排上有教学目的与要求、正文和思考题。为了使理论学习与实践相结合，并增加学习的趣味性，我们在正文中还特别添加了案例和背景知识介绍。

撰写人员写作分工如下（以撰写章节先后为序）：

李　艳　第一章，第二章第一、三、五节，第五、六、九、十、十一、十二章

张小勇　第二章第二、四、六、七节

杜小卫　第三章

韩续峰　第四章

张　樊　第七章

孙　静　第八章

本书在写作过程中参考、借鉴了学术界众多学者的研究成果，在此表示诚挚的谢意。由于编者水平有限，加之时间特别仓促，书中的错误和不妥之处在所难免，敬请读者批评指正。

编　者
2008 年 8 月

网络法大纲示意图

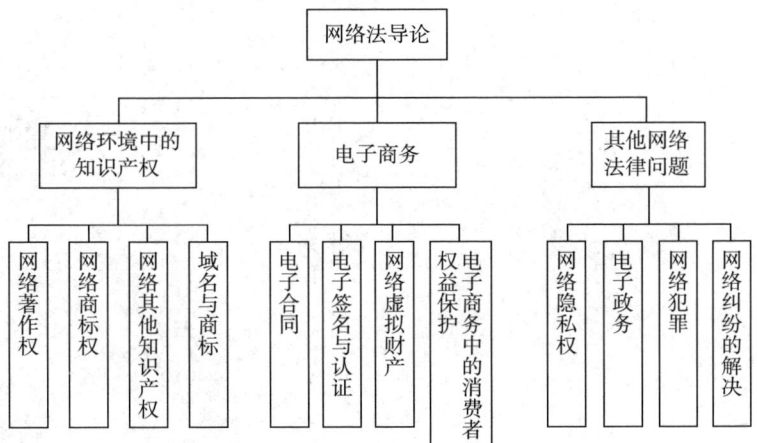

| 目　录 |

第一编　网络法导论

第二编　网络环境中的知识产权

第三编　电子商务

第四编 其他网络法律问题

第一编 网络法导论 ‹‹‹

第一章

网络与网络法

【学习目的与要求】通过本章的学习，了解网络产生的原因和特点，掌握网络空间的特点，掌握网络法的概念、特点，了解网络法的国内外立法状况，掌握网络法的基本原则。

第一节 网络与网络计算技术

一、网络的产生

将相关信息设备经由一定方式的软硬件连接达到信息分享、资源共享的目的，称为网络。网络大概有三种形式：内部网、外部网和互联网。内部网是指一个相对独立的组织内部的信息网络，其目的是达到一个组织体内部的信息共享；外部网是指一个组织体通过数据专线的方式与处于其外部的分支机构之间组成的网络；互联网是指运用客户、服务器（Client/Server）技术，以及传输控制协议和因特网协议（TCP/IP），将全球原本独立的计算机网络连为一体，形成了资源共享以至于协同工作的体系。我国台湾地区将之翻译为"网际网路"，大陆地区则称之为国际互联网，有时又称其为信息网络。因为有关网络的法律问题主要是在互联网上引发的，本书所称的网络就是指互联网。互联网建立的目标是实现世界各地每一台联网计算机之间的资源共享。要实现这一目标必须要有相互连接在一起的一组计算机，它由个人机、服务器、路由器、网关等有形设备组成，还要具备连接的介质，可以是电缆、光纤、微波，也可以是移动基站或卫星传输。更为重要的是，要使每一台联网计算机之间的联系保持畅通，必须要有网络通信协议，网络通信协议规定了计算机在网络上互通信息的规则。通常，互联网采用的网络通信协议是 TCP/IP 协议。在这个协议中最重要的是域名的规定，域名使得每一台计算机有一个独一无二的地址，从而便于他人访问。

二、网络空间的特点

网络因为其强大的信息生成、处理和传输方面的功能而被应用到社会生活的各个方面。例如，网上用于信息交流与讨论的电子邮件（E-mail）、电子公告版（BBS）等方式，社会活动的网络化，电子商务和电子政务的发展。网络在全球范围的发展，形成了超越现实物理空间的网络空间，并时时影响着现实社会。网络空间的现实与责任都要归结到现实生活中具体的个体上。网络空间与现实的物理空间密不可分，但是网络空间又具有独立的特点，其特点主要表现在以下几个方面：

（一）网络空间的虚拟性

网络空间以比特的形式存在，网络空间中，人所面对的是数据和字符，而非活生生的人。网络空间中的身份是虚拟的，人在网络空间中是以面具而非真实身份出现的，这样的虚拟社区最大的特点是自由，这种自由不同于现实社会的自由，不易受到抽象规范的制约，而且享受的自由和承担的责任不对称，在享受自由的同时只承担较小的责任或不承担责任。例如，在网络上对他人进行匿名的侮辱指责、散播网络病毒等。

（二）全球性

互联网的设置是全球性的，目前全世界有一百多个国家和地区连接互联网。因为网络连接的要求很简单，用户只要达到了基本的技术要求，只需点击几下鼠标，就可以轻松连接到站点，而且连接到的网页可以是远隔万里的国家。网络的全球化，使世界的联系简洁便利，交往没有了距离感。"网络的全球性特征带来了信息的最大程度的共享，但用户同时面临着因文化、政治和法律的不同而产生的风险。"[1]网络的全球化还产生了法律适用方面的冲突，这种冲突不仅表现在私法领域，还表现在公法领域。

（三）即时性

网络的即时性表现在无论发送和接收的实际距离的远近，一方发送信息的时间与另一方接收信息的时间几乎是相同的，而不像传统的信息交流方式（如信件、电报）那样，发送和接收之间有一个时间差。网络的交流就如同面对面

---

[1] 齐爱民、刘颖主编：《网络法研究》，法律出版社 2003 年版，第 12 页。

的交谈，这一特点大大提高了交流的效率，非常有利于电子商务的展开，例如，在线购买电子产品可以即时清算、付款、交货。但是，网络交流的即时性也会增加法律风险，在当事人没有心理准备的情况下，侵害和争议就有可能发生。

（四）无国界性

由于网络空间是一个虚拟的空间，电子信息传递的速度和成本与地理位置无关，因此网络空间没有国界。在网络空间里，每一台计算机彼此相连，它们之间没有管理和被管理的关系，也没有哪一个国家可以有效地控制整个互联网。在网络空间里，信息是通过 IP 地址传递的，IP 地址对应的是一个虚拟的位置。为了便于识别和记忆，每一个 IP 地址都有一个域名相对应，域名是用户在互联网上的地址，具有唯一性。域名与实际的地理位置没有必然的联系，不受国界的限制。这样，网络空间的无疆界与物理空间的国界便会产生矛盾。例如，A 国用户上的色情资料被跨国传送到 B 国，B 国是否有权设置电子障碍或过滤机制是一个需要研究的问题。

第二节　网络法

一、网络法的概念和特征

网络法是调整网络应用所产生的社会规范的总称。网络社会关系包括电子商务交易关系、电子政务管理关系、网络虚拟财产权关系、网络电子知识产权关系等。网络社会关系的产生、发展和构成要素都与网络有关。网络法律关系由主体、客体和内容三部分构成。

网络法的特征反映了网络法的根本属性，这种特征主要与网络自身的特性相联系，是网络社会的需要在法律层面上的反映。从网络社会自身的特点结合法律规范的特点来看，网络法有以下几个方面的特征：

1. 网络法是具有国际性质的国内法。网络具有全球性和无国界性特征，网络法虽然依据本国的情况制定，但是为了适应网络的特点，各国在制定网络法时应注重国际公约的规定，加强各国之间的合作，从而有利于解决网络法律纠纷。

2. 网络法具有公法和私法相融合的作用。网络法是调整网络社会关系的法律规范，这种网络社会关系表现的范围极广，既涉及公法调整的领域，如网络安全问题、网络犯罪问题、网络管制问题，也涉及私法调整的范围，如网络隐私权问题、网络知识产权问题、网络虚拟财产问题等。因此，网络法既需要公法调整也需要私法调整，相应的行为规范既有强制性的，也有任意性的。

3. 网络法中的技术性规范与行为规范相结合。网络是信息技术高速发展的产物，网络技术在网络活动中非常重要，那么在立法时，解决网络技术问题是规范网络社会关系的前提和基础。因此，在网络立法中，应有相当大比重的技术性规范，这是网络立法与其他法律规范的不同之处。

二、国际网络立法状况

因特网技术的发展，促使国际上和世界各国针对网络问题进行立法规制，从而形成了全球化的立法现象。在国际组织方面，联合国国际贸易法律委员会主持制定了一系列调整网络方面的法律文件，主要包括《电子资金传输示范法》和《电子商务示范法》。其中，《电子商务示范法》是最知名的国际网络立法。该法在1996年联合国贸易法委员会第29届年会上通过，示范法的颁布为逐步解决电子商务的法律问题奠定了基础，为各国制定本国电子商务法提供了框架和示范文本。[1]信息网络立法中最早和最典型的是国际经济合作与发展组织成员国部长会议（OECD）通过的《过境数据流宣言》，该宣言第一次以法规的形式对国际性的计算机数据传输所产生的问题进行处理。1998年改制提出了三个发展电子商务的指导性文件，分别是《OECD电子商务行动计划》《有关国际组织和地区组织的报告：电子商务的活动和计划》《工商界全球商务行动计划》。1999年OECD发布了《电子商务中消费者保护指南》。该指南尽管没有法律上的约束力，但是为各国制定电子商务中保护消费者利益的法律提供了有益的参考，同时也为消费者明确判断网上交易的风险提供了预知的标准。世界贸易组织于1997年先后达成三项协议，即《全球基础电信协议》《信息技术协议》《开放全球金融服务市场协议》。为了提高网络数字交易的信用度，国际商会颁布了《国际数字保证交易惯例》和《电子贸易和结算规则》等交易规则。

1999年世界知识产权组织公布的《关于网络域名程序的最后报告》和国际互联网域名系统最高管理机构"国际互联网地址分配组织"（ICANN）公布的《统一域名争议解决政策》及《统一域名争议解决政策实施规则》对注册及争议的解决起到了规范和指导作用。

三、各国网络立法状况

（一）电子商务立法

从世界各国来看，美国是网络与电子商务法律政策最为规范、最具前瞻性的国家。1995年美国犹他州颁布了《数字签名法》。目前，美国已有45个州制定了与电子商务有关的法律。1999年，美国通过了《统一电子交易法》；2000年6月又通过了《国际与跨州商务电子签章法》。其他国家也纷纷立法，比较有

---

[1] 齐爱民、刘颖主编：《网络法研究》，法律出版社2003年版，第36页。

影响的是德国 1997 年的《信息与通信服务法》、意大利的《意大利数字签名法》。亚洲国家有韩国的《电子商务基本法》、新加坡的《新加坡电子交易法》等。

（二）有关信息公开的立法

代表性的立法是美国 1976 年的《阳光下的政府法》、加拿大 1982 年的《信息获取法》，规定了政府公开信息和公民获取信息的方式。

（三）有关网络环境的立法

1998 年美国颁布了《儿童网上保护法》，该法要求商业网站的服务商使用电子年龄验证系统对互联网用户的年龄进行鉴别，以避免未成年人受到有害内容的伤害。1996 年法国邮电、电信及空间部长级代表提出《菲勒修正案》，旨在阻止境外的不良信息通过互联网传入法国境内。同年，英国颁布了网络监管行业性法规《3R 安全规则》，以惩处利用网络散布儿童色情内容或其他不良信息的犯罪行为。

（四）有关网络知识产权的立法

1972 年菲律宾最早将计算机软件确定为版权的保护客体。1984 年美国颁布了《半导体芯片保护法》，首次对半导体芯片的掩膜设计进行了保护。知识产权立法方面有名的立法还有美国 1998 年的《数字千年版权法》、1999 年的《反域名抢注消费者保护法》、欧盟 1996 年的《数据库法律保护指令》。

四、我国的网络立法现状

我国为了适应网络经济的发展，采取了一定的法律措施，例如在《合同法》中加进了数据电文这一新的电子交易形式，又颁布了《计算机软件保护条例》《计算机信息系统安全保护条例》《信息网络传播权保护条例》《网络交易管理办法》《中国互联网络域名注册暂行管理办法》《关于处理恶意占用域名资源行为的批复》《最高人民法院关于审理涉及计算机网络域名民事纠纷案件的适用法律若干问题的解释》《最高人民法院关于审理利用信息网络侵害人身权益民事纠纷案件适用法律若干问题的规定》等行政法规、司法解释。特别是 2005 年颁布实施的《电子签名法》成为我国第一部真正意义上的网络法，为电子商务的发展扫除了障碍，奠定了良好的法律基础。但是，从整体上而言，我国的网络立法层次较低，混乱无序，缺乏前瞻性。网络中出现的许多新问题无法从立法上得到解决。因此，我国建立一套完善的网络法律制度，仍有很长的路要走。

五、网络法的基本原则

（一）实际操作性原则

为了解决可能出现的各种网络纠纷，网络法律制度的规定要完备，不仅要规定主体在网络空间的权利义务，还要规定违反网络法律规范应当承担的责任。

只有规定了具体的救济措施，网络法才具有可操作性，不至于成为宣言性的文件。因此，网络技术尚未达到可应用的水平时，不能急于制定网络法律规范。

（二）兼顾网络的全球性原则

网络具有无国界性和全球性的特征，这与法律以国家为地域管辖范围的特征相矛盾。为了解决这一问题，使网络法具有普遍的适用性，各国和国际组织在网络立法中应当在相似或者相同的问题上采取尽量一致的立法态度，国际组织也应制定各个成员国可以共同遵守的国际公约；在执法方面，各国也应采取积极合作的态度。这样的网络立法和执法才能与互联网的基本特性即全球性相符合。

（三）他律与自律相结合的原则

他律指的是法律依靠国家强制力而采用公力救济方式规范网络秩序。但是，网络空间广泛，可做到全球同步，因此国家的强制力也有难以触及的地方。网络是一个虚拟的社会空间，在这个相对自由的空间，自治规则可以起到很大的作用，例如，网络服务商的自治公约即有较好的约束网络行为的作用。因此在网络立法时，确认自治规范的地位和作用，赋予网络服务商一定的自治权利，将非常有助于网络的健康和协调发展。

（四）信息自由与公共利益协调的原则

网络是一个开放的空间，人们在网络中享受到了开放的信息自由，人们可以便利地在网络上发布各种信息和获得来自他人和政府的信息。人们也可以自由地在网络上表露情感和思想。然而，网络中高度的信息自由也有很大的危害性，例如，网络中的诽谤、侮辱他人的言行，以及虚假信息或者色情网站会给公共利益造成损害。因此，在立法时要注意协调信息自由与公共利益之间的关系，力求做到既能保障信息自由又能兼顾公共利益。

（五）政府对网络发展的促进和管制相结合的原则

在我国，信息网络的发展还处于初级阶段，电子商务等网络交易方兴未艾。在发达国家，网络的发展规划建设都是以政府为主导来进行的。网络中不可否认地存在着许多有危害性的因素，政府的管制是必须的。但是，网络作为新生事物，政府对其应采取更多的促进措施和宽容的态度，不可管得过严过死，这样才更利于网络积极健康的发展。

六、网络法的地位

网络法的地位是指网络法作为一个独立的法律部门是否有存在的可能以及在整个法律体系中处于何种位置。法律体系作为社会的主要构成因素并不是一成不变的，随着经济和社会的不断发展，法律体系也在不断地发展变化中达到动态平衡。网络技术的发展和普及促成了网络社会关系的形成。因此，在立法和法学研究中，以网络社会关系为调整对象的法律部门有必要独立出来，然而在目前的各国立法中网络法尚未完全独立。

七、网络法的作用

（一）规范与网络活动有关的行为

与网络活动有关的行为多种多样，有些行为有利于网络的健康发展，有些行为则阻碍网络的发展，甚至会对社会造成较大的危害。网络法的作用在于确认并鼓励有利于网络发展的行为，如网上交易、网上传播作品；同时，也会遏制或惩治对网络发展有危害的行为，如制裁网络色情或网上传播病毒的行为。

（二）保护网络主体的权利

网络法的核心是确认网络主体的权利，以国家强制力的方式予以保护。网络主体既可以是个人，也可以是组织或国家，网络法通过赋予权利主体一定的权利，同时要求义务主体履行一定的义务和承担一定的责任的形式来保护网络主体的权利。

（三）平衡网络个人利益和社会利益，协调利益各方的冲突

网络环境中各种利益相互制约又相冲突，集中体现在个人利益与社会利益的平衡上。例如对网络上他人作品的保护与公众使用作品之间的矛盾，可通过网络立法的形式明确各自的利益范围，解决冲突。

（四）促进网络经济和网络社会的良性发展

网络秩序的稳定、网络行为规范的最终目标是使网络经济作为新兴的经济类型健康、良性地发展，同时网络社会能够成为社会生活的重要部分而发挥巨大作用。

第三节　网络法学

一、研究对象

一门学科有其独立的研究对象，这是该学科独立存在的基础，研究对象的独特性反映在与其他学科具有显著不同的特征，而并非排斥与其他学科的交叉和融合现象。网络法学虽然与民商法学、行政法学、刑事法学在内容上有交叉，但是由于网络这一特有因素，使网络法学具有独立研究的必要。

网络法学的研究对象是网络社会关系。所谓网络社会关系，是指包含网络因素的社会关系。网络社会关系的根本是社会关系，社会关系是指人们在共同的实践活动中形成的人与人之间的关系。也就是说，网络社会关系指的是网络环境中的人与人之间的关系。这种社会关系由于网络因素而具有特有的特征：首先，网络社会关系具有技术性，计算机网络是高科技的产物，网络的发展给

社会环境和社会生活带来了巨大的变化，许多网络技术促使网络社会关系发生改变。例如，电子签名技术在网络中的应用解决了电子合同的可靠性问题，促进了企业电子商务的发展。其次，网络社会关系具有广泛性。计算机网络是一个开放的系统，任何一台计算机只要满足一定的软硬件要求都可以接入互联网，网络用户具有极大的包容性。网络社会关系的广泛性还表现在网络已经被应用在社会生活的各个方面。再次，网络社会关系具有地域广阔性。一般的社会关系仅限于一个地区或一个国家，网络社会关系可以超越国界，一个中国人可以通过网络和大洋彼岸的美国人即时交流。最后，网络社会关系具有发展性。网络社会关系随着网络技术的进步、网络应用形式的变化而在不断地发展变化之中。

二、研究方法

根据网络社会关系的特殊性质和网络法学的特点，在进行网络法学的研究中，可以采用以下几种研究方法：

（一）比较法

比较法是针对不同国家的法律制度进行合理的分析得出与本国法律的异同，对他国法律进行借鉴和吸收的方法。由于在网络技术方面存在差异，网络法律的发展也不平衡，网络法学采用比较法更加有必要。美国的网络技术在世界上最为发达，网络技术的应用也最为广泛，网络立法和网络法研究水平也是最高的。欧洲发达国家的网络法研究也有些前沿性的成果。所以有必要借鉴美国和欧洲发达国家的网络立法经验和网络法学的研究成果，完善我国的网络立法和网络法学的研究。但是，借鉴不是全盘吸收，因为网络立法还和本国的文化、政治、经济等环境有关，因此应在比较分析的基础上，有选择地吸收外国网络立法和网络法学的研究经验。

（二）重视实践成果的方法

网络法学是一门应用性很强的学科，网络法学针对网络环境中发生的法律纠纷进行理论研究和体系归纳，研究的基础就是要关注实践中发生的网络法律纠纷，分析其产生的背景和原因，重视总结法院的判例和司法解释的规定。在此前提下的研究才是有生命力的，才能适应网络环境的快速变化。

（三）结合网络技术的方法

网络法学具有很强的技术性，对网络技术的了解有助于网络法学的研究。研究时虽然不必像网络技术专家那样精通网络技术，但是应至少了解一项技术的发展脉络和基本知识。网络技术是网络法学研究的重要的背景知识，不能了解网络技术，就无法对网络环境中的法律纠纷作出合理、正确的判断。

（四）社会实证的方法

社会实证的方法是指就社会实际中发生的现象和产生的信息来探索网络法学研究规律的方法。网络法学的研究要注重在社会研究中的实效，因为网络法学具有很强的现实性，网络法学关注的是变化最为迅速、影响最为广泛的网络社会关系。目前，我国的网络立法还不完善，网络法学应该立足于网络社会中存在的问题对网络立法提出指导性意见。

三、研究地位

"网络法"这一概念最早起源于美国，最早的表述为 Law of Internet（网络法）、Internet Law（互联网法）、Law of Information Superhighway（信息高速公路法），现在通用的表示法是 Cyberspace Law。因为美国是普通法系国家，法律问题的研究注重的是实际问题的解决，而不是探讨法律的概念特征和体系。美国网络法重在解决网络环境中的实际问题。在美国，网络法学是跨部门法来研究网络中发生的法律问题的法律部门，也就是说网络法学还未成为一个独立的法学部门。但是网络法学已经作为一个独立的研究领域，且这一领域具有独立的研究对象和研究方法以及基本原则和体系。随着网络技术的进步和网络社会关系的复杂化以及网络法研究的深入，网络法学就有可能成为新的研究领域。

四、研究体系

网络法的研究体系分为两种形式：交叉学科体系和边缘学科体系。

（一）交叉学科体系

以部门法与网络相互联系的部分为划分基础，可以将其分为网络民法、网络商法、网络刑法、网络行政法、网络国际法和网络程序法等。

（二）边缘学科体系

该体系是从网络社会关系本身出发探讨网络法律问题。该种体系还未成熟，一般可以分为网络技术法律问题、网络法律行为问题、网络法律价值问题。

思考题

1. 网络技术产生的原因和特点是什么？
2. 网络空间的特点有哪些？
3. 网络法的基本原则是什么？
4. 网络法的地位和作用是什么？

第二编　网络环境中的知识产权 <<<

第二章

网络著作权

【学习目的与要求】通过本章的学习，了解网络著作权的主体、客体和内容；了解作品数字化的理论争议；掌握信息网络传播权的概念和立法概况；掌握技术保护措施和电子信息管理的概念和保护内容；熟悉网络环境下著作权的限制类型和内容；掌握网络服务提供者的侵权行为以及法律责任。

第一节　网络著作权概述

一、有关网络著作权的国际、国内保护概况

近年来，随着互联网技术的发展，信息传播和复制速度达到了前所未有的程度，在互联网给世界经济、文化发展带来巨大益处的同时，也给相关法律尤其是著作权的立法带来了新的挑战和冲击，对网络著作权的保护显得十分必要和迫切。因此，世界各国和知识产权国际组织纷纷对网络著作权进行立法和缔结条约，掀起了网络著作权法律保护的高潮。

在国际公约方面，1996 年 12 月 20 日，在世界知识产权组织（简称 WIPO）的主持下，在有一百多个国家代表参加的日内瓦外交会议上，缔结了《世界知识产权组织版权条约》和《世界知识产权组织表演和录音制品条约》，并已经分别于 2002 年 3 月 6 日和 5 月 20 日生效。2007 年 3 月 6 日，中国政府向世界知识产权组织正式递交加入书。同年 12 月 29 日，《世界知识产权组织版权条约》和

《世界知识产权组织表演和录音制品条约》在我国正式生效。这两个条约是世界上网络著作权保护的最重要的条约，标志着国际版权保护迈入了一个新的时代，对世界各国的网络著作权的立法产生了深远的影响，所以被称作"因特网条约"。到2016年10月底，加入的国家已有94个[1]。

自20世纪90年代后期至今，美国对网络著作权的保护一直处于积极的探索之中。例如美国1998年制定的《数字千年版权法》（DMCA），其中提出的"避风港原则"成为世界多国普遍采用的一个侵权责任认定规则，我国的《信息网络传播权保护条例》也借鉴了相关内容。2011年底旨在加强网络版权保护的《禁止网络盗版法案》（SOPA）、《保护知识产权法案》（PIPA）被递交国会审议，它们试图进一步加重网络服务提供商的责任，如果该法案一旦通过，传播盗版内容的网站可以合法地被版权所有人监控、审查，甚至版权所有者可以透过程序让该网站在美国境内遭到封锁。此外，搜索引擎也需要配合政府将相关链接排除在搜索结果之外，其中还有可能泄露众多用户的个人信息。法案公布之后立即引来了不少争议，遭到了维基百科、谷歌、Facebook等网络巨头以及普通民众的强烈抗议，法案现被暂时搁置。欧盟也接连对网络著作权的保护进行立法。1995年7月，欧盟公布了《信息社会中的版权和邻接权》的绿皮书。并于1996年颁布了该绿皮书的增补本，重申在计算机中的短暂存储行为也属于复制。1998年4月通过了《参加WIPO1996年两个条约的决定》，同年12月通过了《信息社会中的版权与邻接权的指令》的法案，与世界知识产权组织的"因特网条约"的内容相一致。日本参议院全体会议2014年通过了《著作权法修正案》，并于2015年1月正式生效。按照新法案规定，出版商能够取得以只读光盘（CD-ROM）形式、其他数字媒体形式或者互联网形式传播版权作品副本的权利，出版社对所发行作品出版权的维权范围将由纸质书籍扩大到数字出版物。

我国为适应信息网络发展的要求，对数字作品的保护也付出了相当大的努力。我国《著作权法》在2001年第一次修订中（现行《著作权法》为2010年第二次修订后的文本），规定了网络传输权以及侵犯网络著作权的法律责任，从立法上保护了数字作品。随着互联网在经济和生活中扮演着越来越重要的角色，信息网络传播权纠纷案件呈逐年增加趋势。为保护著作权人、表演者、录音录像制作者的信息网络传播权，规制非权利人未经许可通过网络传播著作权人作

---

〔1〕 http：//www.wipoint/treaties/zh/ShowResults.jsp？lang=zh&search_what=B&bo_id=17，http：//www.wipo.int/treaties/zh/ShowResults.jsp？lang=zh&search_what=B&bo_id=18，访问时间：2016年11月3日。

品的行为，2006 年 5 月 18 日，国务院常务会议审议并通过了《信息网络传播权保护条例》，自 2006 年 7 月 1 日起施行，并于 2013 年进行了修订。该《条例》共 27 条，包括合理使用、法定许可、避风港原则、版权管理技术等一系列内容，更好地区分了著作权人、图书馆、网络服务商、读者各自可以享受的权益，使得网络传播和使用都有法可依。2012 年 11 月 26 日，最高人民法院审判委员会第 1561 次会议通过《最高人民法院关于审理侵害信息网络传播权民事纠纷案件适用法律若干问题的规定》，自 2013 年 1 月 1 日起施行。2014 年 8 月 21 日，最高人民法院审判委员会第 1621 次会议通过《最高人民法院关于审理利用信息网络侵害人身权益民事纠纷案件适用法律若干问题的规定》，自 2014 年 10 月 10 日起施行。

现根据我国的立法规定，结合国际公约和各国立法，介绍几个网络著作权的基本问题。

二、网络著作权的客体、主体和内容

（一）网络著作权的客体

传统著作权的客体是作品，即文学、艺术和科学领域内，具有独创性并能以某种有形形式复制的智力创作成果。随着互特网技术的出现，网络上的信息开始以超媒体方式传输，因而网络作品可以以文字、图片、音像等文本形态存在。鉴于网络媒体技术上的特性，网络作品著作权的客体可以表述为：以数字信号的形式，以网络为载体进行传播的作品，包括《著作权法》第 3 条规定的各类作品（即文字作品；口述作品；音乐、戏剧、曲艺、舞蹈、杂技艺术作品；美术、建筑作品；摄影作品；电影作品和以类似摄制电影的方法创作的作品；工程设计图、产品设计图、地图、示意图等图形作品和模型作品；计算机软件；法律、行政法规规定的其他作品）的数字化形式，以及在网络环境下无法归于以上所列举的作品范围，但在文学艺术和科学领域内具有独创性并能以某种有形形式复制的其他智力创造成果。

（二）网络著作权的主体

传统著作权的主体包括：①作者；②其他依照《著作权法》享有著作权的公民、法人或者非法人单位。网络作品的著作权主体与传统著作权的主体是一样的，即作品的作者是当然的著作权主体。一般来说，如无相反证明，在作品上署名的则为作者。在网上不同的是，作者往往不署真名，一旦发生网络著作权侵权，作者必须举证证明自己是作者，这一点举证起来通常较为困难。网上作品作者的认定需要技术和立法的双重手段作支持。另外，需要注意的是，当网页构成汇编作品时，网站管理者作为汇编者对网页享有著作权。

（三）网络著作权的内容

《著作权法》第 10 条规定的各项权利均适用于数字化作品的著作权。数字化作品的著作权人也享有人身权和财产权。人身权包括发表权、署名权、修改权、保护作品完整权。在 13 项财产权，信息网络传播权是专门针对网络著作权的，即以有线或者无线方式向公众提供作品，使公众可以在其个人选定的时间和地点获得作品的权利。将作品通过网络向公众传播，著作权人享有以该种方式使用或许可他人使用作品，并由此获得报酬的权利。

三、有关作品的数字化问题

在网络环境下，网络上所存储和传播的作品都是以二进制数字编码的形式存在，通过数字化技术加以转换而形成的。数字化技术是指依靠计算机技术把一定形式，如文本、数值、图形、图像和声音等信息输入计算机系统并转换成二进制数字（0 和 1 两个数字）组成编码，对它们进行组织、加工、储存和采用数字传输技术加以传送，并可在需要时把这些数字化了的信息再还成文本、数值、图像、声音等原来信息形式的技术。数字化技术为各种形式信息的存储和传输提供了全新的方式，大大方便了各类作品的流通。这类以二进制数字编码形式表达的各种作品即为数字作品，它不仅包括文字作品、美术作品、摄影作品、音乐作品、电影作品等传统作品数字化后的表达形式，还包括从其创作之时就具有数字表达形式的数据库、多媒体、计算机程序等一系列新型数字作品。

对原作品进行数字化，只是将作品的原有形式进行数字转换，这种转换行为是由机器完成的，是对原有作品进行的机械性转换，而不是人的智力劳动的产物，这种转换行为并不具有著作权法意义上的独创性。实际上，一部作品经过数字化转换，以数字化方式使用，只是作品载体形式和使用手段的变化，并没有产生新的作品，是一种新型的复制行为。为了解决国际互联网环境下应用数字技术而产生的著作权保护的新问题，1996 年在世界知识产权组织主持下，缔结了《世界知识产权组织版权条约》（以下简称 WCT）和《世界知识产权组织表演和录音制品条约》（以下简称 WPPT）。WCT 的议定声明提出："《伯尔尼公约》第 9 条规定的复制权及其例外完全适用于数字化环境，尤其适用于以数字化形式使用作品。不言而喻，在电子媒体中以数字化形式存储受保护的作品，构成《伯尔尼公约》第 9 条意义下的复制。"这一规定表明作品以数字化形式在电子媒介上长久地存储构成复制。这样，传统的"复制"概念就被解释或延伸到了数字化和网络环境中。为了推动信息技术在美国的发展和应用，1995 年 9 月美国信息基础工作机构下属的知识产权工作组公布了《知识产权与国家信息基础设施》（以下简称白皮书）。该白皮书指出，扫描印刷作品而成的数字化文件是该作品的复制件，照片、电影及录音制品的数字化都构成复制。1995 年欧盟公布的《信息社会中的版权和邻接权》的绿皮书就指出，作品或其他受保护的数字化在复制权的范围之内。

我国《著作权法》第 10 条第 5 项规定："复制权，即以印刷、复印、拓印、录音、录像、翻录、翻拍等方式将作品制作一份或者多份的权利。"显然，立法并没有就数字化是不是我国著作权保护体系中的复制的争论作出明确的答复，上文提到，不论是从技术层面，还是从国际立法的层面，将数字化认定为一种复制行为是与技术相称和顺应潮流的选择。虽然《著作权法》对此没有作出明确的规定，但是司法实践却无法回避这个问题，几乎所有与网络有关的著作权纠纷都涉及作品数字化问题——要么是把印刷出版的作品数字化后上网；要么是把一个网站上登载的数字化作品下载，再登载到另一个网站上。本书认为，较为可行的做法依然是由立法对数字化问题作出明确规定，将其界定为复制行为，未经权利人许可对作品进行的数字化转换行为，属于侵害复制权的行为。这样规定，对于法院处理网络环境下著作权侵权纠纷案件会有更大的帮助。

第二节　信息网络传播权

一、信息网络传播权的定义和内容

我国《著作权法》针对日渐增多的网络著作权纠纷，于 2001 年的修订中在第 10 条第 12 项（现行《著作权法》亦规定在第 10 条第 12 项）对信息网络传播权作了明确规定，"信息网络传播权，即以有线或者无线方式向公众提供作品，使公众可以在其个人选定的时间和地点获得作品的权利"。同时，我国《著作权法》还将该种权利延及表演者、录音录像制作者。这些规定依据网络环境下著作权保护的需要，采纳了"信息网络传播权"这样全新的法律术语，与WCT 和 WPPT 以及多数国家的相应规定基本一致，完全符合网络环境下保护著作权的立法要求。信息网络最初仅指以计算机电子设备为终端的计算机互联网，随着近几年网络技术和通信技术的发展，电信网、广播电视网、互联网三大网通过技术改造，呈现互联互通、资源共享的姿态，即所谓的三网融合，信息网络的范围因此得以扩展。2013 年施行的《最高人民法院关于审理侵害信息网络传播权民事纠纷案件适用法律若干问题的规定》第 2 条明确指出："本规定所称信息网络，包括以计算机、电视机、固定电话机、移动电话机等电子设备为终端的计算机互联网、广播电视网、固定通信网、移动通信网等信息网络，以及向公众开放的局域网络。""版权的保护方式就是赋予版权人控制作品传播方式的专有权。"在网络环境下，当作品通过网络向公众传播时，法律应当赋予著作权人一种直接的控制作品在网络上传播的权利，这种权利就是信息网络传播权。

　　信息网络传播权的本质在于"交互式传播"，有时也被称为"按需传播"。不能仅从字面意思将信息网络传播权理解为"通过信息网络传播作品的权利"，而必须是"通过信息网络对作品进行'交互式传播'的权利"。[1]在交互式传播下，网络用户可以自由选择信息内容、接收信息的时间以及地点，信息内容的传输由网络用户的行为直接触发。"假设某一服务器上存储了100部电影，可允许众多用户同时登录，并选择电影进行在线欣赏，则每一名用户都可以在各自选定的时间和地点登录服务器，单独选择一部电影进行在线欣赏。用户们登录服务器的时间不同，选择的电影不同，在同一时刻欣赏到的内容也不相同。"[2]交互式传播采用"点对点"的模式，即当特定的网络用户登录某一服务器点播信息内容时，此服务器接收到指令，并向该网络用户传输信息内容，这种信息传播的方式是在该特定的网络用户和这一服务器之间的两个"点"之间的传输，而不是由服务器这一个"点"同时向无数个不特定的"点"进行的传输。定时播放（有时也被称为实时播放或网络直播）不是"信息网络传播权"所控制的"交互式"传播。在定时播放下，用户只能根据网站预先公布的节目时间表按时登录网站欣赏特定节目，而不能自行选择欣赏特定节目的时间，并且不同用户在同一时间登录服务器的同一频道时，欣赏到的作品是完全相同的。定时播放与传统广播电台、电视台采用单向传播的模式即通过无线电波或电缆播送作品，用户只能在固定时间欣赏固定节目而无法自由选择所要欣赏的节目及节目时间的效果没有本质上的区别。[3]

　　在互联网发展的早期，网络传播信息的方式是从"服务器"到"客户端"。网站管理者或网络需要将作品"上传"或以其他方式"放置"在向公众开放的网络服务器之中，才能使公众在个人选定的时间和地点浏览或下载作品，即用户A→服务器→用户B的信息传输形式。在这种技术背景下，"上传"或其他"放置"行为属于"交互式"传播。近些年来，P2P（英文Peer to Peer，即"点对点"的简称）技术的快速发展，使得信息传播摆脱了对专业服务器的依赖，基于P2P技术开发的软件可以使用户之间实现直接的信息共享，而无需经由传统的服务器，即用户A→用户B的信息传输形式。以P2P软件"KaZaA"为例，如果一名用户愿意与他人分享电影、音乐等文件，该用户就可以将这些文件拷贝至"KaZaA"软件在硬盘上划定的"共享目录"中，只要该用户联网并运行"KaZaA"软件，其他使用"KaZaA"软件的用户就可以通过输入关键词，搜索

─────────────

〔1〕 王迁：《网络环境中的著作权保护研究》法律出版社2011年版，第116页。
〔2〕 王迁：《网络环境中的著作权保护研究》法律出版社2011年版，第113、114页。
〔3〕 王迁：《网络环境中的著作权保护研究》法律出版社2011年版，第118页。

到这名用户硬盘"共享目录"之中的文件，并可以将其下载到自己的计算机中。该用户主动将作品置于 P2P 软件划定的"共享目录"中，使其他网络用户能够搜索到这些作品并可以在其个人选定的地点（在任何一台联网的计算机上）和选定的时间通过 P2P 软件获得这些作品的复制件，该用户的行为构成"网络传播行为"。[1]

信息网络传播权的权利内容包括两个方面：一是许可权，即任何组织和个人通过信息网络向公众提供他人的作品、表演、录音录像制品，应当取得权利人的许可；二是获酬权，即通过信息网络向公众提供他人的作品的、表演、录音录像制品的，应当向权利人支付报酬。

二、信息网络传播权国际立法概况

《保护文学艺术作品伯尔尼公约》（以下简称《伯尔尼公约》）是著作权国际保护的最重要的公约。该公约中关于传播权的规定随着传播技术的发展在不断地修改，但是由于关于传播权的规定本身不合理，使得公约中的传播权无法覆盖网络传播这种新的传播方式。针对这种情况，1996 年在世界知识产权组织外交会议上形成了 WCT 与 WPPT 两个条约，赋予了作者、表演者和录音制品录制者通过网络向公众传播作品、表演及录音制品的专有权。WCT 第 8 条规定，在不损害《伯尔尼公约》赋予作者的各项传播权的前提下，文学和艺术作品的作者应当享有专有权，以授权将其作品以有线或无线方式向公众传播，包括将其作品向公众提供，使公众中的成员在其个人选定的地点和时间可获得这些作品。WPPT 第 10 条和第 14 条也分别规定了表演者和录音制品制作者享有专有权，以使公众中的成员在其个人选定的地点和时间获得已固定的表演和录音制品的权利，WCT 和 WPPT 的这些规定所提到的"使公众中的成员在个人选定的地点和时间获得作品"的传播方式就包括了按所需的动态、交互性的网络传播。虽然 WCT 和 WPPT 要求成员国赋予著作权人、表演者和录音制品制作者控制网络传播的专有权利，但是这两个条约对这种专有权只进行了原则性的规定，诸如该种权利的内容及保护方式等具体问题则由成员国的国内法作出细化的规定。

1998 年 10 月，美国国会通过了《数字千年版权法》，其主要目的就是使美国现行的著作权法适应网络环境以及为加入 WCT 和 WPPT 扫清国内法律障碍。然而，这部法律却没有规定著作权人控制作品网上传播的权利。原因是制定于 1976 年的美国著作权法充分考虑了技术的发展因素，具有很强的弹性和前瞻性，在一定程度上能够包容因新技术的发展而出现的新的传播方式。美国著作权法

---

〔1〕　王迁：《网络环境中的著作权保护研究》法律出版社 2011 年版，第 116 页、117 页。

规定的发行权覆盖的范围非常广泛，甚至作品在计算机网络上的传播也能被隐含在著作权人的发行权之中。与美国不同，欧盟则确立了一种新的权利来涵盖作品在网上的传播。为了实施 WCT 和 WPPT 这两个条约，欧盟委员会于 2000 年通过《关于信息社会的著作权及有关权指令的建议（草案）》（以下简称《著作权指令（草案）》）。《著作权指令（草案）》对作品、表演、录音制品、电影和广播节目在网络上的传播分别作了规定。关于作品的传播，《著作权指令（草案）》使用了"向公众传播权"的概念。"向公众传播权"是指著作权人享有的以有线或无线的方式向公众传播其作品的原件或复制件的专有权，也包括让公众中的成员以其个人选择的时间和地点访问作品的方式获得作品的权利。同时《著作权指令（草案）》也赋予了表演者、录制者、电影制片人和广播组织这些邻接权人"向公众提供权"，但是仅适用于交互性的传播。

第三节　网络著作权的限制

在网络环境下，信息传播的速度是前所未有的，作品、表演、录音录像制品的快速传播有利于网络文化的繁荣，但是若每一次传播作品、表演、录音录像制品的行为都必须经著作权人的许可，则会严重阻碍网络传播的速度，不利于网络文化的兴盛，因此信息网络传播权必须受到限制。同时，在保护著作权人利益的情况下，为了平衡著作权人、作品传播者以及公众的利益关系，也有必要对著作权人的信息网络传播权做出一定的限制。依据《信息网络传播权保护条例》，信息网络传播权的限制包括网络合理使用和法定许可。

一、网络合理使用

合理使用是指根据著作权法的规定，不必征得著作权人的同意，也不必向其支付报酬，基于正当目的而使用他人作品的合法行为。网络时代的合理使用制度，首先应该遵循公平合理的原则。在网络技术条件下，版权人和社会公众的利益冲突会依然存在，网络技术的应用使版权人的权利有不断扩张的趋势，因为版权人可以利用技术保护措施来控制作品的使用和传播。但是网络数字化、无限复制性、传播速度极快等特性使得作品的传播和复制变得十分容易，任何人都可以轻易地复制出与原件一样精美的作品，私人性复制很可能成为发行和利用作品的主要方式，个人使用如果都被认为是合理使用，网络上的作品就可以自由地被众多终端用户所使用，会严重损害版权人的利益，尤其会对作品的市场销售造成重大威胁。

世界知识产权组织《版权条约》第 10 条和《表演和录音制品条约》第 16 条的"议定声明"都指出：缔约各方可以将其国内法中依《伯尔尼公约》被认

为可接受的限制与例外继续适用并适当延伸到数字环境中。这些规定也应被理解为允许缔约各方制定对数字网络环境适宜的新的例外与限制，并且这种限制既不缩小也不扩大由《伯尔尼公约》所允许的限制与例外的可适用范围。根据《伯尔尼公约》第9条、第11条、第13条的规定，成员国法律可以对作品复制权、广播权和音乐作品录音权作出适当的限制，但是不得损害作品的正常使用，也不致无故侵害作者的合法权益。1994年世界贸易组织《与贸易有关的知识产权协议》第13条进一步规定："全体成员均应将专有权的限制或例外限于一定特例中，该特例应不与作品的正常利用冲突，也不应不合理地损害权利持有人的合法利益。"这就是所谓的"三步检验法"，也是国际社会用以评价合理使用制度是否适当的普遍标准。美国《数字千年版权法》对技术措施法律保护的例外和豁免主要包括：反向工程；执法和情报活动；加密研究；安全测试；保护个人身份信息；对非营利性图书馆、档案馆和教育机构的豁免；对广播组织的豁免。美国《版权法》允许广播电台、电视台等广播组织在表演或展示作品时在设备中对作品进行暂时性录制。《数字千年版权法》进一步规定，如果因为权利人采取的技术措施使得广播组织无法进行暂时性复制，权利人应当在技术上可行和经济上合理的范围内，提供必要的手段，以使广播组织得以实施复制；如果权利人未能及时提供上述手段以满足广播组织的合理的经营需要，广播组织不因破解了技术措施以实施复制行为而承担侵权责任。这一规定充分考虑了网络环境的特殊要求，将对技术措施的限制和对复制的限制结合了起来。[1]美国《数字千年版权法》规定的合理使用同样适用于网络，但要符合合理使用所要求的四个因素：使用之目的及性质，包括该使用是否为商业性质或为非商业的目的；著作权的性质；就该著作整体衡量，被使用部分之质与量；其使用对该著作之潜在市场或价值之影响。

在保护权利人的信息网络传播权的同时，为了平衡权利人的利益与公众使用作品的正常需要以及社会公共利益，我国《信息网络传播权保护条例》第6条和第7条对网络环境下的合理使用制度作出规定。《著作权法》第22条规定了12种合理使用情形，但是在网络环境中，这12种情形中的个人使用、免费表演、临摹不存在信息网络传播行为，因此条例只将其中的9种情形延伸到网络环境中，并将图书馆等机构的合理使用单独列为一条。《信息网络传播权保护条例》第6条规定，在8种情形下通过信息网络提供他人作品可以不经著作权人许可，不向其支付报酬，但应当指明作品的名称和作者的姓名（名称），并且不

―――――――――

〔1〕　引自 http://www.netlawcn.com/second/article，访问时间：2007年6月21日。

得侵犯著作权人依法享有的其他权利。这 8 种情形包括：①为介绍、评论某一作品或者说明某一问题，在向公众提供的作品中适当引用已经发表的作品；②为报道时事新闻，在向公众提供的作品中不可避免地再现或者引用已经发表的作品；③为学校课堂教学或者科学研究，向少数教学、科研人员提供少量已经发表的作品；④国家机关为执行公务，在合理范围内向公众提供已经发表的作品；⑤将中国公民、法人或者其他组织已经发表的、以汉语言文字创作的作品翻译成的少数民族语言文字作品，向中国境内少数民族提供；⑥不以营利为目的，以盲人能够感知的独特方式向盲人提供已经发表的文字作品；⑦向公众提供在信息网络上已经发表的关于政治、经济问题的时事性文章；⑧向公众提供在公众集会上发表的讲话。其中通过信息网络提供他人作品属于第 7 种、第 8 种规定情形的，不得提供作者事先声明不许提供的作品。

我国《信息网络传播权保护条例》第 7 条第 1 款规定："图书馆、档案馆、纪念馆、博物馆、美术馆等可以不经著作权人许可，通过信息网络向本馆馆舍内服务对象提供本馆收藏的合法出版的数字作品和依法为陈列或者保存版本的需要以数字化形式复制的作品，不向其支付报酬，但不得直接或者间接获得经济利益。当事人另有约定的除外。"但是图书馆、档案馆、纪念馆、博物馆、美术馆等不得提供作者事先声明不许提供的作品，并且需要采取技术措施，防止规定的服务对象以外的其他人获得著作权人的作品，并防止规定的服务对象的复制行为对著作权人利益造成实质性损害。合理使用的规定仍然适用于通过信息网络提供他人表演、录音录像制品的情形。

二、法定许可

法定许可是指使用人在法律明确规定的情形下，不经著作权人同意，有偿使用他人已发表作品的行为。我国对于网络上的法定许可规定在《信息网络传播权保护条例》第 8 条和第 9 条中，包括两种情形：第一种是制作课件法定许可；第二种是通过网络向农村提供特定作品的法定许可。

1. 制作课件法定许可。我国《信息网络传播权保护条例》第 8 条规定："为通过信息网络实施九年制义务教育或者国家教育规划，可以不经著作权人许可，使用其已经发表作品的片断或者短小的文字作品、音乐作品或者单幅的美术作品、摄影作品制作课件，由制作课件或者依法取得课件的远程教育机构通过信息网络向注册学生提供，但应当向著作权人支付报酬。"随着网络技术的快速发展，教育机构向其学员提供课程的方式已不再局限于线下授课，而是通过远程网络技术向其学员提供远程授课，在制作远程网络教育课程的过程中，课件制作者可能需要使用某些作品的片段用于课件的制作。此时，只要该课件是为通过信息网络实施九年制义务教育或者国家教育规划，就可以不经著作权人许可而有偿使用其作品。

制作课件法定许可必须满足以下条件：①使用作品的目的必须是通过信息网络实施九年制义务教育或者国家教育规划；②作品的使用者应是课件制作者或者远程教育机构；③使用的作品必须是已经发表的作品，并且不得提供作者事先声明不许提供的作品；④使用作品时必须指明作品的名称和作者的姓名（名称），并按照规定向作者支付报酬；⑤课件制作者和远程教育机构应采取技术措施，防止教育机构的注册学生以外的其他人获得著作权人的作品；⑥不得侵犯著作权人依法享有的其他权利。

2. 通过网络向农村提供特定作品的法定许可。《信息网络传播保护条例》第9条规定："为扶助贫困，通过信息网络向农村地区的公众免费提供中国公民、法人或者其他组织已经发表的种植养殖、防病治病、防灾减灾等与扶助贫困有关的作品和适应基本文化需求的作品，网络服务提供者应当在提供前公告拟提供的作品及其作者、拟支付报酬的标准。自公告之日起30日内，著作权人不同意提供的，网络服务提供者不得提供其作品；自公告之日起满30日，著作权人没有异议的，网络服务提供者可以提供其作品，并按照公告的标准向著作权人支付报酬。网络服务提供者提供著作权人的作品后，著作权人不同意提供的，网络服务提供者应当立即删除著作权人的作品，并按照公告的标准向著作权人支付提供作品期间的报酬。依照前款规定提供作品的，不得直接或者间接获得经济利益。"我国是农业大国，农民在社会中占有很大比重，但其收入水平相对较低，为满足农村地区的基本文化需要，我国《信息网络传播权保护条例》规定了通过网络向农村提供特定作品的法定许可。

通过网络向农村提供特定作品的法定许可必须满足以下条件：①使用作品的目的必须是扶助贫困；②作品的作者被限定为中国的公民、法人和其他组织；③使用作品的范围被限定为种植养殖、防病治病、防灾减灾等与扶助贫困有关的作品和适应基本文化需求的作品，并且必须是已经发表且作者事先未声明不得提供的作品；④作品的受众为农村地区的公众；⑤必须免费向农村地区的公众提供；⑥网络服务提供者应当在提供前公告拟提供的作品及其作者、拟支付报酬的标准，给予著作权人30日内提出异议的权利。但必须注意的是，即使是在30日期满之后，著作权人仍然可以提出异议，阻止他人提供作品。这一点与传统的"法定许可"有所区别，传统的法定许可允许著作权人事先作出不得使用的保留声明，若著作权人未作声明，则不得再阻止他人依据"法定许可"使用作品，而此条则允许著作权人在公告期满后提出异议，阻止他人提供其作品；⑦使用作品时必须指明作品的名称和作者的姓名（名称），并按照规定向作者支付报酬；⑧不得直接或者间接获得经济利益，并不得侵犯著作权人依法享有的其他权利；⑨作品使用者应采取技术措施，防止规定的农村地区的公众以外的其他人获得著作权人的作品。

上述关于法定许可的规定仍然适用于通过信息网络提供他人表演、录音录像制品的情形。这是我国《信息网络传播权保护条例》关于网络环境下法定许可使用制度的规定。

第四节 技术措施与权利管理信息的保护

随着数字网络技术的发展，作品的复制方式和传播方式变得更为简便、快捷与廉价，著作权人的权利在网络环境下也更容易遭到侵害，为了保护新技术环境下的著作权人的利益，包括国际组织在内的世界上许多国家都展开了立法活动。"在知识产权法中，新增受保护客体及专有权内容，并增加有关单行法，或实行知识产权法'法典化'，以便一揽子解决网络给知识产权保护带来的新问题。"[1]技术措施和权利管理信息就是因数字化技术和网络技术的发展而在著作权制度中出现的新的受保护内容，"是对原有版权保护的强化和扩展"。[2]

一、技术措施

（一）技术措施的定义及种类

在网络环境下，著作权人享有控制作品在网络上传播的权利，即网络传播权。但是，仅仅享有网络传播权仍不能完全防止著作权受到不法侵害。权利人还必须借助于一定的技术措施达到最大限度地保护自身权利的效果。技术措施，是指用于防止、限制未经权利人许可浏览、欣赏作品、表演、录音录像制品或者通过信息网络向公众提供作品、表演、录音录像制品的有效技术、装置或者部件。权利人的技术保护措施主要包括以下几种：

1. 电子版权管理系统（即 ECMS 系统）。该系统可以识别作者的身份，通过加密保护作品，又可以像电子契约那样与使用者进行交易，收取使用对价。[3]

2. 反复制设备。也就是阻止复制品的设备，在它的支持下，系统可以阻止用户径行被限制的行为。其中，最有代表性的就是"SCMS"系统（serial copy management systems），该系统的最大特点就在于它不仅可以控制作品的第一次复制，而且可以控制作品的再次复制，避免数字化作品的复制件被作为数值化主盘。

---

〔1〕 郑成思主编：《知识产权文丛》（第 4 卷），中国政法大学出版社 2000 年版，第 3 页。

〔2〕 薛虹：《网络时代的知识产权法》，法律出版社 2000 年版，第 28 页。

〔3〕 引自 http：//www. netlawcn. com/second/article，访问时间：2007 年 6 月 22 日。

3. 控制进入受保护作品的技术保护措施。此措施包括要求登记、加密、密码系统或顶置盒，可以用数字化手段对作品进行加密，并且可以装载归纳作品内容、识别作者身份的信息以及与作品使用相关的信息。还有一种系统是数字信封，即把加密的数字课题封存起来，其中包含了内容的识别和使用的信息，例如，内容的摘要、权利人的信息和使用作品的条件。

4. 追踪系统。即确保数字化作品始终处于版权人控制之下，并且只有在版权人授权后方可以使用的软件。

5. 电子水印、数字签名或数字指纹技术。这种技术通过在数字作品中加入无形的数字标志以识别作品及版权人，鉴定作品的真伪。

6. 标准系统。即按地区划分，设定不同的标准以避免对版权作品的侵权行为。[1]

由于技术措施最初与著作权无关，因而并未被纳入著作权保护的体系之中。但是，随着技术措施的大量采用，对之予以法律保护也就显得十分必要。如今，许多国际组织和国家已经纷纷进行相应的立法。

（二）国际立法概况

在国际立法的层面上，1996年在世界知识产权组织外交会议上形成的 WCT 和 WPPT 这两个条约都对技术措施的法律保护作出了专门规定。WCT 第 11 条规定："缔约各方应规定适当的法律保护和有效的法律补救办法，制止规避由作者为行使本条约（《伯尔尼公约》）所规定的权利而使用的、对就其作品进行未经该有关作者许可或未由法律准许的行为加以约束的有效技术措施。" WPPT 第 18 条也就表演和录音制品作出了相同的规定。值得注意的是，WCT 第 11 条和 WPPT 第 18 条的题目都是"关于技术措施的义务"，这就表明，保护技术措施是各成员国必须履行的义务。WCT 和 WPPT 关于技术措施的义务的规定显得非常原则和宽泛，至于技术措施保护的内容、方式及标准等具体问题，则交由各成员国自行决定。

一些国家相继修改了国内立法以执行这两个条约，如美国于 1998 年 10 月 28 日通过了《千年数字版权法》，日本修改了关于版权和不正当竞争的法律，澳大利亚的《数字议程法》在 2001 年 3 月 4 日生效，欧盟在 2001 年 4 月 9 日颁布了《关于信息社会的著作权指令》。

美国在 1996 年世界知识产权组织通过 WCT 和 WPPT 后，于 1998 年颁布了《数字千年版权法》。该法针对数字技术和网络环境的新特征，对美国著作权法进行了相应的补充和修订，该法从行为和设备两个方面规定了对技术措施的法

---

[1] 引自 http://www.netlawcn.com/second/article，访问时间：2007 年 6 月 22 日。

律保护。关于控制访问的技术措施，该法第 12 章规定：①任何人不得破解有效控制受本章保护作品访问的技术措施；②任何人不得制造、进口，向公众推销、提供或者运送任何技术、产品、服务、设备、零件或部件，即：①设计、生产的主要目的是破解有效控制对受本章保护作品的访问的技术措施；②除了破解有效控制对受本章保护作品的访问的技术措施外，只有有限的商业意义或用途；③由某人或在某人授意下向市场销售，并且知道可用于破解有效控制对受本章保护作品的访问的技术措施。关于控制使用的技术措施，该法第 12 章规定：任何人不得制造、进口、向公众推销、提供或者运送任何技术、产品、服务、设备、零件或部件，即：①设计、生产的主要目的是破解对技术措施所提供的保护，而且该技术措施是为了有效保护著作权人依据本章就作品或作品的一部分所享有的权利；②除了破解有效保护著作权人就作品或作品的一部分所享有的权利的技术措施外，只有有限的商业意义和用途；③由某人或在某人的授意下向市场销售，并且知道可用于破解有效保护著作权人就作品或作品的一部分所享有权利的技术措施。此外，该法还详细规定了技术措施法律保护的例外情形，这些例外情形主要包括：政府的执法、情报活动、反向工程、加密研究、安全测试。

日本《版权法》不禁止直接的破坏和规避行为，仅禁止制造、销售或公开传播可用于破坏技术措施的工具的行为。其规定："下列行为应被处以 1 年以下的监禁或者 100 万日元以下的罚金：①任何人向公众转让、出借、为了向公众转让或者出借的目的而制造、进口或者持有，或者为了公众的使用而提供设备或者程序的复本，该设备的主要功能在于规避技术保护措施，该程序的主要功能在于规避技术保护措施或公开传播该程序或使该程序能够公开传播；②任何人应公众的请求规避技术保护措施并以此为业。"[1]《反不正当竞争法》也未禁止规避行为本身，仅禁止规避准备行为。其规定："转让、交付设备或者为了转让、交付、进口、出口的目的而展示设备，若该设备的惟一功能在于妨碍技术限制措施发挥作用，则该行为构成不正当竞争，但是发行以鼓励提高技术保护措施为目的用于测试研究的设备属于合法行为。"

澳大利亚《数字议程法》不禁止规避行为本身，仅禁止商业交易用于规避的技术的行为。该法规定："使规避装置可以在线获得以致对版权所有人造成不利影响的行为构成侵权行为，但规避装置、服务被用于允许目的时不构成侵权。""允许目的"根据 1968 年《版权法》的规定加以确定。为防止"允许目

---

〔1〕　TERIUO DOI，"WIPO Copyright Treaty and Japanese Copyright Law：A Comparative Analysis"，186 R. I. D. A. 203（2000）.

的"的例外被滥用，该法设立了一个特别程序，要求有资格获得规避装置、服务的个人向规避装置、服务的供应者提供一份声明，声明需载明：接收者的姓名和地址、接收者有资格获得规避装置或服务的根据、供应者的姓名和地址、该装置或服务被用于允许目的的声明、根据版权法的具体规定对该目的的认证。而且声明必须特别说明：接收者难以获得或使用没有使用技术保护措施保护的作品或其他客体，所以他需要利用规避装置或服务以获取或者使用该作品。[1]

欧盟著作权指令不仅禁止规避行为本身（包括禁止直接规避控制获取作品的技术措施的行为和直接规避控制使用作品的技术措施的行为），而且禁止规避准备行为。指令要求成员国提供足够的法律保护以防范规避准备行为。规避准备行为包括生产、进口、推销、销售、出租、为销售或出租进行宣传或为商业目的而拥有规避有效的技术措施的设备、产品、部件、服务，该行为是为了规避目的而促销、宣传销售或除了用于规避的目的外仅有有限的经济价值或主要为了促进、辅助规避目的而设计、生产、采用、执行。[2]

（三）国内立法现状

1. 技术措施的保护。《著作权法》根据 WCT 和 WPPT 的规定以及发达国家的立法实践，在第 48 条第 6 项规定了技术措施法律保护的问题，即"未经著作权人或者与著作权有关的权利人许可，故意避开或者破坏权利人为其作品、录音录像制品等所采取的保护著作权或者与著作权有关的权利的技术措施的"，属于侵权行为，"法律、行政法规另有规定的除外"。该项规定明确将故意避开或破坏技术措施的行为确立为侵权行为，进一步加强了对权利人的保护和对侵权行为的制裁。我国《信息网络传播权保护条例》进一步明确对技术措施予以法律保护，其第 4 条规定，为了保护信息网络传播权，权利人可以采取技术措施。任何组织或者个人不得故意避开或者破坏技术措施，不得故意制造、进口或者向公众提供主要用于避开或者破坏技术措施的装置或者部件，不得故意为他人避开或者破坏技术措施提供技术服务。但是，法律、行政法规规定可以避开的除外。第 10 条规定，图书馆、档案馆、纪念馆、博物馆、美术馆等通过信息网络向本馆馆舍内服务对象提供本馆收藏的合法出版的数字作品和依法为陈列或者保存版本的需要以数字化形式复制的作品；为通过信息网络实施九年制义务教育或者国家教育规划，使用其已经发表作品的片断或者短小的文字作品、音

---

〔1〕 朱理："版权技术措施法律保护的三个等级——兼谈我国的技术措施保护立法"，载《网络法律评论》2005 年第 1 期。

〔2〕 朱理："版权技术措施法律保护的三个等级——兼谈我国的技术措施保护立法"，载《网络法律评论》2005 年第 1 期。

乐作品或者单幅的美术作品、摄影作品制作课件，由制作课件或者依法取得课件的远程教育机构通过信息网络向注册学生提供；为扶助贫困，通过信息网络向农村地区的公众免费提供中国公民、法人或者其他组织已经发表的种植养殖、防病治病、防灾减灾等与扶助贫困有关的作品和适应基本文化需求的作品，虽然可以不经著作权人许可，但是应当采取技术措施，防止上述规定的服务对象以外的其他人获得著作权人的作品，并防止图书馆、档案馆、纪念馆、博物馆、美术馆等的复制行为对著作权人利益造成实质性损害。同时在第 11 条规定，通过信息网络提供他人的表演、录音录像制品的，应当遵守第 10 条的规定。

2. 技术措施保护的限制。我国《信息网络传播权保护条例》还规定了技术措施保护的限制，即下列四种情形可以避开技术措施，但不得向他人提供避开技术措施的技术、装置或者部件，不得侵犯权利人依法享有的其他权利。情形如下：①为学校课堂教学或者科学研究，通过信息网络向少数教学、科研人员提供已经发表的作品、表演、录音录像制品，而该作品、表演、录音录像制品只能通过信息网络获取；②不以营利为目的，通过信息网络以盲人能够感知的独特方式向盲人提供已经发表的文字作品，而该作品只能通过信息网络获取；③国家机关依照行政、司法程序执行公务；④在信息网络上对计算机及其系统或者网络的安全性能进行测试。

3. 法律责任。故意避开或者破坏技术措施或者通过信息网络提供他人的作品、表演、录音录像制品时，未依照规定采取技术措施防止服务对象以外的其他人获得他人的作品、表演、录音录像制品的，依照《信息网络传播权保护条例》第 18 条的规定，根据情况承担停止侵害、消除影响、赔礼道歉、赔偿损失等民事责任；同时损害公共利益的，可以由著作权行政管理部门责令停止侵权行为，没收违法所得，非法经营额 5 万元以上的，可处非法经营额 1 倍以上 5 倍以下的罚款；没有非法经营额或者非法经营额 5 万元以下的，根据情节轻重，可处 25 万元以下的罚款；情节严重的，著作权行政管理部门可以没收主要用于提供网络服务的计算机等设备；构成犯罪的，依法追究刑事责任。

故意制造、进口或者向他人提供主要用于避开、破坏技术措施的装置或者部件，或者故意为他人避开或者破坏技术措施提供技术服务的，依照《信息网络传播权保护条例》第 19 条的规定，由著作权行政管理部门予以警告，没收违法所得，没收主要用于避开、破坏技术措施的装置或者部件；情节严重的，可以没收主要用于提供网络服务的计算机等设备；非法经营额 5 万元以上的，可处非法经营额 1 倍以上 5 倍以下的罚款；没有非法经营额或者非法经营额 5 万元以下的，根据情节轻重，可处 25 万元以下的罚款；构成犯罪的，依法追究刑事责任。

【案例1】

乐视诉电视猫非法"盗链"[1]

2015年8月,乐视网信息技术(北京)股份有限公司(简称乐视公司)认为上海千杉网络技术发展有限公司(简称千杉公司)经营的电视猫视频软件以"盗链"形式传播影视作品,侵犯著作权、构成不正当竞争,将千杉公司诉至法院。乐视公司诉称,该公司对《道士下山》《老严有女不愁嫁》《顾家乐的幸福生活》等三部作品享有著作权。然而,千杉公司经营的电视猫视频(MoreTV)软件,未经授权,故意避开并破坏乐视的保护技术措施,以"盗链"形式在互联网传播、提供上述作品,侵犯了公司著作权。千杉公司认为,电视猫视频(MoreTV)软件通过深度链接播放,涉案作品并未储存在公司服务器上,根据"服务器标准",链接行为不属于侵犯信息网络传播权的行为,同时公司已标识视频来源为乐视,不构成对乐视公司服务器资源的"实质替代",并非侵犯信息网络传播权的行为。

朝阳法院经审理查明:乐视公司经授权对《道士下山》《老严有女不愁嫁》《顾家乐的幸福生活》等三部作品享有独占专有的信息网络传播权,且均处于授权期限内。乐视公司在其运营的乐视网及其客户端上,使用其自有的专用播放器播放上述作品。为防止他人未经允许播放存储在其服务器上的涉案视频,乐视公司采取了诸多保护措施。广告、收费验证环节系乐视公司正片播放的前置程序。该公司服务器上存储的涉案影视作品未附着任何广告,片前及片后广告具有随机性,主要根据投放策略依托乐视专有播放器投放。电视猫系利用数据分析工具,对正常链接访问过程中产生的数据进行解析,生成能够通过乐视公司后台验证的包含特定参数及参数值的绝对URL地址,该地址可获取乐视公司鉴权验证,通过该地址直接访问存储视频资源的服务器,在智能电视或智能手机上下载安装千杉公司电视猫视(MoreTV)软件后,可直接播放存储于乐视公司服务器上的《道士下山》等三部涉案作品,且避开了收费环节和广告播放环节,播放过程中仅在缓冲环节和视频源选择环节有"乐视"字样,影片播放时无片前广告,播放画面无乐视标识。

---

〔1〕　资料来源:新华网 http://news.xinhuanet.com/info/2016-07/04/c_135485521.htm,访问时间:2016年7月28日。

法院认为：千杉公司虽未将涉案作品存储在其服务器上，但其行为显然是将他人服务器作为提供视频资源的存储来源，达到了向用户提供视频资源的目的。其提供的效果与乐视公司完全一样，甚至因无前置广告，效果更优于乐视客户端或网站。千杉公司的行为系作品提供行为，且其破解、盗链行为具有违法性，对乐视公司造成直接损害，其盗链行为与损害后果有直接因果关系，该行为不适用网络服务提供者享有的免责条款和承担责任的条件，千杉公司具有利用他人享有合法权利的作品获取利益的主观故意。最终法院认定千杉公司构成对乐视公司信息网络传播权的直接侵害，且其行为属于避开或破坏技术措施的行为。

二、权利管理信息的法律保护

《世界知识产权组织版权条约》（WCT）第 12 条规定：权利管理信息，是指附加于作品的每件复制品上或作品中向公众进行传播时出现的用以识别作品、作品的作者、对作品拥有任何权利的所有人的信息，或有关作品使用的条款和条件的信息和代表此种信息的任何数字代码。我国《信息网络传播权保护条例》将其定义为说明作品及其作者、表演及其表演者、录音录像制品及其制作者的信息，作品、表演、录音录像制品权利人的信息和使用条件的信息，以及表示上述信息的数字或者代码。权利管理信息并不是在网络产生后才出现的事物。印刷物版权页上有关作者、出版日期的信息，就可以视为一种权利管理信息。然而，在网络环境下，权利管理信息具有了独特的意义。因为，在网络环境下，权利管理信息专指以数字化形式出现的信息，它们被嵌在电子文档里，附加于作品的每件复制品上或作品中向公众传播时显示出来。权利管理信息对于权利人经济利益的实现非常重要，它不仅能标识权利人，而且能够按预定条件许可用户使用，查找侵权行为，以及监控用户使用作品的行为。但是，此类信息在网络环境下很容易被他人伪造、篡改和消除，从而使权利人遭受极大的损失。因此，权利人迫切希望法律能对权利管理信息进行保护。

在著作权国际立法的层面上，世界知识产权组织所制定的 WCT 和 WPPT 两个条约对权利管理信息给予了保护。WCT 第 12 条规定，缔约各方应规定适当和有效的法律补救办法，制止任何人明知或就民事补救而言有合理根据知道其行为会诱使、促成、便利或包庇对本条或《伯尔尼公约》所涵盖的任何权利的侵犯而故意从事以下行为：①未经许可去除或改变任何权利管理的电子信息；②未经许可发行、为发行目的进口、广播或向公众传播明知已被未经许可去除或改变权利管理电子信息的作品或作品的复制品。WPPT 第 19 条就表演和录音制品也作出了相同的规定。欧盟《关于协调信息社会著作权和有关权若干方面的指令的建议》中有关权利管理信息保护的内容与 WCT 的上述规定大体一致。该建议要求成员国制裁在明知或者应知自己的行为将诱发、致使、便利侵犯著作权及邻接权的行为的情况下，去除、改动任何电子形式的权利管理信息的行为，以及发行、为发行而进口、广播或向公众传播明知已被未经许可去除或改动电子形式的权利管理信息的作品或作品复制件的行为。

美国的《数字千年版权法》中对权利管理信息有完备的立法规定，其规定也最为详尽。它的主要内容的特点如下：其一，对权利管理信息进行了界定。根据美国《著作权法》第 1202 条（C）款规定，[1]权利管理信息是指与作品的复制品、唱片或作品的表演、展览一起传送的有关信息，包括数字化形式的信息。其中的"有关信息"包括：有关作品名称的信息；有关作者名称的信息；有关著作权所有人名称的信息；有关表演者名称的信息；有关视听作品的作者、表演者和导演名称的信息；有关作品使用条件和要求的信息；表明这类信息的数码、符号或与这类信息有关的链接点以及美国版权局规定的其他信息。法律还明确规定，有关作品使用者的信息不属于权利管理信息。美国《著作权法》对于权利管理信息的界定要广于 WCT 和 WPPT，而且更为详细和具体。其二，美国《著作权法》对权利管理信息的保护，不但禁止 WCT 和 WPPT 中所提到的故意去除或改变权利管理信息，故意传播已被去除或改变了权利管理信息的作品、表演和录音制品，而且禁止提供和传播虚假权利管理信息。其三，明文规定了不同侵权形态的法定责任，包括民事责任和刑事责任。其四，规定了权利管理信息法律保护的例外情形。但是，根据美国《著作权法》的规定，这种例外情形仅仅是针对去除和改变权利管理信息、传播去除或改变了权利管理信息的作品而规定的。这就表明，在任何情况下，提供和传播虚假权利管理信息都是被禁止的，没有保护上的例外。

我国《著作权法》第 48 条第 7 项规定，"未经著作权人或者与著作权有关的权利人许可，故意删除或者改变作品、录音录像制品等的权利管理电子信息的"属于侵权行为，"法律、行政法规另有规定的除外"。该规定将故意删除或者改变作品、录音录像制品等的权利管理电子信息的行为确立为侵权行为，对于权利人利益的保护和侵权行为的制裁都将发挥十分重要的作用。我国《信息网络传播权保护条例》进一步对侵犯作品、录音录像制品等的权利管理信息的行为予以规范，其第 5 条规定："未经权利人许可，任何组织或者个人不得进行下列行为：①故意删除或者改变通过信息网络向公众提供的作品、表演、录音

---

〔1〕 《跨世纪数字化著作权法》对美国《著作权法》进行了修改，加入新的第十二章。

录像制品的权利管理电子信息，但由于技术上的原因无法避免删除或者改变的除外；②通过信息网络向公众提供明知或者应知未经权利人许可被删除或者改变权利管理电子信息的作品、表演、录音录像制品。"故意删除或者改变通过信息网络向公众提供的作品、表演、录音录像制品的权利管理电子信息，或者通过信息网络向公众提供明知或者应知未经权利人许可而被删除或者改变权利管理电子信息的作品、表演、录音录像制品的，依照《信息网络传播权保护条例》第18条的规定，根据情况承担停止侵害、消除影响、赔礼道歉、赔偿损失等民事责任；同时损害公共利益的，可以由著作权行政管理部门责令停止侵权行为，没收违法所得，非法经营额5万元以上的，可处非法经营额1倍以上5倍以下的罚款；没有非法经营额或者非法经营额5万元以下的，根据情节轻重，可处25万元以下的罚款；情节严重的，著作权行政管理部门可以没收主要用于提供网络服务的计算机等设备；构成犯罪的，依法追究刑事责任。

需要指出的是，有关权利管理信息法律保护的规则还有待进一步完善。从WCT和美国的相应立法来看，不但应该明确规定著作权人享有"权利标示权""版权人有权禁止他人删除或更改由版权人合法加在其作品上有关作品、作者、'版权保留'等的标示，特别是以数字或代码显示的标示"，而且应当考虑从权利管理信息形态的选择、权利管理信息的内容、受法律制裁的破坏权利管理信息的行为、权利管理信息保护的限制四个方面完善我国的权利管理信息法律保护的规则。

第五节　网络著作权侵权与保护

一、网络传播中侵犯著作权的主要表现形式

（一）网络与传统媒体之间侵犯信息网络传播权的形式

网络与传统媒体之间的侵权，不仅包括网络对传统作品的侵权，同时还存在传统媒体对网络作品的侵权。

1. 网络对传统作品的侵权，即未经著作权人许可，擅自将传统媒体上发表的作品在网站上传播的行为。也就是说侵权人未经著作权人许可，擅自将其作品进行数字化处理并上传于网络上向网络用户公开的行为侵犯了著作权人的信息网络传播权。

2. 传统媒体对网络作品的侵权，即将网上作品擅自下载并发表在传统媒体上。也就是说侵权人未经网络作品权利人许可，而将网络作品下载并在传统媒体上传播的行为。我国《著作权法》第33条只规定了报刊转载报刊的法定许可制度，对报刊转载网络并没有明确的规定，因此此种行为存在侵权的可能。

（二）网络对网络作品的侵权

在当前的网络环境下，由于技术上的便利，不同网站之间对网络作品的侵权成为侵犯网络作品著作权的主要形式。这种侵权行为主要通过以下两种途径：①直接抄袭，即网络用户转载他人在网络上登载的作品，未注明出处和作者等信息，例如对博客著作权的侵权。②链接行为，其包括直接链接和间接链接两种形式。直接链接是指点击当前网页上的超文本链接符号，使浏览器的内容从一个网页直接转换到另一个网页或是另一个网页的一部分内容。在这种情形下，网络用户可以清晰地看到被链接网站，这种链接不侵犯信息网络传播权。深层链接是指通过网站的分页地址设置链接，这种链接并不指向被链接网站的主页，而是绕过被链接网站的主页指向其深层网页。这种链接使访问者绕过被链接者的主页，直接将用户导向某个分页。网络用户无法看到被链接网站，而只能看到设置链接者的网页。[1] 关于网络服务提供者提供深层链接的行为是否构成直接侵犯信息网络传播权的问题，我国理论和司法实践中存在三种不同的认定标准：第一种是"服务器标准"，我国对"信息网络传播权"的定义源于《世界知识产权组织版权公约》（WCT）第 8 条，[2] WCT 的基础提案将此条中的"提供行为"解释为"初始提供作品的行为，仅仅提供服务器空间、通信连接、信号传输或寻址设备的行为不属于此条中的提供作品的行为"。也就是说该条中的"提供"行为是指将作品置于网络服务器上的行为，而不是单纯提供搜索链接等网络服务的行为。依据该标准，如果作品内容存储在设链网站的服务器上，那么设链网站的行为就是提供作品的行为，即构成信息网络传播行为，在未得到权利人许可的情况下，超出法定的合理使用范围，设链网站的网络服务提供者即构成直接侵犯信息网络传播权；但是若设链网站并未将作品内容存储在其服务器上，而仅仅是采用深层链接技术向公众提供搜索链接服务，那么设链网站的行为仅仅是网络服务的提供行为，不构成直接侵犯信息网络传播权。目前在我国的司法实践中，大多数法院采用此认定标准。第二种是"用户感知标准"，即只要网络服务提供者提供的网络技术行为的外在表现形式使网络用户感觉是该提供者在提供作品内容或使用户认为可以从该网络服务提供者处直接获得作

---

[1] "网络著作权的侵权类型与表现形式—律师维权"，载 http://zscq.lawyerwq.com/Item/40295.aspx，访问时间：2016 年 7 月 28 日。

[2] 《世界知识产权组织版权公约》第 8 条：在不违反《伯尔尼公约》第 11 条第（Ⅰ）款第（Ⅱ）目、第 Ⅱ 条之二第（1）款（Ⅰ）和（Ⅱ）目、第 11 条之三第（Ⅰ）款第（Ⅱ）目、第 14 条（1）款第（Ⅱ）目和第 14 条之二第（1）款的规定的情况下，文学和艺术作品的作者应享有专有权，以授权方式将其作品以有线或无线的方式向公众传播，包括将其作品向公众提供，使公众中的成员在其个人选定的地点和时间获得这些作品。

品内容,该网络服务提供者即构成信息网络传播权的直接侵权,至于作品是否存储在其服务器上则在所不问。依据该标准,网络服务提供者提供深层链接的行为通常会使一般网络用户感觉其获取的作品内容来自该网络服务提供者的设链网站,而无法感知实际上是来自被链接网站,所以该网络服务提供者构成直接侵犯信息网络传播权。第三种是"实质替代标准",即若设链网站实质替代被链网站向用户直接提供作品的内容,获取被链网站对相关作品内容的传播利益,那么提供该设链网站的网络服务提供者即构成直接侵犯信息网络传播权的行为。依据该标准,虽然设置深层链接的网络服务提供者并未将作品存储在其服务器上,但若其深层链接行为已经在实质上替代了被链接网站向网络用户传播作品,并获取了应属于被链网站的传播利益,则该网络服务提供者即构成信息网络传播权的直接侵权。

【案例 2】

上海幻电信息科技有限公司与飞狐信息技术(天津)有限公司侵害作品信息网络传播权纠纷案[1]

飞狐信息技术(天津)有限公司(以下简称"飞狐公司")是电视剧《张小五的春天》《幸福请你等等我》的权利人,发现上海幻电信息科技有限公司(以下简称"幻电公司")未经授权,在其网站"哔哩哔哩弹幕网"(以下简称哔哩网)上提供了上述两部电视剧的在线播放服务,给飞狐公司造成了极其重大的经济损失。故诉至法院,请求判令幻电公司立即停止侵权并赔偿经济损失。

一审法院认为幻电公司网站在未经飞狐公司许可亦未支付报酬的情况下,通过人工干预手段实质替代被链网站向公众提供涉案电视剧,侵犯了飞狐公司对涉案电视剧所享有的信息网络传播权,应当承担停止侵权、赔偿损失等民事责任。

判决后,幻电公司不服,提起上诉。二审法院认为:涉案电视剧《张小五的春天》来源于乐视网,电视剧《幸福请你等等我》来源于腾讯视频,由用户将乐视网、腾讯视频上的相关链接地址投稿到哔哩网,哔哩网通过技术手段将案外网站上的视频文件链接到其网站上并实现在线播放,播放过程中网页未跳转至存储涉案作品的案外网站,播放页面也未提示涉案作品来源于案外网站,哔哩网提供的服务实质上相

---

〔1〕 二审民事判决书,上海知识产权法院,案号:(2015)沪知民终字第 276 号,载 OpenLaw http://openlaw.cn/judgement/1ab03ab3547d461bb0898d0ba5937ba6,访问时间:2016 年 8 月 17 日。

当于深层链接服务。首先，哔哩网提供的深层链接服务属于网络服务提供行为，不构成作品提供行为。著作权法所限定的提供行为指的是内容提供行为，与其相对的是其他信息网络传播行为，对应的责任是直接侵权责任，其判定的标准系是否将作品置于信息网络中，使公众能够在个人选定的时间和地点以下载、浏览或者其他方式获得。"置于信息网络中"指最初将作品置于网络中的行为。哔哩网通过技术手段将案外网站上的视频文件链接到其网站上实现在线播放，其提供的是网络链接服务，并不存在将作品置于网络中的行为，故不构成作品提供行为，亦不涉及直接侵权责任问题。其次，哔哩网虽不构成直接侵犯信息网络传播权的行为，但因其客观上对被链接网站内容的传播起到了帮助作用，一定情况下亦可能构成共同侵权，承担间接侵权责任。网络服务提供者面临的侵权责任系教唆侵权责任或者帮助侵权责任，网络用户实施了侵害信息网络传播权行为是网络服务提供者承担责任的前提，对于链接服务提供者来说，即存在被链接网站的传播行为属于未经权利人许可而进行的传播行为。本案中，对于电视剧《幸福请你等等我》，被链接网站的传播行为属于合法传播，哔哩网不构成间接侵权。对于电视剧《张小五的春天》，已过授权期限，乐视网已经无权播放，被链接网站对于被诉内容的传播系未经许可的传播行为，在此情况下，判断幻电公司是否构成间接侵权的关键在于幻电公司是否"明知"或"应知"被链接网站提供的内容未经权利人许可。二审法院认为，哔哩网对其网站页面进行了编辑、加工，整个页面并未显示其提供的是链接服务。哔哩网基于网络用户的体验考虑而设置相应网站内容，被链接的第三方网站内容实际上已达到丰富哔哩网内容、服务哔哩网用户的效果，这种链接方式一方面为网络用户提供更有针对性的指引，使得搜索、链接网站具有更大的用户粘性，进而为其带来更多的经济利益；另一方面亦会在被链接网站行为构成侵权的情况下，对权利人造成更大的损害。哔哩网对于投稿信息的设置是有选择的，可以通过技术手段进行控制调整。哔哩网提供的是定向链接服务，对于被链接内容，影视类作品与其他类型的作品有所不同，权利人虽会授权网站予以传播，但被授权的正版网站的数量通常较为有限，因此即便要求定向链接服务提供者应对于上述作品的正版网站有所认知，并尽量做到仅提供针对正版网站的链接，亦不会为其带来过重的负担。二审法院认为，幻电公司提供的链接服务具有高度的用户粘性，且对被链接对象具有较高的编辑控制能力，基于该种链接方式，应当科以幻电公司对于被链接内容是否属于合法传播较高的注意义务。二审法院认定其未尽到其应有的注意义务，主观上构成应知，应承担共同侵权责任。

综上，二审法院判决撤销一审法院判决，由幻电公司赔偿飞狐公司经济损失 12 000 元、合理费用 4000 元。

二、我国法律和司法解释规定的有关网络著作权侵权的形式和法律责任

（一）直接侵权行为及法律责任

关于网络著作权的直接侵权行为及法律责任，主要适用《著作权法》第 47 条一般侵权行为的相关规定和第 48 条严重侵权行为的规定，尤其是第 48 条的以下内容：①未经著作权人许可，复制、发行、表演、放映、广播、汇编、通过信息网络向公众传播其作品的；②未经表演者许可，复制、发行录有其表演的录音录像制品，或者通过信息网络向公众传播其表演的；③未经录音录像制作者许可，复制、发行、通过信息网络向公众传播其制作的录音录像制品的。以上侵权行为除法律、法规另有规定的之外都可以构成对网络著作权的侵犯。所承担的法律责任，除了民事责任外，还要承担行政责任甚至刑事责任。

（二）间接侵权行为及法律责任

我国现行法律和司法解释规定的有关网络著作权的间接侵权形式和法律责任主要是指网络服务提供者的间接侵权行为以及法律责任，参见第六节的内容。

第六节 网络服务提供者

一、网络服务提供者的定义

网络服务提供者是著作权人实现信息网络传播权的重要桥梁，一般认为，网络服务提供者是指通过信息网络向公众提供信息或者为获取网络信息等目的提供服务的机构，包括为公众提供接入互联网服务、传输服务对象的信息，或者为单位或者个人出租网页，或者提供搜索、链接服务，或者通过网络提供自己制作、搜集的信息等。我国《信息网络传播权保护条例》中主要涉及以下四类网络服务提供者：其一，提供"网络接入与信息传输通道服务"的网络服务提供商，例如中国电信、网易邮箱；其二，提供"系统缓存服务"的网络服务提供者，例如提供 P2P 视频下载服务的服务提供者；其三，提供"信息存储空间服务"的网络服务提供者，例如百度云盘、360 云盘；其四，提供"搜索和链接服务"的网络服务提供者，例如谷歌、百度。上述四类网络服务提供者规定在《信息网络传播权保护条例》第 20 ~ 23 条中。

二、网络服务提供者的知识产权保护义务

网络服务提供者的知识产权保护义务包括：①注意义务。网络服务提供者对使用或接受其服务的网络用户侵害信息网络传播权的行为具有一般的注意义务。但是若网络服务提供者从网络用户提供的作品、表演、录音录像制品中直接获得经济利益的，则对该网络用户侵害信息网络传播权的行为负有较高的注意义务。②知识产权权利信息及相关信息审查义务。知识产权权利信息审查权利证明证书的提供，比如使用商标的，应提供商标证书或许可合同；涉及版权的，能够提供发表证明、合同、版权登记等相关权属、权利证明；涉及专利的，提供专利证书、权利登记记录或许可合同等。对于明显知识产权侵权行为，网络服务提供者有主动审查及制止义务。当有相当的线索、文件、资料或其他证据，表明某知识产权侵权行为的存在的，则网络服务提供者应负责任，且应对这些文件、资料等负接受和审查义务。[1]③通知——删除义务。对提供信息存储空间或者提供搜索、链接服务的网络服务提供者，权利人认为其服务所涉及的作品、表演、录音录像制品侵犯自己的信息网络传播权或者被删除、改变了自己的权利管理电子信息的，可以向该网络服务提供者提交书面通知，要求网络服务提供者删除该作品、表演、录音录像制品，或者断开与该作品、表演、录音录像制品的链接。网络服务提供者接到权利人的通知书后，应当立即删除涉嫌侵权的作品、表演、录音录像制品，或者断开与涉嫌侵权的作品、表演、录音录像制品的链接，并同时将通知书转送提供作品、表演、录音录像制品的服务对象；服务对象网络地址不明、无法转送的，应当将通知书的内容同时在信息网络上公告。服务对象接到网络服务提供者转送的通知书后，认为其提供的作品、表演、录音录像制品未侵犯他人权利的，可以向网络服务提供者提交书面说明，要求恢复被删除的作品、表演、录音录像制品，或者恢复与被断开的作品、表演、录音录像制品的链接。网络服务提供者接到服务对象的书面说明后，应当立即恢复被删除的作品、表演、录音录像制品，或者可以恢复与被断开的作品、表演、录音录像制品的链接，同时将服务对象的书面说明转送权利人。④协助调查义务。网络服务提供者作为传输网络信息的中间环节，其提供的服务在客观上为服务对象实施知识产权侵权行为创造了条件，当发生知识产权争端时，依据我国《信息网络传播权保护条例》第13条的规定，网络服务提供者有义务配合行政机关查处侵权行为，即著作权行政管理部门为了查处侵犯信息网络传播权的行为，可以要求网络服务提供者提供涉嫌侵权的服务对象

---

[1]　彭玉勇："论网络服务提供者的权利和义务"，载《暨南学报》2014年第12期。

的姓名（名称）、联系方式、网络地址等资料。

三、网络服务提供者的侵权与保护

为正确审理侵害信息网络传播权民事纠纷案件，依法保护信息网络传播权，促进信息网络产业健康发展，维护公共利益，最高人民法院发布《关于审理侵害信息网络传播权民事纠纷案件适用法律若干问题的规定》的司法解释，自2013 年 1 月 1 日起开始施行。该司法解释明确了网络服务提供者侵权的相关问题。网络服务提供者侵犯信息网络传播权的表现形式有两种：一种是直接侵权行为；另一种是间接侵权行为。直接侵权行为是指网络服务提供者未经许可，通过信息网络提供权利人享有信息网络传播权专有权的作品、表演、录音录像制品，法律、行政法规另有规定的除外。间接侵权行为是指网络服务提供者没有提供受信息网络传播权专有权保护的作品、表演、录音录像制品的行为，即没有实施直接侵权的行为，但故意引诱他人实施直接侵权的行为，或者在明知或应知他人即将或正在实施直接侵权时为其提供实质性帮助，以及在特定情况下为直接侵权行为做准备和扩大其侵权后果的行为。2016 年 4 月 13 日，北京高院发布了《涉及网络知识产权案件审理指南》，其中第一部分是涉及网络著作权的规定，该审理指南对当前我国法院审理涉及网络著作权的纠纷案件起到了参考和指导作用，但是需要注意的是，该审理指南并没有类似法律法规的直接适用的效力。

（一）直接侵权行为

规定在最高人民法院发布的《关于审理侵害信息网络传播权民事纠纷案件适用法律若干问题的规定》的第 3~6 条中。

1. 具体表现。网络服务提供者未经许可，通过信息网络提供权利人享有信息网络传播权的作品、表演、录音录像制品，除法律、行政法规另有规定外，构成侵害信息网络传播权行为。网络服务提供者与他人以分工合作等方式共同提供作品、表演、录音录像制品，构成共同侵权行为的，承担连带责任。《涉及网络知识产权案件审理指南》第 8、9 条指出：未经许可，以分工合作方式共同提供作品、表演、录音录像制品的行为，属于直接侵害信息网络传播权的行为。各被告之间或者被告与他人之间具有共同提供涉案作品、表演、录音录像制品的主观意思联络，且为实现前述主观意思联络客观上实施了相应行为的，可以认定构成上述规定情形。各被告之间或者被告与他人之间存在体现合作意愿的协议等证据，或者基于在案证据能够证明各方在内容合作、利益分享等方面紧密相连的，可以认定各方具有共同提供涉案作品、表演、录音录像制品的主观意思联络，但被告能够证明其根据技术或者商业模式的客观需求，仅系提供技术服务的除外。此外，针对举证责任的分配，《涉及网络知识产权案件审理指南》第1条规定：原告主张被告单独或者与他人共同实施了提供涉案作品、表演、录音录像制品行为的，应承担举证证明责任。原告举证证明通过被告网站能够播放、下载或者以其他方式获得涉案作品、表演、录音录像制品，被告仍主张其未实施提供行为的，由被告承担相应的举证证明责任。

2. 判定规则。网络服务提供者构成直接侵权行为的前提是其存在提供作品的行为。提供行为是指通过上传到网络服务器、设置共享文件或者利用文件分享软件等方式，将作品、表演、录音录像制品置于信息网络中，使公众能够在个人选定的时间和地点以下载、浏览或者其他方式获得，包括网络服务提供者以提供网页快照、缩略图等方式实质替代其他网络服务提供者向公众提供相关作品的行为。网络服务提供者以提供网页快照、缩略图等方式实质替代其他网络服务提供者向公众提供相关作品，不影响相关作品的正常使用，且未不合理损害权利人对该作品的合法权益的，不构成侵害信息网络传播权。针对提供快照的行为，《涉及网络知识产权案件审理指南》第12条、第13条、第14条规定：网页"快照"服务者以搜索、链接或者系统缓存为由提出不侵权抗辩的，不予支持。网页"快照"服务提供行为侵权的认定，与"快照"来源网页内容是否侵权无关。判断网页"快照"提供行为是否属于不影响相关作品的正常使用，且未不合理损害权利人对该作品合法权益情形时，可以综合考虑以下因素：①提供网页"快照"的主要用途；②原告是否能够通过通知删除等方法，最大限度地缩小损害范围；③原告是否已明确通知被告删除网页"快照"；④被告是否在知道涉嫌侵权的情况下，仍未及时采取任何措施；⑤被告是否从网页"快照"提供行为中直接获取利益；⑥其他相关因素。原告有初步证据证明网络服务提供者提供了相关作品、表演、录音录像制品，若网络服务提供者能够证明其仅提供网络服务，且无过错的，不构成侵权。例如：网络服务提供者与他人以分工合作等方式共同提供作品、表演、录音录像制品，但其仅提供自动接入、自动传输、信息存储空间、搜索、链接、文件分享技术等网络服务的，不构成共同侵权行为，不承担连带责任。《涉及网络知识产权案件审理指南》第5条指出：被告主张其仅提供信息存储空间、搜索、链接等网络技术服务的，应承担举证证明责任。被告应当就涉案作品、表演、录音录像制品的提供主体或者其与提供主体之间的关系提供相应证据，否则可以认定其并非仅提供网络技术服务。被告未提供证据或者提供的证据不足以证明其系仅提供信息存储空间、搜索、链接等网络技术服务的，可以认定被告实施了提供作品、表演、录音录像制品的行为。第6条指出：被告主张提供信息存储空间服务的，可以综合下列因素予以认定：①被告提供的证据可以证明其网站具备为服务对象提供信息存储空间服务的功能；②被告网站中的相关内容明确标示了为服务对象提供信息存储空间服务；③被告能够提供上传者的用户名、注册 IP 地址、注册时间、上传 IP 地址、联系方式以及上传时间、上传信息等证据；④其他能够证明被告提供信息存储空间服务的因素。第 7 条指出：被告能够举证证明存在以下情形之一的，可以认定其提供的是链接服务：①涉案作品、表演、录音录像制品的播放是自被告网站跳转至第三方网站进行的；②涉案作品、表演、录音录像制品的播放虽在被告网站进行，但其提供的证据足以证明涉案作品、表演、录音录像制品置于第三方网站的；③可以认定被告提供的是链接服务的其他情形的。

（二）间接侵权行为

规定在最高人民法院发布的《关于审理侵害信息网络传播权民事纠纷案件适用法律若干问题的规定》的第 7 ~ 14 条中。

1. 具体表现。一是教唆侵权行为，包括网络服务提供者以言语、推介技术支持、奖励积分等方式诱导、鼓励网络用户实施侵害信息网络传播权的行为。二是帮助侵权行为，包括网络服务提供者明知或者应知网络用户利用网络服务侵害信息网络传播权，未采取删除、屏蔽、断开链接等必要措施，或者提供技术支持等帮助行为。

2. 判定规则。网络服务提供者间接侵权行为的构成要件包括：

（1）网络服务提供者对网络用户利用其网络服务实施的侵权行为具有主观过错。过错包括明知和应知两种情形。网络服务提供者接到权利人以书信、传真、电子邮件等方式提交的通知，未及时采取删除、屏蔽、断开链接等必要措施的，属于明知相关侵害信息网络传播权行为。在认定网络服务提供者是否构成应知时，人民法院需要综合考虑以下因素：①网络服务提供者基于其提供服务的性质、方式及其引发侵权的可能性大小，应当具备的管理信息的能力；②传播的作品、表演、录音录像制品的类型、知名度及侵权信息的明显程度；③网络服务提供者是否主动对作品、表演、录音录像制品进行了选择、编辑、修改、推荐等；④是否积极采取了预防侵权的合理措施；⑤是否设置便捷程序接收侵权通知并及时对侵权通知作出合理的反应；⑥是否针对同一网络用户的重复侵权行为采取了相应的合理措施等。例如：网络服务提供者在提供网络服务时，对热播影视作品等以设置榜单、目录、索引、描述性段落、内容简介等方式进行推荐，且公众可以在其网页上直接以下载、浏览或者其他方式获得的，属于应知网络用户侵害信息网络传播权的情形。提供信息存储空间服务的网络服务提供者将热播影视作品等置于首页或者其他主要页面等能够为网络服务提供者明显感知的位置；对热播影视作品等的主题、内容主动进行选择、编辑、整理、推荐，或者为其设立专门的排行榜的；或其他可以明显感知相关作品、表演、录音录像制品为未经许可提供，仍未采取合理措施的情形，属于应知网络用户侵害信息网络传播权。网络服务提供者未对网络用户侵害信息网络传播权的行为主动进行审查的，以及能够证明已采取合理、有效的技术措施，仍难以发现网络用户侵害信息网络传播权行为的，不认为其具有过错。

（2）以"直接侵权"的存在或即将实施为前提。法律规定"间接侵权"的目的是加强对著作权人的信息网络传播权的保护，避免因权利人无法追究"直接侵权人"的责任而遭受利益损失，同时有效防止"直接侵权"行为的发生并抑制其损害后果扩大。因此，"间接侵权"以"直接侵权"的存在或即将实施为前提。北京市高级人民法院 2010 年 5 月颁布的《关于审理涉及网络环境下著作权纠纷案件若干问题的指导意见（一）（试行）》第 15 条也规定："提供信息存储空间、搜索、链接、P2P（点对点）等服务的网络服务提供者构成侵权应当以他人实施了直接侵权行为为前提条件，即第三人利用信息存储空间、搜索、链接、P2P（点对点）等服务传播作品、表演、录音录像制品的行为系侵犯他人的信息网络传播权的行为。"

（3）网络服务提供者提供了帮助、引诱等行为。例如，网络服务提供者以言语、推介技术支持、奖励积分等方式诱导、鼓励网络用户实施侵害信息网络传播权的行为；网络服务提供者明知或应知网络用户利用其服务实施侵犯信息网络传播权，未采取删除、屏蔽、断开链接等必要措施予以制止，甚至提供技术支持等帮助的行为。

【案例 3】

乐视诉百度云盘非法传播《金陵十三钗》[1]

　　乐视天津公司享有电影《金陵十三钗》的信息网络传播权，其发现百度公司经营的百度云网盘在其网页版、手机客户端和 iPad 版的"达人推荐"及"热门资源"中均提供了涉案电影的播放服务。乐视天津公司请求法院判令百度公司赔偿其经济损失及合理开支。北京海淀法院经审理后认为，百度公司作为百度云服务的提供者，在其网页版和手机客户端中，虽然并未直接上传涉案电影，但作为信息存储空间服务的网络服务提供者，百度公司在"达人推荐"页面对明确标注提供"手机电影下载""手机、平板、iPad、iPhone 电影下载"且页面存在大量电影资源的用户进行了推荐，并在 iPad 版的页面首要位置对未经任何备案的 7060 影视网进行了推荐和链接，百度公司的该种行为虽

---

〔1〕　资料来源：搜狐网，http://roll.sohu.com/20160511/n448862254.shtml，访问时间：2016 年 8 月 1 日。

然并未直接对电影作品进行推荐和链接，但其所采取的通过对侵权用户及侵权网站进行推荐的方式，客观上增加了涉案作品被侵权传播的机会和可能，主观上具有明显过错，应当承担侵权责任。最后，法院判决百度公司赔偿乐视天津公司经济损失 1.4 万元。

【案例4】

中青文诉百度文库侵犯信息网络传播权案[1]

[北京市高级人民法院（2014）高民终字第 2045 号民事判决书]

中青文公司诉称，其拥有《考拉小巫的英语学习日记——写给为梦想而奋斗的人》（以下简称《考》）《高效能人士的七个习惯》《现在，发现你的优势》3 部作品的专有出版权和信息网络传播权，这 3 部作品为畅销书，具有重要的社会价值与商业价值。而百度文库未经授权，长期在线向公众提供这 3 部作品及其各种版本，故中青文公司认为百度的行为构成著作权侵权，请求法院判令百度停止侵权、公开赔礼道歉并赔偿经济损失 299 万余元。百度答辩认为，百度文库的文档系网友上传，百度并未提供涉案作品，不存在直接侵权行为或帮助侵权行为，并且尽到了合理注意义务，且在收到原告起诉材料后，迅速移除了涉嫌侵权的文档，要求法院驳回原告的诉讼请求。

根据双方当事人的诉辩主张，本案的争议焦点为中青文公司就《考》书是否有权主张权利，百度公司在百度文库中使用《考》书的行为是否构成直接侵权或者共同侵权，如果构成侵权，本案赔偿数额如何确定。

北京高院在查明事实的基础上，认为百度公司未经中青文授权，在百度文库中存在涉案侵权文档，因此应审查百度公司是否存在侵权行为，包括直接侵权和教唆、帮助的共同侵权。

1. 关于百度公司是否构成直接侵权。北京高院认为：根据最高人民法院《关于审理侵害信息网络传播权民事纠纷案件适用法律若干问题的规定》第 3 条第 1 款，网络服务提供者构成直接侵权行为的前提是其存在提供作品的行为。本案中，综合考虑百度公司提供的用户后台信息、百度文库文档内容的多样性、文档的数量及其增长速度，法院认定百度文库使用涉案侵权文档的行为属于提供信息存储空间的网

---

[1] http://www.shipa.org/ip_litigation_show.asp? id=555，访问时间：2016 年 8 月 27 日。

络服务行为。由于百度公司提交了涉案侵权文档系用户上传的后台信息，其中记载了上传者用户名、UID、注册邮箱、注册手机号、注册时间、IP 等信息。北京高院认为，在我国尚无网络实名制的相关立法的情况下，百度公司提交的上述证据可以初步证明涉案侵权文档系网络用户上传。在原告中青文公司没有相反证据的情况下，应认定百度公司不构成直接侵权。

2. 关于百度公司是否构成教唆、帮助的共同侵权。北京高院认为：根据最高人民法院《关于审理侵害信息网络传播权民事纠纷案件适用法律若干问题的规定》第 8 条第 1 款，网络服务提供者对网络用户利用其网络服务实施的侵权行为承担共同侵权的连带责任的前提是其具有明知或者应知的主观过错，即使权利人未发出通知，网络服务提供者对于侵权行为具有明知或者应知的主观过错的，仍然应当承担侵权责任。由于中青文公司并未就百度文库中存在涉案侵权文档事宜向百度公司发出通知，故不能确定百度公司对涉案侵权行为存在主观上明知的过错。关于百度公司是否存在"应知"的过错，北京高院认为，根据最高人民法院《关于审理侵害信息网络传播权民事纠纷案件适用法律若干问题的规定》第 8 条第 3 款、第 9 条的规定，网络服务的性质、方式、引发侵权的可能性大小、网络服务提供者的管理能力、传播的作品侵权信息的明显程度、网络服务提供者是否积极采取了预防侵权的合理措施以及行业的平均预见水平和制止侵权的平均管理能力等因素是判断网络服务提供者是否具有应知过错的关键。就此，法院全面考察了双方当事人的诉辩主张和证据，认为百度公司在四个方面不存在"应知"的可能：①百度公司事先无法获得相应信息渠道知晓涉案《考》书系侵权作品；②无证据证明百度公司因主动编辑、整理文档而实际接触到了文档的内容；③百度公司并未从用户上传至百度文库的文档获得直接的经济利益；④百度文库为用户上传文档设置的奖励制度是一种商业运营模式，不与经济价值直接挂钩，无法证明该制度具有教唆侵权的故意。但是，原审法院和北京高院均认为，由于涉案《考》书侵权文档在百度文库中阅读量巨大，最早于 2012 年 1 月 17 日上传的《考》书涉案侵权文档的阅读量达到了 245 045 人次，五份侵权文档的阅读量总数更是达到了 286 395 人次，认定百度公司对侵权文档的使用和传播情况没有尽到合理的注意义务，也没有建立起足够有效的著作权保护机制，对于涉案侵权行为具有应知的过错，其行为构成帮助侵权，对于中青文公司的损失应当承担相应的赔偿责任。

北京高院解释，信息存储空间服务提供者，其在知道有关文档不属于已经过权利人授权、而阅读量有较大的文档，应负有较高注意义务，应积极与上传者取得联系，对相关文档是否原创或者是否具有合法授权进行核实，采取有效措施防止侵权行为发生或持续。

【案例5】

广东原创动力文化传播有限公司与长沙第九部落信息科技有限公司
侵害作品信息网络传播权纠纷案[1]
［（2016）粤73民终291号］

原创动力公司系全国知名动漫影视作品《喜羊羊与灰太狼》的制作和发行公司，享有美术作品"灰太狼"的著作权。经过原创动力公司多年经营，《喜羊羊与灰太狼》系列动漫影视作品在全国持续热播，获得广泛好评，具有极高的市场价值。第九部落公司未经原创动力公司许可也未支付报酬，通过其经营的"素材公社网"（www.tooopen.com）上传播了涉案图片《灰太狼矢量卡通素材下载》。原创动力公司认为第九部落公司的该行为侵害了原创动力公司对上述形象美术作品的著作权，给原创动力公司造成了重大经济损失，遂将第九部落公司诉至法院。

一审法院认为：第九部落公司作为网站开办单位属网络服务提供者，鉴于原创动力公司并未授权或许可第九部落公司及该用户传播其作品，故该传播行为侵害了原创动力公司对涉案灰太狼美术作品的信息网络传播权。关于第九部落公司作为网络服务提供者是否构成侵权的问题。首先，在第九部落公司网站上的涉案作品下载为收费下载，所收取费用部分由第九部落公司获得，故第九部落公司系从网络用户提供的作品中直接获得经济利益，应对网络用户侵害信息网络传播权的行为负有较高的注意义务；其次，原创动力公司涉案美术作品知名度较高，该网络用户的侵权信息较为明显，第九部落公司理应知晓该上传行为涉嫌侵权，且第九部落公司有能力通过设置关键词检索、上

---

[1] http：//www.itslaw.com/detail？judgementId = 8a5f677e - 7c79 - 4aab - 8f2d - 6ad302d5163d&area = 1&index = 1&sortType = 1&count = 1&conditions = searchWord% 2B% EF% BC% 882016% EF% BC% 89% E7% B2% A473% E6% B0% 91% E7% BB% 88291% E5% 8F% B7% 2B1% 2B% EF% BC% 882016% EF% BC% 89% E7% B2% A473% E6% B0% 91% E7% BB% 88291% E5% 8F% B7，访问时间：2016 年 8 月 27 日。

传内容审核等管理方式预防侵权，但第九部落公司并未采取相应措施，故可以认定第九部落公司对该网络用户的侵权行为构成应知，第九部落公司应知网络用户利用网络服务侵害信息网络传播权，未采取必要措施，构成帮助侵权，应承担侵权责任。

第九公司不服一审法院判决并上诉，二审法院认为：根据原审查明事实，第九部落公司经营的素材公社网的"版权声明"界面载明素材公社网是资讯、作品及设计素材分享平台，所有文字、图片内容均由会员上传，且提交了昵称为"旭日视界"的会员张旭常的身份证号、支付宝账号信息。综上，可认定涉案作品系网站注册会员上传。因此，第九部落公司在本案中为提供信息存储空间的网络服务提供者。依据《最高人民法院关于审理侵害信息网络传播权民事纠纷案件适用法律若干问题的规定》第 8 条、第 9 条、第 11 条第 1 款的规定，本案中，被告第九部落公司通过向下载图片的会员收取公社币的方式直接获取经济利益，故其应当承担较高的注意义务。根据被上诉人原创动力公司一审提交的证据显示，电视动画作品《喜羊羊与灰太狼》具有较高的知名度。结合被上诉人指控的侵权图片可发现，被上诉人的美术作品系被直接使用在侵权图片中，侵权信息较明显。原审法院认定上诉人第九部落公司对网络用户的侵权行为构成应知，应当承担侵权责任正确。关于赔偿金额的问题，上诉人第九部落公司通过涉案作品直接获取经济利益，且应当知道服务对象提供的美术作品侵权，故不能依据《信息网络传播权保护条例》第 22 条的规定免除赔偿责任。由于被上诉人原创动力公司未能提供因被侵权所遭受损失以及上诉人第九部落公司因侵权所获得的利润的证据，原审法院综合考虑美术作品的类型、知名度、市场价值、被告侵权行为的性质、主观过错程度、侵权行为的持续时间，涉案图片的下载数量、下载费用及被上诉人为制止侵权行为支付合理费用及批量维权等因素，酌定上诉人第九部落公司承担赔偿数额为 1500 元，并无不当，本院予以维持。

四、网络服务提供者的法律责任

《涉及网络知识产权案件审理指南》第 11 条规定：《侵权责任法》第 36 条属于侵权责任构成要件条款。《信息网络传播权保护条例》第 20 条、第 21 条、第 22 条、第 23 条属于网络服务提供者侵权损害赔偿责任免责条款。不符合前述免责条件的，应根据《侵权责任法》第 36 条判断网络服务提供者是否应当承担损害赔偿责任。

（一）民事责任

我国现行法律法规对网络服务提供者的民事责任规定在《侵权责任法》第36条和《信息网络传播权保护条例》第23条。

依据《侵权责任法》第36条的规定，网络用户、网络服务提供者利用网络侵害他人民事权益的，应当承担侵权责任。网络用户利用网络服务实施侵权行为的，被侵权人有权通知网络服务提供者采取删除、屏蔽、断开链接等必要措施。网络服务提供者接到通知后未及时采取必要措施的，对损害的扩大部分与该网络用户承担连带责任。网络服务提供者知道网络用户利用其网络服务侵害他人民事权益，未采取必要措施的，与该网络用户承担连带责任。

依据《信息网络传播权保护条例》第23条的规定，网络服务提供者为服务对象提供搜索或者链接服务，明知或者应知所链接的作品、表演、录音录像制品侵权的，承担共同侵权责任。

（二）行政责任

我国现行法律法规对网络服务提供者的行政责任规定在《信息网络传播权保护条例》第25条，网络服务提供者无正当理由拒绝提供或者拖延提供涉嫌侵权的服务对象的姓名（名称）、联系方式、网络地址等资料的，由著作权行政管理部门予以警告；情节严重的，没收主要用于提供网络服务的计算机等设备。

五、网络服务提供者侵权赔偿免责情形

（一）避风港原则与红旗原则

美国1998年制定的《数字千年版权法案》（简称 DMCA）规定了一项重要的技术中立的法律规则，即"避风港"原则。"避风港"原则是指在网络著作权侵权案件中，被侵权人在获知侵权事实后，可以向网络服务提供者发出符合DMCA规定的侵权通知，网络服务提供者在接到侵权通知后，应当及时删除相关侵权信息，否则就被视为侵权。如果侵权内容既不在网络服务商的服务器上存储，又没有被告知哪些内容应该删除，则网络服务提供商不承担侵权责任。避风港原则包括"通知+移除"两部分，该原则最早适用于著作权领域，之后由于网络中介服务商没有能力进行事先内容审查，一般事先对侵权信息的存在不知情，所以，采取该原则对网络中介服务商的间接侵权责任进行限制。网络服务提供者使用目录、索引、超文本链接、在线存储网站等信息定位工具，如果其链接、存储的相关内容涉嫌侵权，在其能够证明自己并无恶意，并且及时删除侵权链接或者内容的情况下，网络服务提供者不承担赔偿责任。

"红旗"原则是"避风港"原则的适用例外，红旗原则是指如果网络用户侵犯信息网络传播权的事实是显而易见的，就像红旗一样飘扬，网络服务提供者就不能假装看不见，而以不知道侵权为由推卸责任，在此情形下，即使权利人没有向网络服务提供者发出通知，也可以认定网络服务提供者知道网络用户实施了侵权行为。也就是说，网络服务提供商必须"不知道也没有合理的理由应当知道"网络用户侵权行为的存在，才能获得"避风港原则"的庇护。法院在判定网络侵权，准备使用避风港原则之前，应首先考虑红旗原则。"红旗原则"最早规定在1998年美国版权法修正案中，我国的《信息网络传播权保护条例》也借鉴了该原则。

（二）我国网络服务提供者侵权赔偿免责情形

我国对于"避风港原则"的吸收和立法，主要体现在《信息网络传播权保护条例》的第20、21、22、23条中。《条例》分别针对提供"网络接入与信息传输通道服务"的网络服务提供者，提供"系统缓存服务"的网络服务提供者，提供"信息存储空间服务"的网络服务提供者，提供"搜索和链接服务"的网络服务提供者等在什么条件下可以免责，能够享受避风港待遇作出了规定。根据我国《信息网络传播权保护条例》的规定，网络服务提供者侵权赔偿的免责情形包括以下四种：

1. 网络服务提供者根据服务对象的指令提供网络自动接入服务，或者对服务对象提供的作品、表演、录音录像制品提供自动传输服务，未选择并且未改变所传输的作品、表演、录音录像制品，且向指定的服务对象提供该作品、表演、录音录像制品，并防止指定的服务对象以外的其他人获得，不承担赔偿责任。

2. 网络服务提供者为提高网络传输效率，自动存储从其他网络服务提供者获得的作品、表演、录音录像制品，根据技术安排自动向服务对象提供，并具备下列条件的，不承担赔偿责任：①未改变自动存储的作品、表演、录音录像制品；②不影响提供作品、表演、录音录像制品的原网络服务提供者掌握服务对象获取该作品、表演、录音录像制品的情况；③在原网络服务提供者修改、删除或者屏蔽该作品、表演、录音录像制品时，根据技术安排自动予以修改、删除或者屏蔽。

3. 网络服务提供者为服务对象提供信息存储空间，供服务对象通过信息网络向公众提供作品、表演、录音录像制品，并具备下列条件的，不承担赔偿责任：①明确标示该信息存储空间是为服务对象所提供，并公开网络服务提供者的名称、联系人、网络地址；②未改变服务对象所提供的作品、表演、录音录像制品；③不知道也没有合理的理由应当知道服务对象提供的作品、表演、录音录像制品侵权；④未从服务对象提供作品、表演、录音录像制品中直接获得经济利益；⑤在接到权利人的通知书后，根据本条例规定删除权利人认为侵权的作品、表演、录音录像制品。

4. 网络服务提供者为服务对象提供搜索或者链接服务，在接到权利人的通知书后，根据条例规定断开与侵权的作品、表演、录音录像制品的链接的，不承担赔偿责任。

我国《信息网络传播权保护条例》的第 23 条规定："网络服务提供者为服务对象提供搜索或者链接服务，在接到权利人的通知书后，根据本条例规定断开与侵权的作品、表演、录音录像制品的链接的，不承担赔偿责任；但是，明知或者应知所链接的作品、表演、录音录像制品侵权的，应当承担共同侵权责任。"该条文前半句体现了"避风港原则"，后半句则体现了"红旗原则"。此外，《涉及网络知识产权案件审理指南》第 10 条规定：单独或以分工合作等方式共同提供作品、表演、录音录像制品的行为，不适用有关网络服务提供者的免责条款。

思考题

1. 简述网络传播权的立法概况。
2. 简述网络环境下著作权的合理使用。
3. 简述技术措施和权利管理信息的法律保护。
4. 简述网络著作权的侵权方式和责任。
5. 简述网络服务提供者的侵权行为以及法律责任。

第三章

网络商标权

【学习目的与要求】 通过本章的学习，了解网络商标侵权的主要表现形式以及网络商标侵权的法律责任；掌握网络交易平台服务提供商的商标侵权行为方式以及侵权责任；了解搜索引擎服务提供商的网络商标侵权以及不正当竞争。

第一节   网络商标侵权概述

随着科学技术的发展，互联网涉及生活的各个方面，"互联网＋"的时代已经到来，人们的的生活方式从线下扩张到线上，足不出户就可以实现交友、学习、购物等。任何事物都具有两面性，网络带给人们便利的同时也产生一些新问题，由于网络具有全球性、虚拟性、科技含量高等特点，网络商标侵权对象具有无形性、侵权地的不确定性、侵权证据的隐匿性，使得网络商标侵权现象急剧增加。当然，网络商标侵权行为在现有法律框架下依然可以得到规制，网络上的商标使用相对于传统意义上的商标使用，仅仅是传统商标的使用在网络领域的延伸，网络商标侵权亦是传统商标侵权在网络领域的发展，改变的只是形式和手段。目前在我国，没有关于网络商标侵权的法律法规出台，仅有 2016年 4 月 13 日北京高院发布的《涉及网络知识产权案件审理指南》，其中涉及网络商标权的部分针对我国当前的网络商标侵权案件作出一些规定，但是审理指南只是具有法院审理网络商标侵权的参考作用，不具有类似法律法规的直接适用的效力。

一、网络商标侵权的主要表现形式

1. 注册互联网域名导致侵犯他人商标权。由于域名的无形财产性，有些企业或个人盗用知名公司或竞争对手的企业名称、商标名称注册为自己的域名，侵犯他人商标权，主要存在两种行为即域名搭商标便车行为和域名抢注。域名搭便车指将他人商标注册为自己的域名，从而导致公众的混淆或误认，以抢夺交易机会。域名抢注是指行为人将他人的商标抢先注册为域名，有意阻止他人注册或待价而沽，对商标权人进行敲诈勒索，要求其高价"赎回"。

2. 将他人的商标直接使用于自己的网页上出售假冒商品。例如淘宝网上经常发生的卖家销售假冒他人注册商标专用权商品的行为。这种商标侵权行为与传统的商标侵权行为无异，直接针对的是某种商品或服务，只是侵权行为发生在网上，未经商标权人许可，擅自使用与权利人相同或类似商标在相同或类似的商品或服务上，造成消费者对该商品或服务的来源产生混淆和误认，需要承担相应的责任，这种行为在纠纷的处理上与传统的商标侵权处理方式基本相同。

3. 随意使用他人的知名商标、字号、商品或服务名称于链接中。此时因使用商标的行为针对特定的链接，要在考察该链接上的信息基础上，判断是否侵权。如果主网页上出现了由某商标标明的商品或服务，并且主网页上的情形会导致消费者误以为该链接指向商标权利人的，为了进一步寻找该商品或服务，消费者会积极地点击该链接的话，就有可能产生混淆而构成侵权。

4. 搜索引擎中的商标侵权。消费者使用搜索引擎输入关键词，行为人的网页则会显示在搜索结果中，用户可能将被指引到行为人网页中去。此种侵权行为的工作原理是将他人的商标用作自己网页的元标记，元标记指万维网超文本置标语言的一种软件参数，网主用以描述其网站，包括网主的基本情况、版权声明及关键词等，这些信息访问人是看不见的，但搜索引擎必须依靠它工作。[1]

二、网络商标侵权的法律责任

根据我国《商标法》《商标法实施细则》和《刑法》的相关规定，商标侵权应承担民事责任、行政责任、刑事责任。

（一）商标侵权的民事责任

1. 停止侵权，在停止侵权方面，一般认为适用无过错责任原则。在直接侵权中，无论行为人是否具有主观过错，都应当承担立即停止侵权的民事责任。我国《商标法》第64条第2款规定：销售不知道是侵犯注册商标专用权的商品，能证明该商品是自己合法取得并说明提供者的，不承担赔偿责任，但仍应承担停止侵权的法律责任。

2. 赔偿损失，在赔偿损失方面，学界的通说是适用过错责任原则，如果侵权人有过错，还应承担赔偿责任。我国《商标法》第63条规定：侵犯商标专用权的赔偿数额，按照权利人因被侵权所受到的实际损失确定；实际损失难以确

---

〔1〕　孙海龙、姚建军："网络商标侵权问题研究"，载《电子知识产权》2007年第8期。

定的，可以按照侵权人因侵权所获得的利益确定；权利人的损失或者侵权人获得的利益难以确定的，参照该商标许可使用费的倍数合理确定。对恶意侵犯商标专用权，情节严重的，可以在按照上述方法确定数额的 1 倍以上 3 倍以下确定赔偿数额。赔偿数额应当包括权利人为制止侵权行为所支付的合理开支。人民法院为确定赔偿数额，在权利人已经尽力举证，而与侵权行为相关的账簿、资料主要由侵权人掌握的情况下，可以责令侵权人提供与侵权行为相关的账簿、资料；侵权人不提供或者提供虚假的账簿、资料的，人民法院可以参考权利人的主张和提供的证据判定赔偿数额。权利人因被侵权所受到的实际损失、侵权人因侵权所获得的利益、注册商标许可使用费难以确定的，由人民法院根据侵权行为的情节判决给予 300 万元以下的赔偿。

（二）商标侵权的行政责任

商标侵权行为不仅侵犯了当事人的合法权益，同时损害了社会公共管理秩序，因此也要承担行政责任。我国《商标法》第 60 条规定：对于侵权注册商标专用权的行为，商标注册人或者利害关系人可以向人民法院起诉，也可以请求工商行政管理部门处理。工商行政管理部门处理时，认定侵权行为成立的，责令立即停止侵权行为，没收、销毁侵权商品和主要用于制造侵权商品、伪造注册商标标识的工具，违法经营额 5 万元以上的，可以处违法经营额五倍以下的罚款，没有违法经营额或者违法经营额不足 5 万元的，可以处 25 万元以下的罚款。对 5 年内实施两次以上商标侵权行为或者有其他严重情节的，应当从重处罚。销售不知道是侵犯注册商标专用权的商品，能证明该商品是自己合法取得并说明提供者的，由工商行政管理部门责令停止销售。

（三）商标侵权的刑事责任

我国《商标法》第 67 条规定了商标侵权行为构成犯罪的，除赔偿被侵权人损失外，依法追究刑事责任，对应我国《刑法》中第 213 条的"假冒注册商标罪"、第 214 条的"假冒注册商标的商品罪"以及第 215 条的"非法制造、销售非法制造的注册商标标识罪"。

第二节　网络交易平台服务提供商的商标侵权责任

当下，网络购物的热潮未有丝毫消减，简单、方便、快捷、省时又省力等诸多优点集于一身的一站式消费模式博得越来越多的消费者青睐，据统计，2015 年阿里巴巴平台天猫双 11 当日交易额达 912.17 亿元，接近 2014 年交易额的两倍，如此庞大的数字成就了互联网交易平台，但不容忽视的是，近年来频频出现网络交易平台服务提供商侵犯商标权的案件。

一、网络平台服务提供商的概念

网络平台服务提供商 IPP（Internet Presence Provider）作为网络服务提供者（Internet Service Provider）的一种典型分类，是指为交易信息和交易行为提供网络平台服务的主体。其主要为用户提供信息交流和技术服务的空间，其中交易型平台的基本功能在于提供网上交易，如网上商场、交易平台网站等即网络交易平台提供商，根据其交易双方主体的不同性质，可以划分为 B2B（Business to Business）、B2C（Business to Customer）、C2C（Customer to Customer）。B2B 即"商家对商家"是指进行电子商务交易的供需双方都是商家（或企业、公司），它们使用了互联网的技术或各种商务网络平台，完成商务交易的过程。B2C 即"商家对个人"是指企业通过互联网为消费者提供一个新型的购物环境——网上商店，消费者通过网络在网上购物、网上支付等消费行为，如天猫、京东等。C2C 即"个人对个人"是指电子商务交易的双方都是个人，他们通过网络完成交易，如淘宝网、拍拍网、易趣网。本节将讨论在 C2C 模式下网络交易平台服务提供商的商标侵权责任。

二、网络交易平台服务提供商的商标侵权行为方式

【案例1】

衣恋诉刘某、淘宝网商标侵权案[1]

韩国 E·兰德有限公司经中华人民共和国国家工商行政管理总局商标局核准，注册了"E·LAND"商标。2009 年 1 月 1 日，该公司授权衣恋公司在中国大陆独占使用包括"E·LAND"品牌系列商标并进行商标维护活动，授权期限自 2009 年 1 月 1 日至 2017 年 12 月 31 日。2009 年 9 月 21 日，衣恋公司向上海市长宁公证处申请对用户名为"meimeishisan"的用户自"www.taobao.com"上，名为"美丽侠女"的店铺购买女式衬衫全过程的相关网页信息内容进行证据保全。经确认，该衬衫并非衣恋公司产品。

诉讼前，衣恋公司致函浙江淘宝网络有限公司，要求提供淘宝卖家"美丽侠女"的身份信息并暂时不要删除其侵权链接。浙江淘宝网络有限公司回函，并提供了刘某在淘宝网上注册的身份信息。衣恋公司认为，刘某在淘宝网上发布了多则带有与涉案商标相同标识的服装商品信息，其行为侵犯衣恋公司注册商标专用权。浙江淘宝网络有限

---

[1] 资料来源：《人民法院报》。

公司经营的淘宝网存在大量侵犯涉案注册商标的信息，衣恋公司就此多次向其投诉，但浙江淘宝网络有限公司一直消极对待。因此，在刘某未能提供相关商标授权文件的情况下，浙江淘宝网络有限公司允许刘某销售印有涉案商标的服装，其行为属于为刘某的侵权行为提供便利，故刘某与浙江淘宝网络有限公司在本案中均应承担责任。

法院审理后认为，刘某未经授权使用"E·LAND"标识，足以使相关公众对涉案商品的来源产生混淆，已构成销售侵犯注册商标专用权商品的行为，根据刘某侵权行为的性质、情节及其经营规模、"E·LAND"商标的知名程度等因素，酌情判决刘某赔偿衣恋公司经济损失等共计6200元，并停止侵犯衣恋公司对"E·LAND"商标的独占使用许可权。法院同时认为，浙江淘宝网络有限公司是网络交易平台的提供者，淘宝网仅作为用户物色交易对象、就货物和服务的交易进行协商，以及获取各类与贸易相关的服务的平台，其本身并不作为买家或卖家的身份参与买卖行为，不能将淘宝卖家的销售行为视为浙江淘宝网络有限公司的行为。另外，对需要在淘宝网上出售物品的会员，浙江淘宝网络有限公司均要求其获得实名认证后才可发布交易信息。《淘宝服务协议》《商品发布管理规则》中明确要求淘宝卖家不得买卖国家禁止销售或者限制销售的物品，不得买卖侵犯他人知识产权或者其他合法权益的物品及发布相应的信息。浙江淘宝网络有限公司在收到衣恋公司函后，根据该公司要求，暂时保留了涉嫌侵权的信息，并提供了刘某的身份信息。至诉讼后，浙江淘宝网络有限公司随即删除了相应的信息。作为网络服务提供者，浙江淘宝网络有限公司在本案中已尽合理义务，衣恋公司要求其承担民事责任的主张，缺乏法律依据，不予支持。

【案例2】

衣念诉杜国发、淘宝网商标侵权案[1]

原告经授权获得第1545520号、第1326011号注册商标独占许可使用权，其生产的TEENIE WEENIE等品牌服装拥有很高的知名度。被告杜某某在淘宝网销售的服装中使用了原告的注册商标。自2009年9月开始，原告7次发函淘宝公司要求其删除杜国发发布的侵权商品信息，

---

[1] 资料来源：上海法院网，该案入选2012年第1期《中华人民共和国最高人民法院公报》案例。

淘宝公司对其举报的侵权信息予以删除，但未采取其他制止侵权行为的措施。原告认为杜国发侵犯了其享有的注册商标专用权，淘宝网帮助其实施侵权行为。故起诉要求两被告赔偿经济损失、刊登说明告示并致歉等。法庭经审理认为，网络服务提供者删除信息后，若用户仍然利用其提供的网络服务继续实施侵权行为，应进一步根据网络服务的技术可行性、侵权情节等因素确定采取必要的措施，如降低信用评级、限制发布商品信息直至关闭该网络用户的账户等，淘宝公司除了删除杜国发的商品信息外没有采取其他任何措施，依然为其提供网络服务，构成帮助侵权，具有主观过错，应承担连带赔偿责任。案件判决后，淘宝公司提出上诉，二审维持原判。该案明确了如果网络交易平台经营者知道网络商户利用其所提供的网络服务实施侵权行为，而仍然为侵权行为人提供网络服务或者没有采取必要的措施，应当与网络商户承担共同侵权责任。该案的裁判结果对规范网络交易平台经营、促进电子商务健康发展有重要意义。

（一）网络交易平台服务提供商的直接侵权行为

一般来说，网络交易平台服务提供商并不直接实施侵犯注册商标专用权的行为，除非其未经许可在相同产品或服务上使用了与他人（此处应指其他网络交易平台服务商）注册商标相同的商标；未经许可在相同产品或服务上使用了与他人注册商标近似的商标，容易导致公众混淆的；或者未经许可在近似的产品或服务上使用了与他人的注册商标相同或近似的商标，容易导致公众混淆的，即使公众误认为 A 网络交易平台服务提供商是 B 网络交易平台服务提供商。该行为侵犯了我国《商标法》第 57 条第 1 项和第 2 项，属于直接侵犯商标权的行为。

此外，《涉及网络知识产权案件审理指南》涉及网络商标权部分指出：原告有初步证据证明平台服务商提供被控侵权交易信息或者实施交易行为侵害其商标权，但平台服务商能够证明该交易信息或者交易行为系由网络卖家提供或者实施，平台服务商无过错的，不应认定平台服务商承担侵权责任。平台服务商提供能够确定网络卖家的主体身份、联系方式、网络地址等证据的，可以初步认定被控侵权交易信息或者交易行为系由网络卖家提供或者实施。平台服务商不提供证据或者无法举证证明，被控侵权交易信息或者交易行为系由网络卖家提供或者实施的，可以认定其直接提供了被控侵权交易信息或者实施了交易行为。

（二）网络交易平台服务提供商的间接侵权行为

淘宝网作为网络交易平台提供商只是为交易双方提供了一个交易平台，并不直接参与交易，它所扮演的角色只是辅助性的。我国《商标法》第 57 条第 6 项规定，故意为侵犯他人商标专用权行为提供便利条件，帮助他人实施侵犯商标专用权行为的，属于侵犯注册商标专用权。《商标法实施条例》第 52 第 2 项进一步解释了提供便利条件包括提供仓储、运输、邮寄、隐匿等，这种侵权行为在学界被称之为间接侵权。间接侵权是指引诱他人实施直接侵权行为，或在知晓他人准备或正在实施直接侵权行为时提供实质性帮助的行为。

商标间接侵权以直接侵权的存在为前提条件，适用过错责任原则，包括四个构成要件：主观过错、侵权行为、损害结果以及侵权行为与损害结果之间的因果关系。主观过错包括故意和过失，故意是指网络交易平台服务提供商明知卖家有侵犯他人商标专用权的行为而无视该行为，引诱卖家侵权或者为卖家侵权提供实质性的帮助。过失是指网络交易平台应当尽到合理的注意义务，但因疏忽大意而没有发现卖家的侵权行为。侵权行为是指网络交易平台服务提供商为卖家侵犯商标专用权的行为提供便利条件，帮助卖家侵权。损害结果是指网络交易平台服务提供商的行为使得商标专用权人丧失了部分应得利益，包括经济利益或者商誉等。因果关系是指网络交易平台服务商的侵权行为与商标专用权人受到损失存在着引起与被引起的关系。著名的秀水街案就是判决间接侵权人承担责任的典型案例。在该案中，原告路易威登的商标权人在被告北京秀水豪森服装市场有限公司管理的秀水街商厦内发现有摊位销售侵犯其注册商标的商品，随即致函告知被告并提供了摊位号，后又在相同摊位发现侵权商标，遂诉至法院，一审法院认为被告作为场所提供者在收到原告致函后，未采取有效措施制止侵权行为发生，导致该侵权商户在一定时期内继续实施侵权行为，主观上存在故意，客观上为侵权行为提供了便利，[1]二审法院维持了原判。[2]网络交易平台服务提供商在网络商标侵权中扮演着类似于上述案例中秀水街公司的角色。显然，在知晓该行为是侵权行为依然对该行为予以引诱或帮助，行为人主观上具有明显过错，侵权行为与损害结果之间又具有因果联系，因此，要求行为人承担责任是合理的，法院判决网络交易平台提供商承担侵权责任也是援引间接侵权。互联网的发展使得间接侵权的平台发生了变化。

1. 网络交易平台服务提供商主观过错的认定。实践中判定网络交易平台服务提供商是否承担法律责任主要考虑其是否具有主观过错。法律不要求网络交易平台服务提供商对网络用户的交易信息进行跟踪监督，一方面考虑海量的网络信息，要求跟踪监督不经济也无法做到；另一方面考虑当下互联网技术处于

---

〔1〕 北京市第二中级人民法院（2005）二中民初字第 13594 号。
〔2〕 北京市高级人民法院（2006）高民终字第 335 号。

发展期，对其更多应该是支持而不是限制。如《涉及网络知识产权案件审理指南》第 19 条指出：平台服务商通常情况下不具有事先审查网络交易信息或者交易行为合法性的义务，但应根据其所属行业供服务的性质、方式、内容以及通常应具备的信息管理能力和经营能力等，采取必要的、合理的、适当的措施防止侵害商标权行为的发生。只有在因发生侵权后，收到权利人通知时，网络交易平台提供商才有义务对侵权行为予以查处。我国《侵权责任法》第 36 条第 3 款规定：网络服务提供者知道网络用户利用其网络服务侵害他人民事权益，未采取必要措施的，与该网络用户承担连带责任。《涉及网络知识产权案件审理指南》第 26 条规定：平台服务商"知道"网络卖家利用其网络服务实施侵害商标权行为，包括"明知"和"应知"。认定平台服务商知道网络卖家利用网络服务侵害他人商标权，可以综合考虑以下因素：①被控侵权交易信息位于网站首页、栏目首页或者其他明显可见位置；②平台服务商主动对被控侵权交易信息进行了编辑、选择、整理、排名、推荐或者修改等；③权利人的通知足以使平台服务商知道被控侵权交易信息或者交易行为通过其网络服务进行传播或者实施；④平台服务商针对相同网络卖家就同一权利的重复侵权行为未采取相应的合理措施；⑤被控侵权交易信息中存在网络卖家的侵权自认；⑥以明显不合理的价格出售或者提供知名商品或者服务；⑦平台服务商从被控侵权交易信息的网络传播或者被控侵权交易行为中直接获得经济利益；⑧平台服务商知道被控侵权交易信息或者交易行为侵害他人商标权的其他因素。第 27 条规定：平台服务商从被控侵权交易信息的网络传播或者被控侵权交易行为中直接获得经济利益，是指平台服务商针对该特定交易信息或者交易行为投放广告，提取相应比例收入，或者获取与该特定交易信息或者交易行为存在其他直接联系的经济利益。平台服务商因提供网络服务而收取一般性广告费、行业内通常标准的技术服务费、行业内惯有商业模式的服务费、管理费等，不属于前款规定的情形。

2. 网络交易平台服务提供商的教唆、帮助侵权行为。《涉及网络知识产权案件审理指南》第 21 条规定：平台服务商在提供网络服务时，教唆或者帮助网络卖家实施侵害商标权行为的，应当与网络卖家承担连带责任。平台服务商故意以言语、推介技术支持、奖励积分、提供优惠服务等方式诱导、鼓励网络卖家实施侵害商标权行为的，可以认定其构成教唆网络卖家实施侵权行为。平台服务商知道网络卖家利用网络服务侵害他人商标权，未采取删除、屏蔽、断开链接等必要措施，或者仍提供技术、服务支持等帮助行为的，可以认定其构成帮助网络卖家实施侵权行为。

3. 网络交易平台服务提供商的通知删除义务。在衣恋诉刘某、淘宝网侵权案中，浙江淘宝网络有限公司在收到衣恋公司函后，根据该公司要求，暂时保留了涉嫌侵权的信息，并提供了刘某的身份信息。至诉讼后，浙江淘宝网络有限公司随即删除了相应的信息。因此淘宝网没有过错，不承担侵权责任。在衣念诉杜国发、淘宝网侵权案中，衣念公司在发现侵权后先后7次向淘宝网发送侵权通知函，（亦属于明知）淘宝网审核后7次删除，但是仍有侵权行为发生，一审法院认为应当根据网络服务的类型、技术可行性、成本、侵权情节等因素确定。具体到网络交易平台服务提供商，如果仍有侵权行为发生，可以进一步采取措施，这些措施可以是对网络用户进行公开警告、降低信用评级、限制发布商品信息直至关闭该网络用户的账户等。淘宝网亦有相应执行规则，但未严格执行其管理规则，故意为杜国发销售侵权商品提供网络服务，构成帮助侵权，一审法院认为其具有主观过错，应承担连带赔偿责任。这也就是1998年美国《千禧年数字版权法》（DMCA 法案）确立的"避风港原则"（前文已提及，此处不再赘述），避风港原则的核心内容是"通知＋移除"（notice—take down procedure），其目的在于平衡权利人与网络服务提供者之间的权利义务关系。我国《侵权责任法》第36条第2款也规定：网络用户利用网络服务实施侵权行为的，被侵权人有权通知网络服务提供者采取删除、屏蔽、断开链接等必要措施。网络服务提供者接到通知后未及时采取必要措施的，对损害的扩大部分与该网络用户承担连带责任。

《涉及网络知识产权案件审理指南》第22条规定：权利人通知平台服务商采取删除、屏蔽、断开链接等必要措施阻止网络卖家侵害其商标权的，应以书面形式或者平台服务商公示的方式向平台服务商发出通知。前款通知的内容应当能够使平台服务商确定被控侵权的具体情况且有理由相信存在侵害商标权的可能性较大。通知应包含以下内容：①权利人的姓名、有效联系方式等具体情况；②能够准确定位被控侵权内容的相关信息；③商标权权属证明及所主张的侵权事实；④权利人对通知内容真实性负责的声明。第23条规定：平台服务商根据权利人发送的通知，知道网络卖家利用其网络服务实施侵害商标权行为的，应当及时采取删除、屏蔽、断开链接等必要措施。必要措施是否及时、合理、适当，应当根据网络服务的性质、通知的形式和内容、侵害商标权的情节、技术条件等因素综合判断。第24条规定：平台服务商在采取必要措施后，应当在合理期限内将采取措施的情况明确告知网络卖家。超过合理期限，且平台服务商存在过错，导致网络卖家产生损失的，应当承担赔偿责任。第25条规定：因权利人错误通知导致平台服务商采取删除、屏蔽、断开链接等必要措施，致使网络卖家发生损失的，网络卖家有权要求权利人承担赔偿责任。

第三节　搜索引擎的网络商标侵权和不正当竞争

一、搜索引擎的盈利模式简介

搜索引擎的盈利模式主要包括"网络广告＋技术授权"，目前网络广告模式占绝大部分，但在早期的市场中，搜索引擎的盈利模式主要是技术授权。搜索引擎的技术授权模式是指为各种企业、公司、门户网站以及政府机构和职能部门提供搜索引擎服务，收取技术授权使用费。后来由于各网络门户自己独立研发搜索技术，这种模式渐渐失去影响力。网络广告模式主要表现为通过对关键字搜索结果的排序位置进行拍卖，以点击率和排序位置为收费的参考因素进行商业运营，而排序位置主要依赖于拍卖价格和点击率。百度是全球最大的中文搜索引擎，主要向人们提供"简单、可依赖"的信息获取方式。目前国内影响较大的搜索引擎服务商除了百度，还有谷歌、雅虎等。在网络商标侵权方面主要集中在竞价排名服务。竞价排名，顾名思义就是网站付费后才能被搜索引擎收录，付费越高者排名越靠前；竞价排名服务，是由客户为自己的网页购买关键字排名，按点击计费的一种服务。客户可以通过调整每次点击付费价格，控制自己在特定关键字搜索结果中的排名；并可以通过设定不同的关键词捕捉到不同类型的目标访问者。

关于搜索引擎服务商搜索服务的性质是有争议的，有些判例认为是商标侵权，有些认为是不正当竞争。《涉及网络知识产权案件的审理指南》认为是不正当竞争。

二、对于搜索引擎的网络商标侵权的分析

【案例3】

上海大众搬场公司诉百度商标侵权案[1]

原告大众交通公司享有"大众"文字注册商标专用权，注册证号为第772844号，核定服务项目为第39类，核定服务范围为汽车出租；出租车运输；车辆租赁；旅客运送。2005年6月，原告大众交通公司与原告大众搬场公司签订了《注册商标排他许可使用合同》，原告大众搬场公司因而取得了文字注册商标"大众"的排他许可使用权。经过两原告的努力，"大众"文字注册商标多次被评为上海市著名商标、最

---

[1]　上海市第二中级人民法院民事判决书（2007）沪二中民五（知）初字第147号。

具价值的上海服务商标。

两原告发现在三被告所有并经营的百度网站（www.baidu.com）的"竞价排名"和"火爆地带"栏目网页中，出现大量假冒原告大众搬场公司的网站链接，这些网站经营者均未经过工商登记，不具有经营相关业务的资格，却擅自使用原告大众交通公司享有专用权和原告大众搬场公司享有排他许可使用权的"大众"注册商标，并以与原告大众搬场公司的企业名称相同或近似的名称招揽搬场物流业务。两原告认为，百度网站上的"竞价排名"和"火爆地带"两个栏目属于网络推广形式的广告，即以网页为媒介，为客户提供收费的宣传和推广服务。因此，三被告在百度网站上的广告栏目中擅自使用两原告享有权利的注册商标构成商标侵权及发布虚假广告的不正当竞争行为，诉至法院。

被告百度网讯公司、被告百度在线公司、被告百度在线公司上海分公司共同辩称：①本案两原告享有权利的注册商标所核定使用的服务类别是第39类的汽车出租、出租车运输、车辆租赁、旅客运送等项目，而在第39类的"搬场"服务项目及第35类的"商业场所搬迁"服务类别上，两原告不享有注册商标专用权及排他许可使用权，因此两原告无权在搬场服务类别上阻止他人使用"大众"文字标识。②根据原告公证书显示，输入关键词"上海大众搬场物流有限公司"后，出现在网页右侧的八个网站链接不属于"火爆地带"服务项目的搜索结果，而属于"竞价排名"服务项目中智能匹配的搜索结果。而百度的"竞价排名"搜索服务本质上是一种搜索引擎技术服务，只向公众提供信息检索服务，展示与公众输入的关键词相关联的网页链接，并不直接提供任何信息。与普通搜索相比，百度的竞价排名服务是基于搜索引擎技术开发出来的一种新的技术应用，具有实质性的正当用途，不是一种专门的侵权工具。"竞价排名"服务仅为第三方网站提供技术服务，影响搜索关键词与该网站网页的技术相关度，使得该网站在搜索结果中排序优先。作为搜索引擎，百度网站无法对被链接第三方网站的内容进行审核与控制，也无法控制关键词的输入以及限制关键词所对应的网站，因此三被告不是广告发布者，不应对第三方网站上的内容负责。③对于本案"竞价排名"服务中的关键词"大众搬场"，三被告无法识别其可能涉及侵犯他人的注册商标。两原告事先未就此事发通知给三被告，而且三被告在接到本案诉状后已经及时断开了"大众搬场"关键词中全部涉嫌侵权的第三方网站的链接，作为搜索引擎服务商，三被告已经尽到了相关义务。综上，三被告认为自己没有侵犯两原告的商标权，也不存在不正当竞争行为，请求法院驳回两原告的诉请。

法院经审理认为：根据商标法司法解释的有关规定，类似服务是指在服务的目的、内容、方式、对象等方面相同，或者相关公众一般认为存在特定联系、容易造成混淆的服务。"大众"注册商标核定使用的运输类服务与搬场服务在相关公众看来存在特定的联系，容易造成混淆，因此两者属于类似服务。由于两原告从未许可接受"竞价排名"服务的第三方网站使用"大众"商标，三被告亦未提供上述网站的"竞价排名"合同、经营资质以及其他相关证据。故接受"竞价排名"服务的网站未经原告大众交通公司许可在其经营搬场业务的网站网页显著位置突出使用了"上海大众搬场物流有限公司""大众搬场"等字样作为其企业字号，使相关公众产生了误认，侵犯了原告大众交通公司享有的"大众"注册商标专用权。

百度网站作为搜索引擎，其主要功能在于提供网站链接以帮助公众在网上搜索、查询信息，其根据网民输入的关键词而在搜索结果中显示出的内容，不能被视为是百度网站自己提供的内容，因此，在本案中，虽然根据两原告输入的关键词，百度网站搜索结果的链接条目中含有"大众"和"上海大众搬场物流有限公司"等字样，但这是百度网站作为搜索引擎实现其主要功能的必要手段，同时百度网站的"竞价排名"服务只起到了影响网页搜索结果中自然排名的作用，也没有证据证明其有为第三方网站实施侵权行为提供便利的主观故意，综上，百度网站不应被认定为直接实施了商标侵权行为。

但是，根据最高人民法院关于贯彻执行《〈中华人民共和国民法通则〉若干问题的意见（试行）》（以下简称《民法通则》意见）的有关规定，教唆、帮助他人实施侵权行为的人，为共同侵权人，应当承担连带民事责任。与搜索引擎通常采用的自然排名相比，"竞价排名"服务不仅需要收取费用，还要求用户在注册时必须提交选定的关键词，因此，百度网站有义务也有条件审查用户使用该关键词的合法性，在用户提交的关键词明显存在侵犯他人权利的可能性时，百度网站应当进一步审查用户的相关资质，例如要求用户提交营业执照等证明文件，否则将被推定为主观上存在过错。在本案中，被告百度在线公司上海分公司作为"竞价排名"服务上海地区业务的负责人应当知道"大众"商标的知名度，许多申请"竞价排名"的用户与两原告毫无关系，却以"上海大众搬场物流有限公司"或者"大众搬场"为关键词申请

"竞价排名"服务，致使搜索结果中出现了两个名称完全相同、从事业务相同但其他内容和联系信息完全不同的网站。综上，百度网站应当知道存在第三方网站侵权的可能性，就此应当进一步审查上述第三方网站的经营资质，但根据三被告的陈述，百度网站对于申请"竞价排名"服务的用户网站除进行涉黄涉反等最低限度的技术过滤和筛选以外，没有采取其他的审查措施，未尽合理的注意义务进而导致了侵犯原告大众交通公司的注册商标的第三方网站在搜索结果中排名靠前或处于显著位置，使网民误以为上述网站系与原告大众交通公司关联的网站，对原告大众交通公司的商誉造成了一定影响。法院院认为，三被告未尽合理注意义务，主观上存在过错，客观上帮助了第三方网站实施了商标侵权行为，并造成了损害结果，因此与直接侵权的第三方网站构成共同侵权，应当承担连带民事责任。鉴于本案中，两原告只起诉了三被告要求其承担民事责任，三被告应仅就其帮助侵权行为承担相应的民事责任。

【案例 4】

广东绿岛风公司诉谷歌商标侵权案[1]

原告台山港益电器有限公司（以下简称港益公司）诉被告广州第三电器厂（以下简称第三电器厂）、北京谷翔信息技术有限公司（以下简称谷翔公司）侵犯注册商标专用权。港益公司经商标注册人独家授权许可，拥有绿岛风 Nedfon 中英文文字组合商标（第 1211271 号）的专用权。第三电器厂向谷翔公司 google.cn 网站的关键词业务代理商购买了"绿岛风"关键词广告。公证证据显示，通过 google 的搜索引擎，输入关键词"绿岛风"进行网页搜索，搜索结果第一页的左栏第一项显示的是港益公司的名称及网页链接"台山港益电器有限公司"，但右栏赞助商链接第一项显示的却是"绿岛风——第三电器厂"及链接"www.gzmeihao.com"还有网页介绍，内容为："30 年的专业创出专利产品，净化空气，通过 ISO9000：2000 质量认证，健康环保。"根据搜索结果，点击"绿岛风——第三电器厂"，可进入第三电器厂的网页。该网页内没有出现"绿岛风"字样，每一页面上方标有"meihao""广州第三电器厂"等字样，页面内容为第三电器厂生产的空气幕产品的

---

〔1〕　资料来源：中国工商报。

情况。因而，港益公司诉至法院称，两被告共同侵犯其注册商标专用权。

一审法院经审理认为，第三电器厂通过时代赢客公司订购在 google.cn 网站的"Google AdWords"服务，从双方签订的购买订单可以看出，时代赢客公司是根据被告第三电器厂提供的信息提供相应服务的。通过"Google AdWords"服务的流程可以看出，订购该服务的客户可通过其账户对关键词的选定等情况进行管理，可见关键词的选定权利在于第三电器厂。选定关键词的目的在于使互联网的使用者在进行搜索时更容易找到与其相关的链接，而作为代理商的时代赢客公司并无擅自选定、变更第三电器厂的关键词的企图和必要。因此，该行为的受益人只能是第三电器厂，故可认定第三电器厂是被控侵权行为的实施者。

谷翔公司作为 google.cn 网站的经营者，其经营的业务范围包括通过 google.cn 网站发布互联网广告，实质上是提供连线服务的网络服务提供者。"Google AdWords"服务是向企业或商家提供 Google AdWords 关键词广告的，作用就在于使互联网使用者可以方便地找到订购该服务的企业或商家的网站链接，就是让更多的用户可以关注到这些企业或商家的信息。《广告法》规定："本法所称广告，是指商品经营者或者服务提供者承担费用，通过一定媒介和形式直接或间接地介绍自己所推销的商品或者所提供的服务的商业广告。"可见，本案的被控侵权行为虽然有别于以往传统形式的广告行为，但其实质上仍然是一种通过特定媒介"广而告之"的广告行为。那么，第三电器厂以"绿岛风"作为关键词，并以"绿岛风——第三电器厂"将两者联系在一起的形式出现在搜索结果中是否属于将商标用于广告宣传的行为，则是这个争议焦点的关键问题。首先，从第三电器厂的主观角度来看，本案中，港益公司据以主张权利的是第 1211271 号注册商标，该商标是由经过字体修饰的中文"绿岛风"与英文"Nedfon"两部分组合而成的商标。该商标中文部分的"绿岛风"并不属于叙述词，而是属于臆造词。第三电器厂作为生产与港益公司同类产品的企业，使用该关键词显然出于"搭便车"的目的，其希望互联网的使用者（即潜在的客户）在搜索"绿岛风"这一关键词时可以找到其网站的链接，并在网站链接中采取"绿岛风——广州第三电器厂"这样的表述方式，希望混淆消费者对于绿岛风商标的出处的认识。其次，从相关公众对于"绿岛风"的理解角度来看，虽然第 1211271 号注册商标中占较大比例的部分是英文"Nedfon",而中文部分的"绿岛风"所占的比例比较小,但是,对于中国的消费者,按照注意习惯来说,更关注的仍然是商标的中文部分。因此,当互联网使用者通过互联网的google搜索引擎输入"绿岛风"搜索到被告第三电器厂的链接时,会对港益公司的注册商标的出处产生混淆与误认。因此,被控侵权行为应视为《商标法》意义上的商标使用行为。第三电器厂使用"绿岛风"作为其网站的关键词,已构成对港益公司第1211271号注册商标的商标侵权行为,应承担相应的赔偿责任。

二审法院认为:谷翔公司提供的"关键词广告"服务系一种新型的网络广告,谷翔公司作为广告经营者应当对广告主第三电器厂上载的广告内容进行审查,该问题的判定与商标侵权判定有关联。根据《广告法》第27条的规定,广告经营者、广告发布者依据法律、行政法规查验有关证明文件,核实广告内容。对内容不实或者证明文件不全的广告,广告经营者不得提供设计、制作、代理服务,广告发布者不得发布。谷翔公司作为广告经营者应对广告主第三电器厂的广告内容进行审查。国家鼓励互联网行业积极创新,鼓励其通过提高技术水平和经营管理水平来提升行业竞争力。随着互联网的迅猛发展,网络用户要在海量信息中寻找自己所需要的信息如同大海捞针,而搜索引擎作为快捷检索信息的网络工具被网络用户广泛使用,为广大网络用户带来便捷。关键词广告本身是技术创新和经营管理创新的产物,其以搜索引擎技术发展为基础,网络环境下技术和服务的创新和发展绝非脱离法律监管的理由。据此,谷翔公司应当负审查义务。根据《广告法》第47条第5项的规定,广告主、广告经营者、广告发布者有其他侵犯他人合法民事权益的,依法承担民事责任。据此,广告经营者对于广告主发布的广告侵犯他人商标权的应当依法承担民事责任。谷翔公司是否有审查义务与本案商标侵权判定当然有关联。

搜索引擎的主要功能在于提供网站链接以帮助公众在网上搜索、查询信息,其根据网民输入的关键词而在搜索结果中显示出的内容,不能被视为是网站自己提供的内容,因此,网站不应被认定为实施了直接商标侵权行为。

"竞价排名"的实质是将已有的链接进行优先排序,本质上仍属于一种搜索引擎技术服务,是对含有他人商标的网址进行链接的行为,因此关键字竞价排名行为构成间接侵权行为。间接侵权行为满足四个构成要件,主观过错,侵权行为、损害结果、侵权行为与损害结果之间存在因果关系。主观过错包括故意和过失。故意是指搜索引擎服务商故意为第三方网站实施直接侵权行为提供便利。过失是指搜索引擎服务商应当尽到合理的注意义务，但因疏忽大意等原因而没有发现第三方网站的侵权行为。一般说来，与搜索引擎通常采用的自然排名相比，"竞价排名"服务不仅需要收取费用，还要求用户在注册时必须提交选定的关键词，因此，提供搜索引擎服务网站有条件审查用户使用该关键词的合法性，在用户提交的关键词明显存在侵犯他人权利的可能性时，网站应当进一步审查用户的相关资质，否则将被推定为主观上存在过错。客观上为第三方网站的直接侵权提供了技术支持，帮助了第三方网站实施了商标侵权行为，并造成了损害结果，侵权行为与损害后果存在因果关系。

既然是间接侵权行为，那么直接侵权行为是前提，就存在搜索引擎对关键词服务的审查问题，是仅仅审查自己网站上的文字链接名称，还是要对链接指向的网站一并进行审查。同时，从技术上说，如果链接文字使用了一个很普通常见的词，但该词却是第三方的注册商标，又存在一个搜索引擎服务商应当如何甄别的问题。搜索引擎服务商一直标榜，"网络海量内容无法审查"，"对注册商标持有人情况不了解"等。那么这里判断侵权的标准也应该适用明知和应知的标准。这里的明知是指权利人已向搜索引擎服务商提供侵权链接或内容；应知是指推定搜索引擎服务商应当知道社会上知名度较高的商标等关键字。谷歌案中法院认为谷歌对客户的网络信息不具备编辑控制能力，对该网络信息的合法性没有监控义务，因而不构成共同侵权，这种做法显然是错误的。如果它明知对方的网站侵害他人商标权，却故意提供便利条件，即构成侵权，当然存在共同侵权。因此，搜索引擎服务商的网络商标行为完全符合间接侵权行为的全部构成要件，属于间接侵权，应与直接侵害商标权的网站承担共同侵权责任。

三、对于搜索引擎服务商的不正当竞争行为分析
【案例5】

我国最高法院发布的2015中国法院50件典型知识产权案例中宁波中源公司、宁波中晟公司与宁波畅想公司不正当竞争纠纷一案，最高院认为：畅想公司经过多年经营，在外贸管理软件行业已经具有一定的知名度、影响力和竞争优势。中源公司、中晟公司在百度竞价排名搜索推广中将"畅想软件""宁波畅想软件开发有限公司"设置为关键词，当相关公众搜索"畅想软件""宁波畅想软件开发有限公司"时，

在位列搜索结果首位出现"富通天下"广告推送，而不是在搜索结果首位出现畅想公司的相关产品及服务，虽然中源公司、中晟公司主张其是在后台使用了畅想公司的企业名称及字号，在搜索结果中中源公司、中晟公司的创意标题、描述内容和链接网址均标注了其提供的产品及服务为"富通天下"软件，并在标题旁边标注了"推广链接"，使得百度推广的结果与自然搜索的结果区分开来，但是该行为仍具有不正当性，一方面，中源公司、中晟公司将畅想公司的企业名称和字号设置为关键词没有任何正当理由，且它们之间存在直接的竞争关系，在畅想公司在外贸管理软件行业具有一定知名度的前提下，中源公司、中晟公司显然具有利用畅想公司商誉，不正当获取竞争利益的主观故意；另一方面，在搜索结果中首位出现"富通天下"广告推送，极有可能吸引相关公众的注意力，诱导相关公众去点击中源公司、中晟公司的网站，增加该网站的点击量，从而给该两公司带来潜在的商业交易机会，也使畅想公司失去了潜在的商业交易机会，损害畅想公司的利益。故二审判决认定中源公司、中晟公司该行为显属不当使用他人的企业名称或字号，有悖于诚实信用原则和公认的商业道德，具有可责性，应给予明确的否定性评价，未有不当。

在搜索引擎竞价排名案中，搜索推广服务提供商即"百度""搜狐"等常被列为共同被告。北京知识产权法院法官刘义军认为："搜索推广服务提供商通常作为竞价排名服务提供者与参与竞争的其他企业一起，列为不正当竞争纠纷的当事人。理由在于，虽然搜索推广服务提供商与参与竞价排名的企业或其竞争对手并不存在直接的竞争关系，但侵权企业系通过搜索推广服务提供商的竞价排名服务进行市场推广，侵权企业与被侵权企业之间通常存在竞争关系，故在此类案件中仍认为搜索推广服务提供商客观上参与了涉案不正当竞争行为。反不正当竞争法的立法目的在于保障社会主义市场经济健康发展，鼓励和保护公平竞争，制止不正当竞争行为，保护经营者和消费者的合法权益。在新的经济模式下，只要双方在最终利益方面存在竞争关系，亦应认定两者存在竞争关系，适用反不正当竞争法。"[1]在竞价排名案中，搜索引擎服务提供商已经实际参与到不正当竞争中，基于公众对搜索引擎服务商的信赖，消费者在选择消费提供者时很大程度上会依赖于

---

〔1〕 北京知识产权法院：竞价排名等不正当竞争案件日趋复杂化，法治，载人民网，http：//legal. peo-ple. com. cn/n1/2016/0517/c42510 - 28356331. html，访问时间：2016 年 10 月 26 日。

服务商提供的搜索结果，此种行为明显会减少选择其他企业作为消费提供者的消费者的数量，给其他企业造成经济损失。而与此同时，如果搜索引擎服务商提供的排名中的消费提供者的资质存在问题，搜索引擎服务提供商事先是知道的，或者在被侵害的企业通知搜索引擎服务提供商有企业正在利用竞价排名服务侵害其利益时，服务商仍然不采取删除等措施，放任损害后果的扩大，此时其应当承担责任。

（一）经营者购买、使用竞价排名服务的行为是否构成不正当竞争行为

实际参与"竞价排名"的经营者所直接从事的行为是否构成不正当竞争行为是判断搜索引擎服务商是否应承担责任的前提条件，《涉及网络知识产权案件的审理指南》第 38 条规定：认定被告购买、使用竞价排名服务的行为是否构成不正当竞争行为时，可以综合考虑以下因素：①是否未经许可使用了原告或者其利害关系人的能够标示商品或者服务品质、来源的商业标识，作为竞价排名关键词；②使用他人商业标识作为竞价排名关键词是否具有正当理由；③在搜索结果列表中所显示的标题、网页内容介绍中是否包含该关键词；④通过搜索结果进入的被告网页是否包含该关键词；⑤是否足以导致归属于原告的交易机会或者竞争优势变化，致使原告合法权益受到损害。

（二）搜索引擎服务提供商不具有事先审查的义务

在实践中，许多企业都在使用搜索引擎的竞价排名服务，每天新增加使用竞价排名服务的企业正在急速增长，如果苛以搜索引擎服务提供商必须进行事先审查的义务，显然会加剧其负担，也不符合现代社会对网络服务提供者提供方便快捷服务的要求。

《涉及网络知识产权案件的审理指南》第 39 条、第 40 条规定：搜索引擎服务提供者提供的竞价排名服务，属信息检索服务。在提供竞价排名服务的过程中，搜索引擎服务提供者未实施选择、整理、推荐、编辑关键词等行为的，其对竞价排名服务中所使用的关键词等不负有全面、主动审查的义务，但明显违背法律、法规规定的除外。

（三）搜索引擎服务提供商的通知、删除义务

搜索引擎服务提供商同样适用"避风港规则"，即当原告发现有竞争者利用竞价排名服务对其实施不正当竞争行为时，原告可以通知搜索引擎服务提供商采取删除、屏蔽、断开链接等措施，如果搜索引擎服务提供商在接到通知后，及时采取了删除等措施，避免了损害后果的扩大，则可以免责。

《涉及网络知识产权案件的审理指南》第 40 条第 2 款和第 3 款规定：对于利用竞价排名服务实施的不正当竞争行为，原告有权通知搜索引擎服务提供者采取删除、屏蔽、断开链接等必要措施。搜索引擎服务提供者接到通知后未及

时采取必要措施的，对损害的扩大部分与实施不正当竞争行为的经营者承担连带责任。搜索引擎服务提供者知道他人利用竞价排名服务实施不正当竞争行为，未采取必要措施的，应当与其承担连带责任。

在现代互联网发展迅速的背景下，互联网企业获得巨大利润的同时，应该承担起更多的社会责任，加强企业资格审核监管，提高注意义务，尤其像医药、食品等关系公民生命健康的行业，更应该格外重视，为企业的长足发展打下坚实的基础。

思考题

1. 简述网络商标侵权的主要表现形式。
2. 简述网络交易平台服务提供商的商标侵权的行为方式。
3. 简述搜索引擎的网络商标侵权以及不正当竞争。

第四章

网络其他知识产权

【学习目的与要求】通过本章的学习，了解计算机程序和网络商业方法的可专利性；掌握网络不正当竞争的特点，网络不正当竞争行为的表现形式以及司法实践中用于判定是否构成网络不正当竞争行为的相关原则；了解数据库的传统保护和特别保护内容。

第一节　网络环境下的专利权

一、网络环境对专利新颖性判断的新要求

根据《专利法》第22条第1款的规定，授予专利权的发明和实用新型，应当具备新颖性、创造性和实用性。因此，申请专利的发明和实用新型具备新颖性是授予其专利权的必要条件之一。新颖性，是指该发明或者实用新型不属于现有技术；也没有任何单位或者个人就同样的发明或者实用新型在申请日以前向专利局提出过申请，并记载在申请日以后（含申请日）公布的专利申请文件或者公告的专利文件中。现有技术是指申请日以前在国内外为公众所知的技术。现有技术包括在申请日（有优先权的，指优先权日）以前在国内外出版物上公开发表、在国内外公开使用或者以其他方式为公众所知的技术。网络环境和数字技术给专利权的获得、保护等提出了前所未有的问题，随着网络的发展和普及，存在于网络中的资料也成为一种公开发明创造的出版物。《专利法》关于新颖性规定中的"出版物"，根据2010年修订后的中国专利局《审查指南》的规定，是指记载有技术或设计内容的独立存在的传播载体，并且应当表明或者有其他证据证明其公开发表或出版的时间。各种印刷的、打字的纸件，例如专利文献、科技杂志、科技书籍、学术论文、专业文献、教科书、技术手册、正式公布的会议记录或者技术报告、报纸、产品样本、产品目录、广告宣传册等，用电、光、磁、照相等方法制成的视听资料，例如缩微胶片、影片、照相底片、

录像带、磁带、唱片、光盘等，以其他形式存在的资料，例如存在于互联网或其他在线数据库中的资料等都属于出版物。

网络信息将是判断发明创造是否具有新颖性和创造性的重要文献来源。目前，很多国家已经利用互联网上的信息和资料来审查发明创造是否具备新颖性和创造性。日本在 1999 年修订《专利法》时，将其第 30 条修改为"在公开出版物上发表或者通过电子通信网络可被公众所知"，这就从法律上解决了网络作为一种公开方式的地位问题。但是，还必须从技术和法律上解决以下两个主要问题：

1. 不同国家的专利法对新颖性的要求不一样。有些国家采用世界新颖性，有些国家采用国内新颖性，也有些国家公知以世界范围为标准，公用以本国范围为标准。我国采世界新颖性的标准，现有技术公开方式包括出版物公开、使用公开和以其他方式公开三种，均无地域限制。由于网络的跨国界性或全球性，这就使得地域新颖性标准不再具有实际意义，对新颖性的例外性规定也不再适用。网络公开导致世界任何地方的人都有可能了解到发明创造的内容。这样一来，区分国内使用和国外使用可能会没有多大意义，尤其是在判断涉及网络的发明创造是否具有新颖性时，如果在申请日以前有人在网络上使用，那么就很难区分这种使用是国内使用还是国外使用。这是一个需要法律认真加以解决的问题。

2. 由于网络传播具有交互性的特点，任何网络用户都具有信息接受者和传输者的双重身份，网络用户不但能从外界接受信息，而且可以对接收到的信息进行任何随意地修改、删除以及其他破坏信息完整性的行为，此外，网络信息还可能出现非人为的丢失现象，这就使得有关信息的首次公开日期以及准确内容难以得到确定，从而影响专利申请的审查。这就要求技术上要确保网络安全以防止各种破坏行为的发生，法律上要对此类行为进行制裁以保障信息的真实性和完整性。

二、计算机程序的可专利性

计算机软件是计算机系统运转和发挥功能所不可缺少的重要组成部分，它包括计算机程序和相关的文档两个组成部分，其中计算机程序是软件的主体和核心内容，是对软件实施法律保护的基本对象。

自从 20 世纪 60 年代软件产业开始发展起，对计算机软件进行法律保护的要求和呼声也就随之产生。计算机软件所具有的独特的性质，决定了软件保护法律形式的多样性。例如，计算机程序和文档是以某种语言编写的，也是一种作品，因此受到著作权法的保护；计算机程序作为产品的一种组成部分或某种方法，可以获得专利法的保护；计算机软件也是一种商业秘密，还可受到商业秘密法的保护。此外，计算机软件还有可能受到合同法、反不正当竞争法、商标法等法律的保护。在此，我们仅探讨有关计算机程序的专利法保护问题。

从 1992 年起，美国对于计算机软件给予专利保护的政策逐渐成熟，对软件专利开始给予扩大保护。在 Alappat 案中，该案的专利申请是一项通过对数据的转换和处理，能够在数字化示波器显示出平滑波形的计算机程序，其权利要求采用"装置加功能"的形式，法院判决该项申请涉及的计算机程序处理步骤以及执行这些步骤的装置可受专利法保护的机械，属于美国专利法规定的可专利主题。在这一时期，美国已经扩大和加强了对软件的专利保护力度，放宽了与计算机软件有关的专利保护范围。美国对软件专利保护的观念的发展过程说明：计算机软件在不同时期所受保护的程度的不同，取决于计算机技术在不同阶段对社会进步所起的作用的大小。从依附于硬件发展到成为互联网的技术核心，人类期望解决的问题或者要实现的某种功能大都可以通过计算机软件对计算机的控制来实现。计算机软件已经成为独立发展的高科技产业，不断地改变着整个世界。这使得人们对使计算机软件达成某种功能或实现某种目的所利用的算法是否属于纯粹的智力活动规则的认识也在不断发生着变化。从拒绝给软件以专利保护到现在的扩大保护，是技术的发展要求法律做出相应的调整，进而带动法律向前发展。[1]

20 世纪 90 年代以来，伴随着全球信息网络化浪潮的冲击，包括美国在内的许多国家为了在激烈的商业竞争中取得优势，不断加强对计算机软件的专利保护力度，逐步扩大计算机软件专利的保护范围。在美国，为了总结美国在专利的行政与司法审查方面的经验，确定与计算机程序有关发明可专利性的正式政策，在司法实践的推动和权利人的要求下，美国专利商标局于 1996 年 2 月正式公布了《与计算机相关发明的审查基准》，只要计算机程序与一种物理结构，如计算机、计算机存储器联系在一起提出权利要求时，就应当将这种权利要求视为机械专利权利要求或制成品专利权利要求。当计算机程序在一个方法中提出权利要求，并且有计算机执行该程序的指令时，这种权利要求可被视为方法专利要求。另外，日本 1997 年修订的《计算机软件相关发明审查指南》，也放宽了对计算机应用软件的可专利性条件。欧盟在计算机软件方面的立法趋势与美国和日本基本相同。

我国《专利法》第 25 条却规定了不授予专利权的项目，其中第 2 项为智力活动的规则和方法。2006 年公布的《专利审查指南》（2010 年修订）第二部分

---

〔1〕　张平、卢海鹰："从拒绝保护到大门洞开——纵论计算机软件的可专利性"，载《中外法学》2001年第 2 期。

第九章规定了关于涉及计算机程序的发明专利申请审查事项，其中明确规定了计算机程序本身、涉及计算机程序的发明的含义，而且规定了涉及计算机程序发明专利的审查标准、指导原则以及涉及计算机程序发明专利的撰写指南。其中明确指出："计算机程序本身以及采用计算机可读介质形式的计算机程序等不属于专利保护的客体。如果一项权利要求在对其进行限定的全部内容中既包含智力活动的规则和方法的内容，又包含技术特征，则该权利要求就整体而言并不是一种智力活动的规则和方法，不应当依据《专利法》第25条排除其获得专利权的可能性。如果涉及计算机程序的发明专利申请的解决方案执行计算机程序的目的是解决技术问题，在计算机上运行计算机程序从而对外部或内部对象进行控制或处理所反映的是遵循自然规律的技术手段，并且由此获得符合自然规律的技术效果，则属于专利保护的客体。涉及计算机程序的解决方案并不必须包含对计算机硬件的改变。"[1]

"随着软件行业的飞速发展，计算机已经高度普及于各个领域。涉及计算机程序的创新经常体现为对计算机程序的具体应用，仅以软件著作权的形式对程序代码予以知识产权保护显然已经不符合社会经济激励创新的要求。我国专利行政部门通过修改专利审查指南确立了涉及计算机程序的发明可以授予专利权的原则。但是，涉及计算机程序的发明与传统机械、化学等领域的技术方案相比具有一定的特殊性，而我国专利法及其实施细则、司法解释对于此类专利并未作出相应的规定，导致审判实践中对于涉及计算机程序的专利保护存在适用法律困难，涉及计算机程序的专利确权和侵权程序难以有效衔接。"[2]所以，必须尽快在专利法及其实施细则、司法解释中对涉及计算机程序的发明专利作出明确规定，以便更好地指导审判实践。

【案例1】

诺基亚诉华勤通信专利侵权纠纷案[3]

诺基亚公司是名为"选择数据传送方法"发明专利的专利权人。诺基亚公司认为华勤公司销售的手机未经许可实施了该发明专利权利要求所保护的技术方案，遂以专利侵权为由将华勤公司诉至法院。在

---

[1] 陈斌："浅谈计算机软件的专利保护以及我国涉及计算机程序的发明专利申请的可专利性的探讨"，载《全面实施国家知识产权战略，加快提升专利代理服务能力—2011年中华全国专利代理人协会年会暨第二届知识产权论坛论文集》。

[2] 胡瑜："浅谈涉及计算机程序发明专利的权利要求解释"，载《中国发明与专利》2015年第1期。

[3] 诺基亚诉华勤通信专利侵权纠纷案，载http://www.hnipo.gov.cn/hnzscqj/zlzf/dxal/content_29174.html，访问时间：2016年8月3日。

审理过程中，诺基亚公司主张依据权利要求 7 确定保护范围。上海市高级人民法院终审认为，涉案专利权利要求 7 的技术特征 5 仅表述了该特征所要实现的功能，属于使用功能性词语限定的技术特征，且本领域普通技术人员通过阅读权利要求书、说明书和附图亦不能直接、明确地确定该技术特征的技术内容，据此法院将涉案装置视为技术内容不明确的纯功限定装置。依据最高人民法院法释〔2009〕21 号第 4 条的规定，应将技术内容不明确的功能限定性技术特征排除于专利法的保护范围，故认定诺基亚公司据以主张权利的权利基础不存在，其侵权指控不能成立。

　　上海市高级人民法院的终审判决对于当前我国软件专利侵权纠纷解决中急需明确的两个问题很有启发性：一是软件专利功能性限定权利要求应如何界定；二是软件专利功能性限定装置权利要求的保护范围应如何判断。我国法律并未对功能性限定权利要求的含义作出明确的规定，故此上海高院首先对"功能性技术特征"下了定义。结合该定义以及法院的判决理由，可推知"功能性技术特征"应包含两个条件：①功能或效果进行限定；②本领域普通技术人员结合说明书、附图等无法确定技术内容。这样就使得法释〔2009〕21 号第 4 条所规定的内容在实际司法审判活动中得到了一定的明确。上海高院在判决中对于含有功能性限定装置权利要求的软件专利有效性的认定，不仅为司法审判提供了参考，也为专利审查标准带来了一定的指向性，同时对于软件发明权利要求书的撰写也提出了更高的要求。其中，有关专利授权审查标准和法院侵权判定标准在本案中所体现出的差异性和不协调性，也值得学界和实务界进行更加深入地研究。

三、网络商业方法的可专利性

网络商业方法，也称为网络商业模式，是指电子商务经营人在经营过程中所使用的新型网络商业经营方法，如网上商品销售方式、网络广告方式、网上支付链接方式等。一般的商业模式或商业经营方法，是指商业活动中具有操作性的经营方法，是做生意的一种特定方式。比如，超级市场中的商品摆放方法、汽车制造商的汽车销售方法等。商业经营方法是经营与创新思维相结合的产物，它能够有针对性地解决商业经营中的某些特有问题，如减少人力消耗、引起顾客兴趣和刺激销售额的上升等。网络商业方法是商业经营方法在网络商业中结合特定网络技术进行延伸的结果，是依赖某种技术而引申出来的一种新型的商业方法，是技术与方法相结合的产物。就其内容而言，网络商业方法的表现形式却是一个电子系统，由各种机器、程序和方法组成。它是一种仅存在于特定网络系统中的独立专利形式。

由于电子商务的竞争日趋激烈，作为电子商务活动主体的商家都力图使自己的创新活动获得法律最大限度的保护，其中将自己的商业方法申请专利就是一个最为有效的方法。然而，这种在电子商务活动中的网络商业模式，它的外延和内涵如何界定，其能否作为可专利性主题而被授予专利权等问题都是值得深入探讨的。

美国众议院议员 Howard Berman、RickBoucher 曾在其呈交国会讨论的《2000 年商业方法专利促进法》中认为："商业方法是指下列方法之一：①一种经营、管理或者其他操作某一企业或者组织，包括适用于财经信息处理过程的技术方法；②任何应用于竞技、训练或者个人技巧的技术方法；③上述①和②中所描述的由计算机辅助实施的技术或者方法。"日本特许厅第四审查审查部部长井上正认为："商业方法专利是一项通过计算机系统完成创造的发明。"欧盟则认为："商业方法涉及人、社会与金融之间关系的任何主题，具体可以包括以下内容：调查用户习惯的方法；市场营销的方法；服务的方法；记账方法；开发新市场和新交易的方法；服务的分配方法；制作方法的利用。在金融服务和与互联网有关的电子商务活动中则有更多的商业方法的专利。"[1]

网络商业方法首先是在美国成为可专利性主题，并被授予专利权的。1999年1月，美国联邦最高法院对 *State Street Bank & Trust Co. v. Signature Financial Group Inc.* 一案作出裁决，使电子商务中的商业经营方法成为可专利性主题。在该案中，被上诉人 Signature 公司拥有一项名为"互助基金管理方法"的专利，用于以计算机计算并管理共同基金的投资金额。Signature 公司在与上诉人 State Street 银行授权使用谈判不成的情况下，起诉 State Street 银行侵权。该案一审法院根据既往专利判例确立的原则，认为该专利描述的纯属商业方法，不应属于专利法保护的范围。审理该案第一次上诉的联邦巡回上诉法院认为，Signature 公司的该项专利的权利书要求记载的六项权利要求中的每一项均有其对应的结构的实施例，因此该要求所主张的为一机器，具有可专利性，Signature 公司的专利权应受到保护，State Street 银行应立即停止侵权行为。1999 年 1 月联邦最高法院确认了上诉法院的判决，从而确立了电子商务经营方法专利保护的合法地位。该案开启了商业方法可专利性的大门，电子商务经营方法第一次作为可专利主题进入了美国专利领域。同年，美国还发生了 *Amazon. com Inc. v. Barnesandnoble. com Inc.* 侵权案，该案也是商业方法的可专利性方面的典型案例。在

---

〔1〕　张玉敏、谢渊："美国商业方法专利审查的去标准化及对我国的启示"，载《知识产权》2014 年第 6 期。

该案中，Amazon 公司拥有一项名为"一次点击"（one-click）的专利。该专利于 1999 年 9 月获得，有 26 项要求，主要内容为一种电子商务的经营方法，由客户机系统、服务器系统、确认器、客户授权系统和订货按键组成，可使网络用户通过在互联网络传送中输入购买指令的一次点击动作，达到便捷购物的目的。Amazon 公司起诉 Barnesandnoble 公司，声称后者的一项称为"快车道"（The Express Lane）的网上购物技术与其专利相同，侵犯了前者的专利权。初审法院在发出了禁止被告使用其购物系统的禁令后，2000 年联邦巡回上诉法院（CAFC）撤销了该禁令，将案件发回地方法院作进一步审理。实际上，美国关于网络商业方法专利的确认和保护早在 20 世纪 90 年代中叶就开始酝酿了。例如，1996 年 2 月 16 日公布的《计算机相关发明审查基准》指出，在审查商业方法时应和其他方法同等对待。而在 2000 年 3 月颁布的《自动化商业方法专利白皮书》中，电子商务模式作为"现代商业数据处理"专利已被正式归入第 705 类专利中。美国联邦巡回上诉法院以案例的形式，先后确立了"弗雷曼—华特—阿伯利"测试法、"具体、实用、有形"测试法及"机器（装置）或转换"等测试法作为审查商业方法的可专利性的标准。2007 年的 Bilski 案中，CAFC 即采用"机器或转换"测试法的审查标准拒绝给予 Bernard Bilski 与 Rand A. Warsaw 的一种使用对冲交易控制交易风险的商业方法的专利保护。之后由于美国国会和联邦最高法院（以下简称最高法院）对商业方法可专利性态度逐渐明朗、商业方法专利在先技术数据库逐渐充实、具备基本比对功能，上述几种测试法或因过于宽泛而导致低质量的商业方法专利泛滥，或因过于强调与物质的联系而显得与实践需求脱节，最后这些测试法逐一被 CAFC 或最高法院撤销。在 2012 年 3 月 12 日的 *Mayo Collaborative Service v. Prometheus Laboratories Inc.* 案（Mayo 再审案）判决书中，最高法院倾向于去除商业方法专利审查中的标准并倾向于采用传统的专利审查方式。[1]

【案例 2】

Bilski 案

Bernard Bilski 与 Rand A. Warsaw 于 1997 年向美国专利商标局（简称 PTO）申请一种使用对冲交易控制交易风险的商业方法专利。其方法是：当商品卖方向顾客以某一固定价格售出商品时，卖方同时以另一固定价格向另一方购买该商品，当该商品的价格上涨时，卖方尽管

---

〔1〕　张玉敏、谢渊："美国商业方法专利审查的去标准化及对我国的启示"，载《知识产权》2014 年第 6 期。

以不利的价格向顾客卖出了商品，但他同时又以有利的价格购买了该商品，从而规避了交易风险，反之亦然。该申请共有 11 项权利要求，未限制交易的具体商品种类，并在专利权利要求书中写明不需要通过计算机或者其他技术装置实施该方法。PTO 的审查员依据美国《专利法》第 101 条拒绝了该申请，认为发明没有具体的执行装置，而仅是操作一个抽象的概念，解决的是一个没有任何实际用途的数学问题。Bilski 向专利上诉委员会（简称 BPAI）请求复审，2006 年 9 月，BPAI 裁定，鉴于该发明没有发生从一种物质向另一物质的转化，而该发明仅涉及非物质性的金融和法律风险转化，因而只是抽象的方法，不属于可专利主题。该案于 2007 年 2 月上诉到 CAFC，CAFC 决定采取全体法官审理的形式，从审理形式上可见对此案的重视。CAFC 认为，首先，一个发明申请否属于《专利法》第 101 条的可专利主题是一个前提，如果不属于可专利主题，即使满足了其他法定的可专利性标准（如新颖性、非显而易见性），也将被拒绝授权。随后，法院审视了判断方法发明可专利性的四种测试法：一是弗莱曼—沃特—阿伯利测试法（Freeman-Walter-Abeletest）；二是"有用、具体和有形的结果"测试法（useful，concrete，and tangible result test）；三是"技术性创造"测试法（technological arts test）；四是"装置或转化"测试法（machine-or-transformation test）。CAFC 在对比了这几个测试法后得出结论：最高法院已经明确提出的方法专利申请是否适格的标准是"装置或转化"测试法，它要求①该方法与特定的机器或装置有关。或者②该方法将特定的物质转化成另一物质或另一状态。然而 Bilski 的发明至多只是发生了公众或私人的法律义务或商业风险这类的抽象的转化，而不是物质的转化，加之考虑到该发明申请承认不需要借助机器或装置执行，因此，它完全不符合"装置或转化"测试法，不属于可专利主题。CAFC 同时分析了上诉人的上诉理由，上诉人声称其发明产生了"有用、具体和有形的结果"，但法院认为，"有用、具体和有形的结果"测试法对判断方法是否属于可专利主题并不充分，不足以成为判断标准。上诉人还认为，该方法的实施步骤并不是纯粹的思维方法，而要求有实质性的实施行为，并产生了有形的结果。CAFC 认为正确的分析方法是看权利要求是否满足"装置或转化"测试法，而不是列举"实质性步骤"（physical step），申请人的权利要求不需要借助计算机或其他装置进行数学运算，因而纯粹是思维活动，同时，发明的权利要求过于宽泛，实际上排除了其他人对一个通用概念的所有实际应用。所以，该权利要求不符合《专利法》第 101 条规定的可专利主题。2008年 10 月 30 日，CAFC 作出判决，拒绝了该商业方法的权利要求。

欧洲专利制度以《欧洲发明专利公约》（EPC）为基础。《公约》第 52 条第 1 款规定：“对于任何适于产业应用、新颖并且具有创造性的发明，都可以授予欧洲专利。”第 2 款规定，“发现、科学原理和数学方法、进行智力活动、游戏或从事商业活动的方案、规则和方法以及计算机程序、信息的表达”，是不可授予专利的。《关于欧洲专利授权的实施细则》规定：专利必须针对技术领域，必须与技术问题有关，并且应该把权利要求限定在发明的技术特征的范围内。欧洲专利局专利审查指南也要求“公约意义上的发明必须具有具体和技术的双重特征”。从上述规定可知，在欧洲，发明必须具有技术性才能被授予专利。因此，在欧洲能够被授予专利权的商业方法一般都涉及计算机程序，只要运行计算机时产生的技术效果超出程序与计算机相互作用时的一般物理效果，便可认为具有“初步的技术性质”。[1]

日本专利局在 1999 年颁布的商业方法审查指南中指出，对纯粹的商业方法不应授予专利，而有“技术构思”的商业方法可以授予专利。只要商业方法与相关技术相结合，表现出一定的技术性，就可以申请专利保护。利用网络或计算机的商业方法是可以在日本获得保护的。在网络商业方法专利的问题上，美国、欧洲、日本的政策已经明确可以授予其专利保护。我国《专利法》《专利法实施细则》和《专利审查指南》却都没有明确涉及商业方法专利的内容。仅在国家知识产权局 2004 年颁布的《商业方法相关发明专利审查规则（试行）》中对商业方法专利的审查进行了初步规范，其规定：“商业方法相关发明专利申请是指以利用计算机和网络技术完成商业方法为主题的发明专利申请。商业方法相关发明专利申请是一种特殊性质的专利申请，既具有涉及计算机程序的共性，又具有计算机和网络技术与商业活动和事务结合所带来的特殊性。”该规定将商业方法专利与计算机和网络技术相结合，并排除纯粹商业方法获取专利权的可能。此外，我国实践中授予商业方法专利的数量也很少，而是多将其视之为智力活动规则和方法的一种表现形式。但是，蓬勃发展的电子商务需要良好的法律环境，把商业方法纳入专利保护的范围将成为必然趋势。

---

〔1〕　杨昇、杨超：“网络商业方法专利保护问题研究”，载《牡丹江大学学报》2010 年第 1 期。

第二节　网络不正当竞争

近年来，互联网技术迅猛发展，网络技术带来蓬勃发展的新型行业即互联网行业，互联网行业发展迅速，互联网企业之间竞争激烈，由此引发的网络不正当竞争案件层出不穷。由于在网络环境中信息传播速度快等互联网自身的特性，与传统行业之间的不正当竞争相比，网络环境中的不正当竞争呈现隐蔽性，社会关注度大等特点，这也加大了审判人员在审判实践中认定不正当竞争行为的难度。我国的《反不正当竞争法》制定于 1993 年，受到当时的立法环境和立法水平的影响，仅有 33 个条文，这与英美、欧盟条文制定详尽，拥有较多的司法判例的情形截然不同。在司法实践中，由于法律条文规定少，而又过于简单，导致在审判实践中难以准确适用法律条文。作为新型行业的互联网行业的兴起和迅速发展，也带来新型的商业行为，而主要以传统行业和传统领域的不正当竞争行为作为归制对象的竞争法律制度呈现出归制不能，规制不适的现象。网络环境中频发的不正当竞争行为，严重危害了互联网行业的良好竞争秩序，如何认定网络环境中的不正当竞争行为，应以哪些条文作为依据来规范这些不正当竞争行为，成为当前理论界和司法界亟待解决的问题。《涉及网络知识产权案件审理指南》第三部分是涉及网络不正当竞争的规定，该审理指南对当前我国法院审理网络不正当竞争纠纷起到一定的参考和指导作用，但是需要注意的是，该审理指南不具有类似法律法规的直接适用的效力。

一、网络不正当竞争的特点

（一）低成本、收益高

在网络环境下实施不正当竞争行为，侵权成本低，侵权收益高，这也是导致相同类型的不正当竞争行为层出不穷以及同一侵权主体重复实施不正当竞争行为的主要原因。网络不正当竞争行为侵权成本低，收益高的原因在于网络技术提高，信息传播速度加快，网民数量庞大。例如在涉及商业诋毁案中，侵权行为实施者可以随时随地发布一条诋毁竞争对手的微博，由于信息传播速度很快，这条微博可以被很快转发传播出去，在庞大的网民群体中，大多是缺乏专业知识的一般网民，这些网民往往会相信这样的言论。此行为导致的后果则是：选择使用竞争对手提供的服务的网民数量的减少，同时使用侵权行为实施者提供的服务的网民数量的增多。

（二）隐蔽性

网络不正当竞争行为是在虚拟的网络环境中进行的，与传统现实世界中的不正当竞争行为相比，具有很强的隐蔽性。"互联网企业通过互联网技术提供的通常不是一种具有物理实体的产品，而是一种服务。例如，软件即服务（SAAS）、平台即服务（PAAS）、基础设施即服务（IAAS），而且这种技术服务是跨地域，通过各个域名解析、服务器、基础电信商传输、终端接入展现等渠道最终体现到亿万用户终端的，因此，通过这种庞大复杂的网络所提供的服务，任何一个环节都可能存在被侵权的可能，而且这种侵权行为通常比较隐蔽，甚至到发现侵权结果，很大程度上都依赖终端用户的举报。"[1]

（三）社会关注度大

互联网不正当竞争案件的第 3 个特点表现为社会关注度大。这其中的主要原因包括：①涉及互联网不正当竞争案件的当事人往往是国内知名的互联网公司，而且几乎涉及所有的知名互联网公司，主体较为集中，例如 3Q 大战（360 与腾讯）、3B（360 与百度）大战、3S（360 与搜狗）大战；②网络技术的发展加快了信息传播的速度；③网络新媒体的多样化拓宽了信息传播的渠道，扩展了信息传播的范围；④由于这些案件的结果往往与网民的切身利益息息相关，网民的关注度较高。

（四）损失大、获赔少

在目前的网络不正当竞争纠纷案件中，受害人的损失较大，但是可以获得的赔偿金额却很少。在腾讯诉奇虎 360 扣扣保镖不正当竞争纠纷案中，"360 在 2010 年 10 月 29 日发布扣扣保镖软件，到 11 月 4 日宣布召回，这短短 7 天时间之内，就有 2000 万用户安装了侵权软件扣扣保镖，腾讯的损失约为 59.6 亿港币"[2]。从 2010 年 12 月至 2014 年 2 月，360 由于实施捏造事实诋毁同行、恶意诱导用户或强行卸载、干扰竞争对手软件或服务等不正当竞争行为而在 19 个案件中败诉。从 360 所涉及的一系列不正当竞争案件中，即可看出："360 之所以一再进行基本相同的不正当竞争行为，最重要的原因在于侵权收益很高，而所付出的违法成本代价却极低。另外，在这 19 个案件中，除了 2014 年 2 月最高人民法院宣判的腾讯诉 360 不正当竞争案，360 被判赔 500 万元之外，其他诉讼判赔均在 50 万以下。"[3]

二、网络不正当竞争行为的表现形式

（一）施害者故意实施的不正当竞争行为

这类行为的特点是，施害者在主观上对不正当行为有明确的认知，并且主动实施了不正当竞争行为。施害者故意实施不正当竞争行为的目的通常是以不

---

[1] 谭俊："论互联网行业不正当竞争的新特征及其法律规制"，载《电子知识产权》2014 年第 10 期。
[2] 谭俊："论互联网行业不正当竞争的新特征及其法律规制"，载《电子知识产权》2014 年第 10 期。
[3] 谭俊："论互联网行业不正当竞争的新特征及其法律规制"，载《电子知识产权》2014 年第 10 期。

正当手段利用他人资源，获取竞争优势并争取交易机会，或者是以干预、干扰等技术手段破坏、削减权益人的正当经营利益。这类行为通常表现为：域名抢注、深度链接、网页抄袭、诋毁商誉、[1]恶意安装和卸载软件、虚假宣传、[2]干扰网络访问、混淆淡化行为（商业混同）、软件捆绑、浏览器劫持。如金山诉奇虎阻止金山网盾安装、破坏金山公司软件以及商业诋毁不正当竞争案[3]、奇虎诉搜狗不正当竞争纠纷案[4]、百度诉三七二一 3721 网络实名软件破坏百度IE 搜索伴侣的下载、安装和运营不正当竞争案。[5]

【案例3】

深圳市迅雷网络技术有限公司与北京暴风科技 股份有限公司不正当竞争纠纷案[6]

深圳迅雷公司一审起诉称：其系"迅雷看看"网站（以下简称迅雷网）的合法经营人，依法享有对该网站的经营收益权。"暴风看电影"（以下简称暴风网）由北京暴风公司经营管理，该网站的视频播放功能中设有"极轻模式"，该模式具有深度链接迅雷网的功能，在具体呈现状态中去除了迅雷网的网址、网页、广告等信息。用户在使用该

---

〔1〕《涉及网络知识产权案件审理指南》第 37 条规定：被告通过信息网络实施下列行为之一，足以损害原告商业信誉、商品声誉的，可以认定为反不正当竞争法第 14 条规定的商业诋毁行为：①披露原告负面信息时，存在虚构、歪曲、夸大等情形，误导相关公众对原告作出负面评价的；②披露原告负面信息时，虽能举证证明该信息属客观、真实，但披露方式显属不当，且足以误导相关公众从而产生错误评价的；③以言语、奖励积分、提供奖品或者优惠服务等方式，鼓励、诱导网络用户对原告作出负面评价的；④其他构成商业诋毁的情形。

〔2〕《涉及网络知识产权案件审理指南》第 36 条规定：被告通过信息网络实施下列行为之一，足以造成相关公众误解的，可以认定为反不正当竞争法第 9 条第 1 款规定的引人误解的虚假宣传行为：①在宣传自身及其相关产品或者服务时，明显违背客观事实的；②在宣传自身及其相关产品或者服务时，使用"国家级""最高级""最佳"等用语的；③将自身及其产品或者服务与原告及其相关产品或者服务进行对比介绍，使用片面、虚假描述的；④在宣传、介绍自身及其产品或者服务时，所引述的相关内容系他人提供，但该内容明显缺乏依据的；⑤其他构成虚假宣传的情形。

〔3〕北京市高级人民法院民事判决书（2011）高民终字第 2585 号。

〔4〕北京市高级人民法院（2015）高民（知）终字第 1071 号。

〔5〕北京市第二中级人民法院（2004）二中民终字第 02387 号。

〔6〕北京知识产权法院二审（2015）京知民终字第 2204 号，载 http：//www.itslaw.com/detail？judge-mentId = 87413698 - 8030 - 4784 - 9321 - d3a38cd6367c&area = 1&index = 1&sortType = 1&count = 6&conditions = searchWord% 2B% E6% B7% B1% E5% BA% A6% E9% 93% BE% E6% 8E% A5% 2B1% 2B% E6% B7% B1% E5% BA% A6% E9% 93% BE% E6% 8E% A5&conditions = searchWord% 2B% E4% B8% 8D% E6% AD% A3% E5% BD% 93% E7% AB% 9E% E4% BA% 89% 2B1% 2B% E4% B8% 8D% E6% AD% A3% E5% BD% 93% E7% AB% 9E% E4% BA% 89，访问时间：2016 年 9 月 15 日。

"极轻模式"时使得迅雷公司不能就网站的广告获取直接收益，降低了用户对迅雷网的识别度，使迅雷公司丧失了展示基本页面时可能获取的其他商业利益。暴风公司通过涉案模式在未支付相应对价的情形下有效提高了网站的浏览量，使其商业价值获得了提升，其行为不符合诚实信用原则亦违背了公认的商业道德，极大地损害了迅雷公司的合法权益。因此，深圳迅雷公司将北京暴风诉至法院，请求暴风公司立即停止通过技术手段屏蔽深圳迅雷公司网站网址、网页、广告等信息的不正当竞争行为并经济损失和合理支出。

一审法院认为：①"极轻模式"拦截源网站视频片头广告的行为，构成不正当竞争。②"极轻模式"不显示源网站网址的行为不构成不正当竞争。③"极轻模式"不显示源网站除视频节目以外的其他网页信息，包括页面广告的行为，不构成不正当竞争。迅雷公司与暴风公司均不服一审判决提起上诉。

二审法院认为：互联网经营方式大多依托于双边平台，一般在经营平台一端通过提供网页内容或者软件等多种网络服务，吸引网民的注意力，而在经营平台的另一端利用网民注意力向其他主体提供包括广告等增值服务从而获得收益。这种免费平台与广告或增值服务相结合的商业模式是本案争议发生时，互联网行业惯常的经营方式，也符合我国互联网市场发展的阶段性特征。本案中，迅雷公司即是在迅雷网上通过提供包括涉案视频在内的免费视频播放服务，吸引网络用户注意力，吸引相关消费者体验、使用其增值业务，同时亦以该平台为媒介吸引相关广告商投放广告，以此创造商业机会并取得相关收入。这种商业模式并不违反反不正当竞争法的原则精神和禁止性规定，迅雷公司以此谋求商业利益的行为应受保护，他人不得以不正当干扰方式损害其正当权益。互联网经营者的合理回报是其经营发展的核心动力。只有互联网经营者合法获得的竞争优势不被不当利用或破坏，才能使得经营者有动力通过经营活动丰富互联网资源，改善互联网服务，推动互联网发展，才能使网络用户获得更好的互联网体验，实现网络用户与互联网经营者之间的良性互动。因此，即使考虑到为网络新技术保留一定发展空间的现实需要，亦应当以不损害其他互联网经营者的合法权益为限。正当的市场竞争是竞争者通过必要的付出而进行的诚实竞争。不付出劳动或者不正当地利用他人已经取得的市场成果，为自己谋取商业机会，从而获取竞争优势的行为，属于食人而肥的不正当竞争行为。具体到互联网领域而言，互联网经营者在向网络用户提供网络服务一端的平台经营中,往往并不直接向网络用户收取费用,但网络用户的注意力是决定另一端平台收益高低的重要因素,因此互联网竞争活动往往围绕争夺网络用户的注意力而展开。在互联网经营者争夺网络用户注意力的过程中,应当通过必要付出获得,恶意利用他人的诚实付出而争取网络用户注意力的行为,属于不正当竞争行为。

本案迅雷公司为了在迅雷网上提供98部涉案影片的播放服务,需要为视频提供服务器予以存储,并为与视频相关的问题承担法律责任,亦需要开展宣传推广等一系列经营活动,其通过必要投入,诚实经营所争取到的网络用户注意力和与此相关的交易机会,不应被他人不当利用或破坏。作为互联网行业的经营者,暴风公司在本身并未承担涉案视频经营成本的前提下,仍对涉案视频予以利用,采用"极轻模式"播放涉案影片,使本应在迅雷网观看涉案视频的用户,成为在暴风网页面观看涉案视频的用户,该行为具有"不劳而获"的特点。暴风公司的上述行为使迅雷公司本应获得的交易机会丧失或减少,遭受了"劳而不获"的损害后果。

根据前述互联网经营方式的特点,互联网经营者尤其注重获得网络用户注意力,并由此提供增值服务取得收益。目前视频点播网站获得收益的方式日趋丰富,但无论何种收益方式,均以网络用户持续停留在经营者的网页页面上为前提。本案中,"极轻模式"使得网络用户无需进入迅雷网,在暴风网页面即可观看完整观看视频,使得深圳迅雷公司依据涉案视频本应获取的收益难以实现,并丧失了本可吸引网络用户而可能获得的上述所有交易机会。

二审法院最终认定:"极轻模式"拦截源网站视频片头广告的行为以及不显示源网站除视频节目以外的其他网页信息,包括页面广告的行为,使迅雷公司丧失了增加网页广告浏览量、推荐其他影片等多种交易机会,均造成了迅雷公司交易机会的丧失或减少,构成不正当竞争。但"极轻模式"在播放视频过程中是否标注网址,并不会影响深圳迅雷公司依据涉案视频本应获得的交易机会,未造成深圳迅雷公司交易机会的丧失或减少,不构成不正当竞争。

(二)因技术与商业模式创新引发的不正当竞争

这类不正当竞争行为通常是由于互联网企业采用新型的网络技术或者是新型的商业模式而引发的。这类行为通常表现在竞价排名、网络广告(弹窗广告)、广告拦截、开放平台、软件质量或网络服务质量测评等情形下。

就被告购买、使用竞价排名服务是否构成不正当竞争行为,《涉及网络知识产权案件审理指南》第 38 条、39 条、40 条规定了需要综合考虑以下因素：①是否未经许可使用了原告或者其利害关系人的能够标示商品或者服务品质、来源的商业标识，作为竞价排名关键词；②使用他人商业标识作为竞价排名关键词是否具有正当理由；③在搜索结果列表中所显示的标题、网页内容介绍中是否包含该关键词；④通过搜索结果进入的被告网页是否包含该关键词；⑤是否足以导致归属于原告的交易机会或者竞争优势变化，致使原告合法权益受到损害。搜索引擎服务提供者提供的竞价排名服务，属信息检索服务。在提供竞价排名服务的过程中，搜索引擎服务提供者未实施选择、整理、推荐、编辑关键词等行为的，其对竞价排名服务中所使用的关键词等不负有全面、主动审查的义务，但明显违背法律、法规规定的除外。对于利用竞价排名服务实施的不正当竞争行为，原告有权通知搜索引擎服务提供者采取删除、屏蔽、断开链接等必要措施。搜索引擎服务提供者接到通知后未及时采取必要措施的，对损害的扩大部分与实施不正当竞争行为的经营者承担连带责任。搜索引擎服务提供者知道他人利用竞价排名服务实施不正当竞争行为，未采取必要措施的，应当与其承担连带责任。

【案例 4】

北京百度网讯科技有限公司诉北京搜狗信息服务有限公司不正当竞争纠纷案[1]

百度公司是百度网的经营者，搜狗公司乃搜狗输入法的开发者，且经营搜狗搜索引擎网站。百度公司发现：上网用户在安装搜狗输入法客户端软件后，在百度搜索引擎的搜索框中使用搜狗输入法输入关键词，在搜索栏下方会自动弹出与搜索关键词相关词汇的下拉菜单，下拉菜单覆盖和隐藏了百度搜索引擎的下拉菜单，点击下拉菜单中的任何词会自动跳转到搜狗公司经营的搜狗搜索结果页面。百度公司认为搜狗公司的上述行为构成不正当竞争，将其诉至法院。

被告搜狗公司辩称："灵犀"输入法的搜索候选服务为输入法与搜索引擎技术相结合的创新产物，实现了用户通过输入法产品，在全环境下自主选择，随时调用搜索引擎的便利性，使用户获取信息更简单，不存在针对百度公司的不正当竞争行为。

---

[1] 北京市海淀区人民法院民事判决书（2015）海民（知）初字第 4135 号。

法院认为：

第一，输入法与搜索引擎相结合的技术具有创新性。在现有技术条件下，用户使用搜索引擎时，输入法是基础性工具，没有输入法这一工具软件的运行，用户将难以完成使用搜索引擎获取相关信息的过程。输入法与搜索引擎的技术结合，使得用户在互联网环境中只要发生文字输入的行为，就可以调用相关搜索引擎获取与输入文字相关的信息，从而实现一站搜索，不再需要专门打开搜索引擎网站进行搜索。输入法与搜索引擎技术的结合可以带来好的用户体验，实现用户搜索活动的全环境化，这将有效降低用户搜寻的时间成本、提高用户的搜索效率。虽然搜狗输入法搜索候选功能与百度搜索提供的服务相似，但用户是竞争效果的最终裁判者，在尊重用户知情权、选择权的前提下，如果其中某种服务不符合用户的需要，或者当出现更好的产品时，用户自然会以"用脚投票"的形式决定竞争的走向，这将促进竞争中的经营者不断提升服务质量，适时对自身的经营模式作出调整、改善与创新。输入法与搜索功能的结合，可以给用户提供更多选择，促进提供搜索服务的各方经营者竞相改善服务以带来更好的用户体验，这体现了自由竞争的活力，亦是消费者的福利所在。搜狗公司就搜狗输入法与搜索引擎相结合的技术申请了专利，这在一定程度上亦佐证了该技术具有突出的实质性特点和显著的技术进步，具有创新性。

第二，搜狗输入法搜索候选设置方式是否具有正当性。尽管搜狗输入法的搜索候选功能具有技术上的创新性，但本案双方争议的实质是搜狗公司凭借其在输入法市场的优势地位，利用用户在百度搜索中使用输入法产品的商业机会，来吸引用户使用、体验搜狗公司所经营的搜索业务，以争取更多的搜索业务市场份额。法院认为，由于目前输入法是用户使用搜索引擎时必要的工具性软件，搜狗输入法的功能扩张至搜索领域将给搜狗公司带来经济利益，故作为更为基础的应用软件，搜狗公司在输入法搜索功能的具体设置上应注意尊重公众的知情权，不得违背用户对特定搜索引擎的选择使用意愿，不得违背诚实信用原则，不得以技术创新为由进行不正当竞争。法院对在用户先选择了百度搜索环境的情况下，对搜狗输入法在用户启用百度搜索引擎功能前以下拉菜单形式提供搜索候选，点击搜索候选进入搜狗搜索结果页面的设置方式进行正当性评判时，综合考虑多方因素后认为：搜狗公司主观上明知或应知百度搜索引擎下拉提示词的显示方式，却不加避免，采取了与之相似的搜索候选呈现形式，主观上具有过错；客观上搜狗输入法在用户事先选定百度搜索的情况下，先于百度公司以类似搜索下拉列表的方式提供搜索候选，实则是利用搜狗输入法在搜索引擎使用中的工具地位，借助用户已经形成的百度搜索使用习惯，诱导用户在不知情的情况下点击候选词进入搜狗搜索结果页面，造成用户对搜索服务来源混淆的可能，不当争夺、减少了百度搜索引擎的商业机会，其行为构成了不正当竞争。

（三）违反技术协议的行为

百度与 360 公司爬虫机器人不正当竞争纠纷案（又被称为 Robots 协议案），是中国搜索领域爬虫机器人竞争第一案。Robots 协议，也称爬虫协议、爬虫规则、机器人协议、蜘蛛协议等，其全称是"网络爬虫排除标准"（Robots Exclusion Protocol），由荷兰籍网络工程师 Martijn Koster 于 1994 年首次提出，该协议就搜索引擎抓取网站内容的范围作了约定，包括网站是否希望被搜索引擎抓取，哪些内容不允许被抓取，网络爬虫据此"自觉地"抓取或者不抓取该网页内容。自推出以来，Robots 协议已成为网站保护自有敏感数据和网民隐私的国际惯例。在该案中，百度公司诉称，360 违反了 Robots 协议，擅自抓取、复制百度网站内容并生成快照向用户提供。奇虎 360 辩称：百度滥用 Robots 协议，以设置 robots.txt 文件为手段排斥同业竞争者，以达到限制同业竞争者正当竞争的目的。北京市第一中级人民法院法院经审理后认为，虽然 360 因百度公司设置 Robots 协议无法抓取百度网站内容，但 360 通过搜索引擎，在用户点击原链接到百度具体网页的搜索结果时，直接链接至 360 的网页快照界面，其行为已经超出网页快照的合理范围。一审法院判定：360 将百度的搜索结果直接以网页快照方式向用户提供的行为不当，违反了《反不正当竞争法》第 2 条的规定，应当承担相应的民事责任，判决奇虎 360 赔偿百度公司经济损失及合理支出共计 70 万元。

同时需要注意的是，在判决书的第 5 条，法院判百度必须修改 Robots 协议，360 可以继续抓取百度的网站内容。另外，法院指出："有鉴于互联网行业，尤其是搜索引擎行业的现状，并考虑到互联网行业内已建立了互联网协会这一成熟的行业自律组织，以及在行业内已经形成《自律公约》这样专门解决该类纠纷的自律性公约的事实，搜索引擎服务商与网站服务商或所有者关于 Robots 协议产生纠纷时，应遵循如下"协商—通知"程序处理：即在搜索引擎服务商认为网站 Robots 协议设置不合理时，应先向网站服务商或所有者提出书面修改 Robots 协议的请求，网站服务商或所有者不同意修改 Robots 协议的，应在合理的期限内，书面、明确的提出其拒绝修改的合理理由，如搜索引擎服务商认为网站服务商或所有者提出的合理理由不成立的，双方可以由相关行业协会调解和裁决，紧急情况下可以采取诸如诉讼、申请行为保全等法律措施予以解决。"

三、如何判定网络上错综复杂的经营行为是否构成不正当竞争

（一）如何认定"竞争关系"

竞争关系的存在是判断不正当竞争行为的前提条件。法院在审理涉及不正当竞争的案件时，首先得就涉案当事人之间是否具有竞争关系进行认定。在审判实践中，法院对竞争关系的认定呈逐渐扩大的趋势，即不再要求具有同业竞争关系。

在 2010 年的百度公司诉奥商网络公司、联通山东公司、联通青岛公司不正当竞争纠纷案中，对于提供搜索服务的百度与提供互联网接入服务的联通山东公司、联通青岛公司之间是否存在反法中所规定的"竞争关系"时，山东省高级人民法院认为"根据反法第 2 条有关经营者的规定，经营者的确定并不要求原、被告属同一行业或服务类别，只要是从事商品经营或者营利性服务的市场主体，就可成为经营者。联通青岛公司、奥商网络公司与百度公司均属于从事互联网业务的市场主体，属于反不正当竞争法意义上的经营者。虽然联通青岛公司是互联网接入服务经营者，百度公司是搜索服务经营者，服务类别上不完全相同，但是联通青岛公司实施的在百度搜索结果出现之前弹出广告的商业行为，与百度公司的付费搜索模式存在竞争关系"。[1]最高院认为"确定市场主体之间竞争关系的存在，不以二者属同一行业或类别为限，如果二者在市场竞争中存在一定联系或者一方的行为不正当地妨碍了另一方的正当经营活动并损害其合法权益，则应肯定二者之间存在竞争关系。"[2]

在合一公司诉金山公司经营的猎豹浏览器屏蔽优酷视频广告的不正当竞争案件中，对于浏览器与互联网视频网站这两种产品之间是否具有竞争关系时，北京市第一中级人民法院认为："虽然对于何为竞争关系，《反不正当竞争法》中并无明确规定，但通过对《反不正当竞争法》相关规定中进行分析可以看出，《反不正当竞争法》所调整的竞争关系，不以同业竞争为限，亦不以现实存在的竞争为限，而应取决于以下两个条件：该经营者的行为是否具有损害其他经营者经营利益的可能性；该经营者是否会基于这一行为而获得现实或潜在的竞争利益。也就是说，只要经营者的行为具有对其他经营者的经营利益造成损害的可能性，且该经营者会基于这一行为而获得现实或潜在的竞争利益，则可以认定二者具有竞争关系，至于其是同业经营者还是非同业经营者，其是现实的经

---

[1] 指导案例 45 号：北京百度网讯科技有限公司诉青岛奥商网络技术有限公司等不正当竞争纠纷案—中华人民共和国最高人民法院，载 http://www.court.gov.cn/shenpan-xiangqing-14243.html，访问时间：2016 年 9 月 17 日。

[2] 《中华人民共和国最高人民法院公报》2010 年第 8 期。

营者还是潜在经营者，均在所不论。《反不正当竞争法》中的竞争关系之所以需要符合上述要求，并具有如此宽泛的外延，主要基于以下考虑：首先，《反不正当竞争法》的立法目的在于维护合法有序的竞争秩序，而维护竞争秩序的基本要求在于使每个经营者合法的经营活动以及经营利益在竞争环境下不受损害。因对于经营活动以及经营利益造成损害的行为既可能来源于同业经营者，亦可能来源于非同业经营者，且既可能来源于现实经营者，亦可能来源于潜在经营者。因此，如果仅将竞争关系界定为同业经营者或现实经营者之间的竞争行为，必然会使得一些情况下经营者的经营利益无法得到保护，从而最终对整体竞争秩序的维护造成损害。由此可知，是否具有损害可能性应作为判断竞争关系的要素之一……其次，追求利益是竞争行为的基本特性，这一特性必然导致经营者的经营行为具有营利目的。这也就意味着，经营者所实施的损害其他经营者经营利益的行为，其最终目的并非仅仅在于对其他经营者造成损害，而是在于为自己带来现实或可预期的利益。如果某一行为虽对经营者的经营造成损害，但却对行为人并无任何利益，则通常无法认定二者具有竞争关系，即便是同业经营者亦然。"[1]

此外，《涉及网络知识产权案件审理指南》第31条对如何判定竞争关系作出规定：经营者之间具有下列关系之一，可能损害原告合法权益，造成交易机会和竞争优势变化的，可以认定具有竞争关系：①经营的商品或者服务具有直接或者间接的替代关系；②经营活动存在相互交叉、依存或者其他关联的关系。

（二）如何评价一般条款的适用

另外，在关于竞价排名的不正当竞争案件中，是否应将搜索服务提供商列为纠纷当事人的问题，有学者认为搜索推广服务提供商通常作为竞价排名服务提供者与参与竞争的其他企业一起，列为不正当竞争纠纷的当事人。理由在于，虽然搜索推广服务提供商与参与竞价排名的企业或其竞争对手并不存在直接的竞争关系，但侵权企业系通过搜索推广服务提供商的竞价排名服务进行市场推广，侵权企业与被侵权企业之间通常存在竞争关系，故在此类案件中仍认为搜索推广服务提供商客观上参与了涉案不正当竞争行为。反不正当竞争法的立法目的在于保障社会主义市场经济健康发展，鼓励和保护公平竞争，制止不正当竞争行为，保护经营者和消费者的合法权益。在新的经济模式下，只要双方在

---

〔1〕　合一信息技术（北京）有限公司诉北京金山安全软件有限公司等不正当竞争纠纷案—冯晓青知识产权网，载 http://www.fengxiaoqingip.com/ipanli/linianzhishichanquanmingan/bufenshengshizhongjiren-minfayuan/20151210/10552_7.html，访问时间：2016 年 9 月 17 日。

最终利益方面存在竞争关系，亦应认定两者存在竞争关系，适用反不正当竞争法。[1]

1. 在不能归类到具体的不正当竞争行为时能否适用一般条款进行救济？我国当前的《反不正当竞争法》第 5 条至第 15 条具体条文的规定并不能完全涵盖互联网时代的不正当竞争行为，因此，在司法实践中只能诉诸一般条款即第 2 条的规定，[2] 但是对于第 2 条的适用，学界仍然存在很多争议。有学者严格按照立法者原意，认为我国的反不正当竞争法制度中不存在严格意义上的一般条款，参与《反不正当竞争法》立法的立法者介绍，"违反本法规定"几个字当时有着特殊的立法意图——专指违反第 2 章第 5 至 15 条关于不正当竞争行为的规定。倘若立法者有意承认法条列举的不正当竞争行为以外的行为，就会写上一个在其他立法中经常采用的诸如"其他不正当竞争行为"的弹性条款，因为立法者考虑到不正当竞争行为具有不确定性，是否属于不正当竞争行为不易判断，而且我国法官整体素质不高，如果让低素质的法官对需要根据经济形势进行判断的不正当竞争行为进行认定是无法想象的事，所以反对《反不正当竞争法》应该具有一般条款，也反对认定其第 2 条第 2 款为一般条款。[3] 有学者认为《反不正当竞争法》第 2 条第 2 款单独成立一般条款。"依该说，当经营者的行为符合特定模式（违反本法规定）、造成特定后果（损害其他经营者的合法权益，扰乱社会经济秩序）并可推断二者间暗含因果关系时，即便不落入第 5 条至第 15 条的禁止范围，同样应被判定为不正当竞争行为"[4]。有学者认为《反不正当竞争法》第 2 条第 1 款与第 2 款的结合属于一般条款。有学者则持反对意见，认为《反不正当竞争法》第 2 条第 1 款类似于诚实信用原则的规定，只是一个价值指令，第 2 款是一个定义性规范。没有明确的法律责任，也没有可供援引的法律责任的条文。[5]

---

〔1〕 北京知识产权法院：竞价排名等不正当竞争案件日趋复杂化——法治——人民网，载 http：//legal. people. com. cn/n1/2016/0517/c42510 - 28356331. html，访问时间：2016 年 9 月 17 日。

〔2〕 《反不正当竞争法》第 2 条：经营者在市场交易中，应当遵循自愿、平等、公平、诚实信用的原则，遵守公认的商业道德。本法所称的不正当竞争，是指经营者违反本法规定，损害其他经营者的合法权益，扰乱社会经济秩序的行为。本法所称的经营者，是指从事商品经营或者营利性服务（以下所称商品包括服务）的法人、其他经济组织和个人。

〔3〕 孙琬钟主编：《反不正当竞争法实用全书》，中国法律年鉴社 1993 年版，第 29 页。转引自郑友德、范长军："反不正当竞争法一般条款具体化研究——兼论《中华人民共和国反不正当竞争法》的完善"，载《法商研究》2005 年第 5 期。

〔4〕 蒋舸："《反不正当竞争法》一般条款在互联网领域的适用"，载《电子知识产权》2016 年第 10 期。

〔5〕 郑友德、范长军："反不正当竞争法一般条款具体化研究——兼论《中华人民共和国反不正当竞争法》的完善"，载《法商研究》2005 年第 5 期。

在我国的司法实践中，大量涉及网络不正当竞争的案件是通过《反不正当竞争法》第2条的规定来认定是否成立不正当竞争行为的。针对山东食品公司进出口公司与青岛圣克达诚贸易有限公司"海带配额"不正当竞争一案，最高人民法院认为，"在具体案件中，人民法院可以根据《反不正当竞争法》第2条第1款和第2款的一般规定对那些不属于《反不正当竞争法》第二章列举规定的市场竞争行为予以调整，以保障市场公平竞争"。[1]《涉及网络知识产权案件审理指南》支持了最高院的观点，其第32条规定：被告通过信息网络实施的被控不正当竞争行为，属于反不正当竞争法第二章所规定的具体情形的，则不应再适用该法第2条的规定进行调整。

2. 在不能归类到具体的不正当竞争行为时如何适用一般条款进行救济？在前述"海带配额"案中，最高法院认为"适用《反不正当竞争法》第2条的原则规定认定构成不正当竞争应当同时具备以下条件：一是法律对该种竞争行为未作出特别规定；二是其他经营者的合法权益确因该竞争行为而受到了实际损害；三是该种竞争行为因确属违反诚实信用原则和公认的商业道德而具有不正当性或者说可责性；对于竞争行为尤其是不属于《反不正当竞争法》第二章列举规定的行为的正当性，应当以该行为是否违反了诚实信用原则和公认的商业道德作为基本判断标准；在《反不正当竞争法》中，诚实信用原则主要体现为公认的商业道德；商业道德所体现的是一种商业伦理，是交易参与者共同和普遍认可的行为标准，应按照特定商业领域中市场交易参与者即经济人的伦理标准来加以评判。"[2]

《涉及网络知识产权案件审理指南》第35条规定：被告通过信息网络实施下列行为之一，足以损害原告合法权益、扰乱正常的市场经营秩序、违背公平竞争原则且违反诚实信用原则和公认的商业道德的，可以认定为《反不正当竞争法》第2条规定的不正当竞争行为：①未经许可且无正当理由，使用能够为原告增加交易机会和竞争优势的网站内容，并足以替代消费者访问内容来源网站的；②未经许可且无正当理由，使用《反不正当竞争法》第5条所规定之外的原告商业标识，导致消费者误认的；③未经许可且无正当理由，修改原告搜索栏中的下拉提示词，直接影响原告交易机会的；④未经许可且无正当理由，利用原告网站的访问量，在其界面插入广告的；⑤无正当理由，中断、阻止或者以其他方式破坏原告经营活动的；⑥其他构成反不正当竞争法第2条规定的

---

〔1〕 最高人民法院民事裁定书（2009）民申字第1065号。

〔2〕 最高人民法院知识产权案件年度报告（2010）载中国法院网，http：//old. chinacourt. org/html/article/201104/21/448749. shtml，访问时间：2016年9月17日。

情形。

针对《反不正当竞争法》第 2 条中规定的"商业道德"的内容，在北京奇虎科技有限公司、奇智软件（北京）有限公司与腾讯科技（深圳）有限公司、深圳市腾讯计算机系统有限公司不正当竞争纠纷案中[1]，最高法院将互联网行业自律公约纳入商业道德的范畴，最高法院认为"在市场经营活动中，相关行业协会或者自律组织为规范特定领域的竞争行为和维护竞争秩序，有时会结合其行业特点和竞争需求，在总结归纳其行业内竞争现象的基础上，以自律公约等形式制定行业内的从业规范，以约束行业内的企业行为或者为其提供行为指引。这些行业性规范常常反映和体现了行业内的公认商业道德和行为标准，可以成为人民法院发现和认定行业惯常行为标准和公认商业道德的重要渊源之一"。另外，在百度诉奇虎的 ROBOTS 协议案中[2]，原告经营的网站 www.baidu.com 是国内知名的搜索引擎网站，被告经营的主要业务为安全软件、网页浏览器等，2012 被告在其网站推出搜索引擎服务。百度认为 360 未遵守百度的 Robots 协议，对其网站内容进行抓取，构成不正当竞争。Robots 协议是由网站服务商或所有者在自行编写的单方宣告，其作用只在于标示该网站是否准许、准许哪些搜索引擎爬虫机器人访问，不起到强制禁止访问作用。Robots 协议目前已成为国内外互联网行业内普遍通行、普遍遵守的技术规范。法院认为，Robots 协议应当被认定为搜索引擎行业内公认的、应当被遵守的商业道德，被告不遵守 Robots 协议，其行为明显不当，构成不正当竞争。[3]

《涉及网络知识产权案件审理指南》不仅规定了"商业道德"的内涵，而且丰富了其内容，其第 33 条规定：在涉及网络不正当竞争纠纷中，公认的商业道德是指特定行业的经营者普遍认同的、符合消费者利益和社会公共利益的经营规范和道德准则。在对公认的商业道德进行认定时，应当以特定行业普遍认同和接受的经济人伦理标准为尺度，且应当符合《反不正当竞争法》第 1 条所规定的立法目的。第 34 条规定：对公认的商业道德进行认定时，可以综合参考下列内容：①信息网络行业的特定行业惯例；②行业协会或者自律组织根据行业特点、竞争需求所制定的从业规范或者自律公约；③信息网络行业的技术规范；④对公认的商业道德进行认定时可以参考的其他内容。

---

〔1〕 最高人民法院民事判决书 2013 民三终字第 5 号，载 http：//www.dffyw.com/sifashijian/ws/201402/35240_4.html，访问时间：2016 年 9 月 17 日。

〔2〕 北京市第一中级人民法院民事判决书 2013 一中民初字第 2668 号。

〔3〕 2014 年中国十大最具研究价值知识产权裁判案例评选候选案例（一），载 http：//www.iprlawyers.com/ipr_Html/30/2015 - 2/4/20150204174516773.html，访问时间：2016 年 9 月 15 日。

　　3. "非公益必要不干扰"原则、"最小特权"原则、技术中立原则、技术创新原则。在百度在线网络技术（北京）有限公司等与北京奇虎科技有限公司等不正当竞争纠纷一案中，作为二审法院的北京市高级人民法院提出了"非公益必要不干扰"原则，其认为"互联网产品或服务之间原则上不得相互干扰。确实出于保护网络用户等社会公众的利益的需要，网络服务经营者在特定情况下不经网络用户知情并主动选择以及其他互联网产品或服务提供者同意，也可干扰他人互联网产品或服务的运行，但是，应当确保并证明干扰手段的必要性和合理性。上述原则简称为非公益必要不干扰原则"[1]。在该案的再审程序中，最高法院在"非公益必要不干扰原则"的基础上引入了"最小特权原则"，最高法院认为"安全软件在计算机系统中拥有优先权限，其应当审慎运用这种特权"，对用户以及其他服务提供者的干预行为应以"实现其功能所必需"为前提，即"最小特权原则"。[2]有学者认为："'最小特权原则'实际上是对'非公益必要不干扰原则'的具体体现：安全软件由于其自身的技术特性，与其他互联网产品与服务相比具有先天优势地位。只有在特定情境下，在符合公益优先、必须出面进行干预否则就会损害相关权益的前提下，安全软件才可以发挥其技术上的强项和长处；否则，即便技术上能实现的功能，也应当有所收敛，不得滥用，控制在其'最小特权'的范围内。"[3]

　　在金山猎豹浏览器拦截优酷视频贴片广告一案中，法院认为：对于技术中立原则的正确理解，其核心在于区分'技术本身'与对技术的'使用行为'。具体而言，技术中立原则的中立指的是"技术本身"的中立，而非对技术的'使用行为'的中立。反不正当竞争法所规制的是不正当竞争行为，除非有证据证明实施行为时所使用的技术是为行为实施所必须或为行为实施所有意提供，否则技术本身只要满足实质性非侵权用途，[4]就不应认定技术本身违法，是否违

---

〔1〕　百度在线网络技术（北京）有限公司等与北京奇虎科技有限公司等不正当竞争纠纷上诉案【北京市高级人民法院（2013）高民终字第2352号民事判决书】最高人民法院十大创新性知识产权案例之三，载商业秘密网，http://www.cnsymm.com/2015/0514/6917.html，访问时间：2016年9月15日。

〔2〕　最高人民法院民事裁定书2014民申字第873号。

〔3〕　安全软件"最小特权原则"被确立－科技频道，载和讯网，http://tech.hexun.com/2015-02-04/173040728.html，访问时间：2016年9月18日。

〔4〕　"实质性非侵权用途"规则是美国联邦最高法院在1984年的"索尼"案中提出来的，其含义是指：如果某类物品既可以被用于合法的用途，也可被用于侵权用途，那么，不能仅仅因为该类物品有可能被他人用于侵权用途而推定提供者"应当知道"他人侵权，更不能以此为由要求提供者承担帮助责任或替代责任。

法应当限定与技术使用行为本身。[1]

在腾讯诉 360 扣扣保镖不正当竞争案[2]中，奇虎公司以其所开发的扣扣保镖系技术创新进行抗辩，对此最高法院认为"互联网的发展有赖于自由竞争和科技创新，互联网行业鼓励自由竞争和创新，但这并不等于互联网领域是一个可以为所欲为的法外空间。竞争自由和创新自由必须以不侵犯他人合法权益为边界，互联网的健康发展需要有序的市场环境和明确的市场竞争规则作为保障。是否属于互联网精神鼓励的自由竞争和创新，仍然需要以是否有利于建立平等公平的竞争秩序、是否符合消费者的一般利益和社会公共利益为标准来进行判断，而不是仅有某些技术上的进步即应认为属于自由竞争和创新。否则，任何人均可以技术进步为借口，对他人的技术产品或者服务进行任意干涉，就将导致借技术进步、创新之名，而行'丛林法则'之实。技术创新可以刺激竞争，竞争又可以促进技术创新。技术本身虽然是中立的，但技术也可以成为进行不正当竞争的工具。技术革新应当成为公平自由竞争的工具，而非干涉他人正当商业模式的借口"。

【案例5】

百度在线网络技术（北京）有限公司等诉北京奇虎科技有限公司等不正当竞争纠纷案[3]

北京奇虎科技有限公司（简称奇虎公司）和奇智软件（北京）有限公司（简称奇智公司）是 360 安全卫士的经营者。北京百度网讯科技有限公司（简称百度网讯公司）和百度在线网络技术（北京）有限公司（简称百度在线公司）是百度网（www. baidu. com）的经营者。公证书表明：2012 年 2 月和 3 月，360 安全卫士在百度网搜索结果页面上有选择地插入了红底白色感叹号图标作为警告标识，以警示用户该搜索结果对应的网站存在风险。360 安全卫士不仅在搜索结果页面进行了插标，还逐步引导网络用户点击安装 360 安全浏览器，对其浏览器产品进行推广。2012 年 3 月和 4 月，奇虎公司在其网址导航网站（hao. 360. cn）网页上嵌入百度搜索框，通过修改百度网在其搜索框上

〔1〕　北京市第一中级人民法院民事判决书 2014 一中民终字第 3283 号。

〔2〕　最高人民法院民事判决书（2013）民三终字第 5 号。

〔3〕　【北京市高级人民法院（2013）高民终字第 2352 号民事判决书】最高人民法院十大创新性知识产权案例之三，载商业秘密网，http://www.cnsymm.com/2015/0514/6917.html，访问时间：2016 年 9 月19 日。

向用户提供的下拉提示词，引导用户访问本不在相关关键字搜索结果中靠前位置的、甚至与用户搜索目的完全不同的奇虎公司经营的影视、游戏等页面。百度网讯公司和百度在线公司一审起诉至北京市第一中级人民法院。该院一审认为：360 安全卫士在搜索结果页面插标的行为和修改搜索框提示词的行为构成不正当竞争，应当承担相应责任，判决其停止不正当竞争行为，刊登声明消除影响，赔偿经济损失 40 万元和诉讼合理支出 5 万元。奇虎公司不服一审判决提起上诉，北京市高级人民法院二审认为：互联网产品或服务之间原则上不得相互干扰。确实出于保护网络用户等社会公众的利益的需要，网络服务经营者在特定情况下不经网络用户知情并主动选择以及其他互联网产品或服务提供者同意，也可干扰他人互联网产品或服务的运行，但是，应当确保并证明干扰手段的必要性和合理性。上述原则简称为非公益必要不干扰原则。奇虎公司并未证明 360 安全卫士对搜索结果网页进行插标和修改搜索框提示词的行为具有必要性和合理性，违反了非公益必要不干扰原则，因此构成不正当竞争。北京市高级人民法院判决：驳回上诉，维持原判。

【案例 6】

北京奇虎科技有限公司等与北京搜狗信息
服务有限公司等不正当竞争纠纷案[1]

搜狗信息公司、搜狗科技公司向北京市第二中级人民法院共同起诉称：自 2011 年以来，奇虎科技公司、奇虎三六零公司利用其作为安全软件研发及服务提供商的"监督者"地位，诱导、欺骗用户，甚至直接采用破坏性技术手段，利用 360 安全卫士阻碍用户正常安装和使用搜狗浏览器，阻碍用户主动将搜狗浏览器设置为默认浏览器，破坏用户对搜狗浏览器的安装、使用，从而达到其推广 360 安全卫士、360 安全浏览器及提高奇虎科技公司、奇虎三六零公司商誉的目的。此外奇虎科技公司、奇虎三六零公司还恶意捏造、散布所谓"搜狗输入法

---

[1] 北京市高级人民法院二审（2015）高民（知）终字第 1071 号，载 http：//www. itslaw. com/detail? judgementId = 301e9d90 - 7a02 - 47bb - a562 - 533fbda853e2&area = 1&index = 3&sortType = 1&count = 13&conditions = searchWord% 2B% E8% 85% BE% E8% AE% AF% 2B% 2B% E8% 85% BE% E8% AE% AF&conditions = searchWord% 2B% E5% A5% 87% E8% 99% 8E% 2B% 2B% E5% A5% 87% E8% 99% 8E&conditions = searchWord% 2B% E5% 95% 86% E4% B8% 9A% E8% AF% 8B% E6% AF% 81% 2B% 2B% E5% 95% 86% E4% B8% 9A% E8% AF% 8B% E6% AF% 81，访问时间：2016 年 9 月 19 日。

捆绑浏览器、搜狗浏览器无 360 安全卫士无法卸载"等虚伪事实，损害搜狗信息公司、搜狗科技公司的商业信誉和商品声誉，给公司造成商业信誉贬损及巨大经济损失。

一审法院认为：奇虎科技公司、奇虎三六零公司不经弹窗提示直接阻止用户通过弹窗方式和工具栏方式将搜狗浏览器设置为默认浏览器的涉案行为，违反了诚实信用和公平竞争原则，构成不正当竞争；对不同厂商的浏览器产品区别对待的涉案行为，违背了一视同仁、公平竞争以及诚实信用的原则，构成不正当竞争；在缺乏事实依据的情况下，通过 360 安全卫士官方微博所发表的言论，不符合客观实际，且相关用语带有明显的贬损和诋毁性质，构成商业诋毁。

奇虎科技公司、奇虎三六零公司不服原审判决，向北京市高级人民法院提起上诉，二审法院认为：

1. 竞争关系的存在是判断不正当竞争行为的前提条件。竞争关系的认定并不局限于经营者在诉争的特定市场交易行为中提供的商品或者服务的具体表现形式。即使经营者提供的是不相同也不类似的商品或者服务，但如果经营者的市场交易行为损害了其他经营者的合法权益，扰乱了社会经济秩序，则此类行为也应当认定为不正当竞争行为。虽然在本案中指控奇虎科技公司、奇虎三六零公司实施的相关不正当竞争行为主要是通过 360 安全卫士软件实施的，该安全软件在功能用途等方面明显有别于浏览器软件，但是一方面，奇虎科技公司、奇虎三六零公司同时也是 360 浏览器的开发者和发行者，与搜狗科技公司、搜狗信息公司存在同业竞争关系；另一方面，360 安全卫士软件在本案中的相关行为也对搜狗浏览器的安装使用产生了实质性影响，有可能对搜狗科技公司、搜狗信息公司的合法权益产生影响，因此，奇虎科技公司、奇虎三六零公司与搜狗科技公司、搜狗信息公司属于具有竞争关系的同业经营者。

即使未对计算机的安全使用产生根本影响，对于出现影响计算机软件默认设置等重要事项的情形，从保护用户知情权和选择权的角度出发，安全软件进行合理的提示和必要的干预属于安全软件正常功能的发挥。但是，安全软件这种正常功能的发挥，应当采取必要而合理的形式加以实现，应当符合诚实信用原则和互联网行业公认的商业道德的基本要求。尤其是由于安全软件在计算机系统中拥有优先权限，用户对安全软件的安全防护和辅助性软件管理功能存在普遍的信赖，安全软件的任何提示行为较之于其他软件的类似行为都更容易引起用户的注意，安全软件的建议内容或者默认选项也更容易得到用户的采纳，因此，安全软件不仅应当遵循"最小特权"原则，在对其他计算机软件进行干预时必须以"实现其功能所必需"为前提，而且这种干预也更应当以客观、中立的方式加以实施，否则就有可能造成其他软件用户数量的流失，损害其他软件经营者的合法权益。安全软件超出合理限度而实施的干预其他软件运行并给其他软件经营者造成损害的行为，应当依法认定其构成不应当竞争行为。本案中，基于用户对安全软件的安全防护和辅助性软件管理功能存在普遍的信赖，普通用户往往容易根据 360 安全卫士软件的提示内容和提供的默认选项，选择放弃将搜狗浏览器设置为默认浏览器或者允许 360 安全卫士软件阻止搜狗浏览器的默认浏览器设置。相对于没有弹窗样式存在的情形，搜狗浏览器在很大程度上丧失了被设置为默认浏览器的机会，进而影响到其在正常情况下可能获得的市场份额，对搜狗科技公司、搜狗信息公司的合法权益产生了实质性的损害。奇虎科技公司、奇虎三六零公司实施的行为，超出了安全软件发挥其正常功能的合理限度，影响了浏览器软件的平等、公平竞争，损害了搜狗科技公司、搜狗信息公司合法权益，构成不正当竞争……

二审法院最终驳回上诉，维持原判。

第三节　网络环境下数据库的保护

计算机与通信技术相结合而形成的计算机互联网络，不仅极大地促进了信息资源的交流和共享，而且推动了从事信息的收集、加工、整理和传播的数据库产业的发展。作为信息"仓库"的数据库（包括传统形式的数据库的电子数据库，但主要是电子数据库）的法律保护问题日渐突出。如何为数据库提供更为充分和有效的法律保护，已经成为各国不容忽视的重要问题。

在数据库法律保护的形式上，传统的数据库法律保护的形式主要是著作权法和反不正当竞争法。然而，随着数据库的广泛应用，特别是电子数据库在网络中的应用，相应地在具体的立法措施上产生了新的保护形式，即数据库的特殊权利保护。

一、数据库的传统保护

（一）数据库的传统保护

从欧盟、美国以及世界知识产权组织的法律文件看，关于数据库概念的界定较为统一。《欧盟数据库指令》第 1 条第 2 款规定，数据库是指经系统或有序安排，并可通过电子或其他手段单独加以访问的独立的作品、数据或其他材料的集合。美国的《H. R. 345 法案》规定，信息集合体（即数据库），是指被收集和组织起来，放置于某处供人访问的作品、数据、事实或任何其他能够被系统地收集和组织的无形数据或材料。世界知识产权组织《数据库条约草案》对数据库的概念所作的规定基本上与欧盟相同。

根据上述概念，数据库具有以下三个特征：①数据库是一个集合。构成这个集合的可以是文学艺术和科学作品，如文字作品、音乐作品或其他任何形式的作品，也可以是作品之外的其他信息材料，如文本、声音、图像、数字等。数据库必须是由多个作品或其他信息材料构成，单一的作品并不是数据库。②数据库是一个有序集合。数据库并非是其内容的杂乱无章的集合，而是根据一定的目的和要求，按照一定的方式，经过系统地筛选和编排，形成的一个有机统一体。经过系统地编排，数据库的内容呈现出一定的顺序和结构，作为一个整体向使用者提供信息，使数据库成为一个统一的有机集合。③数据库中的每一个作品或材料都可通过电子手段或其他手段单独地进行访问。

（二）数据库的著作权法保护

数据库是作品、数据或其他材料的集合，它是由制作者通过对作品、数据或其他材料进行选择、编排而成。从制作过程看，它与著作权法上汇编作品的创作过程是相同的。因此，《伯尔尼公约》《TRIPs 协议》WCT 以及各个国家的著作权法都将数据库作为汇编作品加以保护。

《伯尔尼公约》第 2 条第 5 款规定，文学或艺术作品的汇编，诸如百科全书和选集，凡由于对材料的选择和编排而构成智力创作的，应得到相应的且不损害汇编内每一作品的版权的保护。《TRIPs 协议》第 10 条的题目是"计算机程序与数据的汇编"，其第 2 款规定，数据或其他材料的汇编，无论采用机器可读形式还是其他形式，只要其内容的选择或安排构成智力创作，即应予以保护。这类不延及数据或材料本身的保护，不得损害数据或材料本身已有的版权。WCT 第 5 条的题目是"数据汇编（数据库）"，该条与《TRIPs 协议》第 10 条第 2 款的规定几乎完全一致，不仅将汇编作品的保护延伸到数字网络时代，而且该条的题目中明确使用了"数据库"这一术语。从这三个国际条约看，有关"汇编"的规定，实际上就是数据库的规定，这就表明，在所有《伯尔尼公约》缔约国和世界贸易组织成员内，数据库是作为汇编作品而受到著作权法保护的。

我国《著作权法》第 14 条规定，汇编若干作品、作品的片段或者不构成作品的数据或者其他材料，对其内容的选择或者编排体现独创性的作品，为汇编作品，其著作权由汇编人享有，但行使著作权时，不得侵犯原作品的著作权。由于我国是《伯尔尼公约》成员国以及世界贸易组织成员，我国《著作权法》

第 14 条的规定与以上三个国际条约中关于"汇编"的规定是一致的。因此，数据库是作为汇编作品而受到《著作权法》的保护。数据库作为汇编作品受到著作权法的保护，必须达到相应的保护标准。《伯尔尼公约》第 2 条第 5 款要求受版权保护的汇编作品在内容的选择与编排上构成智力创作，即原创性或独创性标准。《TRIPs 协议》、WCT、我国《著作权法》都确认了这一保护标准。

经过长期的努力，汇编作品的著作权保护标准在世界范围内基本上趋于统一。1994 年《TRIPs 协议》第 10 条第 2 款和 1996 年的 WCT 第 5 条都明确规定了数据或其他材料的汇编，无论采用何种形式，只要其内容的选择和编排构成智力创作，就应受到保护。

在数据库中，体现原创性的因素是制作者对数据库内容的选择和编排，汇编作品的选择和编排的原创性标准，使很大一部分数据库被排除在著作权保护的范围之外。然而，即使符合选择与编排的原创性标准，数据库所能获得的著作权保护也是很有限的，原因在于著作权保护仅限于汇编的结构，不延及汇编的内容。有关汇编作品或数据库保护的条约或法律基本上都有一个相同的规定，对数据库的著作权保护不延及数据库的内容。

（三）数据库的反不正当竞争法保护

由于著作权法对汇编作品的保护，须以原创性为标准，并且在保护的范围上，只限于汇编作品的结构而不延及其内容，就不可避免地存在着一些局限。因为数据库的原创性标准较为模糊，有时难以把握。此外，不保护数据库的内容，使数据库制作者的投资回报无法解决。因此，还必须对数据库提供其他形式的法律保护。而反不正当竞争法正好为数据库的法律保护提供了补充。它可以通过制止采取违反诚实信用原则的手段利用或窃取数据库进行的不正当竞争行为，保护数据库制作者在材料的收集、整理、证明、编排等方面付出的投资。

我国《反不正当竞争法》第 2 条第 1 款规定，经营者在市场交易中，应当遵循自愿、平等、公平、诚实信用的原则，遵守公认的商业道德。这为数据库的制作者保护其合法权益，制止他人窃取数据库制作者劳动成果的行为提供了法律原则。

二、数据库的特殊权利保护

为了对数据库提供更为广泛的、有效的保护，促进数据库产业的发展，数据库的特殊权利保护制度正在形成。它"是一种独立于版权保护的法律制度，其根本目的就是保护数据库制作者在数据库上的投资"。

（一）数据库特殊权利保护的立法概况

20 世纪 90 年代初，欧盟就开始对数据库的法律保护问题进行论证，并于 1992 年提出了关于数据库特殊权利保护的建议。1996 年欧盟推出了《关于数据库保护的指令》（以下简称《指令》）。《指令》不仅统一了成员国数据著作权保护的标准，而且确立了一种新的独立于著作权保护的数据库特殊权利保护。《指令》要求成员国在 1998 年 1 月 1 日以前，以法律、法规、行政条款的方式将指令的内容贯彻到国内。为了推广其主张，1996 年欧盟以数据库指令为基础，向世界知识产权组织提出了数据库特殊权利保护的建议，试图将数据库特殊权利保护纳入知识产权的国际保护体系。

1996 年 8 月 30 日世界知识产权组织公布了《关于数据库知识产权条约的实体条款的基本建议》（即《数据库条约草案》）。《数据库条约草案》融合了欧盟和美国两方建议的内容。然而，在 1996 年 12 月、1997 年 3 月、1997 年 9 月分别召开的外交会议、政府代表会议和信息会议上，由于较多的发展中国家和一些发达国家的分歧较大，未能就数据库国际保护的问题达成一致意见，有关的会议和讨论还将继续进行下去。

（二）数据库特殊权利保护的内容

数据库特殊权利保护的内容主要包括保护的范围和标准、特殊权利的具体内容以及保护的限制和例外。以下我们以《指令》为依据来说明数据库特殊权利保护的内容。

1. 保护的范围和标准。数据库特殊权利保护的客体是数据库。根据《指令》的规定，特殊权利保护不适用于制作或驱动电子数据库的计算机程序。在保护的标准上，只有在内容的获得、检验、编排等方面进行了实质性投资的数据库，才能享有特殊权利保护。实质性投资包括在制作数据库的过程中付出的人力、技术、财力或其他资源的投资。但是，究竟什么是实质性投资？《指令》在其前言部分举了一个例子作了简要说明，实际上，法律很难规定一个硬性的实质性标准，这个问题需要法院根据具体案件进行判断。

2. 特殊权利的具体内容。关于特殊权利的具体内容，从形式上看，《指令》赋予数据库制作者摘录权和再利用权。所谓摘录权，即禁止他人未经许可，永久或暂时地复制数据库内容或者在数量上以及（或者）在质量上达到实质性内容程度的行为。

3. 保护的限制和例外。权利保护赋予数据库制作者以特殊权利，考虑到在权利人和社会公众之间保持利益平衡的需要，必须对这种特殊权利加以适当限制。《指令》规定，如果数据库已经以某种方式向公众提供，那么，数据库的合法用户就可以不经数据库制作者的同意，实施以下行为：①为任何目的，复制或传播数据库内容的非实质性部分；②为私人目的，复制或传播数据库内容的实质部分；③为教学科研目的，复制数据库内容的实质性部分，但要标明材料的来源，使用的内容也不能超过实现非商业性目的所需的程度；④为公共安全、行政管理或司法程序的目的，复制或传播数据库内容的实质性部分。从《指令》的规定看，只有数据库的合法用户才能享受到权利限制所赋予的有限的自由，这一规定过分注重保护数据库制作者的权利，对社会公众的利益照顾得不够。

（三）我国应否建立数据库特殊权利保护制度

我国的《著作权法》《反不正当竞争法》等法律的相关规定，构成了我国目前的数据库保护的制度体系。数据库的特殊权利保护是随着数据库的广泛应用，尤其是电子数据库在网络中的应用，在立法上所产生的新的保护形式。那么，我国应否建立数据库特殊权利保护制度呢？关于这一问题，理论界存在着较大的分歧。有学者认为数据库特殊权利保护的出现自有其必然性和合理性，[1]我国应对其进行研究，制定相应的对策，而且认为数据库特殊权利保护的性质属于反不正当竞争，我国将来的数据库特殊权利保护就应当在充实和完善我国《反不正当竞争法》的基础上建立起来。有学者认为，为了保护制作者的投入而创设一种全新的完全不同于传统知识产权的特别权利，既无必要，又缺乏起码的正当性。从我国的实际情况看，对数据库提供特别保护的要求在近期并不迫切，但应当对这一问题进行深入的研究和慎重的思考。本书认为，在应否建立数据库特殊权利保护制度的问题上，要采取慎重的态度。从国际立法层面看，除了欧盟以外的国际组织和其他国家尚未接受这一数据库的保护形式，对于该制度反对的声音一直都很强烈，而且数据库特殊权利保护制度主要是保护数据库制作者的投资，对数据库产业发达的国家较为有利，我国作为发展中国家，数据库产业尚处于起步阶段，建立数据库特殊权利保护制度的条件并未完全具备。在数据库的保护上，应当立足于《著作权法》《反不正当竞争法》等法律的现有规定来进一步充实和完善我国的数据库保护制度。

思考题

1. 简述计算机程序可专利性的发展趋势。
2. 简述司法实践中用以判定是否构成网络不正当竞争的相关原则。
3. 简述数据库的特别权利的保护内容。

---

[1] 薛虹：《网络时代的知识产权法》，法律出版社2000年版，第93页。

第五章

域名与商标

【学习目的与要求】　本章是关于域名及域名系统的法律问题。首先
要掌握域名的含义及特征、域名与商标冲突的原因及表现等基本知识，
明确我国关于域名与商标冲突司法解决的基本规则以及我国域名纠纷
争议解决机制的法律属性及核心规则，同时了解我国域名管理体制及
域名纠纷的国际立法概况以及统一域名争议解决机制的基本规则。

第一节　域名及域名系统

　　域名是连接到国际互联网上的计算机的地址，是为了便于人们发送和接收
电子邮件或访问某个网站而设计的。[1]近年来，互联网在中国蓬勃发展，中国
互联网络信息中心（CNNIC）2016 年 1 月第 37 次《中国互联网络发展状况统计
报告》表明：截至 2015 年 12 月，中国国家顶级域名".CN"总数为 1636 万，
年增长 47.6%，占中国域名总数的 52.8%。".CN"域名已超过德国国家顶级域
名".DE"，成为全球注册保有量第一的国家和地区顶级域名（ccTLD）。报告显
示，截至 2015 年 12 月，中国企业计算机使用比例、互联网使用比例与固定宽带
接入比例，同比分别上升了 4.8%、10.3% 和 8.9%，达到 95.2%、89.0% 和
86.3%。中国网站总数为 423 万个，较 2014 年增长了 88 万，年增长率达到
26.3%。同时，中国网页数量首次突破 2000 亿。[2]再加上商业活动者电子化进
程的不断加快，域名从一个网络技术上的地址符号转变为一个蕴藏着巨大商机
的标识，并被赋予了具有经营性标记的财产价值，全世界域名注册数量飞速增

---

〔1〕　薛虹：《网络时代的知识产权法》，法律出版社 2000 年版，第 296 页。
〔2〕　参见 http://www.cnnic.net.cn/hlwfzyj/hlwxbg/hlwtjbg/201601/t20160122_53271.htm，访问时间：
2016 年 4 月 2 日。

长，因域名注册和使用而引发的纠纷频频发生，域名与商标、商号等法律所保护的其他商业标记之间的冲突也愈演愈烈。如何正确认识并解决域名的法律保护、协调域名与相关法律制度的关系问题，也就显得十分必要。

一、域名的含义、特征及商业价值

（一）域名的含义及特征

互联网是随着计算机技术的发展而在现实世界之外开辟出来的人类生活的新空间。在这个虚拟空间里，人们之间的交流与交往是通过一台台计算机的互联实现的。现实生活中，不论是自然人还是法人，或者是其他机构或组织，均有一个可用以标识其身份的识别信息，如名字、性别、国籍和住址等。那么，人们如何在网络活动中识别每一台计算机呢？最初是通过为每一台联网的计算机编制一个特定的二进制代码（即由"0"和"1"组成的一系列符号）作为识别标识符，与联网计算机对应的符号在当时被称为"主机名"。到 20 世纪 80 年代，由于机器的增多，将主机名直接与二进制代码对应的工作变得不堪重负，于是改用 IP（Internet Protocol）地址（即四组用圆点隔开的阿拉伯数字，如 202.194.126.88）。IP 地址是网络协议地址，是分配给网络节点的逻辑地址。从技术上说，每一个网络用户都有一个唯一的、固定的 IP 地址，但是由于 IP 地址是由一组数字组成的，难以记忆和书写，使用起来极不方便，因此，在 IP 地址的基础上又发展出一种符号化的地址方案来代替数字型的 IP 地址。这个由不同的文字、字母、数字组成，具有语词意义，易于理解和记忆，与网络上的数字型 IP 地址相对应的字符型地址，就被称为域名。例如，雅虎（中国）网站的域名 www.yahoo.com.cn，比起与它相对应的数字型 IP 地址而言就更形象，也更容易记忆。世界知识产权组织国际商标协会（INTA）等组成的互联网国际特设委员会（IAHC）发布的备忘录中称："域名系统是专为网络中的计算机定位而设计的便于人们记忆 IP 地址的友好名称。"根据美国《反域名抢注消费者保护法》，域名是指"任何域名注册员、域名登记机构或其他域名注册管理机构注册或分配的任何包括文字与数字的名称，作为互联网网络上电子地址的一部分"[1]。我国原信息产业部（现已更名为工业和信息化部）2004 年 11 月 5 日公布的《中国互联网络域名管理办法》指出，"域名是互联网络上识别和定位计算机的层次结构式的字符标识，与该计算机的互联网协议（IP）地址相对应"。

从上述关于域名的各种定义来看，各国对域名所作的法律界定中都包含了地址性和标识性两方面内容。北京市高级人民法院办公室在《关于审理域名注

---

〔1〕 王永强："域名纠纷的法律适用问题研究"，载郑成思主编：《知识产权文丛》（第 6 卷），中国方正出版社 2001 年版，第 487 页。

册、使用而引起的知识产权民事纠纷案件的若干指导意见》中指出，"域名是因特网上用户在网络中的名称和地址。域名具有技术性和标识性两方面的功能。技术功能是指域名注册人在网络上的地址；识别功能是指域名注册人在因特网上代表自己的标志"。从技术上讲，域名具有地址性，每一个域名都对应于特定的互联网数字地址（IP 地址）。从社会角度讲，域名具有标识性，是"使用者在网络空间人格形象的鉴别符号"。[1] 域名的地址性和标识性决定了域名的法律特性主要包括：

1. 标识性。正如人以自己的名字相互识别一样，域名产生的基础是为了在因特网上区分各个不同组织与机构，以方便网络寻址和信息传输，故标识性应为其基本特征之一。但域名的标识性与商标等传统标记的标识性又有不同，后者存在有较高的显著性要求，域名的识别则为计算机识别，只需存在细微的差别即可，体现了较强的技术性特征。

2. 唯一性。域名与计算机 IP 地址的一一对应关系使得域名首先在技术上必须是唯一的，这种唯一性纳入国际互联网的体系之中，就要求域名必须是全球唯一的。域名的全球唯一性也是其标识性的根本保证。也正是因为如此，域名是一种重要、稀缺的商业性资源。

3. 排他性。由于因特网是覆盖全球的，使用范围的广泛性决定了域名必须具有绝对的排他性。域名一经注册，就必须排斥此后欲申请注册的与其相同的域名，除非放弃该域名，或者该域名被撤销。可见，域名的排他性是其唯一性的进一步延展和必要保证。域名的唯一性是全球范围的，因此其排他性也必须是全球性的、绝对的。

（二）域名的商业价值

互联网上的域名就如同现实生活中的门牌号码，可以在纷繁复杂的网络世界里准确无误地指引我们到所要访问的站点。由于域名与特定的 IP 地址相对应，互联网用户只要输入一个域名，计算机就会将其自动解析成与之相对应的 IP 地址，并自动在因特网上寻找该 IP 地址所代表的计算机，从而实现互联。因此，域名首先是作为一个技术上的地址符号而存在的，这也是研究人员设立域名的初衷。但是，随着商业活动的电子化，域名所具有的便利网络用户对联网计算机实现快速定位的技术目的逐渐淡化，其背后所蕴涵着的商业价值却日渐凸显。一个显著的域名能给企业带来无限的商机，一个恰当的域名能给企业带来一定的经济利益或竞争优势。具体来讲，域名的商业价值主要表现在以下两个方面：

---

〔1〕 吴汉东、胡开忠：《走向知识经济时代的知识产权法》，法律出版社 2002 年版，第 379 页。

1. 域名是虚拟空间的重要商业标记。由于域名具有一定的商业标识性，域名的使用事实上具有强烈的商标效应，而这种商标效应正逐渐被人们认识和利用。无论是做电子商务，还是在网上开展其他活动，都要从域名开始，域名逐渐成为企业在互联网上体现企业形象的有力武器。一个令人过目难忘的响亮域名由于能够吸引大批网民的视线，更是逐渐转变为具有巨大商业价值的无形资产。一些通用域名如 business. com、lawyers. com、banks. com 等蕴藏着巨大的商业价值，并随着互联网的发展而不断增值。以域名 www. business. com 为例，其在 1997 年交易价格就已高达 15 万美元，到 1999 年 11 月，即以 750 万美元这样的天价被拍卖给美国一家网络电子商务公司。[1]因此，从某种程度上讲，域名凭借其频繁的点击率正日益成长为企业在虚拟世界中的形象代表。如果说商标是企业在现实空间的重要识别标记，那么，域名则是"企业在互联网上的商标"。[2]

2. 域名与一定的商誉相联系，能体现丰厚的商业利益。一个好听、易记的域名不但能吸引消费者访问其所拥有的网站，创造潜在商机，更重要的是，该域名同时也可以彰显其企业所提供的商品或服务，进而建立企业自身的形象。电子商务经济模式的一条基本原理是：点击率与利润成正比。这恰恰是电子商务企业千方百计提高自己域名知名度的重要原因。一个易记、有知名度的域名可以使企业的投资和努力事半功倍，将域名注册成自己企业的名称或产品、服务的商标，更是可以直接扩大其知名度，节省下巨额的广告费用，并使公司与外界的联系更为密切，获得更多的商机。

二、域名系统

域名系统英文全名叫 Domain Name Server，简称 DNS。域名是为了方便记忆而专门建立的一套地址转换系统，要访问一台互联网上的服务器，最终还必须通过 IP 地址来实现。因此，当用户输入想要访问的联网计算机域名后，浏览器必须要先去当地域名系统服务器搜索这台电脑的 IP 地址。如果当地域名系统服务器没有所要的信息，就会与根服务器相联系。根服务器先找到所要的联网计算机的顶级域名，再与该顶级域名服务器联系，获得二级域名服务器的 IP 地址。如此一来，用户计算机就能与二级域名服务器相联系，以获得该联网计算机与用户键入的相对应的、准确的 IP 地址。可以说，域名系统就是一种分区域、分层次的域名解析与管理机制。

---

〔1〕 "域名启示录"，载《国际经贸消息》2000 年 2 月 24 日，第 4 版。
〔2〕 唐广良："域名注册环节存在的问题及国内外的相关规定"，载《电子知识产权》2000 年第 12 期。

（一）域名系统的结构

根据现行域名规则，一个完整的域名通常由左右两部分构成，左边是由TCP/ IP协议种类（如超文本网络协议http）和万维网代码所构成的无识别性的通用前缀部分，右边是由英文中的句点"."依次隔开的顶级（一级）、二级、三级甚至四级域名代码所构成的域名代码部分，如http：//www. sina. com. cn/（新浪网站域名）。一个域名中最后一个"."右边的部分称为顶级（一级）域名代码，最后一个"."左边的部分称为二级域名代码，二级域名代码左边的部分依次分别为三级、四级等域名代码。一个域名从整体上看，从右向左、由循序降级的多级别域名代码组成，域名的区别性或识别性主要来于注册人的自用域名代码，如http：//www. sina. com. cn/中的三级域名代码sina和http：//www. microsoft. com中的三级域名代码microsoft等。

由此可见，域名系统呈层级结构，可以分为顶级域名、二级域名、三级域名和三级以下域名等。顶级域名是域名中级别最高的一层，又分为三类：第一类是国家或地区顶级域名，共有243个国家或地区的代码。例如. cn代表中国，. jp代表日本，. uk代表英国等。这些国家或地区顶级域名由各国、各地区的机构负责管理和注册。第二类是类别顶级域名，共有7个：. com（公司、企业等），. net（网络服务机构），. org（组织机构），. edu（美国教育），. gov（美国政府部门），. mil（军事机构），. int（国际组织）。互联网最初是在美国发展起来的，最初的域名体系也主要供美国使用，因此，. gov，. edu，. mil虽然都是顶级域名，但却是美国使用的。只有. com，. net，. org成了供全球使用的顶级域名。相对于国家地区顶级域名来说，这些顶级域名都是根据不同的类别来区分的。第三类是新增顶级域名。随着互联网的不断发展，新的顶级域名也根据实际需要不断被扩充到现有的域名系统中来。新增加的顶级域名有. biz（商业），. coop（合作公司），. info（信息行业），. aero（航空业），. pro（专业人士），. museum（博物馆行业），. name（个人）。在类别顶级域名代码下注册的域名通常为二级域名代码结构，而在国家顶级域名代码下注册的域名通常为三级或四级域名代码结构。另外，在这些顶级域名下，还可以再根据需要定义次一级的域名。

（二）我国域名管理体制和域名体系

1. 管理体制。我国最早使用互联网的历史可以追溯到1986年一个名为中国学术网（Chinese Academic Network，简称CANET）的国际互联网项目的启动。1987年9月，CANET在北京计算机应用技术研究所内正式建成我国第一个国际互联网电子邮件节点，并于1987年9月20日22点55分向全世界发出了中国第一封电子邮件。1990年11月28日，中国在国际互联网域名分配管理中心注册了我国的顶级域名 CN，并建立了我国第一台 CN 域名服务器。从此，中国有了自己的网上标识，中国的网络有了自己的身份标识，这一天对中国的互联网来说是一个划时代的日子。1994 年 4 月 20 日，我国正式接入国际互联网，实现了与国际互联网的全功能连接。同年 5 月 21 日，中国科学技术网在国内完成我国顶级域名 CN 主域名服务器的设置，并根据专家讨论的方案在 CN 下初步建立了我国的域名体系。之后，我国互联网获得了飞速发展，数个全国范围的计算机信息网络项目相继启动，先后建成了中国科学技术网、中国公用计算机互联网、中国教育和科研计算机网、中国金桥信息网等四个互联网络，域名注册数量迅速增加。为了适应我国互联网络发展的需要，更好地为迅速增长的互联网络用户服务，1997 年 6 月，原国务院信息化工作领导小组办公室根据中国互联网络信息中心专家组的建议，制定并发布了《中国互联网络域名注册暂行管理办法》，从而确立了我国域名的体系和管理体制。并于同年 6 月 3 日在中国科学院计算机网络信息中心正式组建中国互联网络信息中心（China Internet Network Information Center，简称 CNNIC），具体承担我国域名系统的注册服务、地址解析和管理工作。《中国互联网络域名注册暂行管理办法》的颁布和 CNNIC 的成立，使 CN 域名的管理向着有法可依、有序管理的方向健康发展，标志着我国互联网络的发展、运行和服务进入了不断完善和规范的发展轨道。[1]

1998 年 7 月 1 日，原信息产业部成立，负责"因特网域名、地址等公共通信资源的分配和管理"。随着 2004 年 11 月 5 日原信息产业部修订的《中国互联网络域名管理办法》的正式实施，我国域名管理与服务体制进入了一个崭新的历史时期。根据《中国互联网络域名管理办法》第 4 条的规定，原信息产业部负责中国互联网络域名的管理工作。其主要职责是：①制定互联网络域名管理的规章及政策；②制定国家（或地区）顶级域名 CN 和中文域名体系；③管理在中华人民共和国境内设置并运行域名根服务器（含镜像服务器）的域名根服务器运行机构；④管理在中华人民共和国境内设立的域名注册管理机构和域名注册服务机构；⑤监督管理域名注册活动；⑥负责与域名有关的国际协调。

2. 域名体系。根据《中国互联网络域名管理办法》第 6 条的规定，我国互联网的域名体系由原信息产业部以公告形式予以公布，并且根据域名发展的实际情况，原信息产业部可以对互联网的域名体系进行调整，并发布更新公告。根据该条的规定，2006 年 2 月 6 日，原信息产业部发布了《关于调整中国互联网络域名体系的公告》，对我国域名体系进行了全面的规定。2008 年 3 月 19 日

---

〔1〕　刘志江："我国域名注册管理体制发展回眸"，载 http：//www. cnnic. net. cn/daily/2002 - 8/5. pdf，访问时间：2007 年 7 月 1 日。

对 2006 年 2 月 6 日公布的中国互联网络域名体系进行局部调整。

我国互联网络域名体系中各级域名可以由字母（A ~ Z，a ~ z，大小写等价）、数字（0 ~ 9）、连接符（—）或汉字组成，各级域名之间用实点（.）连接，中文域名的各级域名之间用实点或中文句号（。）连接。我国互联网络域名体系在顶级域名"CN"之外暂设"中国""公司""网络""政务"和"公益"等中文顶级域名。顶级域名 CN 之下，设置"类别域名"和"行政区域名"两类英文二级域名。设置"类别域名"9 个，分别为：AC—适用于科研机构；COM—适用于工、商、金融等企业；EDU—适用于中国的教育机构；GOV—适用于中国的政府机构；MIL—适用于中国的国防机构；NET—适用于提供互联网络服务的机构；ORG—适用于非营利性的组织；政务—适用于党政群机关、政务部门等；公益—适用于非营利性单位。设置"行政区域名"34 个，适用于我国的各省、自治区、直辖市、特别行政区的组织，分别为：BJ—北京市；SH—上海市；TJ—天津市；CQ—重庆市；HE—河北省；SX—山西省；NM—内蒙古自治区；LN—辽宁省；JL—吉林省；HL—黑龙江省；JS—江苏省；ZJ—浙江省；AH—安徽省；FJ—福建省；JX—江西省；SD—山东省；HA—河南省；HB—湖北省；HN—湖南省；GD—广东省；GX—广西壮族自治区；HI—海南省；SC—四川省；GZ—贵州省；YN—云南省；XZ—西藏自治区；SN—陕西省；GS—甘肃省；QH—青海省；NX—宁夏回族自治区；XJ—新疆维吾尔自治区；TW—台湾省；HK—香港特别行政区；MO—澳门特别行政区。在顶级域名 CN 下可以直接申请注册二级域名。[1]

三、我国域名注册管理和服务体系

域名注册管理和服务体系是一种多层次的技术操作体系，根据国际上通行的"逐级授权"的管理原则，可以将我国域名注册管理和服务体系设置为三层结构：域名注册管理机构、注册服务机构、注册代理机构，采取逐级管理的方式为用户提供注册服务。

位于互联网域名注册管理和服务体系第一层的是域名注册管理机构。为了确保域名注册和解析途径的唯一性，避免发生域名冲突，通常每一个顶级域名只能有一个注册管理机构。该机构必须经过域名管理机构的授权和认可。在国际域名体系中，顶级域名中的地理顶级域名，则通常由相应国家或者地区的互联网信息中心（NIC）负责。我国域名注册管理机构是中国互联网络信息中心（CNNIC），其主要职责是：负责运行和管理国家顶级域名"CN"、中文域名系统、通用网址

---

[1] 原信息产业部：《关于调整中国互联网络域名体系的公告》，2006 年 2 月 6 日发布。

系统及无线网址系统，维护域名数据库，授权域名注册服务机构提供域名注册服务，等等。但是，域名注册管理机构并不负责受理具体的域名注册申请。

位于互联网域名管理和服务体系第二层的是域名注册服务机构。域名注册服务机构是由域名注册管理机构选择和授权，负责受理审核用户的域名注册申请，并完成域名注册的机构。域名注册管理机构可以同时授权多家域名注册服务机构，以便在域名注册领域引入竞争体制，提高注册服务品质，降低注册费用。每个域名注册服务机构也可以根据实际情况，发展自己的代理。

我国建立上述域名注册管理和服务体系，有利于域名数据库更好地运行和维护，在注册服务领域引入更多的注册服务机构展开竞争，可以促进我国域名注册服务质量的改善和费用的降低，促进国家域名的发展。这一体制在 CNNIC 中文域名服务体系中已被采纳，经实践检验，效果良好。

另外，《中国互联网络域名管理办法》还规定了域名注册管理和注册服务机构在对注册活动进行管理和提供服务时应负的义务。具体内容有以下几个方面：

1. 域名注册管理机构应当自觉遵守国家相关的法律、行政法规和规章，保证域名系统安全、可靠地运行，公平、合理地为域名注册服务机构提供安全、方便的域名服务。无正当理由，域名注册管理机构不得擅自中断域名注册服务机构的域名注册服务。

2. 域名注册服务机构应当自觉遵守国家相关法律、行政法规和规章，公平、合理地为用户提供域名注册服务。域名注册服务机构不得采用欺诈、胁迫等不正当的手段要求用户注册域名。

3. 因国家安全和处置紧急事件的需要，域名注册管理机构和域名注册服务机构应当服从信息产业部的统一指挥与协调，遵守并执行信息产业部的管理要求。

4. 域名注册管理机构和注册服务机构不得预留或变相预留域名。域名注册管理机构和注册服务机构在提供域名注册服务过程中不得代表任何实际或潜在的域名持有者。

5. 域名注册管理机构和域名注册服务机构应当公布域名注册服务的内容、时限和费用，提供域名注册信息的公共查询服务，保证域名注册服务的质量，并有义务向信息产业部提供域名注册信息。未经用户同意，域名注册管理机构和域名注册服务机构不得将域名注册信息用于上述规定以外的其他用途。

四、我国互联网络域名的注册程序

（一）域名注册申请

1. 申请规则。域名具有全球唯一性和排他性。当两个以上的申请人就同一域名提出注册申请时，就需要法律明确规定哪一个人可以获准注册和使用该域名。目前国际上通常实行"先申请先注册"的原则，我国也不例外。《中国互联网络域名管理办法》第 24 条规定："域名注册服务遵循'先申请先注册'原则。"这也就是说，两个以上的申请人分别就同样的域名申请注册的，域名归属最先申请的人。

2. 申请文件。申请者提出域名注册申请时，应向域名注册服务机构递交域名注册申请表。域名注册申请表内容应当包括：申请的域名；主域名服务器和辅域名服务器的主机名以及 IP 地址；域名持有者的单位名称、单位负责人、所在单位行业、通信地址、邮政编码、电子邮件、电话号码、传真号码以及认证信息；域名技术联系人、管理联系人、缴费联系人、承办人的姓名、所在单位名称、通信地址、邮政编码、电子邮址、电话号码以及传真号码。另外，在二级域名 GOV 下申请注册三级域名时，申请者应当提交盖有申请单位公章的域名注册申请表以及证明申请单位为政府机构的相关资料。

3. 域名注册协议。根据《中国互联网络域名管理办法》的规定，域名注册申请者应当与域名注册服务机构签订用户注册协议，以确定域名注册人与域名注册服务机构之间的权利与义务。签订域名注册协议的目的在于增强域名注册人的责任感，防止注册人恶意逃避责任。而且，一旦发生纠纷，域名注册协议还是纠纷处理程序的基础。

根据 2012 年实施的《中国互联网络信息中心域名注册实施细则》的规定，申请者应当在域名注册协议中保证：①遵守有关互联网络的法律和规定；②遵守《中国互联网络域名管理办法》以及主管部门的其他相关规定；③遵守中国互联网络信息中心制定的域名注册实施细则、域名争议解决办法等相关规定，以及修订后的版本；④提交的域名注册信息真实、准确、完整。

（二）审核程序

域名注册服务机构负责受理域名注册申请，并且根据《中国互联网络域名管理办法》对申请注册的域名进行审核。根据《中国互联网络域名管理办法》的规定，任何组织注册域名都不得损害国家利益和社会公共利益。具体来说，任何组织申请注册的域名，不得含有下列内容：①反对宪法所确定的基本原则的；②危害国家安全，泄露国家秘密，颠覆国家政权，破坏国家统一的；③损害国家荣誉和利益的；④煽动民族仇恨、民族歧视，破坏民族团结的；⑤破坏国家宗教政策，宣扬邪教和封建迷信的；⑥散布谣言，扰乱社会秩序，破坏社会稳定的；⑦散布淫秽、色情、赌博、暴力、凶杀、恐怖或者教唆犯罪的；⑧侮辱或者诽谤他人，侵害他人合法权益的；⑨含有法律、行政法规禁止的其他内容的。

对于违反上述规定的域名，域名注册服务机构应当予以删除。域名申请者或者持有者对于域名注册服务机构删除行为不服的，可以向域名主管机关提请复审。

第二节　域名与商标的冲突

随着电子商务的发展，域名背后所蕴藏的商业价值日益凸显出来，因域名注册而引起的各类冲突也成了人们注意的焦点。一般而言，因域名注册和使用而引发的冲突在实践中主要表现在以下三个方面：一是域名与商标之间的冲突；二是域名与域名之间的冲突；三是域名与其他权利之间的冲突。从目前实际发生的争议情况来看，数量最多、争议最大也最迫切需要解决的是因域名注册和使用而与商标发生的冲突。

一、域名与商标冲突的原因

域名和商标都具有外部标识性的功能，给人们以强烈的视觉冲击；两者在一定程度上都与特定的商誉相联系，是企业的形象代表，更是企业信用、产品质量、售后服务等的无声代言人。人们在使用互联网时，一般习惯性地将域名和企业商标、名称联系在一起，首先访问一些域名结构为"企业名称或商标 +.com"的网址。对企业而言，将商标直接注册为域名，既可以将商标的知名度移植到域名上，又可以借域名达到在网上扩大对商标、商品宣传的目的，使二者互相促进；同时，一些域名的知名度因长期使用而不断提高，获得了类似商标的特征，成为区分不同企业商品和服务的"门牌号"。因此，各企业都希望用自己的商标、商号作为域名，以吸引原有的消费者，扩大网上知名度，减少宣传费用；而一些人也希望借别人商标、商号的知名度，来达到在网上宣传自己的商品、服务的目的。可见，虽然域名与商标是不同的商业标志，但两者在特性上以及利益上的密切联系，使得域名与商标的冲突具有了现实性。除此之外，域名与商标之间发生冲突还有其他重要原因：一方面，是由域名和商标的法律特征之间存在差异造成的；另一方面，域名注册体制和商标权制度之间缺乏有效的沟通，也使二者之间的冲突进一步激化。

1. 域名的全球唯一性与商标权的多样性。商标的相互区别性是以商品相同或相似为基础提出的要求。当不同法律主体所生产或经营的商品根本不同时，各自就哪怕是完全相同的商标获得注册也可能是合法的。而且商标具有地域性，同一商标在不同的国家或地区可能为不同的人所拥有。这些原因造成商标权权利主体的多重性。与此相反，域名具有全球唯一性，即不论法律主体所从事的业务属于何种类，也不管其是否分别处于不同的国家，均不可能获得相同的域名注册。这便决定了多个商标权权利主体中只能有一个权利主体申请域名注册，这也就使域名注册人与其他商标权人的冲突不可避免。

2. 域名和商标对显著性的要求不同。虽然域名和商标都属于重要的商业标志，具有标识性的特点，但是，两者对显著性的要求是不同的。商标作为消费者基于将相同或相似商品区别开来之目的而设计的标志，应当具有显著特征，便于识别，这是商标获得保护的首要条件。因此，与他人在同种或类似商品上已注册的商标相同或近似的标志既不得作为商标注册，也不得使用。而域名是网络主机数值地址代码的外部代码，是基于联网计算机之间相互识别之目的而设计的。代码之间的细微差别，哪怕是符号排列顺序的不同，将足以使二者截然不同。因此，域名不要求显著性，一个域名不能排斥与其近似的域名的注册。域名的非显著性与商标的显著性的矛盾意味着并不是所有域名都可以成为符合商标法规定的商标，而且在分属不同主体的域名被注册为商标的情况下，则会产生域名和商标权的冲突。另外，域名的近似不排斥性与商标的近似排斥性的矛盾意味着商标所有人在技术上无法阻止他人将近似商标注册为域名。于是有人利用域名系统的技术特点，故意注册与他人驰名商标极为近似的域名，引发了一系列域名侵犯商标权案例的出现。

3. 域名注册制度和商标注册制度之间缺乏有效的沟通。关于域名取得，国际上均采"先申请先注册"的原则，域名注册申请者应当与域名注册服务机构签订用户注册协议，保证其为申请域名所提供的材料的真实性，保证所申请注册的域名没有侵犯任何第三人合法权益。但是，由于域名注册管理机构对域名注册采取的是形式审查的方式，对于域名是否侵犯他人商标权等不进行、实际上也不可能进行实质性审查，也没有职责向国家工商行政管理部门及商标管理部门查询用户域名是否与注册商标相冲突，以及是否侵害了第三者的权益，而仅要求申请人提供身份证明，并根据申请人的保证，即批准申请人的域名注册。因此，难免出现大量的注册域名与他人的注册商标相冲突的情况。正如有的学者指出的那样："这种冲突是由于域名系统与法律制度相互都没有顾及对方的存在造成的。保护商标、商号、非营利组织名称、国际组织名称、地理名称、姓名等的法律制度没有顾及域名系统的存在，是因为这些法律制度在域名系统还没有出现时就已存在了。域名系统没有顾及法律制度的存在是因为域名是被作为网络联机通信的地址设计的，技术天才们没有想到一种纯粹的技术性安排居然发展成为重要的标志，特别是商业性标志。"[1]

二、域名与商标冲突的表现

商标所有人将自己的商标使用在现实中或使用在互联网上，权利人一致，不会产生域名与商标的冲突。一般是非商标所有人将他人的驰名商标、著名商

---

〔1〕 薛虹："域名纠纷的预防与处理机制全球概览"，载郑成思主编：《知识产权文丛》（第6卷），中国方正出版社2001年版，第310页。

标注册为域名，此时的域名所有人与商标所有人并非同一主体，便会产生权利冲突。域名与商标的冲突，归纳起来，主要表现为以下几种情形：

（一）将他人的商标用于域名而产生的冲突

商标是区分商品或服务来源的标志，对于知名度较高的商标来说，商标已成为市场主体商业信誉的集中体现。一些经营者恶意地将他人商标用于域名，无疑是利用商标权人创造的商誉获取利益。而且这种行为也会暗示该域名所有人和商标权人之间存在某种联系，削弱该商标的显著性，可能损害商标权人的利益。这也是近年来最受人关注、发生争议最多的一类纠纷。该类纠纷具体又可分为下列两种表现形式：

1. 在域名中直接使用他人的商标名称。这种情况表现为域名与他人商标中包含的文字完全相同。根据域名注册使用目的的不同，该类表现形式又可分为三种情形：①域名的所有人仅注册该域名，闲置不用或销售牟利；②域名所有人在其网站上提供的商品或服务与他人商标标识的商品或服务相同或类似；③域名所有人在其网站上提供的商品或服务与他人商标标识的商品或服务不相同或不类似。

【案例 1】

"上海长途汽车客运总站"网络域名案[1]

　　上海长途汽车客运总站有限公司（以下简称客运总站公司）成立于 2001 年，其经营管理的上海长途汽车客运总站于 2005 年正式投入运营，是上海世博会的重要配套交通基础设施。2010 年底，客运总站公司向中国互联网络信息中心申请注册"上海长途汽车客运总站"的中文网络域名，却被告知域名"上海长途汽车客运总站.cn""上海长途汽车客运总站.com""上海长途汽车客运总站.net""上海长途汽车客运总站.cc""上海长途汽车客运总站.公司""上海长途汽车客运总站.网络""上海长途汽车客运总站.中国"均于 2006 年被张家港市日易机械有限公司（以下简称日易公司）注册，注册服务机构为铭万信息技术有限公司（以下简称铭万公司），在客运总站公司与铭万信息技术有限公司上海分公司（以下简称铭万上海分公司）的交涉过程中，铭万上海分公司建议客运总站公司有偿购买上述 7 个域名。客运总站公司认为，被告日易公司抢注系争域名的行为构成对原告的不正当竞

〔1〕　资料来源：2011 年上海法院知识产权司法保护十大案件，法律案例快讯，法学家，法学教学案例网。

争,遂诉至法院,请求判令被告日易公司立即注销系争 7 个域名,被告铭万公司及铭万上海分公司予以协助,三被告共同支付原告合理开支人民币 5040 元。上海市黄浦区人民法院审理后认为,"上海长途汽车客运总站"系客运总站公司企业名称中最具识别性的部分,客运总站公司对之享有合法的民事权益。被告日易公司在不享有与"上海长途汽车客运总站"有关的任何权利和权益的情况下,为获取不当利益而注册系争域名,有悖诚实信用原则,系争域名应予注销。故判决被告日易公司在判决生效之日起 30 日内注销系争 7 个域名。判决后,原、被告均未提起上诉。一审判决发生法律效力。

2. 将与他人商标相似的名称注册为域名供自己使用。这种情况表现为在他人商标基础上附加一些其他字符作为域名注册使用。例如,我国法院受理的首例当事人不服世界知识产权组织仲裁与调解中心域名裁决案中,原告注册的 philipscis.com 域名的前 7 个字母与被告拥有权利的 PHILIPS 商标完全相同,易引起混淆,被告提出异议。又如,美国 Zero Microsoftwate 公司将其域名注册为 Micros0ft.com,与微软公司 Microsoft 商标的差别,仅仅在于将该商标中的第二个"o"换成了零。对此,微软公司立即采取法律措施终止了该公司对该域名的使用。

【案例 2】

泉州知名童装品牌艾艾屋遭网络侵权案[1]

泉州简艾服装有限公司(以下简称艾公司)是一家从事童装开发及生产经营的外资企业,经过 3 年多的努力,自主产销的艾艾屋.aiaiwu 童装得到了社会各界的认可,品牌知名度日渐提升。2007 年 10 月中旬,简艾公司在互联网中对艾艾屋品牌网络报道进行日常搜索时,发现一个域名与自己公司合法注册的网站 www.aiaiwu.com 只有一个字母之差的网站,且其在百度等搜索引擎的点击排名中不断上升。简艾公司网络技术人员跟踪后发现:该网站盗取简艾公司合法授权使用的"艾艾屋.aiaiwu"商标名称;且网站首页赫然出现的是简艾公司对外的主要联系电话,网站内容与简艾公司网站信息如出一辙。随后简艾公司又发现,该网站通过群体替换的方式,将其他品牌名称替换成"艾艾屋童装",然后堂而皇之地进行链接报道。报道中出现了"艾艾

---

[1] 资料来源:中国保护知识产权网,访问时间:2007 年 9 月 3 日。

屋是韩国品牌、艾艾屋是中国十大童装品牌"等大量不实信息。虚假的报道随即影响了简艾公司的正常经营活动，简艾公司不断接到来自客户、合作伙伴、政府相关部门和消费者的电话、传真、E-mail 等投诉信息，要求简艾公司澄清该虚假网站报道内容中互相矛盾、不切实际的内容，并给予解释。在该网站发布虚假信息后的短时间内，简艾公司产品的销售业绩急剧下降，造成了巨大的经济损失。目前，简艾公司已经给注册虚假网站的广东某互联网有限公司发了律师函，希望通过法律手段维护公司的形象和品牌的声誉。

另外，若干商家就相同商标分别享有商标权的情况下，其中一个商标权人将与该商标相同的设计在某一个顶级域名下注册为自己的二级或更下级域名，就会引发域名所有人（即将该商标注册为域名的商标权人）与其他商标权人之间的冲突。

（二）将他人的域名用于商标注册而产生的冲突

从商标注册条件来看，如果域名的构成不违反商标法中有关禁止使用和禁止注册条款的规定，就可以注册为商标。实践中，将域名注册为商标通常有三种情况：①将域名整体注册为商标；②将域名的一部分注册为商标；③将域名中具有标识性的部分注册为商标。随着互联网的发展，不少域名、网站名称的知名度也越来越高，从而具备一定的商业价值，客观上促使一些企业将他人域名注册为商标。"商标注册人将他人知名域名注册为商标使用的情形称为'域名淡化'。这种行为淡化了被侵害域名的知名度，减弱了域名的标识作用及其与权利人之间的联系，贬损了商业标志及其权利人的利益。"[1]

【案例3】

1997 年 5 月苏州易龙电子有限公司在电视机、半导体等商品上申请雅虎商标后，国家商标局予以初步认定，并刊登公告。美国雅虎公司在异议期内向国家商标局提出异议，称"雅虎"系根据公司著名网站 Yahoo 发音独创，并为社会公众所熟知，苏州易龙公司的注册申请不应获准。对此，苏州易龙公司迅速递交了答辩书，称苏州"雅虎"乃取义明代苏州人唐伯虎，"因其儒雅风流，时人谓之雅虎"。而且，公司已申请在先。

国家商标局认为，美国雅虎公司的英文商标 Yahoo 及其中文在我国并没有在电视机、半导体等商品上注册，在上述产品上不享有注册

---

〔1〕 曲三强：《知识产权法原理》，知识产权出版社 2004 年版，第 519 页。

商标专用权。苏州易龙公司申请在先，获得初步审定，符合我国商标法申请在先和注册原则。另外商标局还认为，苏州易龙公司商标使用的商品与异议人经营的与计算机有关的商品或服务具有不同的功能，并且销售渠道和方式也不属于类似或相关商品与服务。苏州易龙公司在电视机、半导体等商品上使用雅虎商标不会引起消费者混淆和误认。基于以上考虑，商标局裁定雅虎提出的异议不成立。[1]

三、域名与商标冲突的国际立法概况

从国际范围看，对于域名与商标冲突的法律解决在早期各式各样，有的将域名侵犯商标权等在先权利认定为不正当竞争行为，依据反不正当竞争法处理；有的则作为侵犯商标权处理；另有一些则根据具体案情，分别或同时适用反不正当竞争法和商标法等法律。

近年来，随着实践的不断摸索，对于域名与商标冲突的法律规制已经形成了一些基本的共识和趋向，并逐渐形成了一系列法律规则。其中，美国是目前关于域名纠纷立法最早也是最为完备的国家。早期美国法院审判域名与商标冲突的纠纷主要以1946年的《商标法》及1995年《反商标淡化法》作为法律依据，通常将域名与商标的冲突转化为商标争议加以解决。但在审判实践中，仍有不尽如人意之处。于是，美国国会1999年11月通过了《反域名抢注消费者保护法》。该法首先规定，域名注册人将他人的注册商标用于域名而承担商标侵权责任的条件为：①客观上实施了注册、交易或使用域名的行为，且该域名与他人具备绝对显著性的普通商标或高知名度的驰名商标相同或混淆性相似，或者该域名构成淡化驰名商标；②主观上必须出于"恶意"。随后，该法为司法机关认定域名抢注是否具有恶意提供了一个具体的标准，规定法院在认定域名注册人为"恶意"注册时，可以考虑但不限于下列因素：①该域名中所含有的该人的商标或其他知识产权；②该域名中包括该人真名或其他通常用于识别该人名称的程度；③该人在与任何商品或服务的真实提供过程中，对于该域名先前进行过的任何使用；④该人在该域名之下可到达的网站中，对于商标善意地非商业性使用或合理使用；⑤该人是否曾经为营利目的向商标持有人或任何第三方发出过转让、销售或以其他方式出让该域名的要约，但实际却没有在任何商品或服务的真实提供过程中对于该域名进行过任何使用或没有使用该域名的意图，或该人先前曾从事过类似行为；⑥注册人明知其注册或收购的域名与他人商标相同或相似而造成混淆、淡化，仍然注册或收购类似多个域名。在司法救

---

[1] 参见 http://www.qzbst.cn/life/dispnews.asp? id=15994.htm，访问时间：2007年7月15日。

济方面，法院不但可以判令责令没收、取消、转让该域名，还增加了对抢注者的法定赔偿，每个域名的赔偿额在 1000 美金至 10 万美金之间；强调传统的商标法规定的司法救济措施仍然可以适用；主张对善意域名注册人的正当权益予以保障，对善意域名注册人和注册机构予以免责，域名注册人可以对抗滥用权利的投诉，对此类投诉不承担禁令和赔偿责任。[1]

《美国反域名抢注消费者保护法》的颁布和施行，使得美国对域名与商标的冲突更具完整的法律规制体系，对域名注册人与商标等现有知识产权权利人间利益平衡的法制化更加趋向成熟，这对我国正确依法处理域名与商标之间的冲突具有借鉴意义。

其他一些国家司法机关处理网络域名争议与美国法院的做法总体趋向相同，但在保护程度和平衡利益方面不尽一致。英国法院在处理网络域名纠纷时，视商标专用权人的知名度、有无使消费者产生混淆误认的可能，以及登记使用该网络域名使用者的实际情况而决定。以色列法院在审理网络域名纠纷案中在具体的救济措施上采取将域名判决移转给胜诉者，从而避免了仅判决注销抢占者的域名会产生域名的真空阶段，不便于胜诉者使用其应得域名。意大利法院也根据反不正当竞争的理念审判一些网络域名纠纷案件，认为商标专用权人必须证明被告透过网站所提供的服务与其服务构成混淆，或产生直接的损害，否则单纯的商标与网络域名名称相同或近似并不足以禁止被告使用该域名。[2]

四、我国关于域名与商标冲突法律规制的现状

目前，有越来越多的域名与商标争议的案件被起诉到我国法院。我国法院在审理这类案件时，可以作为审理依据的法律规范文件主要有《商标法》《反不正当竞争法》《民法通则》以及最高人民法院有关域名的司法解释。另外，原信息产业部制定的《中国互联网络域名管理办法》作为行政规章，虽然不能像前述法律、司法解释一样在域名与商标争议的案件审理中直接被适用，但事实上却被纳入某些部门法的法律体系，也成为审判的"参照"。

（一）基本规则

《最高人民法院关于审理涉及计算机网络域名民事纠纷案件适用法律若干问题的解释》（以下简称《解释》）于 2001 年 7 月 17 日公布，自同年 7 月 24 日起实施。该司法解释是目前我国关于域名纠纷相关立法中法律效力最高的一个，确立了我国法院审理域名与商标争议的基本规则，也是目前我国法院审理域名

---

[1]　参见 http://www.cnnic.net.cn/html/Dir/2003/10/23/1027.htm，访问时间：2007 年 7 月 22 日。

[2]　蒋志培："中国域名纠纷案件的司法实践与理论探索"，载 http://www.chinaiprlaw.cn/show_News，访问时间：2007 年 7 月 23 日。

纠纷案件的主要法律依据。其主要内容有：

1. 受理范围。《解释》明确规定了域名纠纷属于民事纠纷，法院受理范围包括所有涉及域名注册、使用行为产生的纠纷。这些纠纷主要包括域名与域名之间，域名与驰名商标、普通注册商标、商号、知名商品特有名称、姓名等权利之间的纠纷案件。其中，涉外域名纠纷也包括在内。

2. 管辖。考虑到域名纠纷案件专业性较强，又往往涉及驰名商标的认定，审理难度大，《解释》规定域名纠纷由侵权行为地或者被告住所地的中级人民法院管辖，对难以确定侵权行为地和被告住所地的，原告发现该域名的计算机终端等设备所在地可以视为侵权行为地。

《解释》同时也对涉外域名纠纷案件的界定和管辖问题作出了规定。涉外域名纠纷案件包括当事人一方或者双方是外国人、无国籍人、外国企业或组织、国际组织，或者域名注册地在外国的域名纠纷案件。在中华人民共和国领域内发生的涉外域名纠纷案件，依照《民事诉讼法》第四编的规定确定管辖。

3. 域名抢注侵犯商标权等其他在先权利的界定。根据《解释》第 4 条的规定，行为人注册、使用域名等行为符合以下要件的，构成侵权或者不正当竞争：①原告请求保护的民事权益合法有效；②被告域名或其主要部分构成对原告驰名商标的复制、模仿、翻译或音译，或者与原告的注册商标、域名等相同或近似，足以造成相关公众的误认；③被告对该域名或其主要部分不享有权益，也无注册、使用该域名的正当理由；④被告对该域名的注册、使用具有恶意。该解释第 5 条列举了几种最为常见的恶意情形：为商业目的将他人驰名商标注册为域名的；为商业目的注册、使用与原告的注册商标、域名等相同或近似的域名，故意造成与原告提供的产品、服务或者原告网站的混淆，误导网络用户访问其网站或其他在线站点的；曾要约高价出售、出租或者以其他方式转让该域名获取不正当利益的；注册域名后自己并不使用也未准备使用，而有意阻止权利人注册该域名的；具有其他恶意情形的。同时，《解释》规定被告举证证明在纠纷发生前其所持有的域名已经获得一定的知名度，且能与原告的注册商标、域名等相区别，或者具有其他情形足以证明其不具有恶意的，人民法院可以不认定被告具有恶意。这样的规定不仅能够引导权利人更好地举证，而且使原来难以掌握的主观要件有了客观认定标准，使《解释》更具操作性。

4. 法律适用。《解释》第 7 条规定，对域名与商标权等在先权利之间的冲突，人民法院可以适用《民法通则》第 4 条、《反不正当竞争法》第 2 条第 1 款来认定域名注册、使用中的侵权和不正当竞争行为。

5. 救济。人民法院认定域名注册、使用等行为构成侵权或者不正当竞争的，可以判令被告停止侵权、注销域名，或者依原告的请求判令由原告注册使用该域名，给权利人造成实际损害的，可以判令被告赔偿损失。

《解释》对域名抢注的构成、受理、管辖、法律适用及法律责任都作出了明确规定，为司法实践中大量的域名与商标争议指明了具体的司法解决方案，构建起了我国域名的基本法律秩序。但是，它毕竟只是司法解释，效力层次不高，也不能协调解决好因域名抢注产生的与商标权、企业名称权等发生冲突的问题。另外，《解释》将行为人"曾要约高价出售、出租或者以其他方式转让该域名获取不正当利益的"情形一概认定为具有恶意，扩大了"恶意"的范围。法律针对的应是那些营利性的所谓"域名经营者"的行为，即域名持有人主要以出售所注册域名、牟取利益为目的，几乎没有自己使用该域名的意图的行为。域名持有者有权转让其注册的域名，即便报价高于域名注册费用，也不应构成域名持有者"恶意"的证据。

（二）域名纠纷与商标法

由于域名具有全球性、排他性特征，却不具有商标所具有的地域性、显著性特征，关于域名侵权纠纷适用《商标法》的问题，法学界对此一直存在争议。在 2013 年 8 月修订的《商标法》及 2014 年 5 月修订的《商标法实施条例》中，没有对抢注他人商标为域名的行为是否构成商标侵权作出明确规定。但《商标法》第 57 条第 7 项所规定的商标侵权情况的兜底性条款，也给域名与商标的法律冲突留下了一个可以继续解释的空间。而最高人民法院于 2002 年 10 月 12 日公布的《关于审理商标民事纠纷案件适用法律若干问题的解释》第 1 条第 3 项规定："将与他人注册商标相同或者相近似的文字注册为域名，并且通过该域名进行相关商品交易的电子商务，容易使相关公众产生误认的"，"属于商标法第 52 条第 5 项（现第 57 条第 7 项）规定的给他人注册商标专用权造成其他损害的行为"。该司法解释明确将域名抢注商标归类于商标侵权行为，使域名权与商标权联系的认定有了法律上的直接依据，对域名抢注纠纷的审理也具有较强的指导价值。但其只规定了解决一种域名恶意注册的情况，无法满足现实的需要。商标法在调整域名抢注纠纷方面也存在局限性，因为被抢注的除了商标之外，还有企业名称、公众人物姓名等。在域名抢注纠纷中，如果原告的商标不能被认定为驰名商标，根据上述规定，原告要证明被告注册、使用与其商标相同或近似的域名构成商标侵权是比较困难的。原告不仅要证明被告的域名被用于商业活动（电子商务中），而且要证明被告使用域名的行为"容易使相关公众产生误认"。因此，如果使用原告商标的商品或服务与使用被告域名的商品或服务类别相差甚远，一般被告的行为不构成侵权。

（三）域名纠纷与反不正当竞争法

域名抢注商标是否适用《反不正当竞争法》，主要看它是否构成不正当竞争。关于不正当竞争行为的理解，虽然有学者认为经营者之间必须存在"竞争关系"，但这只是狭义的理解，广义的不正当竞争行为应当是一种违背诚实信用、公共商业道德准则的行为，其适用不应当以经营者之间存在竞争关系为前提。WIPO 在《关于反不正当竞争保护的示范规定》的解释中特别强调竞争关系不是构成不正当竞争行为的条件，反不正当竞争法适用于当事人之间没有直接竞争关系的情形。而且根据我国《反不正当竞争法》第 2 条第 2 款对不正当竞争行为的界定，我国法律也没有将不正当竞争行为局限于经营者之间具有竞争关系的范围内。实践中，域名抢注经常针对的是他人驰名商标或商号，以此来误导消费者，牟取非法利益。抢注行为人虽然大多数不从事具体的经营业务，和商标权人或商号权人不存在竞争关系，但是，这种行为客观上利用了他人在现实世界中的声誉牟取利益，本质上是一种违背诚实信用原则和公认商业道德准则的行为，应当适用《反不正当竞争法》。根据《关于审理涉及计算机网络域名民事纠纷案件适用法律若干问题的解释》的相关规定，如果被告人曾要约高价出售、出租或者以其他方式转让该域名获取不正当利益的，或者注册域名后自己并不使用也未准备使用，而有意阻止权利人注册该域名的，或者具有其他恶意情形的，人民法院可以适用《民法通则》第 4 条、《反不正当竞争法》第 2 条第 1 款的规定，追究被告不正当竞争法律责任。由此可见，我国已经明确将域名侵犯商标权界定为违反诚信原则和商业道德的不正当竞争行为，纳入了《民法通则》和《反不正当竞争法》传统法律调整的范围。

但是，以反不正当竞争法对域名与商标之间的冲突进行规制也是有局限性的。现行《反不正当竞争法》没有直接列举域名抢注行为，因此，只能适用其第 2 条第 1 款的原则性规定，即经营者在市场交易中应当遵守自愿、平等、公平、诚实信用的原则，遵守公认的商业道德。而这些法律的基本原则过于抽象，缺乏可操作性，易导致审判人员的自由裁量权不适当地扩大，为少数审判人员徇私枉法留有口实，还会造成当事人对判决公正性的质疑，不利于判决的执行。另外，根据《反不正当竞争法》第 2 条第 2 款的规定，不正当竞争行为是指经营者违反该法规定，损害其他经营者的合法权益，扰乱社会经济秩序的行为。也就是说，不正当竞争行为仅限于经营者之间，如果一个自然人抢注域名且没有任何商业上的目的，就难以援用《反不正当竞争法》的有关规定。[1]

---

[1]　叶向阳："浅议域名抢注及其法律调整"，载张平主编：《网络法律评论》（第 1 卷），法律出版社 2001 年版，第 175 页。

【案例4】

"维多利亚的秘密"起诉网络域名注册者[1]

维多利亚公司是美国知名服装企业，创立的"Victoria's Secret"品牌女性内衣经长期、广泛宣传已成为全球最著名的性感内衣品牌之一，享有很高的知名度和声誉。该公司通过开设专卖店和直销方式销售该品牌产品，每年投入大量资金进行宣传和推广。"Victoria's Secret"不仅是该公司企业字号，也是该公司注册商标。同时，该公司已在先注册了 victoriassecret.com 域名及官方网站。该公司发现王女士未经许可，注册了计算机域名 victoriassecret.com.cn 和 victoriassecret.cn，且该公司发现其并未正常使用上述两个域名，而是恶意抢注待价而沽。该公司认为，王女士的行为会使相关公众误以为该两网站系该公司开设，引起消费者混淆，侵犯我公司商标权，同时构成不正当竞争，造成该公司无法通过.cn 域名注册来进行品牌宣传与推广。此外，该公司发现王女士多年来通过其实际控制的公司，大肆抢注国际知名品牌，涉及耐克、匡威、杜邦、宝洁、欧莱雅等，已被多家法院认定侵权或不正当竞争。综上，诉至法院，请求判令王女士立即停止涉案侵犯商标专用权和不正当竞争的行为，其注册的两个争议域名归该公司所有，并赔偿经济损失、维权支出 20 万元。

王女士辩称：其一，其于 1999 年、2003 年注册了争议域名，彼时维多利亚公司尚未进入中国市场，不为大众所熟知，其对该域名享有合法权利，不存在恶意抢注情形。其二，涉案商标并非驰名商标，其申请域名注册并未违反商标法的规定，不存在恶意抢注，不构成侵权和不正当竞争。其三，域名与企业名称之间没有关系，我国商标法对注册商标的保护规定不涉及域名，其注册诉争域名不妨碍维多利亚公司注册其他级别的域名。其四，因其未侵害维多利亚公司的商标权，对于其主张的经济损失和合理开支不同意承担。

法院经审理查明：维多利亚公司经受让或自行注册取得了多个商标的专用权，分别是 1995 年 1 月 14 日在第 42 类商品上注册的"VICTORIA'S SECRET"商标、1995 年 2 月 21 日在第 39 类商品上注册的"VICTORIA'S SECRET"商标、1997 年 5 月 28 日在第 3 类商品上注

---

〔1〕 资料来源：http://www.mzyfz.com/cms/fayuanpingtai/xinwenzhongxin/fayuanxinwen/html/1071/2016 - 04 - 28/content - 1192285.html，访问时间：2016 年 5 月 24 日。

册的"VICTORIA'S SECRET"商标、1998 年 4 月 28 日在第 3 类商品上注册的"VICTORIA'S SECRET SECOND SKIN SATIN"商标、2011 年 1 月 14 日在第 25 类商品上注册的"VICTORIA'S SECRET"商标。

维多利亚公司表示其自 1997 年开始在中国内地销售"Victoria's Secret""维多利亚的秘密"品牌内衣和服装产品,并就此提供了证据。

1999 年 5 月 6 日、2003 年 3 月 17 日,王女士先后将域名 victoriassecret. com. cn 和 victoriassecret. cn 注册为自己所有,到期日分别为 2016 年 5 月 6 日和 3 月 17 日。审理中,法院依法冻结了两涉案争议域名,查封期限至 2017 年 6 月 17 日。上述两域名链接的两个网站,内容近似,且均系发布或转发商业广告、促销信息、交友信息等。

维多利亚公司认为,王女士对上述两个域名不享有任何权益,也无注册和使用的正当理由,注册后并未进行任何使用,意在非法获利或阻碍权利人注册。王女士认可两域名注册后都没有使用,也未用于任何商业用途,其未向法庭说明注册的目的,在解释注册理由时,王女士称"维多利亚"是人名,"秘密"是公众词汇,组合起来谁都可以注册。

法院同时查明,维多利亚公司于 1995 年 1 月 23 日自行注册域名 victoriassecret. com,并通过该域名对应的英文网站宣传该品牌女性内衣等产品。包括《昕薇》《南都娱乐周刊》等诸多杂志、东方卫视、凤凰卫视等国内多家电视媒体,新浪网、观潮网等多家网站均曾对"Victoria's Secret""维多利亚的秘密"品牌、产品、内衣秀及模特等进行报道。

此外,王女士于 2009 年投资入股北京国网信息有限责任公司(简称国网信息公司),现任该公司法定代表人。除此之外,王女士还同时担任另外三家公司的法定代表人。1999 ~ 2007 年间,国网信息公司曾多次与(美国)匡威公司、(美国)杜邦公司、欧莱雅公司、(美国)宝洁公司、美国沃尔玛连锁商店公司等国际知名企业发生域名纠纷,上述案件均被法院认定国网信息公司对其以上述知名企业英文名称注册的域名不享有合法权益,具有主观恶意,违反诚实信用原则。

法院经审理认为,维多利亚公司依法享有"VICTORIA'SSECRET"商标专用权,有权利用该商标进行域名注册并从事相关商业活动。"VICTORIA'SSECRET"商标在我国的最早注册时间为 1995 年 1 月 14 日,早于王女士两涉案域名的注册日期。且"VICTORIA'S SECRET"品牌经长期宣传,已在我国享有较高知名度,故属于在先并且合法有效的民事权益。

两涉案域名的主要识别部分为"victoriassecret"，与注册商标"VICTORIA'S SECRET"仅有字母大小写和"'"的差异，构成实质相同，且与维多利亚公司自行注册的域名 victoriassecret. com 也基本相同。

域名是用户在互联网络中的名称和地址，具有识别功能和唯一性，访问者可以通过域名识别网站创立者的商品和服务。这一特殊属性使得域名具有重要的知识产权意义，成为企业参与市场竞争的重要手段。

王女士将注册并具有较高知名度的商标"VICTORIA'S SECRET"作为域名使用，易使相关公众误认为该域名系商标权利人注册，或误以为该域名注册人与商标权利人之间存在特定联系，进而误以为在该域名对应的网站中可以查询到维多利亚公司品牌商品或服务情况，提高了该网站的访问量。但涉案争议域名对应的网站未取得维多利亚公司授权，亦没有任何有关"VICTORIA'S SECRET"品牌商品或服务信息。王女士的行为占用了附着在具有较高知名度的商标上的良好商誉，同时也阻止了维多利亚公司以最简洁完整的方式将涉案商标用于 . cn 级别下的域名注册（我国在多语种域名国际标准中对应的顶级域名为 . cn），妨碍了维多利亚公司在中国市场上利用该域名从事商业活动。王女士未举证证明对争议域名享有何种合法权益，且域名对应的网站中除各种广告、交友信息外无任何实用信息，也没有王女士个人使用的相关内容。在无任何历史渊源和现实关联的情况下，王女士将英文人名或地名"维多利亚"与普通中文名词"秘密"结合起来译为英文并在中国注册为域名，又不实际使用，难以说明该行为具有正当性。王女士同时担任四家与互联网信息服务相关的公司法定代表人，对计算机域名的作用和价值应当十分清楚，且其担任法定代表人的国网信息公司多次与国际知名企业发生计算机网络域名纠纷，均被法院认定具有主观恶意，违反诚实信用原则。故王女士非出于善意而注册两争议域名的主观动机明显，应认定为恶意。

综上，法院认为王女士抢注两涉案争议域名却不使用，违反诚实信用原则，主观恶意明显；客观上容易使相关公众误认为该域名系维多利亚公司注册，或误认为域名对应网站中有维多利亚公司的产品销售，会给维多利亚公司的商业声誉和合法权益造成不利影响，损害维多利亚公司的竞争优势，构成不正当竞争，应承担相应法律责任。

此外，法院指出"VICTORIA'S SECRET"并非驰名商标，王女士并未对争议域名进行实质性使用，不属于法律规定的"通过该域名进行相关商品交易的电子商务",不构成给他人注册商标专用权造成其他损害的行为。且本案已通过反不正当竞争法对侵权行为予以调整,故对维多利亚公司主张的商标权侵权不予支持。因维多利亚公司未能举证证明因侵权遭受的经济损失或王女士的获利,且部分维权支出并非必要合理支出,法院对赔偿数额酌情确定。

最终,北京朝阳法院一审判决王女士停止使用涉案两争议域名,赔偿维多利亚公司经济损失 5 万元、维权支出 5 万元,确认两争议域名归维多利亚公司所有。一审宣判后,维多利亚公司当庭表示不上诉,王女士一方未明确表示是否上诉。

(四)域名纠纷与《中国互联网络域名管理办法》

2004 年 11 月 5 日,原信息产业部公布了新修订的《中国互联网络域名管理办法》(以下简称新《管理办法》)。根据该办法,域名注册服务遵循"先申请先注册"的原则;任何组织或个人注册和使用的域名,不得含有危害国家利益或者社会公共利益的内容;域名注册申请者应当提交真实、准确、完整的域名注册信息,并与域名注册服务机构签订用户注册协议;域名持有者应当遵守国家有关互联网络的法律、行政法规和规章,因持有或使用域名而侵害他人合法权益的责任,由域名持有者承担;任何人就已经注册或使用的域名向域名争议解决机构提出投诉,并且符合域名争议解决办法规定的条件的,域名持有者应当参与域名争议解决程序;域名争议解决机构作出的裁决只涉及争议域名持有者信息的变更,域名争议解决机构作出的裁决与人民法院或者仲裁机构已经发生法律效力的裁判不一致的,域名争议解决机构的裁决服从于人民法院或者仲裁机构发生法律效力的裁判。

《管理办法》尽管对域名恶意抢注的预防和处理作了相应的规定,但是对于以他人商标或企业名称注册为域名的行为是否侵犯他人在先的商标权、企业名称权等问题,并没有作任何界定,这实际上是在消极地回避矛盾。同时,由于《管理办法》属于行政规章,在效力上存在先天不足,在域名抢注纠纷案件的审理中并不能直接适用,仅是作为法院审理的"参考"。

五、完善我国域名与商标冲突法律规则的建议

要从根本上解决我国域名与商标冲突法律适用中存在的问题,平衡域名抢注商标引发权利冲突中双方当事人的利益,最终需要依靠统一域名纠纷立法,确立域名纠纷法律规制的基本规则;同时也需要对《商标法》《反不正当竞争法》等相关法律法规进行调整,以构建多层次的域名纠纷法律规范体系,从而为我国规范域名与商标冲突提供多种法律手段。

（一）制定专门的《反域名抢注法》，对域名抢注所涉及的法律问题进行系统的规定

为了解决我国当前域名规范性文件效力不一、杂乱无序，法官、当事人无所适从的状态，我国可以借鉴美国的《反域名抢注消费者保护法》，由全国人大常委会或国务院的相关部委制定法律级别较高的、专门的《反域名抢注法》，作为统辖我国有关域名关系规范性文件的基本法，对域名抢注所涉及的法律问题进行系统的规定。在具体内容上，主要应包括以下几个方面：

1. 明确域名的法律地位。判断在一种客体上是否形成了一种权利，取决于该客体本身是否已形成了一种法律上应予保护的利益。[1]域名是人们智力活动的产物，其具有财产利益和标志性的特征。因此，首先应明确域名是一种受法律保护的民事利益，应将其纳入民事法律关系范畴，并上升到民事权利的高度予以保护。考虑到域名具有非物质性、识别性以及经营性标记等特点，类似于传统的知识产权，但同时域名又具有使用主体的无限制性、使用形式上的全球唯一性与使用上的排他性等具体表现，不同于其他知识产权的客体。因此，我们不宜将域名划归到现有某些权利之下，而是应将域名作为知识产权体系中的一项独立的财产予以保护。

2. 明确界定域名抢注。我国法律应尽快对"抢注域名"作出界定。在界定时，应当综合考虑《民法通则》、《商标法》、《反不正当竞争法》、最高人民法院司法解释等法律法规的有关规定及其立法宗旨、基本原则等，以传统民法所认定的民事侵权的构成要件为标准，并结合网络的特点进行判断，可将域名抢注侵权行为的基本构成要件归纳为以下几点：①行为人客观上未经权利人许可，以与他人企业名称、商标等相同或近似的文字进行域名注册或使用；②行为人主观上必须具有"恶意"；③行为人抢注的域名与他人商标或其他权利标志相同或混淆性近似，足以造成相关公众的误认，且该他人企业名称、商标等标志具有较高的知名度或者具备绝对显著性；④行为人对该域名或其主要部分不享有权益，也无注册、使用该域名的正当理由。域名抢注是否构成侵权应以域名注册人"恶意注册或使用"为前提，这在各国域名立法中已经成为共识。我国可以借鉴美国《反域名抢注消费者保护法》的规定，制定详尽周密的"恶意"认定标准。但是，在制定"恶意"标准时，应注意平衡域名持有人与民事权益所有人之间的利益，不能任意扩大"恶意"认定的范围。

3. 规定对物诉讼。在充分考虑网络空间的虚拟性的基础上，在对人诉讼程

---

〔1〕　张文显：《法理学》，高等教育出版社、北京大学出版社1999年版，第86页。

序之外，确立对物诉讼制度。即在涉及域名抢注导致与其他在先权利相冲突的诉讼时，当事人及法院首先应当考虑是否可利用一般的民事诉讼程序，如一般商标侵权诉讼程序、反不正当竞争诉讼程序等。只有当原有的诉讼程序与救济方式不足以保障实现原告方的权利时，当事人才可以直接将系争域名作为被告，向系争域名注册地的法院提起对物诉讼。若法院认为系争域名确实以恶意目的被抢先注册或使用，则法院可判令将系争域名没收或转让于在先权利人。

4. 规定丰富多样的救济方式。可以参考最高人民法院《解释》中的规定，判定被告停止侵权、注销域名，或者依原告的请求判令由原告注册使用该域名，以及向权利人承担损失赔偿等。同时应借鉴美国《反域名抢注消费者保护法》的规定，增加法定赔偿金这一救济方式。若权利人无法证明其已经由于抢注者的域名抢注行为遭受了实际损害，仍然可选择申请由法院在一定标准范围之间确定一个赔偿数额，作为抢注者应向权利人支付的法定赔偿金。

（二）修改相关法律法规，为域名纠纷提供多层次的法律规制手段

1. 修订《商标法》，吸收商标淡化理论。美国《联邦商标反淡化法》中将商标淡化定义为："减少、削弱驰名商标对其商品或服务的识别性和显著性能力的行为，而不管在驰名商标所有人与他人之间是否存在竞争关系或者存在混淆和误解的可能性。"1999 年 9 月巴黎联盟大会和 WIPO 大会通过的《关于保护驰名商标的联合建议》的第 6 条第 1 款规定："如果某域名或该域名的主要部分至少构成对驰名商标的复制、模仿、翻译或音译，且该域名是依恶意注册或使用的，即应认为该域名与该驰名商标发生冲突。"在这里，商标淡化的对象比较广泛，既包括注册的驰名商标，也包括未注册的驰名商标。而我国《商标法》第13 条及 2014 年 7 月 3 日国家工商行政管理总局发布的《驰名商标认定和保护规定》都规定，在不相同或不相似的商品上冒用他人的驰名商标必须是已经在中国注册了的驰名商标，否则冒用人的行为不构成商标侵权。这样的保护力度显然是不够的，也不符合国际惯例。因此，从国际上保护驰名商标的趋势来看，我国应当借鉴 WIPO 的经验，在《商标法》中系统地规定商标淡化行为，不论驰名商标注册与否，不论行为人与商标权人是否存在竞争关系，只要域名抢注商标的行为客观上降低了商业标志的区别性特征或广告价值，就构成淡化行为，应受到制裁。

但是，商标淡化理论也存在局限性，它只适用于驰名商标，对于普通注册商标无法提供保护。因此，为了更有效地打击域名抢注行为，充分保护商标持有人的利益，可以借鉴最高人民法院于 2002 年《关于审理商标民事纠纷案件适用法律若干问题的解释》第 1 条第 3 款的规定，扩大对我国《商标法》第 57 条第 7 项"给他人的注册商标专用权造成其他损害的"解释。在《商标法实施条

例》注册商标专用权的保护一章中增加一条，把"将与他人注册商标相同或者相近似的文字注册为域名，并且通过该域名进行相关商品交易的电子商务，容易使相关公众产生误认的"行为列入侵犯注册商标专用权的禁止性规定中，从而使域名抢注适用《商标法》具有更为直接的法律依据。

2. 修订《反不正当竞争法》，增加对域名抢注行为的规定。域名抢注行为的基本特征就是利用他人商标、商号所蕴含的商誉为自己牟利。从某种意义上来讲，域名抢注就是一种从现实空间发展到虚拟空间的不正当竞争行为，应依《反不正当竞争法》来进行规范。而且《反不正当竞争法》具有更为灵活、开放的体系结构，保护对象更加全面，不仅可以调整针对商标的域名抢注，对于针对商号、行业名称、产品通用名称、地理名称等的域名抢注，同样可以进行限制。因此，我国应当在《反不正当竞争法》中增加对域名抢注的规定。一方面，采用列举式与概括式相结合的方法，在《反不正当竞争法》中对域名抢注这种不正当竞争行为进行明确界定。另一方面，扩大对《反不正当竞争法》第 5 条的解释，将其中的"市场交易"扩大解释为"有形市场交易"和"虚拟电子市场交易"两种，以更有效地遏制以抢注域名的方式从事不正当竞争的行为。

第三节　域名争议解决机制

一、域名争议解决机制概述

随着电子商务的发展，域名背后所蕴藏的商业价值日益凸显，因域名注册和使用而引发的纠纷层出不穷。当事人在协商不能解决域名纠纷的情况下，除诉讼外，还有一种更为经济快捷的解决机制，那就是域名争议解决机制。

（一）域名争议解决机制的特征

尽管各域名管理、注册组织适用的争议解决机制不完全相同，但是这些争议解决机制具有以下共同的特点：

1. 域名争议解决机制并不取代诉讼。国际社会探索域名争议解决途径的过程中曾有许多人主张由域名系统内部负责解决一切与域名有关的争议，排斥各个国家和地区法院的参与。显然，这将从根本上危及以法院管辖权形式实现的国家"主权"。不管是全球统一域名争议解决政策，还是我国的域名争议解决办法，都不排除注册人或投诉人将域名争议提交有管辖权的法院或者仲裁机构解决。

2. 域名争议解决机制只能依据某种事先的安排而运作，如域名注册协议的明确规定等。争议解决机制的效力来源于域名注册人与域名注册服务机构签订的域名注册协议，以及域名注册服务机构与域名注册管理机构签订的认证协议。

按照域名注册协议的规定，域名申请人应该遵守域名注册管理机构制定的域名争议解决规则；按照认证协议的规定，域名注册服务机构应当执行域名争议解决机构生效的裁决。

3. 争议解决机制只适用于因恶意注册域名而引发的纠纷，不适用于权利冲突所引发的纠纷。之所以把域名争议解决机制的适用范围限定于恶意注册，是因为人们在这方面已经形成了共识。不论从促进经济发展、保护消费者利益的角度，还是从保障域名系统的可信性以及保护知识产权的角度来看，抢注、盗用等恶意注册域名的行为都是应当被制止的。

（二）域名争议解决机制的类型

综观世界各国处理域名纠纷的机制，主要分为三类：统一域名争议解决机制、以统一域名争议解决机制为基础的具有各国特色的域名争议解决机制以及本国域名争议解决机制。其中，注册在美国的"互联网名址分配公司"（简称ICANN）参考《世界知识产权组织互联网域名磋商进程的最终报告：互联网名称与地址管理及其知识产权问题》（以下简称《WIPO 最终报告》）的建议建立的统一域名争议解决机制影响最大，已经被多个国家顶级域名采用。统一域名争议解决机制主要适用于通用顶级域名".com"".net"和".org"，对域名抢注争议提供了一种被称为强制性行政程序的争议解决程序。还有一些国家并未直接适用统一域名争议解决机制，而是以统一域名争议解决机制为基础建立了具有本国特色的域名争议解决机制。这样，既可以与统一域名争议解决机制基本保持一致，又能兼顾本国的网络发展现状和历史文化传统，减少法律冲突，如罗马尼亚、日本和我国都属于这种类型。另有少数国家，如英国、智利和丹麦等国，拒绝采用或参照统一域名争议解决机制，而是建立了自己的域名争议解决机制。[1]

二、统一域名争议解决机制

最早提出统一域名争议解决机制的是世界知识产权组织。通过一系列的调查、咨询及探讨，世界知识产权组织于 1999 年 4 月 30 日发布了《WIPO 最终报告》。报告就改革域名系统提出改革现行域名注册制度以预防域名纠纷，并在受多国法律管辖的网络空间建立一种诉讼制度之外的、统一的域名争议解决程序。在该报告的影响下，注册在美国的 ICANN（成立于 1998 年 10 月，是一个集合了全球网络界商业、技术及学术各领域专家的非营利性国际组织，负责在全球范围内对互联网唯一标识符系统及其安全稳定的运营进行协调，包括互联网协

---

[1] 薛虹："域名纠纷的预防与处理机制全球概览（下）"，载《电子知识产权》2001 年第 8 期。

议地址的空间分配、协议标识符的指派、通用顶级域名以及国家和地区顶级域名系统的管理，以及根服务器系统的管理。ICANN 根据与美国政府达成的协议负责管理互联网域名和地址系统，但直至 2016 年 10 月 2 日，美国政府才将对域名和地址系统的控制权正式移交给 ICANN）于 1999 年 8 月 24 日公布了《统一域名争议解决政策》（以下简称 UDRP），并于 10 月 24 日通过了《统一域名争议解决政策实施细则》，作为处理发生在国际顶级域名层次的域名纠纷的依据。1999 年 11 月 29 日，世界知识产权组织仲裁调解中心被指定为第一个"争议解决服务提供者"，并从 1999 年 12 月 1 日起受理有关域名纠纷的投诉，其制定的《统一域名争议解决政策补充规则》也同时开始生效。自此，统一域名争议解决机制正式开始运行。

　　统一域名争议解决机制的核心是强制性行政程序，只适用于因恶意注册域名侵害他人商标权而引发的域名纠纷。UDRP 规定，投诉人向有关域名争议解决机构投诉，必须证明被诉人（域名注册人）的行为符合以下三个条件：注册的域名与投诉人享有权利的商标相同或者混淆性相似；对该注册域名不享有权利或合法利益；对该域名的注册和使用具有恶意。UDRP 非穷尽地列举了以下四种用于认定"恶意"存在的情形：被诉人注册或获得域名的主要目的是以高于域名注册费用的昂贵价格，向作为商标权人的投诉人或其竞争对手出售、出租或者以其他方式转让注册域名；被诉人注册域名是为了阻止商标权人将其商标注册为域名，并且被诉人已经屡次实施了这类行为；域名注册人注册域名主要目的是扰乱竞争对手的经营活动；被诉人通过注册和使用域名，可能使因特网用户误认为其网站及其提供的商品或服务与投诉人的商标系同一来源或者有其他联系，从而出于商业目的将网络用户引诱到其自有网站。UDRP 列举了一些能够确定域名注册人对争议域名享有权利或者合法利益的情形，即：域名注册人在收到投诉通知之前，就已经出于善意在所提供的商品或者服务上使用或者能证明准备使用域名或者某个与域名对应的名称；域名注册人因该域名而为公众所知，即便其并未获得相应的商标权；域名注册人使用系争域名出于合法的非商业性目的或者合理使用，且没有通过误导消费者或损害案中涉及的商标以从中牟取商业利益的意图。[1]

　　域名注册人在向经 ICANN 批准的委任注册公司申请域名注册或进行域名延展过程中，UDRP 即被并入域名注册人同委任注册公司之间签署的注册协议的一部分，域名注册人基于域名注册合同约定的义务，必须接受 ICANN 指定的域名争议裁决机构依据 UDRP 及其执行细则和补充程序规则进行的处理。因此，从

---

〔1〕　参见 http://www.cnnic.net.cn/html/Dir/2003/10/23/1030.htm，访问时间：2007 年 7 月 28 日。

性质上看，ICANN 的域名政策及争议解决的实体规则和程序规则都不属于严格意义上的法律，而应当属于"契约"的约定。统一域名争议解决机制没有剥夺当事人将域名争议诉诸法院的权利，任何一方当事人有权随时将争议诉诸法院，或者就争端解决服务提供者作出的裁决再次向法院起诉。

统一域名争议解决机制实际效果比较成功，目前已经被 19 个国家顶级域名采用，成为通过非司法手段解决全球各类顶级域名争议的最主要解决机制。但是，该机制在实际中也遇到了一些问题：一是法律适用困难。该机制的运行涉及投诉人的商标权、域名注册人的"权利或者合法利益"或"恶意"、注册域名与投诉的商标的"混淆"等问题。这些问题需要根据特定法律才能加以判断和裁决。例如，当事人所在国、域名注册组织所在国属于不同国家时，裁决者在适用法律上就会遇到困难。二是语言障碍。目前，统一域名争议解决机制的审理和裁决都使用英语，这给非英语的投诉人、被投诉人带来了很大的困难。这使机制本来廉价、高效的优势已大打折扣。这也是许多国家顶级域名的注册组织坚持采用本国化的纠纷处理机制的重要原因。[1]

三、我国域名争议解决机制

我国没有直接适用统一域名争议解决机制，而是以统一域名争议解决机制为基础建立了本国的争议解决机制。当发生域名争议时，由中国互联网络信息中心（以下简称 CNNIC）认可的争议解决机构依据 2014 年新修订的《中国互联网络信息中心域名争议解决办法》（以下简称《域名争议解决办法》），以及中国互联网络信息中心的域名争议解决机构中国国际经济贸易仲裁委员会（CI-ETAC）和香港国际仲裁中心（HKIAC）制定的补充规则受理解决。

（一）我国域名争议解决机制的法律属性

我国域名争议解决机制是在司法、仲裁等传统争议解决方式之外存在的一种民间解决机制。《域名争议解决办法》第 15 条规定，对于域名争议提出投诉前，争议解决过程中，或者裁决作出后，当事人均可以就同一争议向法院提起诉讼或者向仲裁机构提请仲裁。更重要的是，这种争议解决程序及其作出的裁决必须无条件地服从于有管辖权的司法机关就同一争议所作出的裁定、判决等。例如，《中国互联网络域名管理办法》第 38 条第 2 款规定："域名争议解决机构作出的裁决与人民法院或者仲裁机构已经发生法律效力的裁判不一致的，域名争议解决机构的裁决服从于人民法院或者仲裁机构发生法律效力的裁判。"这些均可以说明，域名争议解决程序的确立并不是为了排斥司法管辖权，而是在司

---

〔1〕　薛虹："域名纠纷的预防与处理机制全球概览（下）"，载《电子知识产权》2001 年第 8 期。

法管辖之外提供一种快捷、经济的争议解决机制。

（二）解决域名与商标争议的核心规则

1. 可争议的域名。根据《域名争议解决办法》第 2 条的规定，我国域名争议解决机构所受理的争议域名仅限于由中国互联网络信息中心负责管理的 CN 域名和中国域名。但是，所争议的域名注册期限满 2 年的，域名争议解决机构不予受理。有些商标权利人在合理时间内对于他人已经注册的与自己的商标相同或相似的域名，不提起域名争议，也不去法院通过诉讼程序主张其权利，而域名持有人通过经营，使该域名与域名持有人建立起比较稳定的对应关系时，争议解决机构若受理之前的域名争议，则会打破这种稳定的秩序，有违法律的宗旨。而且，对域名争议解决机构不受理的争议，凡涉及侵犯商标权或其他权利的，权利人要想获得合理的救济，可以去司法机关寻求保护。

2. 投诉成立的条件。按照《域名争议解决办法》的规定，投诉人要使其对注册域名提出的投诉得到支持，应当举证证明以下事项同时存在：

（1）被投诉的域名与商标权人的商标相同，或者具有足以导致混淆的近似性。由于互联网络域名是由单纯的字母、数字及符号组成的，而商标多由文字及图形组合而成，即便是所谓的"文字商标"，通常也都包含某种美学方面的设计，如在字体、字形、色彩及字符构造等方面加入引人注目的要素，从而使得域名与商标完全相同的情况非常少见。域名与商标的"相似"主要包括这样几种情形：域名与商标在字符组合上完全相同，但存在字体、字形、字号及色彩等方面的区别；域名与商标的一部分在字符组合上相同；域名的一部分与商标的字符组合相同；域名中的某些字符与商标中的某些字符相同。

（2）被投诉的域名持有人对域名或者其主要部分不享有合法权益。即如果域名持有人或者域名的注册申请人对被投诉的域名享有一定的权利，其所提出的投诉即不能获得支持。在现实生活中，不同法律主体就相同或相似标记享有受法律保护的权利的情形并不少见。被投诉人如果能举证证明，在接到争议解决机构送达的投诉书之前具有下列情形之一的，表明其对该域名享有合法权益，可以抗辩投诉人的指控：①被投诉人在提供商品或服务的过程中已善意地使用该域名或与该域名相对应的名称；②被投诉人虽未获得商品商标或有关服务商标，但所持有的域名已经获得一定的知名度；③被投诉人合理地使用或非商业性地合法使用该域名，不存在为获取商业利益而误导消费者的意图。

（3）被投诉的域名持有人对域名的注册或者使用具有恶意。从"先注册占先"原则可以推论，域名的注册或者使用本身并不属于违法行为。为社会所不容、被法律所禁止的是为获得不正当利益，将他人的商标、商号或姓名等标记恶意抢先注册为自己域名的行为。也就是说，只有当这种域名的注册和使用行为具有"恶意"的意图时，才应受到规制。根据《域名争议解决办法》的规定，以下几种情形构成上文所说的恶意注册或者使用域名：①注册或受让域名的目的是向商标权人或其竞争对手出售、出租或者以其他方式转让该域名，以获取不正当利益；②多次将他人享有合法权益的名称或者标志注册为自己的域名，以阻止他人以域名的形式在互联网上使用其享有合法权益的名称或者标志；③注册或者受让域名是为了损害商标权人的声誉，破坏商标权人正常的业务活动，或者混淆与商标权人之间的区别，误导公众；④其他恶意情形。

3. 救济方式。域名争议解决机构并非"执法机关"，其负责的域名争议解决程序也不是执行"法律"的程序。在最终认定被投诉的域名构成与商标的冲突，并且支持商标权人的权利主张的情况下，此种程序可适用的"救济"方式也必然是有限的。《域名争议解决办法》第14条规定，在认定投诉人的投诉成立的前提下，争议解决机构对注册域名的处理结果应仅限于以下几种情形：注销已经注册的域名；将注册域名转移给投诉人。除此之外，商标权人要想获得其他救济，如金钱方面的救济，或者针对域名持有人的禁止性裁判，只能诉诸司法程序。

4. 裁决的效力。域名争议解决机构依照域名争议解决程序规则对域名争议作出的裁决结果是非终局性的。CNNIC是非官方的自律机构，并无法律和政府所赋予的特别的权力，因此其认可的域名争议解决机构的裁决结果对个体或组织并没有任何外部的强制力。《域名争议解决办法》第15条规定："在依据本办法提出投诉之前，争议解决程序进行中，或者专家组作出裁决后，投诉人或者被投诉人均可以就同一争议向中国互联网络信息中心所在地的中国法院提起诉讼，或者基于协议提请中国仲裁机构仲裁。"可以看出，域名争议解决机构的程序并不排除司法管辖。而《中国互联网络域名管理办法》亦明确规定："域名争议解决机构作出的裁决与人民法院或者仲裁机构已经发生法律效力的裁判不一致的，域名争议解决机构的裁决服从于人民法院或者仲裁机构发生法律效力的裁判。"该条体现了司法机关对域名注册人和投诉人就域名争议的最终实体审查权。

【案例5】

远洋地产有限公司域名纠纷案[1]

投诉人：远洋地产有限公司

被投诉人：北京磐石嘉玉建筑装饰工程有限公司

---

[1] 资料来源：中国国际经济贸易仲裁委员会域名争议解决中心，案件编号：CND-2007000174。参见 http://dndrc.cietac.org/static/kindsdecs/frmainkindsdecs.html，访问时间：2007年8月3日。

争议域名：远洋地产．中国（．cn）、远洋地产．公司、远洋地产．网络

注册机构：铭万信息技术有限公司

一、基本案情

"远洋"是中国远洋运输（集团）总公司的商标，于 2004 年 2 月 21 日获得了中国商标注册。投诉人原系中国远洋运输（集团）总公司的子公司，专门从事房地产开发，目前为"远洋"注册商标的被许可使用人。被投诉人于 2006 年 8 月 29 日注册了争议域名"远洋地产．中国（．cn）、远洋地产．公司、远洋地产．网络"。2007 年 10 月 23 日，投诉人向中国国际经济贸易仲裁委员会域名争议解决中心（以下简称域名争议解决中心）提交投诉书，诉称：

1. 被投诉人域名与投诉人享有民事权益的名称或者标志相同，具有足以导致混淆的近似性。投诉人合法使用的"远洋"商标，早于 2004 年 2 月 21 日由中国远洋运输（集团）总公司申请并获得了注册核准，核定使用的服务项目为第 36 类中的"保险咨询、金融咨询、有价证券的发行、信用社、资本投资、担保、证券交易行情、经纪、代管产业、不动产中介"，注册有效期限为 2004 年 2 月 21 日～2014 年 2 月 20 日。中国远洋运输（集团）总公司作为该注册商标的所有权人，已经授予了投诉人普通使用许可权，并许可投诉人就"远洋地产"等相关中文域名争议向域名争议解决中心提出域名争议解决请求。投诉人主要从事房地产行业，自 1993 年开始在其地产项目中使用"远洋"商标，十几年来连续开发了"远洋大厦""远洋风景""远洋都市网景""远洋德邑""远洋天地""远洋山水"等十几个大型的知名住宅及公建项目。伴随着公司多年来的发展，投诉人开发的上述所有房地产项目，已经被业内通称为"远洋地产"。"远洋地产"已成为投诉人项目的品牌名称，经过投诉人多年的使用及广告宣传，为广大公众所熟知，在房地产行业中享有极高的信誉和地位，且已形成了巨大的品牌号召力，提到"远洋地产"自然就会使相关公众联想到投诉人。

本案争议域名"远洋地产．中国（．cn）、远洋地产．公司、远洋地产．网络"的主体部分均为"远洋地产"。"地产"本身含义就是行业名称，不具有任何显著性，且表明了服务的性质和特点，依《商标法》不应享有专用权，在商标注册实践中也会被商标注册机关要求删除而仅保留"远洋"。被投诉人的域名为"远洋地产"，其主体部分与投诉人的"远洋"商标完全相同。而且，被投诉人的域名与投诉人已

在先使用的项目名称"远洋地产"也完全相同。另外，被投诉人的经营范围和服务领域与投诉人的基本相同，尤其是该域名本身已经描述了服务领域。因此，这必然使相关公众认为二者之间存在特定的关系，误认为该网站为投诉人所有，或被投诉人是投诉人的关联企业，从而获取非法利益，同时损害投诉人的合法权益。

2. 被投诉人对域名或者其主要部分不享有合法权益。"远洋"是投诉人合法使用的注册商标，"远洋地产"是投诉人早已在先使用的房地产项目名称，均已为相关公众广泛知晓，是知名品牌。被投诉人并不享有"远洋""远洋地产"的合法使用权，却擅自将其作为域名的主要部分，其行为应当属于侵犯注册商标专用权、名称权的不法行为。

3. 被投诉的域名持有人对域名的注册或者使用具有恶意。投诉人历经十几年的发展，凭借优质的产品和服务、雄厚的企业实力、卓越的品牌优势，投诉人及其"远洋"注册商标、"远洋地产"品牌在北京地区乃至中国均已具有了广泛的影响力，已被相关公众所熟知，具有极高的美誉度和信誉度。经查，被投诉人在网站上拍卖争议的域名。被投诉人未经许可，注册"远洋地产．中国（．cn）、远洋地产．公司、远洋地产．网络"等一系列域名，其目的是借助于"远洋""远洋地产"的良好信誉，伺机利用上述域名，获取不正当利益。其行为显属恶意。

因此，投诉人请求域名争议解决中心及时作出裁决，将争议域名转移给投诉人。

对此，被投诉人没有提交答辩书。

二、专家组意见

中国国际经济贸易仲裁委员会域名争议解决中心根据中国互联网络信息中心于 2006 年 3 月 17 日颁布施行的《中国互联网络信息中心域名争议解决办法》（以下简称《解决办法》）、2007 年 10 月 8 日实施的《中国互联网络信息中心域名争议解决办法程序规则》（以下简称《程序规则》）及《中国国际经济贸易仲裁委员会域名争议解决中心关于〈中国互联网络信息中心域名争议解决办法〉补充规则》（以下简称《补充规则》）以及投诉人远洋地产有限公司于 2007 年 10 月 23 日针对域名"远洋地产．中国（．cn）、远洋地产．公司、远洋地产．网络"以磐石嘉玉建筑装饰工程有限公司为被投诉人向域名争议解决中心提交的投诉书，受理了有关"远洋地产．中国（．cn）、远洋地产．公司、远洋地产．网络"域名争议案，并组建专家组审理本案。专家组意见如下：

1. 关于相同或混淆性相似。"远洋"是中国远洋运输（集团）总公司的注册商标。根据商标使用许可合同，投诉人远洋地产有限公司获得了"远洋"商标的使用许可。同时，"远洋地产"也是投诉人企业名称的主要识别部分。被投诉人注册的争议域名"远洋地产.中国（.cn）、远洋地产.公司、远洋地产.网络"，除去通用字符".中国（.cn）"".公司"及".网络"外，被投诉人选择注册的部分为"远洋地产"，与投诉人许可使用的注册商标"远洋"近似，与投诉人的企业名称主要识别部分"远洋地产"相同。因此，专家组认定，投诉符合《解决办法》第8条第1项规定的条件。

2. 关于合法权益。投诉人主张被投诉人就争议域名不享有合法权益，并提供了相应的初步证据，完成了其所承担的举证责任。域名争议解决中心按照《程序规则》和《补充规则》向被投诉人送达有关通知和文件之后，被投诉人并未在规定期限内提交答辩。因此，被投诉人未能举证证明其对争议域名或其主要部分享有任何合法权益。专家组也无法根据案件现有的证据材料，得出被投诉人对争议域名或其主要部分享有合法权益的结论。因此，专家组认为，投诉符合《解决办法》第8条规定的第二个条件。

3. 关于恶意。根据投诉人提供的公证证据，被投诉人在用争议域名"远洋地产.中国（.cn）、远洋地产.公司、远洋地产.网络"建立的网站上标明"远洋地产——中文域名拍卖200万"，并显示"远洋地产"名称、图片及投诉人开发的房地产项目名称。被投诉人对上述证据未加否认。专家组予以认定。

上述事实表明，被投诉人明知投诉人的企业名称"远洋地产有限公司"和使用的商标"远洋"的存在，仍然以明显高于注册费用的价格出售争议域名"远洋地产"。虽然投诉人于2007年5月16日才与"远洋"商标的注册人签署商标使用许可合同，投诉人成为"远洋"商标的许可使用人的日期晚于争议域名的注册日期（2006年8月29日），但是"远洋"商标于2004年2月21日已经获得注册，"远洋"商标的权利早于被投诉人注册争议域名的日期，投诉人所获得的许可使用"远洋"商标的权利足以对抗被投诉人的争议域名注册。而且，投诉人从1993年开始从事房地产业务，在企业名称中使用"远洋地产"的日期也远早于被投诉人注册争议域名的日期。因此，被投诉人注册争议域名，并在高价出售争议域名的网站上说明投诉人的业务活动和范围，其向投诉人及其竞争对手出售争议域名、获取不正当利益的意图非常明显。根据《解决办法》及《程序规则》的规定，专家组认为投诉人的投诉满足《解决办法》第8条规定的条件，裁定将争议域名"远洋地产．中国（．cn）、远洋地产．公司、远洋地产．网络"转移给投诉人。

思考题

1. 简述域名的含义及特征。
2. 试述域名与商标的协调与冲突。
3. 简述我国域名争议解决机制的法律属性。
4. 简述我国法律关于域名抢注侵权认定的标准。

第三编 电子商务 <<<

第六章

电子合同

【学习目的与要求】通过本章的学习，了解电子合同的定义，掌握电子合同的特点和类型。注意电子合同与传统合同在订立过程中关于要约和承诺的区别。熟悉电子合同中的电子认证、电子签名等新的制度。了解我国法律对于电子合同的规制，深入思考如何构建我国的电子合同制度。

第一节 电子合同概述

20 世纪 90 年代以前，我们所知道的因特网是主要应用于科学研究、教育及新闻传播等领域的，从 90 年代之后特别是 1993 年以来，商业应用在因特网上的飞速发展才开始令人瞩目。今天，无论是美国还是大部分欧洲国家，已经开始在国际和国内贸易中广泛应用网络工具，以尽可能获取世界范围内的商机。

通过计算机和通信网络进行商贸活动已是不可避免的潮流，"电子商务""电子合同""网上合同"应运而生。实务中，电子商务活动往往是通过一系列的电子合同文件促成和实现交易的（即以合同行为为骨架），所以电子合同作为电子商务活动的核心内容也显得尤为重要。

一、电子合同（Electronic Contract）的概念

从法学研究的角度来看，电子合同的定义是研究电子合同其他方面问题的一个逻辑起点，也是电子合同立法的一个重要前提。因此，从理论上对电子合

同进行定义是非常必要的。电子合同（Electronic Contract），亦称电子商务合同，目前我国对电子合同尚未作出明确的法律定义，世界各国在其有关电子商务的立法中也没有一个权威性的统一解释。联合国《电子商务示范法》第 2 条规定，"'数据电文'系指经由电子手段、光学手段或类似手段生成、储存或传递的信息，这些手段包括但不限于电子数据交换（EDI）、电子邮件、电报、电传或传真。"我国《合同法》第 11 条规定："书面形式是指合同书、信件和数据电文（包括电报、电传、传真、电子数据交换和电子邮件）等可以有形地表现所载内容的形式。"这样，我国《合同法》实际上把电子合同纳入了"书面形式"的范围之内。

学者对于电子合同概念界定持有不同观点，有人认为："电子合同，是指当事人之间通过信息网络以电子形式达成的设立、变更和终止财产性民事权利义务关系的协议。"[1]亦有人认为："电子合同主要是指广义的电子合同，即指所有通过计算机网络形成的合同，包括通过 E-Mail 等传输手段订立的合同和通过 EDI 系统[2]形成的合同等。"[3]综观各学者观点，不难看出虽表述不同，但对电子合同的应用范围都是从广义的角度加以界定的，即不仅仅在 EDI 系统中形成的合同，其他以电子手段等以互联网为平台形成的合同都是我们这里所说的电子合同。

电子合同，亦称电子商务合同，即利用电子技术和数据交换系统设立、变更和终止财产性民事权利义务关系的法律行为。通过上述定义可以看出电子合同是以电子方式所订立的合同，主要是指在网络条件下（主要是指国际互联网和其他网络如 EDI 网络）当事人为了实现一定的目的，通过数据电文、电子邮件等形式签订的明确双方权利义务关系的一种电子协议。

二、电子合同的特征

电子合同是随着现代电子计算机和网络技术以及电子商务的出现而产生的，这种新的媒体手段和形式并没有从本质上改变传统合同法的原则和理念，但是它在实际交易中所体现的电子化特征使得电子合同与传统合同仍然在某些方面产生了巨大的差异。

---

[1] 齐爱民、万暄、张素华：《电子合同的民法原理》，武汉大学出版社 2002 年版，第 9 页。

[2] 《电子商务示范法》中规定：EDI，即电子数据交换，是指电子计算机之间信息的电子传输，而且使用某种商定的标准来处理信息结构。国际标准化组织（ISO）为 EDI 下的定义是：将商业或行政事务处理按照一个公认的标准，形成结构化的事务处理或信息数据格式，从计算机到计算机的传输。

[3] 齐爱民、徐亮：《电子商务法原理与实务》，武汉大学出版社 2001 年版，第 128 页。

（一）电子商务合同的电子性

这是电子合同最为主要的特征，也是与传统合同区分的关键。其实电子合同的概念正是从这方面加以定义的，一切以电子手段进行的交易我们都可以将它囊括在电子合同的范畴之下。究竟何谓电子性？对于这一问题，可以从以下两个方面来理解：一方面，订立电子合同的双方当事人以互联网为平台进行各自的意思表示，有学者称其为"意思表示的电子化"，因为双方文件的往来主要是通过互联网络的电子传递，所签订的合同内容也可以在网络上轻易获得，甚至变更合同也是直接瞬时得以在计算机上完成的，电子合同信息传递具有即时性。正因为如此，通常情况下，电子通信发出即到达，因此发出的电子通信难以撤回，传统合同法中关于要约的撤回、撤销和承诺的撤回制度并不完全适用于电子合同；另一方面，正因为计算机这一媒介的介入，有学者认为，传统合同的表现形式是纸面合同，有原件与复印件的区别，而电子合同的表现形式是数据电文，没有原件与复印件的区别。[1]可见，电子合同已经突破了传统的纸上合同，成为名副其实的"无纸合同"。

（二）电子商务合同的主体的广泛性以及不确定性

传统合同的双方当事人在签订合同之前可能已经通过各种方式进行了若干次的协商，彼此对于双方的认知和信任也可能是促成合同交易成功的关键因素；而且对方当事人往往是自己已经发展或正在潜心发展的客户群，这些客户往往在自己所服务的区域内，大多数客户是可以预见到的；电子合同恰恰欠缺的就是这个特性，它的当事人可能来自于世界的任何一个角落，双方当事人素未谋面，但是可以通过网络进行各自的利益补充。他们不需要人身的互相信任，有的只是利益的互相满足，这为企业带来了极大的商机，但是也带来了极大的风险。网络上流行的一个笑话也能说明这个问题，一只狗坐在电脑旁对它的同伴说："在这里没有人知道你是只狗。"因此，电子商务合同交易主体的虚拟性也是其与传统合同交易主体不同之处。在网络交易中，交易主体的身份认证、责任能力的确定也成了交易中的首要障碍，在现阶段订约人往往通过第三方认证（主要是认证机构的认证和第三方交易平台提供商提供的认证服务）来确认其现实社会的真实身份。我国工商行政管理部门颁发的电子营业执照也能够实现对虚拟经营主题的身份认证。[2]

（三）电子商务合同签名的特殊性

传统的合同要成立，都必须具有签字（签名或盖章），例如，我国《合同

---

〔1〕　苏丽琴主编：《电子商务法》，电子工业出版社2006年版，第28页。
〔2〕　刘万啸：《电子合同效力比较研究》，2010年版知识产权出版社，第15页。

法》第 32 条的规定。[1]但在电子合同中，人们不可能也不需要通过电子方式亲笔签名或签字，它只需要每一方采用电子密码"签字"即可。这就是我们在网络交易中经常见到的电子签名。电子签名，顾名思义，即是能在电子计算通信中，起到证明当事人身份、证明当事人对文件内容的认可的电子技术手段。就目前来看，有口令、密码、数字加密、生物特征认证等方式。电子签名的这种方式有不同于传统签名的特殊性，如一般是在线签署的，本身是一种数据而且需要计算机系统进行鉴别。[2]

　　关于电子商务合同所体现的不同于传统合同的特点，并不限于此。还有学者认为，电子商务合同存在很大的"不稳定性"，主要是因为电子数据的传播途径是网络，在传播的过程中，易被截取和攻击，而且电子合同所依赖的电子数据具有易消失性和易改动性，导致电子合同的内容易被更改或丢失。有些学者认为，电子商务合同还应具有"超文本性"的特征，合同的很多内容并没有完整地记载在合同的电子文本中，而是在电子文本中以 Html 文件的全部内容必须通过"链接"才能得到。[3]至于其他的关于电子商务合同具有信息传递的即时化、订立的成本低廉、合同安全保障体系弱等特点的学者观点也不在少数。总之，对于电子商务合同这种新兴的合同形式，学者给予了很大的关注，在实务操作中它还可能展现出更多的特性，有待我们进行深层次的探讨。

　　三、电子合同的类型

　　对电子合同进行分类有利于我们深入地了解这类新式合同，更有利于我们的法学研究工作。当然，传统合同中关于合同类型的划分同样也适用于电子合同，如诺成合同与实践合同，要式合同与不要式合同，等等。但是电子合同本身具有特殊性，根据现在交易的合同类型，不难发现电子合同主要有以下三种形式：

　　1. 从电子合同订立所采取的方式来看，可以分为利用电子数据交换（Electronic Data Interchange）系统订立的合同和利用电子邮件订立的合同以及通过电子商务网站订立的合同。联合国标准化组织将 EDI 描述成按照统一标准，将商业或行政事务处理转换成结构化的事务处理或报文数据格式，并借助计算机网络实现的一种数据电子传输方法。通过 EDI 订立的合同便是最初的电子合同，在 20 世纪八九十年代是相当普遍的，它往往经过这样一个过程：如果一个生产企业采用 EDI 系统签订合同，通过网络收到一份订单，该系统可以自动处理该

---

[1]　《合同法》第 32 条："当事人采用合同书形式订立合同的，自双方当事人签字或者盖章时合同成立。"
[2]　张楚：《电子商务初论》，中国政法大学出版社 2000 年版，第 163 页。
[3]　齐爱民、万暄、张素华：《电子合同的民法原理》，武汉大学出版社 2002 年版，第 12 页。

订单，检查订单是否符合要求，向订货方发确认报文，通知企业管理系统安排生产，向零配件供应商订购零配件，向交通部门预订货运集装箱，到海关、商检等部门办理出口手续，通知银行结算并开具 EDI 发票，从而将整个订货、生产、销售过程贯穿起来。

电子邮件合同是以网络协议为基础，从终端机输入信件、便条、文件、图片或声音等，最后通过邮件服务器将其传送到另一端的终端机上的信息，通过这样一种发送电子邮件的方式签订合同。电子邮件具有快捷、方便、低成本的优势，在许多方面都超过了传统的邮件投递业务。较之 EDI 合同，以电子邮件方式所订立的合同更能清楚地反映订约双方的意思表示。但电子邮件在传输过程中易被截取、修改，故安全性较差。

现阶段还有一种通过电子商务中介服务网站签订合同的方式，一般而言，交易主体欲通过电子商务网站订立合同，首先要注册成为该网站会员，在此过程中应提交真实准确地申请人全面信息（对卖家和单位的信息真实性要求比较严格，需第三方认证），该网站会为交易方提供各类服务，如商品搜索、分类、电子支付或有形商品的配送等。著名的天猫网站、京东网站即属于此类。

2. 根据电子合同当事人之间的关系不同，可以分为：B-C（Business-Customer）合同、B-B（Business-Business）合同和 B-G（Business-Government）合同。

B-C（Business-Customer）合同，即企业与个人在电子商务活动中所形成的合同。这是消费者利用因特网直接参与经济活动的形式，最为大家所熟悉的实现形式就是通过新兴的专门做电子商务的网站进行电子交易的合同模式，如网上商店、网上书屋、网上售票等。

2003 年之前，亚马逊根本算不上什么"大公司"，最初是一家通过互联网售卖图书的网上书店。就在几乎谁都没有搞清它的店面在哪里的时候，它在短短的两年间一举超过无数成名已久的百年老店而成为世界上最大的书店，其市值更是远远超过了售书业务本身。通过亚马逊的 web 网站，用户在购书时可以享受很大的便利，比如要在 100 万种书中查找一本书，传统的方法可能要跑上几个书店，花费很多的时间，但在亚马逊，用户可以通过检索功能，只需点击几下鼠标，不久就会有人把想要的书送到家里了。亚马逊另一个吸引人的方面是它提供了很多的增值服务，包括提供了众多的书籍评论和介绍。而在传统销售方式下，这些增值服务会变得非常昂贵。在"成功"地将自己发展成超越传统书店的世界最大规模书店之后，今天亚马逊的业务已扩展到音像制品、软件、各类日用消费品等多个领域，成为美国最大的电子商务网站公司。

B-B（Business-Business）合同，即企业之间从事电子商务活动所形成的合同。电子商务 B-B 的内涵是企业通过内部信息系统平台和外部网站将面向上游的供应商的采购业务和下游代理商的销售业务都有机地联系在一起，从而降低彼此之间的交易成本，提高满意度。企业可以使用 Internet 或其他网络对每笔交易寻找最佳合作伙伴，完成从定购到结算的全部交易行为，包括向供应商订货、签约、接受发票和使用电子资金转移、信用证、银行托收等方式进行付款，以及在商贸过程中发生的其他问题，如索赔、商品发送管理和运输跟踪等。

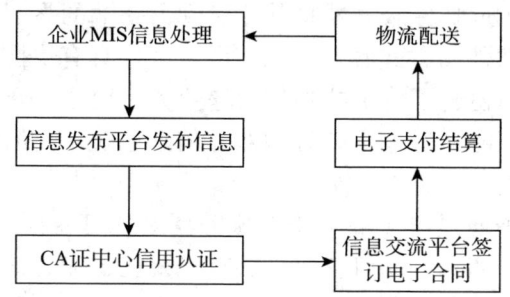

企业间 B – B（Business-Business）交易流程图

所谓 MIS（管理信息系统，Management Information System），是一个由人、计算机及其他外围设备等组成的能进行信息的收集、传递、存贮、加工、维护和使用的系统。它不仅可以用于高层决策，而且可以用于进行普通的商务管理。MIS 的最终目的是使管理人员及时了解公司现状，把握将来的发展路径。

B-G（Business-Government）合同，即企业与政府进行电子商务活动所形成的合同，如企业与政府之间进行的各种手续的报批，政府通过因特网发布采购清单、企业以电子化方式响应，政府在网上以电子交换方式来完成对企业和电子交易的征税等，这成为政府机关政务公开的手段和方法。

3. 根据电子合同内容是否为事先制订，可以将其分为一般合同和格式合同两类。一般合同，是指由当事人双方通过要约和承诺对合同条款共同协商达成一致的协议。格式合同，是指当事人为了重复使用而预先拟订，并在订立合同时未与对方对条款进行协商所订立的协议。[1]

在网络上消费，使用格式条款、格式合同的情况经常发生，顾客无需在购买商品时与商家就责任承担以及具体的交易条件协商，往往根据标准化的合同条款进行交易。在网上交易中，电子格式合同已经成为主流，一般消费者只需填写基本资料，明确内容后只需按键同意即可看到合同全文。因为该合同是网站单方面预定，所以它就是我们所称的格式合同。电子格式合同则是指由商品

---

〔1〕 事实上，关于格式合同、格式条款的概念是有区别的，我国《合同法》摒弃了格式合同的概念，采用的是格式条款的概念，而《消费者权益保护法》中采用的是格式合同的名词。

或服务的提供人通过计算机程序预先设定的合同条款，以规定其与相对人之间的法律关系，并适用于不特定相对人，相对人不得加以改变，必须点击"同意"后才能订立的合同。在网络交易中，格式合同主要存在以下两种形式：

（1）拆封合同（shrink-wrap contract）。它是指客户只要打开合同上的封条就表示同意，是合同成立的一种标准协议。任何超出使用范围的使用行为，只要不在法律的保护范围之内，都会导致对合同条款的违反，从而产生违约责任。在软件的大规模零售中，销售商订立拆封合同的目的在于保护自己的权益，明确告知用户，他们之间存在的是一份许可协议。

（2）击点合同（clink-wrap contract）。它与拆封合同非常类似，只是表示接受的方式由打拆封条变成了用鼠标击点一下按钮表示同意对方条款所订立的合同。

我国的电子商务发展迅速，而相关立法却非常滞后，目前还没有规范电子商务的专门立法。因此，《合同法》就成为判断格式条款是否有效的最主要法律依据。我国《合同法》第 39 条第 1 款规定："采用格式条款订立合同的，提供格式条款的一方应当遵循公平原则确定当事人之间的权利和义务，并采取合理的方式提请对方注意免除或者限制其责任的条款，按照对方的要求，对该条款予以说明。"该法第 40 条规定："格式条款具有本法第 52 条和第 53 条规定情形的，或者提供格式条款一方免除其责任、加重对方责任、排除对方主要权利的，该条款无效。"电子合同如果采用了格式合同或条款的方式，也理应遵循上述法律条文的规定。

第二节　电子合同的订立和生效

一、电子合同的订立与成立

在《合同法》中，合同成立和订立是两个既有联系又相互区别的概念。合同订立的含义是广泛的，往往体现了一种动态的过程，是当事人双方为了进行交易，与对方进行接触洽谈，从而最终达成合意的整个过程；合同的成立一般被认为是合同订立的组成部分，是一种静态的协议。合同订立过程中包含要约、承诺以及与此相关的一系列制度，而最终形成的合意则是合同的成立，当事人的权利义务关系也由此确定，若没有其他消极要件合同则必然发生法律效力，从而对当事人产生法律上的约束力，即合同生效。

电子合同的订立和成立仍然没有脱离合同法的基本理论，通过以下的示意图，我们简单了解一下电子合同交易流程。

一项网上交易的完成，往往是由各个环节共同组成的。如交易之初，个人或企业对自己的商品或服务所作的种种宣传、促销或其他广告工作；随着知名度的提高如淘宝网，开始有来自全国各地甚至是世界各地的个人或企业与卖主签订的单据或合同；进而产生的后续履行义务，如商品的配送等，而买主也应通过网上金融机构付款及电子货币支付及相关的信息与单据交换。见如下示意图：

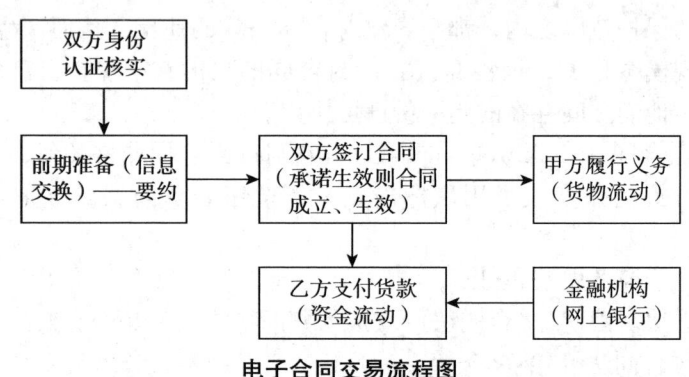

电子合同交易流程图

我们不难看出，电子合同的订立、成立乃至于生效与传统合同在基本的程序上没有实质性区别，但是电子合同由于自身的特殊性，其订立的主体和订立合同的方式以及合同的内容和合同履行方式仍与一般合同有差别。

二、电子合同订立的主体

（一）缔约主体

民事主体是在民事法律关系中独立享有民事权利和承担民事义务的人。民法上的人包括自然人、法人和其他组织；同样，在国家或政府参与平权交易时，也可以成为民事主体。民法中规定民事主体可以自由参与社会经济活动，网络中进行交易的主体与此类似，但具体含义仍有不同。

随着计算机网络笼罩了整个信息社会，现在涌现了一批特别身份的主体，它们与网络运行、网络经济软硬件基础设施服务密切相关，虽可能不参与合同订立，但对合同的签订、成立或者效力却起着保障和支撑作用。这些主体的活动是网络经济赖以存在与有序发展的基础与前提，又是网络经济不可或缺的构造者。所以我们仍然将这些主体视为网络经济主体，如果它们平等地参与经济活动，仍然可以成为电子合同的缔约主体，如网络经济金融服务机构、网络经济安全保障机构、在线服务供应商（ISP）等。根据电子合同的性质特点，合同当事人主体基本上可以归纳为这三种类型。

在复杂的网络空间中，参与网络交易并订立电子合同的主体应当具有怎样的资格与能力，需要遵守怎样的规则都是我们本章论述的焦点。

（二）缔约能力

缔约能力不仅影响了对其所缔结的合同效力的评判，也涉及对相关合同主体权益的保护问题，所以民法理论中对缔约能力的规定也较为细致。

通说认为：订立合同首先必须具有民事权利能力，这是当事人订立合同的前提条件。民事权利能力，是指能够担当民事法律关系主体的法律资格。不具备民事权利能力，便不能以自己的名义参与民事生活，不能以自己的名义享有权利和承担义务。因此，有无民事权利能力是当事人参与民事活动特别是参与合同法律关系的前提。其次，缔约主体的民事行为能力也是必须具备的。民事行为能力是指具有民事权利能力的主体能够独立实施依自己的意思表示内容发生法律效果的行为的能力。按照其意思能力的状况，将自然人民事主体划分为三种类型，即无行为能力人、限制行为能力人和完全行为能力人。无行为能力人只有在实施纯受利益而不负担义务的行为时，才具有法律上的效力；限制行为能力人只能实施与其年龄、智力等相适应的行为，其他所有的行为则须经法定代理人同意，方可有效；完全行为能力人实施的行为即直接产生了法律上的效力。关于法人的行为能力，应该说，正是由于法人的意思机关的存在才使法人具有了意思能力，因而法人以其意思机关的意思为其意思，使其具有了行为能力。

在电子合同签订时，当事人的民事权利能力仍是首要考虑的因素，自然人的民事权利能力始于出生，终于死亡；而法人则是以登记之日起算，终于解散。这并不与民法理论相背离。就行为能力而言，法人一般也只需要符合自己的登记范围即可进行相关的交易。但就自然人而言，其行为能力在网络中很难判断，何谓能够"以自己独立的行为"完成电子合同签订？一般的人甚至包括 6 岁的孩子基本上能够完成简单的网络操作，可以通过傻瓜化的电脑操作界面完成一切网上交易。为防范此类行为，现在各个购物网站为防止合同落空基本上都会发出一些声明来告诫低龄网民不要从事与其年龄不相适应的交易活动。

【案例 1】

15 岁黑客男孩被控犯罪[1]

人民日报网络版，被称为"黑手党男孩"的涉嫌致使 CNN 商业网站瘫痪 4 个小时的 15 岁加拿大男孩被加拿大警方指控犯有两条罪。加拿大警方同美国联邦调查局联合行动上星期六逮捕了这名少年嫌疑犯。

---

〔1〕　资料来源：人民网。

加拿大警方宣称，这名少年嫌疑犯已承认在网上聊天室对有关网站进行过数次攻击。

【案例2】

未成年人网上购物，引发网站困扰[1]

一个8岁的男孩经常上网，某日竟然在某购物网站以其父亲的身份证号注册并订购了一台小型打印机。结果货送到家后，才发现是他订购的，其父母表示很抱歉但拒绝买下此打印机，购物网站虽然不高兴，但也没有办法。

故而，有一些网站为了避免相应的损失经常会在自己的网站中对这样的行为作出以下声明：

春天购物网法律声明：

注意：使用本网站前请您仔细阅读以下条款。使用本网站则表明您已明知并接受这些条款。如果不接受这些条款请不要使用本网站。

春天购物网是由四季春天（大连）商贸有限公司于2007年独立开发的大型网上购物交易平台。作为网络内容服务提供商，是以提供网上购物交易场所，服务广大网民的B2C模式下新一代网络购物平台。春天购物网的网址是：15ctbuy.com，网站名称为"春天购物网"。

限制行为能力人的特别声明：

10周岁以上的未成年人、不能完全辨认自己行为的精神病人是限制民事行为能力人，限制民事行为能力人可以进行与他年龄、智力、精神健康状况相适应的民事活动；其他民事活动由他的法定代理人代理，或者征得他的法定代理人的同意。

春天购物网以最大的限度注意限制行为能力人用户的安全。未满18岁的未成年人或不能完全辨认自己行为的精神病人的个人资料，请一定在得到监护人同意下进行提供。交易双方注意：限制民事行为能力人订立的合同，经法定代理人追认后，该合同有效，但纯获利益的合同或者与其年龄、智力、精神健康状况相适应而订立的合同除外；相对人可以催告法定代理人在1个月内予以追认。法定代理人未作表示的，视为拒绝追认。

笔者以为，网上交易的特殊性虽增加了身份识别的难度，但随着

---

〔1〕 资料来源：《光明日报》。

技术的发展，该问题应当能够解决。若限制行为能力人在网上订立合同时实施了欺诈行为，网上商家在订约过程中尽到了善意且谨慎的义务，那么该合同应为有效合同。否则善意商家的合法权益无法保护，也有损于交易安全，不利于交易秩序的维护。因此在考虑限制行为能力人的能力问题上，应当综合考量，如既要针对限制行为能力人的特点给予特殊保护，又要保护善意相对人的器代利益，既要尊重当事人意思自治，又要考虑交易的秩序性和稳定性。

（三）缔约身份保障

无论是传统合同还是电子合同，在交易中合同当事人身份的确认是极为重要的。现实生活中为了使合同的订立顺利进行，当事人双方往往会确认对方的身份，考察对方资信以及订立合同的诚意等，合同订立后双方当事人会通过签署者在合同文件中签署姓名或加盖印章的方式来保障合同的有效性。但我们在谈及电子商务合同主体的广泛性以及不确定性特征中提到了它不再是一种面对面的合同交易，可能一项交易完毕后双方连彼此性别和年龄都不知道；网络上合同的签名也无法保证签署人与订约人的身份一致，如果引发纠纷受害人往往无法证实自己签订的合同的效力而丧失获取损害赔偿的机会，网络身份的虚拟化使得网上交易的风险性大大增加。为了降低这样的交易风险，网络中交易主体的身份确认应当成为电子商务合同首先要解决的问题。

身份注册是最初也是最基本的一种身份确认方式，很多电子商务网站要求客户注册后才能交易，其中包括姓名、年龄、身份证号码和其他身份信息，但实践中，网站缺乏必要的核证机制，很多客户担心身份信息泄露并不以真实身份注册，出于对个人隐私的保护，网站也无法获取真实的交易主体信息。因此，为保证交易双方主体身份的真实性，电子商务合同双方当事人进入到电子交易中还需受到第三方机构身份认证和金融机构等系统的确认。

1. 电子认证。传统社会中，人们通过自然人的音容笑貌以及身份证明等表明自己的身份，法人以自己的营业执照和营业地点来向对方当事人标示自己的身份特征。而在网络交易中这些主体的身份信息如何得到保证呢？因此在技术和法律上都需要一个"令人信服的第三方"给予身份的权威性认证，从而保证网络经济的秩序，电子认证制度便应运而生。

电子认证主要是为了确认交易者的身份，使交易实际上的数据电讯的发、收者相一致。国家有关机构或者国家授予相关的资格认证机构通过一定的技术手段和法定程序对用户的身份进行验证和证明，包括身份识别和身份验证两个环节。

电子认证是电子商务中的核心环节，可以确保网上传递信息的保密性、完整性和不可否认性，保证网络应用的安全性。

电子认证机构可以减少外部欺诈的风险，也可以通过对数据电讯的发送、接收的记录而提供证据依托，防止交易当事人之间可能产生误解或抵赖。认证是作为电子商务合同中一项重要的安全保障措施，在电子交易虚拟化的状态下，成为当事人享有电子交易迅速、安全、高效优势的首选。

2011 年 12 月，中国电子认证服务产业联盟成立，它由工信部指导，联合 30 多加电子认证服务机构和 8 家电子认证上下游单位和企业成立的，致力于电子认证技术和服务创新，推广可靠电子签名应用为推进互联网信任体系。

2. 电子签名。电子认证制度中与身份确认相关的一项重要内容是电子及数字签名技术。传统交易中，人们往往通过手写签名和印章来表达意愿和身份的真实性。但是面对冷冰冰的网络，我们为了保证电文内容的确定性和有效性，必须采用一种方式来代替非网络方式的签名。电子签名就是与手写签名或印章作用相仿的一项技术支持。

电子签名，是指数据电文中以电子形式所含、所附用于识别签名人身份并表明签名人认可其中内容的数据。通俗一点说，电子签名就是通过密码技术对电子文档的电子形式的签名，并非是书面签名的数字图像化，它类似于手写签名或印章，也可以说它就是电子印章。电子签名是一种计算机程序，是电脑依照某种程序而产生的符号，一般只有通过解码程序才能被冒用，所以它能保护数据电讯的安全，不使其被仿冒、篡改或被否认。其中，数字签名是最为成熟和普遍采用的一种技术。我国的《电子签名法》已于 2004 年 8 月 28 日通过全国人大常委会审议，并于 2005 年 4 月 1 日正式施行，当前版本为 2015 年 4 月 24 日第十二届全国人民代表大会常务委员会第十四次会议停止。该法案的核心内容在于明确规定电子签名具有与手写签名或者盖章同等的法律效力。[1]为配合我国该法的实施，2015 年 4 月 29 日，工业和信息化部对《电子认证服务管理办法》进行了修订。

电子签名与电子认证一样都是电子商务安全的保障机制。但两者在手段和目的上还是存在着一定的差别，而且很多当事人并不一定会同时使用这两种保障手段。例如，在封闭性交易网络中 EDI 合同交易，一般双方当事人都对彼此身份有所知，只需要彼此电子签名认证即可；在开放网络中，电子签名和被信赖的第三方的身份认证则是必要的。虽然电子认证和电子签名对当事人身份的确认和交易的防范形成了较为安全的技术和组织保障，但这并不能杜绝电子交

---

〔1〕 高富平：《电子合同与电子签名法研究报告》，北京大学出版社 2005 年版，第 182 页。

易中的风险。如视网膜识别生物技术可能被克隆技术攻破；电子签名中的数字签名的密钥就可能被黑客窃取。这都是无可避免的风险。

3. 网络市场准入。网络代表了一个开放性的庞大市场。在这个特殊的市场中，各种各样的机关、企业、社会团体法人都开始利用网络这一平台开展经济工作。原来主要被有实力的大企业所垄断的世界市场向中小企业甚至是个人等各类市场主体打开了进入该市场的大门。在网络上，这些中小企业和个人无需支付昂贵的广告费用，无需众多的营销人员，无需数额较大的注册资本，也无需租买很大的经营场所，更没有过多的前置审批，只需要在 Internet 上设一个网页，就可以面对市场，甚至是国际市场。传统的市场准入障碍在网络面前被一一化解了。网络方便的市场准入条件便于新的竞争者进入市场，而网络市场上企业规模的大小、成立时间长短、企业的经济性质或企业类型是什么已不是消费者考虑的主要问题，关键是产品价格、规格、质量及服务是否符合消费者的需要。

但是，如果一些关系国家管理控制、对社会影响比较大的特殊行业以及对网络建设密切相关的行业任由任何组织加入，整个国家的金融秩序、网络安全则不能再保证。同样，在网络世界中也应当建立市场准入制度，这是保证网络经济安全的有效措施之一。例如，必须对网络中金融业、新闻出版业的出版资格进行审查；对信息服务提供商（ISP）、[1]数字证书认证机构（CA）应实行更为严格的特许主义原则。

三、电子合同订立的方式

合同的订立，一般要经过要约（offer）和承诺（acceptance）两个过程。电子合同与传统合同一样，也要经过要约和承诺阶段。但是由于其本身所具有的特殊性使得其在要约和承诺两个阶段仍然显示出与传统合同的不同之处。

（一）订立程序——要约

要约在传统合同理论中一般被认为是合同一方当事人以缔结合同为目的而向对方当事人做出的意思表示。对于一项意思表示是否构成具有法律效力的要约，《合同法》第 14 条规定，该意思表示应当符合下列条件：① 内容具体确定；②表明经受要约人承诺，要约人即受该意思表示约束。除此以外，理论界认为：要约发生法律效力，还应当符合另外两个条件，即要约必须有特定人的意思表示，而且要约必须发给要约人希望与其订立合同的受要约人。

---

[1] 对于一般的 ISP，规定必须拥有相对的稳定可靠的技术条件，同时也必须有自身较为严格的规章制度，保证用户的权益和安全。对于 BBS 而言，则要求其有完善的用户注册机制，对入站者都要进行身份验证，使之取得合法的 ID，对自己在 BBS 中的行为负责。

　　电子合同的双方当事人为了实现预期目的，往往在互联网上以低廉的成本提供丰富的商业信息，作为卖方的商家通过互联网发布广告以吸引全国各地甚至是世界各地的人买卖商品，但是这些在网页上刊登的商业信息究竟是要约还是要约邀请一直是有争议的。

　　要约邀请，又称要约引诱，是指希望他人向自己发出要约的意思表示，[1]它属于当事人订立合同的预备行为。要约邀请并不发生要约的约束力，在发出要约邀请以后，要约邀请人可以撤回其邀请，只要没有给善良相对人造成信赖利益的损失，要约邀请人一般不承担法律责任；而要约一经生效，则要约人即受要约的拘束，不得随意撤销或对要约随意加以限制、变更和扩张，而且要约一经承诺就可以产生合同。

　　一般来说，我们把网上交易分为三种：网上购物（销售实物），如网上图书商城；销售软件，如电脑软件商场；提供的其他网上服务。各个商家往往都是通过在其网站上登载商品信息以达到吸引顾客购买的目的，那么在此情况下，识别商家发布的商业信息是要约还是要约邀请就显得极为重要，因为它直接关系到当事人的权利和义务，可能由于判断错误导致承担违约责任或缔约过失责任，基于此原因，我们以网络中商家所发布的各类商业信息为例，逐一作出分析。

　　第一种情况，如果广告发布者在主页上刊载的是仅供客户浏览的商业信息，其性质为要约邀请。因为该广告内容缺乏具体性以及发布商家并没有受其意思约束的表示。

　　第二种情况，如果网上登载的广告明确规定了价格、数量和其他具体的信息，且客户被明确告知或指示可以将选中的产品放入广告发布者指示的购物菜单中，单击购买即可成交，这说明发布人已经具有明确的订约意图，则该广告应当定性为要约。但是，如果广告发布者明确规定在客户用鼠标单击购买后，必须有网页所有人的确认，则此广告只能视为要约邀请。[2]

　　第三种情况，如果网上广告发布者在广告中嵌入电子邮件，允许客户通过用鼠标单击该邮件附件，按照广告发布者的要求填写相关内容，并作为拟订立合同的主要条款，客户将该信息通过电子邮件反馈给广告发布者，不需经过发布者进一步确认就可使合同成立，则广告发布者的这种嵌入附带邮件形式的广

〔1〕　李先波：《契约法论》，湖南人民出版社 2001 年版，第 98 页。
〔2〕　陈欣、胡鹏："电子商务中关于合同订立问题的探讨"，载《中南民族大学学报（人文社会科学版）》2004 年第 S2 期。

告，也构成要约。[1]

事实上在网络世界中的交易形形色色，非上述几种情况可以罗列。但是在这里我们采用的原则和传统合同法中区分要约和要约邀请的基本观点是一样的。需要注意的是，要约的构成要件之一是要约针对特定的人发出，只有在极其特别的情况下才有例外。电子交易中要约大多向不特定的当事人发出，而且这些当事人基本没有国界的限制。但不能拘泥于形式而认为这类要约不是要约，它只是在网络世界的一种变形而已。

除此之外，我们来研究一下网络环境下要约的生效、要约的撤回和要约的撤销制度是如何被应用的。

1. 要约的生效。要约的生效是指要约从什么时间开始发生法律效力。何时到达对于发信人来说是判定法律效力产生的风险因素。我们的法律在此一般采用到达主义。[2] 在电子合同交易过程中这点没有改变。

2. 要约的撤回。要约的撤回是指在发出要约之后，要约生效之前宣告收回发出的要约并取消其效力的行为。[3] 这就要求撤回要约的通知的传递速度快于要约的传递速度，能够追上或超过先期发出的要约，在要约的"在途期间"完成追击过程。但是在网络世界里要约是以光速传递的，发出和到达几乎是同时的，没有"在途期间"。没有了这种时间的间隔，要约的撤回制度并不完全适应电子合同。所以有学者认为，要约的撤回只能针对非直接对话式的要约和非电子计算机数据传递方式的要约而言。[4] 也有学者认为，要约和承诺的撤回是传统交易模式中合同当事人自我救济的重要手段。之所以进行这样的规定，是因为传统交易模式下，要约从发出到送达必须经历一定的时间，而在这段时间中，如若要约人发现更好的交易机会，在要约尚未发生法律效力前，我们理应尊重要约人的自由意志，这也正是合同自由的体现。"从尊重契约自由原则和维护法律的一致性出发……立法上应当承认电子合同要约的撤回。"[5]

但是，我们不可否认，相比较电子合同的现实情况，这项基本制度根本没有用武之地。我们知道无论是作为最主要也是最广泛的 EDI 合同还是以电子邮

---

[1]　尹楠："电子合同法问题研究"，山东大学 2006 年硕士学位论文。

[2]　《合同法》第 16 条规定："要约到达受要约人时生效。采用数据电文形式订立合同，收件人指定特定系统接收数据电文的，该数据电文进入该特定系统的时间，视为到达时间；未指定特定系统的，该数据电文进入收件人的任何系统的首次时间，视为到达时间。"

[3]　《合同法》第 17 条规定："要约可以撤回。撤回要约的通知应当在要约到达受要约人之前或者与要约同时到达受要约人。"

[4]　杨立新：《合同法总则》，法律出版社 1999 年版，第 82 页。

[5]　周平：《电子合同若干问题研究》，武汉大学 2007 年硕士学位论文。

件形式订立的合同，要约的撤回基本没有必然发生的可能性，当然我们不能排除在服务器发生故障或线路过分拥挤的情况下，可能耽搁要约的收到时间，使一份要约撤回通知先于或者同时到达相对人，如果真是这样，也仅仅是极其个别的情况，法律是具有普遍适用性的，没有必要为了系统本身的故障而专门规定一项并不实用的法律制度。既然如此，何必为了所谓的维护法律的一致性而强加这项制度于电子合同法呢？

　　3. 要约的撤销。要约的撤销是指在要约生效后，受要约人作出承诺之前，要约人宣布取消要约，使其丧失法律效力。我国也采用了英美法系的这一理论。[1]但大陆法系反对要约可以撤销这一观点，毕竟要约最主要的特点之一就是要约一旦发出，要约人就受其意思表示的约束。于是斟酌再三，我们的《合同法》第 19 条对其作了限制。[2]在传统合同中，由于撤销要约通知的发出时间和承诺的发出时间有一个时间差，要约的撤销是有可能的。

　　但是，网络环境下的电子交易合同的要约能否撤销呢？关于这个问题不能一概而论。应根据不同形式的电子合同区别对待。如果采用 E-mail 形式订立合同，要约人的要约与用普通邮件、传真电报发出的要约相比，除速度外没有其他实质性的区别。如果符合要约撤销的条件，应当能够在受要约人承诺之前撤销；但通过 EDI 发出的要约与电子邮件发出的要约有所不同，EDI 是将合同的订立通过电子数据交换形式完成，电子要约发出后，接收信息的电子计算机根据预先设定的程序自动进行处理，当即作出接受或拒绝的回复，要约的效力也随即丧失。这种情况下，要约几乎没有一个有效存在的期间，更来不及对它进行撤销。因而，要约的撤销在 EDI 条件下似乎不太可能。

　　（二）订立程序——承诺

　　承诺是指受要约人向要约人作出的，对要约的内容表示同意并愿意与要约人缔结合同的意思表示。[3]关于一项意思表示是否能成为承诺往往也要符合以下要件：①承诺必须由受要约人向要约人作出；②承诺的内容不能对要约的内容作出实质性的变更；③承诺必须是对要约明确表示同意的意思表示；④承诺应在要约有效的时间内作出。

　　承诺的生效往往意味着合同的成立，合同成立的时间也往往关系到合同的

---

〔1〕《合同法》第 18 条规定："要约可以撤销。撤销要约的通知应当在受要约人发出承诺通知之前到达受要约人。"

〔2〕《合同法》第 19 条规定："有下列情形之一的，要约不得撤销：①要约人确定了承诺期限或者以其他形式明示要约不可撤销；②受要约人有理由认为要约是不可撤销的，并已经为履行合同作了准备工作。"

〔3〕 王利明、崔建远：《合同法新论·总则》，中国政法大学出版社 1996 年版，第 159 页。

存在与否、合同责任和缔约过失责任的区别，所以确立承诺生效的时间是极为重要的法律问题。

1. 承诺的生效。以 EDI 合同为例，我国《合同法》第 26 条规定得非常明确。[1]采用的仍然是到达生效主义原则。关于到达本身这一概念各国规定也较为一致，不管接受方是否已经了解其内容，只要当传递的信息进入接收方的数据电脑时，即为到达。但应当确定一种义务，即在网络交易中，为了保证要约人的利益，基于诚信原则，接收方有义务对任何单据及时提供已收证明，使得电子合同能够安全而有保证。

2. 承诺的撤回。承诺人为了阻止自己所作出的承诺发生法律效力往往会作出一种意思表示，法律称之为承诺的撤回。对于非对话式的承诺，《合同法》第 27 条明确规定承诺可以撤回，但是撤回承诺的通知应当在承诺通知到达要约人之前或与承诺通知同时到达要约人。本书仍然坚持关于要约撤回的态度，认为由于承诺的撤回导致的后果极为严重，对此规定应当尽量谨慎，故而可以直接在立法中取消这项制度。当然我们也不能否认在未来的科技发展中，有可能出现比电子传输更为迅速的传播方式，可能会产生这样的时间差距引发撤回制度实施的可能性。但就现阶段甚至更长远的一个时间段，我们认为还没有任何证据显示有这样一种神速的传播方式。

四、电子合同的成立和生效

合同的成立和合同的生效紧密相连。有学者认为，合同的成立是一种事实判断，即合同需要符合一定的要件而客观存在，而合同的生效是一种法律价值判断，即指成立具备生效要件的合同在当事人之间产生一定的法律拘束力。[2]我们一般认为，合同的成立往往体现了当事人的意思一致，而合同的生效是国家对合同效力的认可，强调合同内容的合法性。如果合同成立后没有阻碍合同生效的消极要件，合同成立之时则是合同生效之日。所以探讨合同的成立具有重要的意义。

（一）电子合同的成立

1. 电子合同成立的时间。《合同法》第 25 条规定："承诺生效时合同成立。"此项规定明确了承诺生效和合同成立之间的关系。我国《合同法》第 26 条第 1 款规定承诺通知到达要约人时生效，实际上这款规定在承诺生效的时间

---

〔1〕 《合同法》第 26 条规定："承诺通知到达要约人时生效。承诺不需要通知的，根据交易习惯或者要约的要求作出承诺的行为时生效。采用数据电文形式订立合同的，承诺到达的时间适用本法第 16 条第 2 款的规定。"

〔2〕 齐爱民、徐亮：《电子商务法原理与实务》，武汉大学出版社 2001 年版，第 132 页。

上，采用了大陆的到达主义。《合同法》第 26 条第 2 款规定采用数据电文形式订立合同的，承诺到达的时间适用该法第 16 条第 2 款的规定。而该款规定的具体内容是：采用数据电文形式订立合同，收件人指定特定系统接收数据电文的，该数据电文进入该特定系统的时间，视为到达时间；未指定特定系统的，该数据电文进入收件人的任何系统的首次时间，视为到达时间。

关于《合同法》第 16 条第 2 款中规定的"特定系统"，我们可以从法律和技术两个角度，对其进行理解：

（1）如果电子合同签署的双方或多方当事人是通过特定的系统，即该系统属于专门为订立电子合同而设计的网络平台及终端，则该系统可被确认为"特定系统"。

（2）虽然某一系统不是专门为订立电子合同而设计的系统，但确为收件人所能控制的或者是专有的计算机系统，且该系统隶属于整个网络上的一个终端，设有特定的电子邮箱，则该系统也可被认定为"特定系统"。

2. 电子合同成立的地点。《合同法》第 34 条规定："承诺生效的地点为合同成立的地点。采用数据电文形式订立合同的，收件人的主营业地为合同成立的地点；没有主营业地的，其经常居住地为合同成立的地点。当事人另有约定的，按照其约定。"

我国的《电子签名法》第 12 条对电子合同成立的地点也作出了类似的规定，即"发件人的主营业地为数据电文的发送地点，收件人的主营业地为数据电文的接收地点。没有主营业地的，其经常居住地为发送或者接收地点"。

相比较而言，联合国《电子商务示范法》第 15 条第 4 款的规定是极为细致的，该款规定："除非发端人与收件人另有协议，数据电文应以发端人设有营业地的地点视为发出地点，而把收件人现有营业地的地点视为其收到地点。"

就该款的目的而言，如果发端人或收件人有一个以上的营业地，应以对基础交易具有最密切联系的营业地为准，如果没有任何基础交易地，则以其主要营业地为准；如果发端人或收件人没有营业地，则以其惯常居住地为准。它解决了电子合同与传统合同在成立地确定方法上的矛盾，为各国在此方面的立法提供了一个良好的范例。

3. 电子合同成立的内容。合同成立往往意味着当事人对合同的主要条款达成了协议。一般需要具备以下三个要件：①须有双方或者多方订约当事人；②要具备合同的基本条款；③对合同的基本条款要做到意思表示一致。

电子合同除了应具备传统合同的必备条款之外，我们认为，还应具备以下内容：①电子合同的规则和范式（EDI 标准和解释）；②合同签订的时间、地点的有效性确认和程序；③电子合同履行的标准；④电子签名和电子认证的认可；

⑤数据电文完整性、可靠性的归责原则；⑥电子合同纠纷调解机制和电子证据法。

（二）电子合同的生效

《合同法》第 44 条第 1 款规定："依法成立的合同，自成立时生效。"但合同成立并非等于合同生效，因为只有依法成立的合同才能生效。

1. 电子合同的生效要件。

（1）电子合同当事人订立合同时具有相应的缔约行为能力。关于电子合同当事人订立合同的缔约能力，我们在第二节的开始部分已作介绍，但是除了传统的自然人、法人和其他组织之外，在网络中还存在着这样一个类似的主体，即电子代理人。何谓电子代理人？电子代理人是指"不需要人的审查或操作，而能用于独立地发出、回应电子记录，以及部分或全部地履行合同的计算机程序"。[1]简单来说，电子代理人并不具备主体资格，不具有法律人格，而是一种能够执行人的意思的、智能化的交易工具。由于电子代理人并不是真正法律上的主体，其缔约能力就值得斟酌。

有人认为，电子代理人虽然能够按照预设模式发出或接受要约，但其不具备人所特有的综合判断行为后果的能力，而且它没有承担义务的财产基础，并不具备法律人格，因此，也不具备缔约能力。但我们认为，虽然电子代理人不具有法律人格，但计算机程序再复杂，都是由人来控制的，执行的是人的意思表示，它与当事人的权利义务有着密切的联系，当事人的意思表示正是通过其所编制或认可的程序而得到反映的。因此，电子代理人订立的合同，是合同当事人合意的结果，应该具有法律效力。1996 年联合国《电子商务示范法》第 11 条第 1 款也认可自动订立的合同的法律效力。

（2）电子合同当事人意思表示真实。所谓意思表示，是指向外部表明愿意发生一定法律效果的意思的行为。意思表示真实是构成有效合同的先决条件之一。一般而言，一方在被欺诈、胁迫或者重大错误的情况下订立的合同往往不是其真实意思表示，属于无效或可撤销的合同。

但在网络中，还有这样的一种情形，即由于计算机运行错误，可能会导致信息被错误传达，我们将其称之为电子错误，它是指在信息传输过程中的系统错误而导致了意思表示未能准确、及时、安全到达。我们所要探讨的是：电子商务合同缔结过程中这样的电子错误究竟由谁来承担法律后果？

我们认为，在这样的单方错误中，"最关键的问题并不是追究交易的哪一方

---

〔1〕 齐爱民、徐亮：《电子商务法原理与实务》，武汉大学出版社 2001 年版，第 136 页。

出了错，而是哪一方处于更利于避免错误后果的地位，哪一方就应当承担错误的不利后果"。[1]当然交易双方可以提前就错误的承担达成协议，这样可以及时确定由谁来承担错误后果。如果双方当事人通过第三方网络来传递信息（这样的优点在于可以防止数据遗失或数据被篡改，或成为被未经许可的用户窃取的现象），第三方网络提供的交易系统出现错误，那么追究信息处理系统的提供方的责任则更为合理。

（3）电子合同不违反法律或社会公共利益。合法有效的民事法律行为都不得违反法律或社会公共利益，符合公序良俗的要求。电子商务合同也应当符合这一条件。

（4）电子合同的内容必须确定或可能。电子合同内容确定，是指电子商务合同内容在合同成立时必须确定，或者必须处于在将来履行时可以确定的状态。电子商务合同的内容可能，是指合同所规定的特定事项在客观上具有实现的可能性。如果合同内容属于事实不能、自始不能、客观不能、永久不能及全部不能中的任何一种情形，则电子商务合同无效。

【案例3】

"3721"黄金中文网址竞拍争议案[2]
——网上拍卖合同成立并且生效的判断标准

2000年1月6日至10日，我国著名的电子商务网站雅宝（http://www.yabuy.com）与中文网址的发明者3721网站（http://www.3721.com）合作，在网上拍卖"免费邮件""软件下载""招聘"三个中文网址的1年使用权。前两个域名顺利成交，分别被Chinaren.com和实达公司拍得。1月10日拍卖的"招聘"网址，被zhaopin.com以4万元价格竞买成功。然而在次日召开的网上竞拍结果的新闻发布会上，参与"招聘"竞拍的赛诺爱公司（sinoi.com）向与会者发放了一份"关于'招聘'中文网址不公平拍卖的声明书"，称"招聘"中文网址应由该公司最后竞得，表示对这次拍卖结果的公正性有怀疑。

赛诺爱公司陈述：公司于1月10日中午12点开始应价竞买此次拍卖的"招聘"中文网址。在13点57分以3.7万元竞拍"招聘"中文网址，13点59分发现其他竞买人（即zhaopin.com）出价4万元，迅

---

〔1〕 薛虹：《知识产权与电子商务法》，法律出版社2003年版，第67页。
〔2〕 资料来源：比特网。

速应价 4.1 万元，点击"应价键"后，系统接受竞价并在拍卖网页头条显示出来，"应价键"随即变灰失效。5 分钟后，收到 3721 的电子邮件和电话祝贺，并邀请该公司参加于 1 月 11 日组织的新闻发布会并发言。但是，当天下午 6 点多钟，雅宝网站通知 sinoi.com 的最后竞价超时 17 秒，"招聘"的最后得主是 zhaopin.com 网站，并称雅宝享有此次活动的解释权。赛诺爱对此提出异议，并保留诉诸法律的权利。

事后，雅宝给记者发来一份声明，对 sinoi.com 的竞标过程没有否认，但是声称是由于工作人员的疏漏，才在没有正式确认的情况下就把恭贺函发给了 sinoi.com，并为由于工作失误给赛诺爱带来的麻烦及伤害表示诚挚的歉意。声明中同时强调："传统拍卖与网络竞价存在很大的不同，目前的网络竞价都是以时间点为限来截止交易的。而由于网络技术和网络速度等原因，竞买者在自己的系统上投标后，再反映到竞价网站的系统上会有时间上的迟滞，因此在最后时刻的时间把握上存在不可控因素，导致个别竞买者错失良机。鉴于这种情况，在 1 月 4 日 '3721' 与雅宝联合召开的面向此次竞买企业的活动说明会上，主办者已明确宣布截止时间以雅宝系统标识时间为准。"

究竟赛诺爱公司的应价行为是否有效？网上拍卖是否适用我国《拍卖法》？拍卖网站有没有权利否认合同的有效性？我国《拍卖法》第 51 条规定："竞买人的最高应价经拍卖师落槌或者以其他公开表示买定的方式确认后，拍卖成交。"但是网上拍卖合同成立生效的时间如何来确定，仍是值得讨论的。

最终，赛诺爱、雅宝竞价交易网、3721 本着互谅互让的原则，友好地解决了此次纠纷。但是该案件带给我们的思考却是深远的。

2. 电子合同的形式有效性是否会影响电子合同的效力。我国《合同法》第 10 条规定："当事人订立合同，有书面形式、口头形式和其他形式。法律、行政法规规定采用书面形式的，应当采用书面形式。当事人约定采用书面形式的，应当采用书面形式。"同时该法第 11 条作出了进一步的规定："书面形式是指合同书、信件和数据电文（包括电报、电传、传真、电子数据交换和电子邮件）等可以有形地表现所载内容的形式。"联合国《电子商务示范法》也采用了一种令人信服、易于被各国接受的办法，即"功能等同法"。认为电子合同只要满足了书面形式合同的基本功能，就应认为是合法的，不应拘泥于合同是"纸"的还是"非纸"的。事实上，"书面形式"不过是记录合同内容的一种方法，如果其他记录合同内容的方法能像书面形式一样，具有准确性、完整性、可核查性，就应认为符合法律关于书面形式的要求。网络交易记录的可靠性如果不低于其他技术维护的记录，不应因其是"电子的"而不是"纸的"来否认其合法性。故此，我们认为数据电文作为电子商务合同的载体应当被认为是一种书面形式。但是关于这个问题，理论界仍有争议。[1]

电子商务合同的生效并没有强制性规定电子商务合同必须采用书面形式。电子商务合同的书面形式仅具有证据效力，主要作用在于证明当事人之间的权利义务关系。电子商务合同本身采用什么样的方式并不直接影响电子合同的效力。但是，当事人双方可以事先在合同中约定将电子合同的书面形式作为合同的生效要件。

如果当事人约定采用书面形式订立合同，当事人未采用书面形式又该如何呢？实务中可以这样认定：一方已经履行主要义务，对方接受的，该合同成立且生效；采用合同书形式订立合同，在签字或者盖章之前，当事人一方已经履行主要义务，对方接受的，该合同成立且生效。如果不能证明履行的事实，则合同不成立。

第三节　电子合同的法律保护

一、当前法律对电子合同的规制

（一）世界各国对电子商务合同的规定

关于电子商务合同的专门立法并不多见，主要以制定电子商务法律为蓝本。从世界范围来看，电子商务在体系上、组织上、法律上、管理上、技术上都还没有完全成熟，这就给电子商务立法带来了许多问题。同时，国际化的电子商务还面临着各国社会制度、政治体制、经济发展、现行法律法规、文化传统等千差万别的难题。

联合国国际贸易法委员会在对 EDI 规则研究与发展的基础上，于 1996 年 12 月 16 日第 85 次全体大会以 51/162 号决议通过了《电子商务示范法》（UNCITRAL Model Law on Electronic Commerce）这一法律范本。示范法对其适用范围、数据电文的适用法律要求、数据电文的传递等内容都作了详细的规定。尽管它既不是国际条约，也不是国际惯例，仅仅是起到示范作用的有关电子商务的法

---

〔1〕 持否定说的学者认为，电子合同的电子意思表示不能视为书面，原因在于：电脑存储媒介均非书面，没有机器设备辅助则不能被阅读，打印于纸上也不具有有形性。《合同法》第 11 条的规定没有抓住书面形式最本质的作用（提供了可供人们复制和阅读的信息），让大家认为所有的数据电文都符合书面形式的要求。事实上那些转瞬即逝的不足以记录交易内容的数据电文，由于无法提供可供人们阅读和复制的信息而不符合书面形式的要求。

律范本，但却有助于有关国家完善、健全其有关传递和存贮信息的现行法规和惯例，并给全球化的金融业电子商务创造一个尽可能统一的、良好的法律环境。示范法采用了开放性的立法模式，为国际电子商务法提供了一个框架。在示范法制定之后，一些国际组织与国家纷纷加强合作，制订各种法律规范，形成了国际电子商务立法的高速发展期。近年来，国际商会也在抓紧制订有关电子商务的交易规则，以促进国际贸易的发展。国际商会已于 1997 年 11 月通过了《国际数字保证商务通则》（General Usage for International Digitally Ensured Commerce，简称 GUIDEC），该通则试图平衡不同法律体系的原则，为电子商务提供指导性政策，并统一有关贸易术语。

就世界范围来看，目前至少有四十多个国家与地区（包括美国、欧盟在内）已经制定并颁布了实质意义上电子商务法。美国的联邦级电子商务立法也很活跃，其中重要的两部是 1999 年 7 月通过的《统一电子交易法》（Uniform Electronic Transaction Act，简称 UETA）和 2000 年 10 月生效的《国际与跨州商务电子签章法》（The Electronic Signatures in Global and National Commerce Act，简称 ESIGN）。《统一计算机信息交易法》（Uniform Computer Information Transaction Act，简称 UCITA），作为各州的示范法，该法意在为网上交易活动提供法律规范。到 2000 年 5 月已经有弗吉尼亚、马里兰两个州以立法形式采用了该法，另有数州正在立法进程之中。欧盟于 2000 年 5 月正式通过了"电子商务指令"，欧盟成员国将在 18 个月内将指令内容贯彻到国内。

亚洲电子商务的发展主要集中于东亚诸国，目前已有韩国、日本、印度、马来西亚、新加坡和菲律宾等国制定了有关电子商务的法律。新加坡于 1998 年就通过了有关电子商务的立法，印度、菲律宾于 2000 年开始实施电子商务法，泰国于 2002 年也已经有了自己的电子商务法。各国对于电子商务的规定，大多都涉及电子商务合同的订立、认证、电文证据效力等方面，这对我国的电子商务合同立法很有借鉴意义。

（二）我国的电子商务合同立法保护

我国对电子商务法律的研究起步较晚。2000 年 3 月，全国人大代表在九届全国人大三次会议上，提交了"关于加紧中国电子商务法制定"的议案，将电子商务立法问题推上了前台。但是，我国目前尚无专门的电子商务合同立法或者电子商务立法，虽然多个法律文件中对电子商务合同有所规定，但仅仅是粗线条的，实际操作起来比较困难。

1. 规范电子商务合同交易主体的制度散见于我国其他具体法律法规中。如我国的《公司法》《合伙企业法》《国有企业法》《集体企业法》《私营企业法》《外资企业法》等。在电子商务合同中出现的经营者或企业都必须遵循我国公司法和相关法律的规定，在企业的运营过程中仍然和传统方式一样受到法律的规制，即使是在网络经济活动中没有参与电子商务合同的订立，但是对网络运行、网络经济软硬件基础设施服务密切相关的部门〔在线服务供应商（On-Line Service Provider）、网络经济安全保障机构等〕仍需相应法律规范。

2. 对于网络交易行为制度的调整，法律也并非空白，其中现行的法律包括《合同法》《电子签名法》《产品质量法》《消费者权益保护法》《价格法》《广告法》《反不正当竞争法》等。

（1）1999 年 3 月我国颁布的《合同法》中首次明确了电子合同的法律地位，可以说是现在规制电子商务合同最有效也是最直接的法律。《合同法》的适用范围应当包括电子商务合同。其中合同的成立时间、地点、违约责任及其相关内容还是作为电子商务合同的适用法律。例如，《合同法》第 16 条第 2 款规定："采用数据电文形式订立合同，收件人指定特定系统接收数据电文的，该数据电文进入该特定系统的时间，视为到达时间；未指定特定系统的，该数据电文进入收件人的任何系统的首次时间，视为到达时间。"该法第 34 条第 2 款同时规定："采用数据电文形式订立合同的，收件人的主营业地为合同成立的地点；没有主营业地的，其经常居住地为合同成立的地点。当事人另有约定的，按照其约定。"

但是，电子商务本身存在的空间虚拟性决定了电子合同从成立到履行都有其特殊性，如果仅仅将《合同法》中认定合同生效的条件、合同形式的有效性认定直接应用到电子商务中，每一个条件足以引发思考和探索，针对目前电子商务合同应用过程中出现的一系列问题，我们仍应进行深入分析，因此应研究电子商务合同法律的重构问题。

（2）被称为我国第一部真正意义上的信息化法律的《电子签名法》对电子商务合同中的相关内容也作了补充。其中明确定义电子签章、数据电文的概念，并给予消费者以选择使用或不使用电子签章的权利（"自然人、法人或者其他组织可以约定使用或者不使用电子签名、数据电文""当事人也可以选择使用符合其约定的安全条件的电子签名"）。

《电子签名法》还对数据电文的书面形式效力、原件效力、保存要求、证据效力作了规定；明确了安全"电子签章"的效力（电子签名将获得与传统手写签名和盖章同等的法律效力）、安全电子签章的条件、第三方认证机构的设立条件等，这为电子交易当事人提供了一个相对安全和确定的交易环境。

（3）对电子商务合同中消费者权益的法律保护见于《消费者权益保护法》《产品质量法》《广告法》《反不正当竞争法》《计算机信息网络国际联网安全保护管理办法》等法律法规之中。

消费者无论是按照传统方式交易还是在网络中买卖，都应当得到《消费者权益保护法》的保护，这是毋庸置疑的。如网络消费者的知情权、安全权、自由选择权、隐私权、损害赔偿请求权都应当适用现行的法律法规。但是我们也必须看到网络交易的特殊性，这几项权利应通过现行的《消费者权益保护法》来实现，但其保护力度远远不够：消费者的知情权无法通过面对面的询问或观察、触摸和检验获得，仅仅通过网络广告获取商品或者服务的有关信息，知情权的实现与否完全取决于经营者是否基于诚实信用原则提供商品或服务的真实信息。而实际上，电子商务经营者往往在利益的驱使下，拒绝披露商品或服务的真实信息；电子商务所依托的开放性网络环境增加了消费者财产可能遭受侵害的风险，如网上信用卡欺诈、电子货币伪造、被盗或者丢失，电子货币支付系统被非法侵入或被病毒侵蚀等，商家并不对此负责，这无形中使得网络消费者的财产安全失去保障；再如，电子商务合同中，消费者对网上购物时泄漏个人隐私的隐忧，虽然能够通过《民法通则》《计算机信息网络国际联网安全保护管理办法》等法律法规加以救济，但是却难以避免；在网络中购得的商品有质量问题，却诉之无门，无法获得应有的赔偿；由此可见，《消费者权益保护法》仅仅是对传统交易当中消费者的权利给予全面的保护，但对于网络交易当中消费者的保护却缺乏应有的措施，相配套的制度选择和设计还需斟酌。

《广告法》中对于电子商务合同的规范也是极为重要的。网络交易平台中对于自己产品的宣传是很有必要的，但对于网络广告仍应当适用《广告法》的规定，对网络广告和宣传进行规范，明确经营者必须承诺广告内容的真实、具体、明确、适当，没有刊载色情、暴力等违法广告；要大力培育和发展认证中心，确立合理的认证规则以减少网上欺诈和虚假广告；但网络环境复杂，网上产品或广告信息的真实性、有效性难以得到保障，极易滋生网上欺诈行为，同时消费者信赖不实或无效的信息也容易产生交易纠纷；网络广告本身与传统广告不同，其具有易流动、形式多样以及影响范围广泛等特征，现行法律对网络广告没有特别规制，而且相关内容也简单、散乱、可操作性不强，针对网上的虚假广告、不正当引诱和非法传销等行为以及事后的救济还属于真空地带，我们认为应对现行《广告法》进行必要修改和完善，制定明确的实施细则，及时应对网上交易所产生的相关问题。

（4）《审计法》《银行法》《金融法》《票据法》和《会计法》等对电子合同网上交易的安全性起到了一定的监督作用。不仅如此，我国的《民法通则》和《刑法》中对于电子合同交易的原则和事后的监督处罚也发挥了很大的作用。但这些法律法规远远不能适应电子商务迅速发展所要求的对消费者权益保护的迫切需要，仍有一些重要的法律规范尚付阙如。如果要形成与电子合同法相一致的法律环境，保障电子商务的稳定与安全，只有将电子商务合同中出现的新的法律问题和法律关系及时纳入专门的电子商务法律体系之中，并有效地规范电子商务活动，才能保证我国电子商务合同的长远发展。

二、我国法律对电子商务合同的违约救济

当事人订立合法有效的电子商务合同应当具有法律约束力，当事人应当按照合同中的约定履行自己的合同义务。但在这种新兴的交易中，仍然存在当事人违反合同义务的行为，即电子合同违约行为。电子商务合同的违约行为即指电子商务合同的双方当事人在没有正当理由的情况下，违反电子商务合同所约定的债务的行为。[1]电子商务合同的违约行为形态，简称违约形态，是指根据违约行为违反义务的性质和特点而对违约行为所做的分类。主要包括：①不能履行；②迟延履行；③不完全履行；④拒绝履行；⑤债权人迟延。

由于电子商务合同纠纷类型多样，根据不同的电子商务合同纠纷类型选择相应的合同救济方式，对于网络交易双方当事人利益的补救是极为必要的。

我国《合同法》第107条规定："当事人一方不履行合同义务或者履行合同义务不符合约定的，应当承担继续履行、采取补救措施或者赔偿损失等违约责任。"一般而言，违约责任的承担具体包括以下几种方式：实际履行、采取补救措施、赔偿损失、支付违约金和定金罚则等。但在电子商务合同违约纠纷中，我们认为由于电子合同本身的特殊性，导致违约方承担责任的方式也有所不同。一般有实际履行、继续履行、停止使用、继续使用、中止访问和损害赔偿等措施。

（一）实际履行

合同订立后，双方当事人均要及时、正确地履行合同。实际履行原则是合同履行当中应坚持的重要原则。该原则要求合同当事人严格按照合同规定的标的来履行，不得擅自用其他的标的来代替，也不得用支付违约金、赔偿金的方式代替履行，除非法律和合同另有规定。

在电子商务合同中，实际履行救济方式的采用可以让许可方继续得到所需要的信息，这样有利于减少当事人尤其是接受方的利益损失。在有条件实现继续履行的情况下，让守约方在权衡利弊的基础上选择是继续履行还是采取其他补救措施，也符合民法的公平原则。这种方式给予守约方的选择空间较大。在守约方没有明确反对的前提下，法院和仲裁机构判定违约方实际履行，有其现

---

〔1〕　王利明：《违约责任论》，中国政法大学出版社2003年版，第102页。

实和积极的意义。

（二）停止使用

按照传统合同法的规定，一旦出现因违约而解除或中止履行合同的情况，尚未履行的不再履行，当事人可以根据履行情况及合同性质，要求恢复原状、返还财产、采取补救措施等，甚至可以根据过错情况要求赔偿损失。这里我们所说的停止使用，其功能类似于传统合同法下的返还财产和恢复原状。

停止使用是指因被许可方的违约行为，许可方在撤销许可或解除合同时，请求对方停止使用并交回有关信息。因为信息产品的特殊性使得信息内容的返还无甚意义，能返还的也只能是信息载体，而其内容可能已经被复制后留存在使用者的计算机中。此时，只有停止使用或者将信息彻底删除，才能保护守约的信息提供方的利益。

（三）继续使用

继续使用看似雷同于继续履行，但两者还是有区别的。它是从赋予守约方权利的角度而非从违约方责任的角度来保护的。对于电子信息产品，如果许可方违约，受害方认为必要，可以要求违约方继续履行。但是，在被许可方实际使用或获得许可以后，许可方违约了，并不存在继续履行的问题，而是被许可方的继续使用。被许可方的继续使用并不排除寻求因违约行为而导致的其他救济。

（四）中止访问

中止访问是许可方对被许可方的违约所采用的一种抗辩行为。传统的实际履行或者继续履行是法的强制，属于责任的范畴，不具有抗辩的性质。中止访问是对电子信息许可访问合同的救济，当被许可方有严重违约行为时，许可方可以中止其获取信息。比如说，在服务使用方没有依约交付费用时，服务提供方就可以中止其访问。若信息提供方违约，其应采取更换信息产品或消除缺陷等类似传统合同中修理、重作、更换之类的补救措施。

（五）损害赔偿

当事人一方因侵权行为或不履行债务而对他方造成损害时应承担补偿对方损失的民事责任。对于权利人来说，损害赔偿是一种重要的保护民事权利的手段；对于义务人来说，它是一种重要的承担民事责任的方式。损害赔偿是最基本和最重要的违约救济方式，一般是指违约方以支付金钱的方式弥补受害方因违约行为所减少的财产或者所丧失的利益。它和上述几种违约救济方式是互补的，一方违约后，除了要求其采取特定补救方式外，对于已造成的损害还应予以赔偿。

【案例4】

首例网上拍卖纠纷案
——电子商务实物合同纠纷案[1]

案情简介：原告张某是中国商品交易拍卖市场网站的注册用户。2005年10月1日晚张某在浏览网上信息时，发现该网站正在举办"海星电脑专场拍卖会"。他阅读了拍卖公告后即参加了竞拍，经过连续竞价，最终以最高价购得3台电脑，并在网站公布的拍卖结果中确认拍卖成交。几天后，张某汇款1万余元打算购得3台电脑。10月8日他再次上网浏览时，却发现这个网站仍在进行"海星电脑专场拍卖会"，而且截止日期已改为10月10日，他已竞拍成交的3台电脑正以他的成交价为底价被继续进行拍卖，后又公布了第二次拍卖结果。对中国商品交易拍卖市场网站的这一做法，张某当即以违约为由将这家网站的主办者北京金贸网拍电子技术有限公司、国安五龙国际拍卖有限责任公司等多家单位告上了法庭，要求给付他拍得的3台电脑，赔偿电脑贬值损失1万余元人民币，并承担诉讼费用。

金贸网拍公司提出海星电脑专场拍卖会原定时间为去年的10月6日9时至10月10日9时，只是由于网站在运行过程中出现故障，导致拍卖系统自动启动，拍卖截止日期并未改变，网站仍以10月10日9时前出价最高者为最终买受人。而且根据有关法律规定，"竞买人的最高应价未达到保留价，该应价不发生效力"，而张某的应价就没有达到委托方的保留价，另外公司也未与张某签订成交确定书，因此对他的应价不予认可。

经审理，法院认为：张某在拍卖过程中的最终应价低于海星公司电脑的最终成交保留价，因此他的拍卖不成功，未被确认，法院依法驳回其要求给付3台电脑和赔偿的诉讼请求；同时，金贸网拍公司的拍卖系统出现故障，导致张某产生误解，依法应承担相应责任，国安五龙公司作为拍卖活动的主办单位，也应承担连带责任，故判决两公司退还张某的汇款，赔偿利息，并承担本案的全部诉讼费。

三、电子商务合同的争议处理方式

(一) 自行协商

合同当事人在友好的基础上，通过相互协商解决纠纷，这是最佳的方式。

---

[1]　资料来源：《天津日报》。

根据合同意思

自治原则，当事人完全可以按照自己的意愿决定合同的纠纷解决机制。当然法律绝对尊重当事人对于解决纠纷的自由协商权。就其所达成的一切合法自愿的协议，法律应当承认其效力。

（二）调解

合同当事人如果不能协商一致，可以要求有关机构调解，如果一方或双方是国有企业的，可以要求其上级机关进行调解。上级机关应在平等的基础上分清是非进行调解，而不能进行行政干预；当事人还可以要求合同管理机关、仲裁机构和人民法院等进行调解。

（三）仲裁

如果合同事先约定或者当事人事后共同到相关仲裁机构请求解决纠纷，即合同当事人协商不成，不愿调解的，可以根据合同中规定的仲裁条款或双方在纠纷发生后达成的仲裁协议向仲裁机构申请仲裁。

（四）诉讼

如果合同中没有订立仲裁条款，事后也没有达成仲裁协议，合同当事人可以将合同纠纷起诉到法院，寻求司法解决。

但是，在诉讼过程中，我们必须关注这样几个问题：

1. 电子商务合同中管辖权的确定。管辖权的确定在民事诉讼中具有重要地位，它直接关系到法律的公平、正义和效率、效益。我国《民事诉讼法》及其意见中关于合同纠纷的管辖权的确定是这样规定的：

（1）《民事诉讼法》第 23 条规定："因合同纠纷提起的诉讼，由被告住所地或者合同履行地人民法院管辖"；该法第 34 条规定："合同或者其他财产权益纠纷的当事人可以书面协议选择被告住所地、合同履行地、合同签订地、原告住所地、标的物所在地等与争议有实际联系的地点的人民法院管辖，但不得违反本法对级别管辖和专属管辖的规定。"

（2）《最高人民法院关于适用〈中华人民共和国民事诉讼法〉的解释》第 18 条第 3 款规定："合同没有实际履行，当事人双方住所地都不在合同约定的履行地的，由被告住所地人民法院管辖。"

我国民诉中的管辖权主要采用原告就被告原则。从以上条文中我们认识到，被告住所地和合同履行地是传统合同纠纷诉讼中涉及的管辖法院所在地。我国目前针对电子商务合同的管辖规则还没有出台，司法实践中仍然按照上述《民事诉讼法》第 23 条等规定来确定电子商务合同纠纷的管辖权。

如果被告住所地在我国国内，我国法院享有管辖权无可厚非，但是网络交易突破了传统的地域观念，交易的双方可能在不同的国家，相隔万里之遥；交易的标的物可能不在当事人所在地任何国家，而在双方当事人都相差数万公里的第三国。如果采用原告就被告原则，则可能无形之中大大增加了原告的诉讼成本。不仅如此，根据《最高人民法院关于适用〈中华人民共和国民事诉讼法〉的解释》第3条的规定："公民的住所地是指公民的户籍所在地，法人或其他组织的住所地是指法人或者其他组织的主要办事机构所在地。"事实上互联网交易中户籍所在地对于电子合同案件没有什么实际的意义。法人的主要营业地或主要办事机构所在地也很难确定，众所周知，很多网络商家根本没有什么固定经营场所或其他营业场所。按照传统合同纠纷中的被告住所地来确立管辖权是不可行的。

再以合同履行地为例，如果是实物运输履行合同，当然适用《民事诉讼法》的相关规定；但电子商务合同所存在的网络空间具有虚拟性，在这个空间中没有地域的界限，若是合同的履行超越了国界，这时候可能会牵扯到国际私法中关于合同纠纷管辖权的规定。电子商务合同还可以在网络上签订或履行，人们借助网络进行的商业往来，可能根本没有实际的空间地点，合同与具体的物理空间之间的联系变得非常偶然而难以确定，从而使传统的司法管辖区域界限变得模糊。

可见，针对电子商务合同，传统合同纠纷管辖权的两个连结点——被告住所地和合同履行地基本上已经没有实际意义。《民事诉讼法》中有关管辖权的确定原则似乎难以运用到电子商务合同纠纷中。因此我们必须考虑这样一个问题：究竟在电子商务合同纠纷中，应当按照怎样一个标准来确定管辖权？首先，一般应当尊重并承认当事人协议选择管辖的法院的权利。其次，要根据以下条件来判断法院行使管辖权的依据：一是考虑该因素自身是否有时间和空间上的稳定性。二是考虑该因素与管辖区域之间存在着一定的关联度。我们认为网址满足这个条件，以网址作为管辖权基础更为妥当。[1]作为网络商家一般都有固定的网站，网站犹如地理空间的居所，网址就如同网站的门牌号，往往可以确定网址与拥有人之间的关系，其他诸如信息发出地、信息收到地等与物理空间的联系极为偶然且难以确定，当事人可以在任何地方的任何一台电脑上收发信息，但是不论在何处收发信息，其所利用的网络服务提供者的网址在一定的时间段内是不会变的。网址与拥有人之间的关系是稳定的，是可以查明的，它受制于网址的 ISP 的所在管辖区域；这样的关联性可以让网址所在地的法院取得管辖权；除此之外，判断某个因素能否成为确定法律适用的连结点，还要看此因素

---

[1]　事实上，关于网址是否可以作为确定电子合同纠纷法律适用的新连结点，仍未形成定论。

是否与特定的法律关系具有客观的联系。显然，当事人双方的网址与他们之间签订的电子合同是具有比较密切的联系的。

2. 电子证据的效力问题。电子合同在证据法上的问题，主要是计算机所储存的电子数据，能否在诉讼中被法院采纳为证据，以及其证据价值大小的问题。电子数据能否作为证据法上的证据，直接关系到电子交易中当事人合同法权益能否得到保护，以及电子商务能否顺利发展的问题。[1] 我国《合同法》第一次在法律上确定了包括电子邮件在内的数据电文的书面形式的地位，我们认为它的地位应当相当于我国诉讼法中的一种书证。

联合国《电子商务示范法》对于包括网络电子文件在内的数据电文的证据效力加以了确认。该法首先在其第 2 条释义中规定了数据电文系指经由电子手段、光学手段或类似手段生成、储存或传递的信息，这些手段包括但不限于电子数据交换（EDI）、电子邮件（E-mail）、电报、电传或传真。该法第 5、6 条针对数据电文形式问题加以法律承认。第 5 条规定："不得仅仅以某项信息采用数据电文形式为理由而否定其法律效力、有效性或可执行性"，从而直接承认了数据电文的证据效力。第 6 条专门针对传统法律对证据的书面形式要求与数据电文之间的距离进行了弥合，如法律要求信息须采用书面形式，则若一项数据电文所含信息可以调取以备日后查用，即满足了该项要求。

我国于 2015 年修正通过的《中华人民共和国电子签名法》。该法第 4 条规定："能够有形地表现所载内容，并可以随时调取查用的数据电文，视为符合法律、法规要求的书面形式。"该法第 7 条规定："数据电文不得仅因为其是以电子、光学、磁或者类似手段生成、发送、接收或者储存的而被拒绝作为证据使用。"

但该法并没有规定什么样的数据电文可以作为证据，什么样的不可以作为证据。只是排除了毫无理由地否认数据电文的证据力的可能。而且规定证据效力要根据数据电文的安全强度来判定，但如何判断数据电文的安全程度仍然是亟待解决的实务问题。《电子签名法》仅仅是关于电子签名认证的一项最基本的法律，它只解决了原《合同法》中对合同书面形式的要求和签字后生效的问题，合同法还涉及很多问题，如要约、承诺、纠纷解决、管辖等，电子商务还会涉及支付、证据、消费者权益保护等众多问题，这些问题都需要逐步加以解决。

---

[1] 张楚、董涛、安永勇编著：《电子商务与交易安全——网络商务环境中的技术与法律问题》，中国法制出版社 2002 年版，第 273 页。

【案例 5】

谈笑靖为《见与不见》的作者而非仓央嘉措

——电子邮件的证据效力

2011 年广东肇庆女子（笔名扎西拉姆·多多）在东城法院维权成功，法院判决珠海出版社有限公司停止出版、发行含有《见与不见》内容的图书《那一天那一月那一年》；北京市新华书店王府井书店停止销售此书。

谈笑靖起诉称自己于 2007 年 5 月创作了诗作《班扎古鲁白玛的沉默》又名《见与不见》，并于同年 5 月 15 日首发于自己的博客。2011 年 3 月，谈笑靖发现珠海出版社未经许可出版了包括该作品的图书《那一天那一月那一年》，并把《见与不见》当作仓央嘉措的作品。谈笑靖从王府井书店购得该图书后，将出版社和书店起诉到法院，要求两被告停止侵权，并要求出版社在《中国新闻出版报》上发表致歉声明，并支付经济损失及诉讼合理支出 5000 元。

珠海出版社称，谈笑靖公证的博客网页中虽有《见与不见》但并未署名，而且博客没有明显说明或者声明博客内容为原创或禁止转载，因此不能证明谈笑靖享有著作权。此外，出版社还拿出了 2008 年 10 月的《读者》，称杂志上刊登过这首诗歌并署名"仓央嘉措"。

王府井书店辩称，书店对此书有合法进货渠道，且尽到了合理的审查义务，不应承担侵权责任。

本案的焦点集中于该诗是否为谈笑靖创作，而博客和电子邮件是否能够证明原告为该诗的真正作者？法院首先确认了谈笑靖的笔名是扎西拉姆·多多。但法院认为博客作为电子证据具有易于修改且不留痕迹的特点，因此这一证据不足以证明作品为谈笑靖创作。由于谈笑靖随后还补充提交了她发件箱中留存的证据，证明她于 2008 年 10 月 7 日曾向《读者》邮箱发过邮件，告知对方 2008 年第 20 期《见》文署名错误，自己才是作品作者，并提供两个载有其作品的博客网址链接。法院认为邮件具有不易更改的稳定性，因此采纳了这一证据。

根据邮件和博客两个证据，法院认定两者可以相互印证，证明作品的创作时间和内容。由于目前没有证据证明博客或者作品曾被修改，也没有相反证据证明涉案作品是他人创作且完成时间早于谈笑靖博客上传作品的时间，法院认定《见与不见》的作者就是谈笑靖。

因此法院判决珠海出版社有限公司停止出版、发行含有《见与不见》内容的图书《那一天那一月那一年》；北京市新华书店王府井书店停止销售此书。

思考题

1. 试析电子商务与电子合同的联系与区别。
2. 电子合同与传统合同有何不同？
3. 通过电子认证和电子签名保障技术，我们能够杜绝网络中的交易风险吗？
4. 思考电子合同纠纷解决机制中的新方式——在线争议解决的优弊。
5. 电子合同对我国传统合同法有怎样的冲击？

第七章

电子签名与认证

【学习目的与要求】通过本章的学习，掌握电子签名的概念和特点，了解电子签名的适用范围，熟悉数据电文满足书面形式要求的规定、符合法定文件保存要求的规定、符合法定原件形式要求的规定，熟悉数据电文的归属形式，了解电子认证机构的设立模式和程序。

第一节　电子签名

一、电子签名的概念

传统意义上的签名是指个人用手亲笔在一份文件上写下名字或留下印章，以确定签名人的身份，并确定签名人对文件内容予以认可。这种签名必须借助某种有形的介质方可完成。而在电子交易过程中，文件是通过数据电文的发送、交换、传输、储存来形成的，没有有形的介质，这就需要通过一种技术手段来识别交易当事人、保证交易安全。这种能达到与传统签名同样功能的技术叫做电子签名。联合国《电子商务示范法》中规定，电子签名是包含、附加在某一数据电文内，或逻辑上与某一数据电文相联系的电子数据形式的数据，它能被用来证实与此数据电文有关的签名人的身份，并表明该签名人认可该数据电文所载的信息。美国《统一电子交易法》规定，"电子签名"泛指与电子记录相联的或在逻辑上相联的电子声音、符号或程序，而该电子声音、符号或程序是某人为签署电子记录的目的而签订或采用的。我国出台的《电子签名法》第2条规定，电子签名是指数据电文中以电子形式所含、所附用于识别签名人身份并表明签名人认可其中内容的数据。该法所称数据电文，是指以电子、光学、磁或者类似手段生成、发送、接收或者储存的信息。这些手段包括但不限于电子数据交换、电子邮件、电报、电传或者传真。

电子签名具有以下特点：①电子签名是以电子形式出现的数据；②电子签

名是附着于数据电文的，电子签名可以是数据电文的一个组成部分，也可以是数据电文的链接，与数据电文具有某种逻辑关系、能够使数据电文与电子文件相联系；③电子签名必须能够识别签名人身份并表明签名人认可与电子签名相联系的数据电文的内容。

电子签名具有多种形式，如附着于电子文件的手写签名的数字化图像，包括采用生物笔迹辨别法所形成的图像；向收件人发出证实发送人身份的密码、计算机口令；采用特定生物技术识别工具，如指纹或眼虹膜透视辨别法等。无论采用什么样的技术手段，只要符合规定的要件，就是法律意义上的电子签名。

二、电子签名的法律效力

我国《电子签名法》第 3 条第 2 款规定："当事人约定使用电子签名、数据电文的文书，不得仅因为其采用电子签名、数据电文的形式而否定其法律效力。"该款确定了电子签名的法律效力，同时电子签名法对是否采用电子签名的形式，并没有强制性要求，民事活动中的合同或者其他文件、单证等文书，当事人可以约定使用或者不使用电子签名、数据电文。该条充分体现了民事活动中的意思自治原则。

我国《电子签名法》第 14 条规定："可靠的电子签名与手写签名或者盖章具有同等的法律效力。"《电子签名法》第 13 条还规定了可靠的电子签名的条件有以下四个方面：①电子签名制作数据用于电子签名时，属于电子签名人专有；②签署时电子签名制作数据仅由电子签名人控制；③签署后对电子签名的任何改动能够被发现；④签署后对数据电文内容和形式的任何改动能够被发现。

三、电子签名的适用范围

电子交易是一种新兴的交易方式，国际社会对电子交易的认知程度不是很高，同时电子签名、数据电文的应用需要借助于一定的技术手段，物质条件会限制一部分社会公众使用这种交易方式。因此，电子签名和数据电文的适用存在一定的排除领域。从国际社会来看，主要存在以下几种情形不能适用电子签名：

1. 与诉讼程序有关的文书。如美国《电子签章法》规定，该法关于电子签名效力的规定不适用于"与诉讼程序有关的需经签章的法庭传票或通知，或正式法庭文书（包括诉状、答辩状以及其他书面文件）"。

2. 与婚姻、家庭等人身关系有关的文件。如香港《电子交易条例》规定："遗嘱、遗嘱更改附件或任何其他遗嘱性质的文书的订立、签立、更改、撤销、恢复效力或更正，不适用本条例。"美国《电子签章法》规定，"关于遗嘱、遗嘱修改书或遗产信托的制定法、条例或者其他法律规则""关于收养、离婚或家庭法其他事项的州的制定法、条例或者其他法律规则"不适用该法关于电子签名效力的规定。

3. 与不动产权益有关的文书。新加坡《电子交易法》规定，"任何用于买卖不动产或以其他方式处分不动产的契约及不动产下所发生利益的契约""不动产转移或不动产利益的转让"以及"产权证书"，不适用该法。

4. 与公用服务事业有关的文书。美国《电子签章法》规定，该法关于电子签名效力的规定不适用于"公用服务（包括供水、供热及供电）的取消或终止"的通知。

5. 其他文书。如澳大利亚《电子交易法》规定的与移民有关的文件或公民权证书；新加坡《电子交易法》规定的商业票据；我国台湾地区的"电子签章法"规定的法令或行政机关之公告，可以排除其适用电子签名。我国的《电子签名法》规定的排除事项为：①涉及婚姻、收养、继承等人身关系的；②涉及土地、房屋等不动产权益转让的；③涉及停止供水、供热、供气、供电等公用事业服务的；④法律、行政法规规定的不适用电子文书的其他情形。

【案例】[1]

案情简介：2004年1月，杨先生结识了女孩韩某。同年8月27日，韩某发短信给杨先生，向他借钱应急，短信中说："我需要5000元，刚回北京做了眼睛手术，不能出门，你汇到我卡里。"杨先生随即将钱汇给了韩某。一个多星期后，杨先生再次收到韩某的短信，又借给韩某6000元。因都是短信来往，两次汇款杨先生都没有索要借据。此后，因韩某一直没提过借款的事，而且又再次向杨先生借款，杨先生产生了警惕，于是向韩某催要。但索要未果，于是起诉至海淀区法院，要求韩某归还其11 000元钱，并提交了银行汇款单存单两张。但韩某却称这是杨先生归还以前欠她的欠款。

为此，在庭审中，杨先生在向法院提交的证据中，除了提供银行汇款单存单两张外，还提交了自己使用的号码为"1391166××××"的飞利浦移动电话一部，其中记载了部分短信息内容。如"2004年8月27日15：05，那就借点资金援助吧。2004年8月27日15：13，你怎么这么实在！我需要5000，这个数不大也不小，另外我昨天刚回北京做了个眼睛手术，现在根本出不了门，见人都没法见，你要是资助就得汇到我卡里！"等韩某发来的18条短信内容。

[1]   资料来源：http：//www.chinaeclaw.com，访问时间：2005年7月25日。

后经法官核实，杨先生提供的发送短信的手机号码拨打后接听者是韩某本人。而韩某本人也承认，自己从去年七八月份开始使用这个手机号码。

法庭判决：法院经审理认为，依据《最高人民法院关于民事诉讼证据的若干规定》中的关于承认的相关规定，"1391173××××"的移动电话号码是否由韩女士使用，韩女士在第一次庭审中明确表示承认，在第二次法庭辩论终结前韩女士委托代理人撤回承认，但其变更意思表示未经杨先生同意，亦未有充分证据证明其承认行为是在受胁迫或者重大误解情况下作出的，原告杨先生对该手机号码是否为被告所使用不再承担举证责任，而应由被告对其没有使用过该手机承担举证责任，而被告未能提供相关证据，故法院确认该号码系韩女士使用。

依据2005年4月1日起施行的《中华人民共和国电子签名法》的规定，电子签名是指数据电文中以电子形式所含、所附用于识别签名人身份并表明签名人认可其中内容的数据。数据电文是指以电子、光学、磁或者类似手段生成、发送、接收或者储存的信息。移动电话短信息即符合电子签名、数据电文的形式。同时移动电话短信息能够有效地表现所载内容并可供随时调取查用；能够识别数据电文的发件人、收件人以及发送、接收的时间。经本院对杨先生提供的移动电话短信息生成、储存、传递数据电文方法的可靠性，保持内容完整性方法的可靠性，用以鉴别发件人方法的可靠性进行审查，可以认定该移动电话短信息内容作为证据的真实性。根据证据规则的相关规定，录音录像及数据电文可以作为证据使用，但数据电文可以直接作为认定事实的证据，还应有其他书面证据相佐证。

通过韩女士向杨先生发送的移动电话短信息内容可以看出：2004年8月27日韩女士提出借款5000元的请求并要求杨先生将款项汇入其卡中，2004年8月29日韩女士向杨先生询问款项是否存入，2004年8月29日中国工商银行个人业务凭证中显示杨先生给韩女士汇款5000元；2004年9月7日韩女士提出借款6000元的请求，2004年8月29日韩女士向杨先生询问款项是否汇入，2004年9月8日中国工商银行个人业务凭证中显示杨先生给韩女士汇款6000元。2004年9月15日至2005年1月韩女士屡次向杨先生承诺还款。

杨先生提供的通过韩女士使用的号码发送的移动电话短信息内容中载明的款项往来金额、时间与中国工商银行个人业务凭证中体现的杨先生给韩女士汇款的金额、时间相符，且移动电话短信息内容中亦载明了韩女士偿还借款的意思表示，两份证据之间相互印证，可以认定韩女士向杨先生借款的事实。据此，杨先生所提供的手机短信息可以认定为真实有效的证据，证明事实真相，法院对此予以采纳，对杨先生要求韩女士偿还借款的诉讼请求予以支持。

第二节　数据电文

一、数据电文的概念

电文一般是指通过电子手段形成的各种信息，也称为电子信息、电子通信、电子数据、电子记录、电子文件等。"数据电文"一词最早在国际法律文件中出现是在 1986 年联合国欧洲经济委员会和国际标准化组织共同制定的《行政、商业和运输、电子数据交换规则》中。1996 年联合国《电子商务示范法》规定的"数据电文"是指经由电子手段、光学手段或者类似手段生成、储存或者传递的信息，这些手段包括但不限于电子数据交换、电子邮件、电报、电传或者传真。各国电子签名法或电子商务法中规定的概念都与联合国《电子商务示范法》中规定的相类似。韩国《电子商务基本法》规定，"电子信息"是指以使用包括计算机在内的电子数据处理设备的电子或类似手段生成、发送、接收或者储存的信息。美国《电子签章法》规定，"电子记录"是指由电子手段创制、生成、发送、传输、接收或者储存的合同或其他记录。我国《电子签名法》规定的数据电文是指以电子、光学、磁或者类似手段生成、发送、接收或者储存的信息。它包含两层意思：其一，数据电文使用的是电子、光、磁手段或者其他具有类似功能的手段；不仅指现有的通信技术，而且包括未来可预料的各种技术。其二，数据电文的实质是各种形式的信息，包括所有以无纸形式生成、储存或传输的各类电文。

二、关于数据电文符合法定书面形式要求的规定

传统的民商法律都要求合同的效力需要满足书面形式要件，如我国的《海商法》《担保法》中都作出了相应的规定。[1]法律要求某一文书采用书面形式的作用在于：①使文书有较强的证据效力，减少纠纷的发生；②有助于当事人明确双方的权利义务；③使第三方对文书产生信赖，便于行政管理、统计事务的行使。但是，电子交易中的文件是通过数据电文的发送、交换、传输、储存来

---

[1]　《海商法》第 128 条规定："船舶租用合同，包括定期租船合同和光船租赁合同，均应当书面订立。"《担保法》第 13 条关于保证合同的订立、第 38 条关于抵押合同的订立、第 64 条关于质押合同的订立等也均要求当事人采用书面形式。

形成的，没有书面载体。显然不符合传统法律中书面形式的要求，从而限制了电子商务对某些商务领域的进入，阻碍了电子商务的发展。为此，联合国国际贸易法委员会提出了"功能等同法"来解决这一法律难题。"功能等同法"是指通过对传统书面规范体系进行剖析，从中抽象出功能标准；再从电子商务交易形式中找出具有相应效果的手段，以确定其效力。例如，书面文件可以供人阅读，并长时间保持内容不变，还可以使文件得以复制，在文件上通过签名确认其效力。那么进一步研究通过何种电子技术可以使数据电文达到传统书面文件的功能，这样就实现了功能等同要求。联合国《电子商务示范法》规定，"如法律要求信息须采用书面形式，则假若一项数据电文所含信息可以调取以备日后查用，则满足了该项要求"。其他国家和地区在国内立法中纷纷仿效这一做法。美国《统一电子交易法》、澳大利亚《电子交易法》、新加坡《电子交易法》、我国香港特别行政区的《电子交易条例》等也对数据电文的书面形式要求作出了类似的规定。

我国《电子签名法》也借鉴了联合国《电子商务示范法》的规定，符合法律、法规要求的书面形式要件有两个：①能够有形地表现所载的内容。这是对符合书面形式要求的数据电文的最基本要求。也就是说，数据电文必须以有形形式表现出来，具有可读性。②可以随时调取查用。数据电文的内容应是固定的，在一定的时间内保持不变，可以重复地供当事人随时查阅。

三、关于数据电文符合法定原件形式要求的规定

对于民事活动中的物权凭证、流通票据，为了保证交易安全，一般都要求其以原件形式出现。原件，即原始文件、原始资料，一般是指信息内容首次以书写、印刷等形式固定于其上的纸质或其他有形的媒介物。法律对文书的原件形式要求，主要是为了保证文书所载内容自最初形成时起未被改动。原件是与传统法律环境下的书面形式相联系，只有传统的书面形式的文书才会有原件和副本的区别。数据电文是通过电子形式输入、生成、传输和储存的，以有形形式表现出来的总是"副本"，不能满足传统法律中的对原件的要求。联合国《电子商务示范法》在这一问题上采用了"功能等同法"。先分析原件要求的功能，再使数据电文达到此项功能就达到传统法律环境中的原件要求。据此，联合国《电子商务示范法》规定，如果法律要求信息必须以其原始形式展现或留存，倘若情况如下，则一项数据电文即满足了该项要求：①有办法可靠地保证自该信息首次以最终形式生成，作为一项数据电文或充当其他用途之时起，该信息保持了完整性。②如要求将该信息展现，可将该信息显示给观看信息的人。同时还规定了判断数据电文"完整性"的标准，即：一是评定完整性的标准应当是，除加上背书及在通常传递、储存和显示中所发生的任何变动之外，有关信息是否保持完整，未经改变；二是应根据生成信息的目的并参照所有相关情况来评定所要求的可靠标准。许多国家和地区的立法也遵循了联合国《电子商务示范法》的思路，如加拿大《统一电子商务法》、菲律宾《电子商务法》、我国香港特别行政区《电子交易条例》等都作了类似规定。

我国《电子签名法》借鉴了联合国《电子商务示范法》和有关国家、地区的规定，规定数据电文满足以下两个条件则符合原件要求：①能够有效地表现所载内容并可供随时调取查用。即该数据电文应当符合法律规定的书面形式要求。②能够可靠地保证自最终形成时起，内容保持完整、未被更改。但是，在数据电文上增加背书以及数据交换、储存和显示过程中发生的形式变化不影响数据电文的完整性。其中，在数据电文上增加背书，并非传统意义上的背书，[1]而是指在技术上达到背书的功能，这样并不影响数据电文的完整性且符合原件要求。

四、关于数据电文符合法定文件保存要求的规定

为了使某一文书所含内容在一定的时间内均可以调取查用，某些法律会对其保存提出要求。[2]一项文书如果要达到法律规定的保存要求必须是：该文书能够被随时调取查用，每次调取查用时，所呈现的文书内容同该文书最初形成时的内容是完全一致的；并且最好能够保存与原始文书有关的各种信息。文件的保存要求只能对纸质文件而言，如果数据电文达到了文件保存的功能，就被视为满足了法律规定的文件保存的条件。联合国《电子商务示范法》规定："如果法律要求某些文件、记录或者信息须予以留存，则此种要求可以通过留存数据电文的方式予以满足，但要符合下述条件：①其中所含信息可以调取，以备日后查用；②按照其生成、发送或者接收时的格式留存了该数据电文，或以可证明能使所生成、发送或接收的信息准确重现的格式留存了该数据电文；③如果有的话，留存可据以查明数据电文的来源和目的地以及该电文被发送或接收的日期和时间的任何信息。"有关国家和地区在立法中也有类似的规定，如澳大利亚《电子交易法》、韩国《电子商务基本法》、新加坡《电子交易法》、我国香港特别行政区《电子交易条例》、我国台湾地区"电子签章法"等。

我国《电子签名法》借鉴了联合国《电子商务示范法》和有关国家、地区的规定，规定数据电文满足保存要求的三个条件：①能够有效地表现所载内容

---

〔1〕　传统民商事法律中的背书，是指当事人在票据、单证等的背面记载有关事项并签字的行为。

〔2〕　《税收征收管理法》第24条第1款规定："从事生产、经营的纳税人、扣缴义务人必须按照国务院财政、税务主管部门规定的保管期限保管账簿、记账凭证、完税凭证及其他有关资料。"

并可供随时调取查用，即满足书面形式的要求。②数据电文的格式与其生成、发送或者接收时的格式相同，或者格式不相同但是能够准确表现原来生成、发送或者接收的内容；该项条件一般要求数据电文按照原有格式保存，准确表现原始内容。但是，在电子环境下，有些文件的保存方式的改变不会影响文件内容的准确重现。例如，通过压缩、加密的形式保存。因此，数据电文保存的格式也可以与其生成、发送或者接收时的格式不相同，但必须能够准确地表现原来生成、发送或者接收的内容。③能够识别数据电文的发件人、收件人以及发送、接收的时间。这是对数据电文原始性的要求，即原始的数据电文在形成时的一些重要信息（包括数据电文的发件人、收件人以及发送、接收的时间）也应该保存。

五、关于数据电文证据力的规定

（一）数据电文作为证据的可接受性

数据电文因为以电子形式出现，修正、更改或者补充各种数据非常方便，并且可以不留下任何痕迹。此外，数据电文是在交易双方的计算机系统内，缺乏第三方的认证。因此，数据电文能否作为证据使用成为各国电子商务立法中的难点问题。但是，如果不将数据电文作为证据使用，会使电子交易欠缺可靠的保障，使交易者拒绝使用电子交易的形式，从而将会阻碍电子商务的发展。如果数据电文达到法律要求的原件形式的功能要求，数据电文在一定的条件下可以作为证据使用。联合国《电子商务示范法》第9条第1款规定了数据电文作为证据的效力："在任何法律诉讼中，证据规则的适用在任何方面均不得以下述任何理由否定一项数据电文作为证据的可接受性：①仅仅以它是一项数据电文为由；②如果它是举证人按合理预期所能得到的最佳证据，以它并非原样为由。"一些国家和地区也在电子商务法、电子签名法中对数据电文作为证据的可接受性作出了规定。如美国《统一电子交易法》规定，在诉讼程序中，记录或签名的证据不得仅仅因为其为电子形式而被排除。韩国《电子商务基本法》、我国香港特别行政区《电子交易条例》也作了类似的规定。我国《电子签名法》借鉴了联合国《电子商务示范法》的规定，接受了数据电文作为证据使用。该法第7条规定，数据电文，不得仅因为其是以电子、光学、磁或者类似手段生成、发送、接收或者储存的而被拒绝作为证据使用。

（二）数据电文证据力的相关因素

一项具体的数据电文是否具有证据的效力，需要考虑多种因素，最主要的是数据电文作为证据的可靠性。联合国《电子商务示范法》第9条第2款对数据电文的证据力判断作出了规定："在评估一项数据电文的证据力时，应考虑到生成、储存或传递该数据电文的办法的可靠性，保持信息完整性的办法的可靠性，用以鉴别发件人的办法以及任何其他相关因素。"我国《电子签名法》借鉴了联合国《电子商务示范法》的规定，对数据电文作为证据的真实性的判断条件作出了规定，包括以下内容：①生成、储存或者传递数据电文方法的可靠性，即在数据电文的生成、储存、传递等环节对其可靠性进行审查。在生成环节，考虑录入数据电文的系统是否安全正常运行，录入者是否按照严格的操作程序，并采用规范的操作方法合法录入数据电文；在储存环节，主要考虑是否采用了可靠的储存方法；在传递环节，主要考虑传递的技术手段是否科学、可靠，传递过程中是否加密，是否有被截获的可能等因素。②保持内容完整性方法的可靠性。这是指保存数据电文的系统是否在正常的状态下对数据电文作出完整的记录。③用以鉴别发件人方法的可靠性。这是指数据电文是否有发件人的电子签名，该电子签名的可靠性是否有第三方的认证等。④其他相关因素。这是指能够证明数据电文具有证据效力的其他因素。

六、关于数据电文归属的规定

在网上交易的过程中，由于当事人运用了电子化的信息处理和传输系统，交易各方往往并不见面或者相互并不了解。在这种情况下，如何有效地确认一项数据电文的发送主体，并防止数据电文的发送主体在其发送数据电文后对其意思表示予以抵赖，这就需要确立有关确认数据电文归属的规则。简单地说，数据电文的归属是确定发件人身份的规则。

我国《电子签名法》借鉴了联合国《电子商务示范法》的规定，对数据电文的归属作了如下规定：①经发件人授权发送的。这是指代理人根据被代理人——发件人的意思发送数据电文，根据民法原理，其行为的后果由发件人承担。代理人发送的数据电文视为发件人的数据电文。②发件人的信息系统自动发送的。在电子交易环境中，发件人为了节省时间、提高效率，对大量的重复交易行为可以通过事先在计算机中设置固定程序的方式来实现。当然这种信息系统的自动发送必须是在发件人的控制下完成，第三方擅自进入发件人的信息系统并篡改自动发送的信息，其法律后果不由发件人承担。③收件人按照发件人认可的方法对数据电文进行验证后结果相符的。收件人在收到发件人的数据电文后，可以按照发件人认可的方法进行验证。例如，发件人的电子签名或其他认可的方法，在使用认可的方法后确定为同一人所发送，视为发件人发送的数据电文。

该法又规定了约定优先原则，即如果当事人双方约定不采用上述三种方式的，可以按照约定来确定数据电文的归属。例如，可以约定发件人信息系统自动发送的信息不是发件人发送的数据电文；一项数据电文必须是发件人亲自发送的，授权发送的不是发件人的数据电文等。

七、数据电文的发送与接收

（一）数据电文发送时间与接收时间的规定

根据合同法原理，合同成立的时间为承诺生效的时间。关于承诺生效的时间，大陆法系与英美法系的规定有所不同。大陆法系奉行的是到达主义，即承诺到达要约人时，承诺生效，合同成立。英美法系奉行的是发送主义，即承诺方一旦把函件投递出去，承诺生效，合同成立。在电子商务环境中，电子合同的要约与承诺以电子数据交换的形式完成，要约与承诺之间的速度极快，无论是大陆法系的到达主义还是英美法系的发送主义都在电子合同的签订中遇到了法律障碍。数据电文的发送时间和接收时间主要解决电子合同签订中要约与承诺的生效时间问题。

我国《电子签名法》规定了数据电文的发送和接收时间，包含以下三层含义：

1. 发送时间。数据电文进入发件人控制之外的某个信息系统的时间，视为该数据电文的发送时间。在电子商务过程中，发件人与接收人各自拥有不同的信息系统，如果数据电文在发件人控制的信息系统中，不可能被相对人知晓，就无法使相对人对该意思表示作出回应。所以只有脱离了发送人控制的信息系统的数据电文，才是对相对人有意义的意思表示。

2. 接收时间。收件人指定特定系统接收数据电文的，数据电文进入该特定系统的时间，视为该数据电文的接收时间；未指定特定系统的，数据电文进入收件人的任何系统的首次时间，视为该数据电文的接收时间。《电子签名法》关于接收时间的规定与我国《合同法》的规定相一致。主要包含以下两层意思：①收件人指定了特定的信息系统接收数据电文，则数据电文进入该特定系统的时间为数据电文的接收时间；②收件人未指定接收数据电文的特定系统，在这种情况下，发件人的数据电文可能先后进入收件人的多个信息系统，出现多个接收时间，而依据《电子签名法》的规定，首次进入收件人任一系统的时间为数据电文的接收时间。

3. 赋予了当事人约定的优先权。当事人可以对数据电文的发送时间、接收时间作出与以上两种情形不同的约定。在当事人之间有约定的情况下，当事人的约定优先于上述规定的两种情形。

（二）数据电文发送地点与接收地点的规定

电子合同的订立是在不同的计算机系统中完成的，因此确定数据电文发送地点与接收地点比确定数据电文的发送时间和接收时间更为复杂。联合国国际贸易法委员会制定的《电子商务示范法》采用了"营业地""最密切联系地"及"惯常居住地"等连结点来确定数据电文的发送地点和接收地点。我国《电子签名法》规定以"主营业地"作为数据电文发送地点或者接收地点，使合同的成立建立在与行为地有实质联系的基础之上，可以避免以"信息系统""最密切联系地"作为发送地点或者接收地点可能造成的不确定性，与联合国示范法的有关规定以及各国电子商务法的规定基本一致，但更具可操作性。

关于数据电文的发送地点和接收地点，我国《电子签名法》的规定有以下两层含义：

1. 发件人的主营业地为数据电文的发送地点，收件人的主营业地为数据电文的接收地点。没有主营业地的，其经常居住地为发送或者接收地点。该项规定与我国《合同法》的规定相一致。《合同法》第 34 条规定，采用数据电文形式订立合同的，收件人的主营业地为合同成立的地点；没有主营业地的，其经常居住地为合同成立的地点。所不同的是，《合同法》的规定是要通过主营业地来确认合同成立的地点，而该条规定是要通过主营业地来确定数据电文的发送地点和接收地点，因为数据电文的发送地点和接收地点不仅与合同成立的地点相联系，而且在其他领域的法律关系中，例如确认以数据电文形式发布的公告或者通知的生效地点，以主营业地作为标准来确认数据电文的发送地点和接收地点同样具有法律意义。

2. 赋予了当事人约定的优先权。当事人可以对数据电文的发送地点、接收地点作出与上述情形不同的约定。在当事人之间有约定的情况下，当事人的约定优先于上述规定的情形。例如，作为企业法人的当事人可以约定，数据电文的发送或者接收地点为双方的注册登记地。

第三节　我国电子签名法的制定和立法基本原则

一、我国电子签名法的制定过程

我国的电子商务立法是在地方立法先行的基础上进行的，并最终通过了《电子签名法》。从 2000 年开始，随着我国电子商务的普及和深化，大量电子商务交易由于无法在电子文件、电子合同和电子签名等方面得到法律的有力支持而受到阻碍，关于电子签名立法的需要显得比较迫切。由于全国性立法的条件尚不成熟，于是电子商务开展较早并相对成熟的地方先后制定了相应的地方性法规、规章或规范性文件。例如，上海市 2000 年 1 月实施了《上海市电子商务价格管理暂行办法（数字证书部分）》；海南省 2001 年 8 月颁布了《海南省数字证书认证管理试行办法》；北京市工商局 2002 年 8 月出台了《电子商务监督管理暂行办法》；广东省人大常委会于 2003 年年初通过了《广东省电子交易条例》等。地方性立法弥补了我国电子商务立法的空白，但是由于没有较高层级法律的指引，一些地方性立法之间难免会产生冲突。

在海南、广东、上海等地相继制定了与数字签名有关的地方性法规和规章的背景下，2002 年中央一级立法开始。在网络经济和信息化迅猛发展的背景下，国务院从最初将其定位为行政法规到后来将该立法的层级提高为法律，即在对原来起草的《中华人民共和国电子签章条例》的内容进行了较大幅度的修改后，形成了《电子签名法（草案）》。2004 年 8 月 28 日第十届全国人民代表大会常务委员会第十一次会议通过了《电子签名法》，并于 2005 年 4 月 1 日起施行。根据 2015 年 4 月 24 日第十二届全国人民代表大会常务委员会第十四次会议通过《全国人民代表大会常务委员会关于修改〈中华人民共和国电力法〉等六部法律的决定》，又对《电子签名法》进行了修正。

二、我国电子签名法解决的主要法律问题

《电子签名法》不仅是我国电子商务领域的第一部真正意义的立法，还是我国信息化领域的一部基本法。因此，我国《电子签名法》的制定和实施解决了电子商务活动中以下几个方面的法律问题：

1. 书面形式问题。按照现行法律的规定，重要商务文件，包括重要的合同（1999 年制定的《合同法》将数据电文包括在合同的书面形式中，部分解决了合同的书面形式问题）、商业票据等，都须采用书面形式，否则不具有法律效力。但无纸化的电子商务以数据电文代替纸质媒介为信息载体，不采用传统的书面形式。以数据电文形式记载的交易信息是否具有法律效力的问题。

2. 原件和保存问题。重要的商务活动要求提供和保存相关原件；在发生纠纷提起仲裁或诉讼时，要求以原件作为证据。而电子商务以数据电文的形式在计算机网络间传递信息，电子数据都记录在计算机内，输入打印机打印出来的都只能算是"副本"。那么，如何确定数据电文的"原件"的问题。

3. 签名问题。传统商务活动中，交易双方在纸质文件上手书签名或盖章，一是为了证明身份，二是表示对所签名盖章的书面文件的认可，受其约束，不得反悔。鉴于签名盖章对保证交易安全极为重要，有关法律规定，书面合同等重要的商务文件，须经当事人签名盖章始生效力。而在电子商务中，通过计算机网络以数据电文的形式传递交易信息，不可能采用传统的手书签名和盖章的方式，为此人们创造了在数据电文中用电子数据"签名"的技术，以其作为保证网上交易安全的重要手段。法律能否承认这种电子签名的效力的问题。

三、我国电子签名法立法的基本原则

（一）确立了技术折中原则

各国进行电子签名立法时做法不一，有的实行技术特定化原则，有的实行技术非特定化原则，也有的国家采取技术折中的原则。联合国《电子签名示范法》采取了技术折中的原则，即在法律上确立一个大致的标准，即可靠电子签名的条件，只要在效果上具备传统签名的效力即可。我国亦采取这一立法原则。我国《电子签名法》第2条对电子签名的界定采取了广义的标准，体现了这一立法原则和思想，即只要能够做到"识别签名人身份"和"表明签名人认可其中内容"即具有法律的效力。这一立法原则的贯彻与实施，鼓励了信息技术的发展。该原则克服了技术特定化损害大部分商家利益，从而使消费者无法实现选择权的弊端。

（二）电子认证机构市场主导和政府监管相结合的原则

电子商务交易顺利进行的关键是安全问题。解决安全问题的基本条件就是需要有相应的电子商务认证机构。《电子签名法》详细规定了认证机构的设立、法律责任以及有关管理制度，因为电子签名的法律效力需要认证机构认证，必须对认证机构课以严格的法律责任，慎重地选择认证机构的设置模式。我国《电子签名法》设置了比较严格的市场准入条件，由信息产业主管部门进行行政许可并监督管理，同时严格规定了认证机构的义务及法律责任，但总体上以市场为主导。这样既可赋予电子认证机构一定的市场自由，又有利于认证市场的健康发展以及维护用户的合法权益。

（三）体现与国际规则接轨的原则

《电子签名法》第26条明确规定："经国务院信息产业主管部门根据有关协议或者对等原则核准后，中华人民共和国境外的电子认证服务提供者在境外签发的电子签名认证证书与依照本法设立的电子认证服务提供者签发的电子签名认证证书具有同等的法律效力。"该条表明了电子商务面向全球的开放性要求，在跨国、跨地区进行电子交易时，为跨国电子商务的发展扫除了一个根本的障碍。另外，《电子签名法》依据联合国《电子商务示范法》和《电子签名示范法》，采纳并吸收了电子签名、数据电文的广义概念，技术折中原则、功能等同原则以及电子签名、电子认证的具体规则，特别突出的体现是有关电子代理人的规定，和国际上普遍规定的电子代理人的行为效力归属于本人的做法相符。以上都表明我国的《电子签名法》无论是立法原则还是具体规则都充分地与国际规则接轨。

第四节　国外立法概述

一、联合国国际贸易法委员会的电子签名立法

为了帮助各国有效地解决电子签名使用过程中出现的法律问题，联合国国际贸易法委员会在其《电子商务示范法》第7条的基础上制定了《电子签名示

范法》。《电子签名示范法》是世界上影响最大的电子商务示范法文件之一，联合国国际贸易法委员会的《电子签名示范法》虽然规定的内容不多，只有短短几条，却涉及了电子签名领域的基本问题，从而确立了电子签名的基本法律框架。[1]联合国国际贸易法委员会的《电子签名示范法》采用了折中式的立法例，这种立法模式不偏向任何一种已有的电子签名技术，而是通过规定强化电子签名立法模式来确定电子签名的法律效力。

二、欧盟的电子签名立法

为了推动电子商务的发展，并在欧洲制定一个统一的电子签名法律框架，1999 年 12 月 13 日欧盟委员会发布了《关于建立电子签名共同法律框架的指令》（以下简称《电子签名指令》）。以此来推动电子签名在各个成员国之间的使用，促进承认电子签名的法律效力。《电子签名指令》的主要内容包括以下几个方面：

（1）《电子签名指令》采用了"技术折中原则"，《电子签名指令》没有提出具体的技术导向，但偏向于采用数字签名。

（2）《电子签名指令》确立了电子交易安全的最低要求，注重电子签名和认证服务商应具备的条件，但调整范围却较窄。将电子签名分为"基本电子签名"和"高级电子签名"。《电子签名指令》提出了电子签名的非歧视原则，但它要求"高级电子签名"必须满足国内法的形式条件。

（3）《电子签名指令》承认电子商务的扩展应由市场力量来决定，规定各成员国不得将电子签名认证服务纳入"强制性许可"范围，但又认为"商业现实不能清楚地为私营业界提供前进的方向，不论是采用国家调整还是自律调整方式，国家仍然是主导的力量"。

（4）数字签名被视为具有完全等同于手写签名的效力，其他电子签名形式也在法律上得到承认，但其法律约束力却要取决于各成员国的国内法规定。

（5）《电子签名指令》规定了认证服务商的责任规则。对于因为泄漏数据而给任何机构造成的损失，以及对于其所签发的合格证书产生的"合理信赖"而造成的损失，认证服务商应承担责任，除非其能够证明其没有"疏忽行事"。可以看出认证服务商承担的是过错责任。

三、美国的电子签名立法

（一）各州立法概况

为了确保其电子商务的顺利进行，美国各州纷纷立法承认电子签名的法律效力。美国犹他州 1995 年颁布的《数字签名法》是世界上第一部有关电子商务

---

[1]　张丽："国外电子签名立法例及对我国电子签名的立法建议"，载《前沿》2006 年第 4 期。

运行规范的法律文件。电子商务环境下，交易当事人的身份认证是其中最关键的环节，所以，美国多数州的电子商务法律文件都以"电子签名法"或"数字签名法"命名。在电子商务交易中应以何种技术生成电子签名才最具安全性，才具有法律效力，这是美国各州几十部电子商务法中争议最大的问题。总结起来有两种做法，即技术特定化方案和技术非特定化方案。技术特定化方案是以犹他州的解决方案为代表的。其理由在于：在众多电子鉴别技术中，只有数字签名方法不仅安全可靠，而且成本低廉，是非常理想的电子签名技术方案，应当确认为法定的电子签名技术。而其他电子鉴别技术都有比较大的缺陷，不利于广泛使用。例如，计算机口令最缺乏安全性，生物笔迹鉴别法等技术的应用费用太昂贵。技术非特定化方案是以加利福尼亚州的解决方案为代表的。其理由在于：不能直接确认某种电子签名技术为法定的技术，这样做不利于电子商务的健康发展，只能由市场和使用者来判断电子签名技术的优劣，而立法者只能规定一些原则性的标准。加利福尼亚州的技术非特定化方案，即中立方案是比较中肯、客观的，受到了各方面的普遍认可。

（二）联邦统一立法

虽然美国各州陆续制定了电子签名法，但是各州立法的不一致，造成电子签名的合法性的不确定性，一定程度上阻碍了电子商务的发展。而统一的国内立法可以保证电子交易的一致性，促进电子签名的使用。因此美国国会于2000年10月通过了《全球和国内商业法中的电子签名法案》（以下简称《电子签名法案》）。《电子签名法案》的主要特点表现为以下四个方面：①采取了技术中立原则，采纳了"最低限度"模式来推动电子签名的使用，不规定使用某一特定技术。②适用的领域广泛。电子签名可以广泛适用于消费者申请抵押贷款、在网上购买汽车、开立佣金户头或处理与保险公司的事务等领域。③采用效力等同原则。《电子签名法案》赋予电子签名、电子合同和电子记录与传统手写签名相同的法律效力和可执行力。④采用非歧视原则。对政府的不适当干预进行限制，放弃对电子签名和认证的强制性规制，采取了非歧视的市场导向方法。对来源于其他国家的电子签名和认证方法也采取了非歧视的原则。

四、新加坡的电子签名立法

新加坡于1998年6月通过了《电子交易法》，该法的特点是充分借鉴和吸收了外国的立法经验，对数据电文、电子签名、电子商务合同和认证机构等电子交易中的重点问题都进行了规定，是一部极具先进性和科学性的法律。[1]该

---

〔1〕　张丽："国外电子签名立法例及对我国电子签名的立法建议"，载《前沿》2006年第4期。

法采取了"技术折中原则"。首先，保持技术中立性，规定了电子签名的一般效力，适用于以任何技术为基础的电子签名活动；其次，又强调技术特定化的一面，体现在对"安全电子签名"作出了特别规定，并规定了安全电子签名应具备的一系列条件。该法还对认证机构实行非强制性原则，政府并不组建或授权安全电子认证机构，有能力的组织都可以凭借自己的市场竞争能力建立信用，从而进入安全认证的市场。但是，政府任命了一个安全电子认证机构的管理机构，并且规定了所有从事安全电子认证业务的机构都必须遵循的统一标准，实行较为严格的市场管理制度。该法的先进性和科学性突出表现在，它充分地借鉴了国际上比较通行的电子交易规则，积极地与国际标准接轨，从而保障了本国企业进行跨国电子交易的安全。[1]

第五节　电子认证与认证机构

一、电子认证的概念和作用

电子认证实际上就是确认一项电子签名、电子记录或电子履行确属特定人所为，或用于确认一项电子记录中信息变动或信息错误的程序。[2]也就是说，电子认证是认证机构对电子签名及其签署者的真实性所作的认证。电子认证以电子签名为前提，是基于电子签名而产生的一项保证电子商务和其他电子交易安全的法律措施。[3]第三方安全电子认证机构对电子签名等信息进行认证，从而保证了电子数据及其签名的安全性和可靠性。

电子认证的作用主要体现在以下两个方面：①防止欺诈。在网络环境下，交易双方可能素未谋面甚至不在同一个国家，欺诈的可能性非常大，而欺诈后的事后救济又非常有限，所以事先通过电子认证可以消除外部的欺诈风险，促进电子商务的顺利进行。②防止否认。电子认证技术达到了传统交易中签章公证等防止否认的技术效果，减少了当事人之间的纠纷，具体表现在数据电文的发送、接收及其内容的不可否认等方面。

二、电子认证机构的概念和特点

电子认证机构，英文名称为 Certification Authority，简称 CA，中文名称有"认证机构""核证机关""验证机构""凭证机构"等。关于认证机构的法律含义，联合国《电子签名示范法》在第 2 条"定义"中规定："认证服务提供人

〔1〕　张丽："国外电子签名立法例及对我国电子签名的立法建议"，载《前沿》2006 年第 4 期。
〔2〕　唐建国："电子签名相关法律问题研究"，中国政法大学 2006 年硕士学位论文。
〔3〕　熊志海："电子认证及其主体的若干法律问题"，载《现代法学》2002 年第 6 期。

是签发证书或可能提供与电子签名有关的其他服务的人。"认证机构的主要任务是受理电子签名认证证书的申请、签发电子签名认证证书以及对电子签名认证证书进行管理。

认证机构作为为网上交易当事人提供认证服务的第三方，应该具备以下两方面的特点：①认证机构是独立的法律主体，必须具备法定的资格，以自己的名义从事电子签名认证服务，并承担一定的法律责任。②具有中立性与公正性。认证机构在交易中，以中立机构的身份提供信用服务，并不代表交易的任何一方的利益。同时认证机构不以商业营利为目的，只收取一定的服务费，所以，中立性与公正性是其参与并促成网上交易的重要因素。

三、认证机构的设立模式

从目前世界各国的立法模式来看，认证机构的设置主要有以下几种形式：

1. 政府控制型。以法律授权政府的相关机构，对认证机构进行管理，对符合条件的电子认证机构颁发许可证，规定认证机构所必须具备的可靠条件。这种方法强调政府在认证市场的控制作用，以美国犹他州为代表，又被新加坡、德国等国效仿，但遭到较多的批评。

2. 意思自治型。即可由交易当事人自己决定采用何种电子技术作出签名，由谁来充当网络交易中的认证人，政府只须明确电子签名安全性的原则性标准，如承认数据电文的书面效力、认可电子签名与手写签名有同等效力。这是市场自由、技术中立原则的充分体现。澳大利亚、美国的加利福尼亚州是采用这种方法的典型代表。

3. 行业主导型。认证机构的管理机关由全国认证机构协会来承担，协会并不从事具体认证业务。任何实体都可以成为认证机构，但它必须是在全国认证协会登记的成员。与政府主导不同的是，行业协会处于非官方的性质，实际上是通过行业自律来进行管理的。

我国《电子签名法》采取的是市场主导与政府主导相结合的电子认证机构管理模式，即在当事人自主选择是否由第三方认证机构提供认证服务的基础上，由信息产业部作为电子认证机构资格认定的主管机关，来对该行业准入进行行政许可，这同我国电子商务的发展现状是相符合的。[1]

四、我国电子认证机构设立的条件和程序

（一）设立的条件

认证机构从实质上来说是一种企业，其设立的条件不外乎人员、资金、场

---

〔1〕 唐建国："电子签名相关法律问题研究"，中国政法大学 2006 年硕士学位论文。

地、设备等几个方面，只是认证机构提供的是专业化的服务，其具体要求有所不同。

根据我国《电子签名法》的规定，我国电子认证机构的设立需要满足以下五个方面的条件：①人员，即具有与提供电子认证服务相适应的专业技术人员和管理人员。②具有与提供电子认证服务相适应的资金和经营场所。③具有符合国家安全标准的技术和设备。考虑到公共安全问题，技术和设备必须符合国家安全标准。其具体标准可由主管部门根据技术发展现状作出要求。④具有国家密码管理机构同意使用密码的证明文件；电子认证机构提供认证服务时，密码是重要的认证方式，但是密码的使用必须经国家密码管理机构同意，颁发证明文件方可使用。⑤法律、行政法规规定的其他条件。电子商务方面其他的法律法规作出特别规定的条件，也是设立认证机构需要满足的条件。

（二）设立的程序

电子认证机构的设立，需要满足一定的程序要件。根据我国《电子签名法》的规定，主要应该履行以下几个步骤：

1. 申请。从事电子认证服务，应当向国务院信息产业主管部门提出申请，并提交符合认证机构设立条件所需的相关材料。

2. 审批。国务院信息产业主管部门接到申请后经依法审查，征求国务院商务主管部门等有关部门的意见后，自接到申请之日起 45 日内作出许可或者不予许可的决定。予以许可的，颁发电子认证许可证书；不予许可的，应当书面通知申请人并告知理由。

3. 登记和公告。申请人应当持电子认证许可证书依法向工商行政管理部门办理企业登记手续。取得认证资格的电子认证服务提供者，应当按照国务院信息产业主管部门的规定在互联网上公布其名称、许可证号等信息。

五、认证机构的终止与接收

认证机构是一种营业性实体，可以依法设立和终止。但是由于认证机构的业务涉及公众的利益，是其他网络交易的基础条件，其业务的终止不仅包括清算，还需满足其他程序要求。认证机构的终止与接收问题，一般包括以下四个方面内容：①电子认证机构拟暂停或者终止电子认证服务的，应当在暂停或者终止服务 90 日前，就业务承接及其他有关事项通知有关各方；②电子认证机构拟暂停或者终止电子认证服务的，应当在暂停或者终止服务 60 日前向国务院信息产业主管部门报告，并与其他电子认证机构就业务承接问题进行协商，作出妥善安排；③电子认证机构未能就业务承接事项与其他电子认证机构达成协议的，应当申请国务院信息产业主管部门安排其他电子认证机构承接其业务；④电子认证机构被依法吊销电子认证许可证书的，其业务承接事项的处理按照国务院信息产业主管部门的规定执行。

六、认证机构的责任

1. 未经许可提供电子认证服务的，由国务院信息产业主管部门责令停止违法行为；有违法所得的，没收违法所得；违法所得 30 万元以上的，处违法所得 1 倍以上 3 倍以下的罚款；没有违法所得或者违法所得不足 30 万元的，处 10 万元以上 30 万元以下的罚款。

2. 电子认证服务提供者暂停或者终止电子认证服务，未在暂停或者终止服务 60 日前向国务院信息产业主管部门报告的，由国务院信息产业主管部门对其直接负责的主管人员处 1 万元以上 5 万元以下的罚款。

3. 电子认证服务提供者不遵守认证业务规则、未妥善保存与认证相关的信息，或者有其他违法行为的，由国务院信息产业主管部门责令限期改正；逾期未改正的，吊销电子认证许可证书，其直接负责的主管人员和其他直接责任人员 10 年内不得从事电子认证服务。吊销电子认证许可证书的，应当予以公告并通知工商行政管理部门。

思考题

1. 简述电子签名的适用范围。
2. 简述数据电文的归属。
3. 简述我国《电子签名法》立法的基本原则。
4. 简述国外电子签名的立法情况。
5. 简述我国电子认证机构的设立条件和程序。

第八章

网络虚拟财产

【学习目的与要求】通过本章的学习，掌握虚拟财产权的性质；了解游戏运营商的权利义务和网络游戏玩家的权利和义务；熟悉其他国家和地区对网络虚拟财产法律保护概况；掌握网络虚拟财产侵权行为的方式和责任的承担类型；熟悉网络虚拟财产的法律保护模式；了解网络虚拟财产管理的行业自律的内容。

【案例1】

数万"金庸币"不翼而飞 [1]

《金庸群侠传》游戏迷刘先生在长达2年多的游戏生涯中，积累了数万的"金庸币"及不少贵重"宝物""武器"。曾有个游戏迷想用5000元人民币购他的这些"财产"，但刘先生均不为所动。3月10日晚上，刘先生再次进入游戏，却突遭"晴天霹雳"——原本储存在游戏"钱庄"里的"金庸币""宝物""武器""药品"全部丢失了。事实上，这是《金庸群侠传》游戏发生的一场网上浩劫。仅内地和港台地区就有逾250万名游戏玩家所持有的"金庸币"及贵重"宝物""武器"全部离奇失踪，整个事件令网上游戏界为之震动。

盗窃百余 ID 号仅受批评教育

近日，6位网络游戏《传奇》的玩家到成都黄瓦街派出所报案称，一名青年男子利用高科技软件在网络上盗窃了一百多个《传奇》游戏的 ID 号，并把号上的虚拟装备挂在网上进行现金交易。众网友伴称以

---

〔1〕 案例来源："分析评论：谁来保护网络世界虚拟财产"，载 http://games.sina.com.cn，访问时间：2003 年 8 月 8 日。

现金购买武器装备，随后将"贼人"胡某逮住并送到派出所。不过，由于目前我国对盗用、盗取他人网络游戏 ID 号等行为尚无相关规定，于是警官只对胡某进行了严厉的批评教育。

"钱币"被盗警方拒绝立案

武汉一派出所前不久接到 3 名男子报警，称其钱物在网吧被盗，警方即刻赶赴现场调查，发现报案人所说的"钱物"居然来自网络游戏。原来，这 3 名男子卖"兵器"收到对方"寄"来的游戏币 3000 元"钱"，不料还未下网，"钱"已被盗。他们怀疑是被接替其上网的两名男子所窃取，要求对方还"钱"，遭到拒绝后遂报警。民警称，网络游戏中虚拟的"钱"，不能等同于真正的钱，不受法律保护，遂对此类"盗窃案"拒绝立案侦查。

QQ 号倒卖获利颇丰

在国内某购物网站上，竟然有人成百上千地倒卖 QQ 号！"欢迎进入我的主页，QQ 号要多少有多少。50 个以下每个 2 元，100 个以上每个 1 元，500 个以上每个 0.8 元，1000 个只要 700 元……"这是一个叫做"QQ 使者"的人留下的广告。从交易记录看，在短短 1 个月里，他已经卖出了数百个 QQ 号。据"QQ 使者"透露，从去年 QQ 号开始收费以来，他就开始在网上销售 QQ 号了，起初一个 7 位数的 QQ 号能卖50 元以上，一个 5 位数的 QQ 号最高曾卖过 500 元。后来随着网上卖QQ 的人越来越多，价格就滑到了每个 20 元。一位网络专家一语道破"天机"：那人可能是 QQ 大盗，那些号码可能是偷来的。

第一节　网络虚拟财产概述

一、网络虚拟财产的概念

网络虚拟财产并非一个法律概念，它往往在网络游戏中被使用，是一种有别于传统财产形式的新型财产。网络虚拟财产没有一个明确的范围，游戏积分、装备、账号、游戏币乃至域名，都可以成为虚拟财产而被网民进行互相交换和自由买卖。对于游戏玩家而言，只有通过付出时间、精力和金钱才能得到这些网络虚拟财产，因此网络虚拟财产具有了一定程度的使用价值和交换价值，从而具有了一般财产的属性，可以被当做一种特殊的财产。网络虚拟财产虽然形态各异，但总的看来可分为狭义的网络虚拟财产和广义的网络虚拟财产。狭义的网络虚拟财产是指具有现实交易价值的网络虚拟财产，如游戏币、游戏装备是典型的表现形式。广义的网络虚拟财产是指存在于网络虚拟空间的一切专属性的虚拟财产。

二、网络虚拟财产的特征

网络虚拟财产有以下几个方面的特征：

1. 网络虚拟财产具有无形性。网络虚拟财产不具有任何物理的形状和功能，网络游戏中所称的"货币""装备"是在网络服务器中存储的一组电子数据。

2. 网络虚拟财产与经济利益相关。网络虚拟财产的取得与玩家投入的时间和金钱密切相关。玩家可以购买其他玩家的装备，也可以通过过关升级的方式获得虚拟财产。

3. 网络虚拟财产具有可转让性。在网络游戏中，游戏用户可以通过买卖或赠与的方式转让网络虚拟财产，这种转让形式比较自由，具有自发性的特点。另一种转让是用户与网络游戏提供商之间的转让。例如，新浪为推广其代理的网络游戏《天堂》而打包出售虚拟道具和虚拟财产。这种转让形式较为严格，需要履行登记备案的程序。

三、保护网络虚拟财产的必要性

（一）对虚拟财产的保护是网络游戏经济健康发展的重要因素

网络技术的发展使得数字化的生活成为人们生活中必不可少的组成部分。尤其是网络娱乐活动在人们生活中的比重日益扩大。目前开发运营网络游戏、销售网络游戏卡成为具有良好前景的网络服务业。有些著名的门户网站通过开办网络游戏业务增加了利润来源。但是，网络虚拟财产的保护却存在一些问题，网络运营商对网络虚拟财产保护力度不够，导致大量的用户流失。例如，网络游戏者经常被盗走虚拟物品和虚拟装备，网络各种盗号工具和黑客软件总是威胁到网络虚拟财产的安全。网络虚拟财产的保护不仅对玩家的利益保护至关重要，还涉及整个网络游戏产业的投资环境，甚至会影响到整个电子商务的发展。因此，有必要将虚拟财产纳入法律的保护范围，从而确保网络自身的安全，促进整个网络游戏经济的健康发展。

（二）对虚拟财产的保护是弥补虚拟社会自身弱点的需要

在网络基础之上构建的网络游戏产业形成了一个独立于现实社会的虚拟社会。这个虚拟社会是由网络游戏服务商和玩家共同构建的，在构建过程中带有很大的随意性，也缺乏配套的规章制度，从而不可能建立一个有序的网络虚拟社会。因为网络游戏服务商不愿花费成本构建规则，而玩家则从随意的、无序的网络游戏世界中获得某种满足。然而，网络虚拟社会的这种松散、无序的管理使得网络社会关系具有不确定性。在纠纷发生时，没有有效的处理机制，使得纠纷难以解决，玩家在网络游戏社会中的利益无法得到保障。因此，通过法律对虚拟财产的保护可以弥补网络虚拟社会的自身弱点，使得网络社会可以有序、良性地发展。

第二节 网络虚拟财产权的性质

对于网络虚拟财产是否具有财产属性，学术界存在以下两种观点：

一、网络虚拟财产不具有财产的性质

这种观点认为，网络虚拟财产只是电脑主机中的一段数据而已，不具有现实财产的属性。因为网络虚拟财产只存在并依附于网络游戏中。网络游戏中的人物不是现实中的人物，网络虚拟财产只与游戏人物有关，虽然虚拟的游戏人物由玩家控制，虚拟财产的价值也不属于玩家。网络虚拟财产的合法化会带来法律上难以解决的难题。例如，虚拟财产的主体无法确定，价格无法控制，不利于管理和控制，一旦丢失难以查证等问题。

二、网络虚拟财产具有财产的属性

这种观点认为，网络虚拟财产具有财产的属性。我国学者概括出财产构成的如下要件：财产为置于支配权之下的物；财产具有可交易性。[1] 网络虚拟财产符合财产的属性，因为网络用户也可以通过对自己的账号设置密码来防止他人对自己的资料进行修改、增删，玩家之间可以进行虚拟物的交易。网络虚拟财产不只是单纯的记录数据，它因可交易而具备一定的价值意义。玩家的虚拟财产不仅在游戏中具有价值，还可以进行交易。在各大拍卖网站上常有游戏中的虚拟道具、财物等进行拍卖，运营商为开拓市场向玩家出售虚拟道具和财产。据了解，热门网络游戏中的虚拟宝物非常抢手，最值钱的游戏道具一把刀可以卖到 1 万元到 2 万元人民币，一个 ID 最高可以卖到 5 万元到 6 万元人民币（而且不含装备）。现在已经出现了专门替人"练功"或者以出售虚拟宝物、ID 谋生的职业游戏人，并且数量不断增多。[2] 因此，网络游戏中的虚拟财产即使在游戏终止后，仍然具备独立的价值。这种价值的取得是玩家花时间、金钱、精力获得的，应该属于私有财产的范围，具有使用价值和交换价值，可以进行转让。因此，网络虚拟财产具有财产的属性，应该受到法律的保护。这一观点也是目前学术界的通说。

---

〔1〕 高富平：《物权法原论》（中），中国法制出版社 2001 年版，第 401～405 页。
〔2〕 饶传平：《网络法律制度——前沿与热点专题研究》，人民法院出版社 2005 年版，第 148 页。

第三节　网络虚拟财产法律关系

一、主体
【案例2】

　　吉林省吉林市的游戏玩家张某今年 30 岁，在游戏中称"豪门·玉儿"，因迷上了北京联众电脑技术有限责任公司的网络游戏《四国军旗》，为了实现积分排在首位的梦想，他当时几乎每天都要进入游戏，后来，"豪门·玉儿"以 9537 分名列 8 段位、并获得司令的称号，在"四国军旗"游戏中排名第一。后来被联众公司以作弊为由对"豪门·玉儿"予以清零处分。玩家以侵犯名誉权为由诉诸法院，历时十个多月，"豪门·玉儿"终审获胜。

　　虚拟主体有无名誉权是理论界有争议的问题，《民法通则》第 101 条规定："公民、法人享有名誉权，公民的人格尊严受法律保护，禁止用侮辱、诽谤等方式损害公民、法人的名誉。"民事主体是公民（自然人）、法人和其他组织。网络中的虚拟主体与民事主体的关系是什么呢？一种是由一些游戏等程序自动生成，另一种是由公民、法人这些民事主体通过注册生成。在第二种情形下，虚拟主体所指的就是民事主体，是民事主体在网络空间的表现方式。但是对虚拟主体的侵犯是否意味着侵犯民事主体的名誉权要从侵犯名誉权的构成要件来具体分析。传统民法认为，名誉是对民事主体的人格价值的社会评价，名誉权就是民事主体享有的对这种社会评价不受他人以侮辱、诽谤等方式侵害、降低的权利。如果虚拟主体的真实身份为他人所知，对虚拟主体的侮辱和诽谤行为会降低社会对其的评价，就构成名誉侵权。如果虚拟主体的真实身份不为人所知，对其侮辱和诽谤行为只会损害其代表的民事主体的人格尊严，不会降低对他的社会评价，就不会构成名誉侵权。在网络环境中，判断是否构成对虚拟主体的名誉侵权，要从以下几个方面把握：①应考察行为是否违法；②应当考察行为是否会降低他人社会评价；③应当考察他人能否将虚拟主体跟现实主体联系起来，即人们是否知道该虚拟主体与该公民相对应；④应达到一定程度；⑤应考察行为人是否具有主观过错。[1]

二、游戏玩家与游戏运营商之间的权利义务——基于服务合同
　　玩家与游戏运营商之间的权利义务关系通常情况下都是由运营商提供的格

---

[1]　朱文英："论网络虚拟主体的名誉权"，载《山东省青年管理干部学院学报》2003 年第 1 期。

式合同事先规定的。基于自身利益的保护，大多数运营商在合同条款中为玩家设定了诸多义务和限制条件。根据平等自愿原则制定的服务合同中，玩家与游戏运营商的权利义务是对等的。

（一）玩家的权利和义务

1. 玩家的权利有以下三个方面：

（1）玩家的个人资料和其他隐私权利受到保护。除法律的特别规定，运营商不能向任何第三方提供玩家的资料。

（2）玩家享有对游戏中的虚拟人物和其他虚拟财产的所有权。

（3）玩家在游戏中的合法行为受到保护，运营商不能无故删除玩家的账号和其中的虚拟财产。

2. 玩家的义务有以下三个方面：

（1）玩家须自行申请账号，并在注册时提供完整、详实及正确的个人数据。

（2）玩家不得对包括但不限于运营商的网站及提供的软件进行修改。

（3）玩家有义务妥善保管、使用在注册时获得的账号及密码，并为此账号及密码登入系统后所开始的一连串行为或活动负责。

（二）运营商的权利和义务

1. 运营商的权利有以下三个方面：

（1）运营商有权收取网络游戏服务费用。

（2）运营商在用户违约或有违法行为时有权保留暂停或终止使用用户账户的权利。

（3）由于玩家及市场状况的不断变化，运营商保留随时修改服务条款的权利。

2. 运营商的义务有以下四个方面：

（1）运营商应当保障网络游戏在现有技术水平下的正常运行。

（2）运营商对修改游戏服务条款、终止运营等重大经营事项负有提前通知玩家的义务。

（3）运营商对玩家的虚拟财产负有妥善保管义务。

（4）运营商在暂停或终止某账户之前，应当通知玩家，并向玩家提供相应的合理解释。

（三）玩家之间的权利义务

1. 玩家之间的权利。玩家对自己享有的虚拟财产权有排除其他玩家干涉的权利。未经权利主体同意，他人就不能拥有该财产权，否则就是侵权。玩家有向非法占有自己的虚拟财产的相对人请求返还的权利。

2. 玩家之间的义务。玩家之间不得欺诈，不得窃取他人的账户和秘密。

第四节　网络虚拟财产的法律保护

一、其他国家和地区对网络虚拟财产的法律保护概述

（一）韩国

韩国作为网络游戏最发达的国家之一，在研究电脑犯罪现状调查结果后，发现网络财产交易行为越来越多，欺诈行为也与日俱增，便开始正视网络虚拟财产的归属问题，明确规定网络游戏中的虚拟角色和虚拟物品独立于运营商而具有财产价值。运营商只是为玩家的这些私有财产提供一个存放的场所，而无权对其作肆意的修改或删除，这种虚拟财产的性质与银行账号中的钱财并无本质的区别。

（二）日本

虽然日本的网络游戏非常发达，但日本并没有对网络游戏进行单独立法，而是通过《民法》和《著作权法》来规范的。例如，当网络游戏的玩家在游戏中约定交换各种虚拟商品时，如果出现一方违约的情况，通常可以由网站管理人根据网站使用条款对该玩家进行包括停止其玩家身份等的处理来解决问题。只有在该违约影响了网络游戏的正常进行等特殊情况下，才可以考虑适用民法的有关违约的规定而请求损害赔偿。如果虚拟世界中虚拟人物的名誉或身体受到无辜的伤害，由于这些虚拟人物只是一种数据，因此对虚拟人物的侵害很难视为对玩家的侵害，只有这种侵害影响了玩家继续游戏，并且情节恶劣时，玩家才可以要求侵害人给予精神损害赔偿。

（三）我国台湾地区

我国台湾地区关于网络方面的法律规定得相对比较完备，其"法务部"的"函释"中规定，网络游戏中的虚拟财物和账户都属于服务器的"电磁记录"，而"电磁记录"在刑法诈欺及盗窃罪中均可看做"动产"，视为私人财产的一部分，这就直接承认了网络财产所具有的财产价值。在网络游戏中窃取他人虚拟财物被视为犯罪，处罚最高可达3年的有期徒刑。我国台湾地区也对网络服务商提出更高要求，2002年12月，台湾"消费者保护委员会"发布了"拨接服务定型化契约范本"，该范本明文规定了业者断讯时的赔偿额度、法定代理人的权责、客户资料保密原则，并禁止业者及使用者双方发送垃圾邮件。鉴于拨接服务与宽频、网络游戏服务有类似的性质，上述规定意味着未来网络服务商承担更为严格的责任。

二、我国的法律保护现状及建议

【案例3】

河北的网络游戏玩家李某某在 2 年的时间里，共花费几千个小时的精力和上万元的现金，在一个名叫《红月》的游戏中积累和购买了虚拟的"生物武器"几十种。但当他再次进入游戏时，却发现自己库里的所有武器装备都不见了，包括 3 个头盔、1 个战甲、2 个靴子等虚拟物品。于是他想到了报警，但警方却因其报失物为虚拟财产，以技术力量不足为由拒绝立案。后经查证，这些"装备"被另外一个玩家盗走。李某某找到游戏运营商北极冰科技发展有限公司进行交涉，但该公司却拒绝将盗号者的资料交给李某某，于是，李某某以游戏运营商侵犯了他的私人财产权为由，将北极冰科技发展有限公司告上了法庭。2002 年 11 月，朝阳区法院对全国首例虚拟财产案作出一审判决，认定虚拟财产具有价值含量，因此判定被告在游戏中恢复原告丢失的虚拟装备。这也是虚拟财产获得法律保护的首个判决。[1]

我国目前的立法并没有对虚拟财产作出明确的规定。但是，从我国的立法宗旨中仍可以找到相关的法律依据。2004 年修正后的《中华人民共和国宪法》第 13 条第 1、2 款规定："公民的合法的私有财产不受侵犯。国家依照法律规定保护公民的私有财产权和继承权。"这一合法私有财产的概括规定为民法财产的解释提供了极大的空间。我国《民法通则》第 75 条第 1 款规定："公民的个人财产，包括公民的合法收入、房屋、储蓄、生活用品、文物、图书资料、林木、牲畜和法律允许公民所有的生产资料以及其他合法财产。"这里的其他合法财产应该包括无形财产。2000 年《关于维护互联网安全的决定》第 4 条规定："为了保护个人、法人和其他组织的人身、财产等合法权利，对有下列行为之一，构成犯罪的，依照刑法有关规定追究刑事责任：……利用互联网进行盗窃、诈骗、敲诈勒索。"该决定第 6 条规定："……利用互联网侵犯他人合法权益，构成民事侵权的，依法承担民事责任。"这些规定都暗含了对无形财产的保护，但是立法中并没有明确表明。

我国以上法律在保护网络虚拟财产方面仍然存在许多问题：

（1）现有的法律规定中，只是间接包含了对虚拟财产的规定，例如，《宪法》《民法通则》中的"其他合法财产"，并未在立法中明确提出包含网络中的账户及网络游戏中积累的"货币、装备、宠物"等网络虚拟财产的规定，因此

---

[1] 案例来源：http://www.guofa.info，访问时间：2007 年 11 月 1 日。

网络虚拟财产的法律地位需要在立法中明确规定。

（2）侵权难以防止，侵权者难以找到。网络安全是网络游戏中的重要问题，网络运营商往往采用安全防范措施保护密码和防止非法外挂，但是网民的虚拟财产和账户被盗的事情频频发生，被盗者难以找到侵权者。

（3）侵权责任的大小和归责原则没有明确的规定。在确定了侵权责任的事实以后，法律没有明确规定侵权责任的大小和适用何种归责原则，对于网络虚拟财产的侵权责任而言，应该承担过错责任、无过错责任还是过错推定责任。因为虚拟财产的价值评价机制尚未建立，立法的难度很大。

根据以上分析，我们提出对网络虚拟财产的法律保护的建议如下：①将网络虚拟财产纳入法律上的财产概念当中。因为网络虚拟财产的合法性问题是解决虚拟财产问题的先决条件，必须在立法中明确规定。建议对《民法通则》第75条中的"其他合法财产"作扩大解释，将网络虚拟财产纳入其中。②明确网络虚拟财产侵权责任的归责原则，需要对网络侵权主体作出区分，更加合理地区分他们的责任。侵权主体可以包括直接侵权人和间接侵权人。直接侵权人需要承担无过错责任，如第三人的欺诈、盗窃行为。间接侵权人需要承担过错推定责任，如网络游戏运营商应承担过错推定责任。

三、法律纠纷类型及责任承担

网络虚拟财产的侵权行为的方式多种多样，从总体上来看，网络虚拟财产侵权行为可以分为以下几种类型：

（一）网络虚拟财产被盗窃

网络虚拟财产被盗窃是网络虚拟财产侵权行为的主要表现形式，根据盗窃的原因和承担责任的主体不同又可以分为以下三种情形：

1. 玩家所在的客户端被第三人设置了黑客程序，如木马等，导致玩家的密码被第三人盗走。这种情况由第三者承担责任，运营商应该协助玩家追索。因为虚拟财产一旦被盗，用户查找盗窃者往往比较困难，或者虽能找到但难以举证，因此一旦发生虚拟财产被盗，可以请求运营商协助提供运营商保存的虚拟物品流向的记录，尽快找到盗窃的第三人。

2. 网络服务器存在不安全因素，黑客修改服务器程序、获取玩家资料，玩家的装备因此被盗。这种情形下的被盗，除了追究第三人的责任，网络运营商也需要承担责任。运营商的主要义务是保障玩家能随时连线进行游戏，提供安全规范的网络游戏环境，保障玩家存放在服务器上的数据的安全。一方面，运营商在玩家游戏时应该提供符合要求的网络技术支持，如果服务质量不符合要求，就应当承担责任；另一方面，运营商应该保存玩家游戏中数据的完整性，包括虚拟财产的数据。

3. 玩家的虚拟财产被运营商的网络管理员盗窃。在潜在的经济利益的诱惑下，许多系统管理员难以抵制金钱的诱惑，利用权限盗窃网络用户的虚拟财产。这种情况下，网络游戏的经营者应该直接对玩家负责，承担侵权责任。我国《民法通则》第 43 条规定，企业法人对它的法定代表人和其他工作人员的经营活动，承担民事责任。因为网络游戏管理员就是网络运营商的雇员，即工作人员。网络管理员的违法行为的后果应该由运营商承担替代责任，而且运营商需要承担直接和间接的损失。

（二）虚拟财产灭失

1. 因玩家违约，运营商根据合同解除双方的服务导致虚拟财产灭失。如果玩家在一定期限之内不再购买点数卡并登录游戏，或者玩家有严重违反注册协议或游戏规则等情况发生，玩家违反与运营商的合同规定，导致运营商解除合同，从而使虚拟财产灭失。这种情形是运营商合法行使权利的结果，损失应该由玩家自己承担。例外的情况是，如果运营商在没有调查清楚事实、没有充分的证据证明的情况下，错误地删除了游戏玩家的账号，就应该承担责任，恢复玩家的账号，并对产生的损失进行赔偿。

【案例 4】

网络游戏《魔剑》从开始运营便参与人数不足，运营不佳，服务器随后被供应商切断，至此彻底宣告死亡。停止运营后，玩家虚拟世界的虚拟财产随之灭失，重庆数十玩家准备状告天人互动，以讨回虚拟财产等损失，甚至精神损害。

2. 运营商终止运营导致的虚拟财产的灭失。运营商由于停止游戏运营，继而单方面终止合同，运营商是否承担责任要根据不同的情况来分析，如果运营商在注册协议中明确约定了合同履行期限，在玩家同意的情况下，如果期限届满合同自然终止，那么这种情况之下，运营商不该承担责任。但是，现实中运营商推出一款新的游戏，发展前景如何运营商无法预料，如果运营不佳，停止游戏使用，将会导致玩家的虚拟财产灭失，又因为玩家在游戏中支付了对价，因此游戏玩家的虚拟财产灭失，需要由运营商承担责任。实践中，运营商在终止一款游戏时就会开发出新的同类游戏，一般运营商会将游戏玩家原来的账号以及装备转移到新的游戏中，这样就会得到玩家的理解和同意。如上海盛大网络公司因《传奇》无法继续运营，开发了《热血传奇》并将《传奇》中的玩家资料转移到了新的游戏中，妥善地处理了此类问题。

（三）在网络虚拟财产交易中发生的欺诈行为

在频繁的网络虚拟物品交易中，往往会产生欺诈行为，一般表现为一方支付价款，另一方不履行移交虚拟物品的义务；未支付价款，骗取对方的虚拟物品。例如，有一些网络用户直接购买别人的账号，但在将钱付给对方后很短的时间里，卖方又利用网络服务商的密码保护系统将自己的账号密码取回。还有骗取对方信任，请求对方将账号和密码告诉自己，在对方不在线时将对方的网络虚拟财产转移。网络欺诈的行为发生在交易双方之间，应该由欺诈的一方承担责任。这种情况的发生与网络游戏运营商没有关系，因此运营商不必承担责任。

【案例 5】

我国台湾地区 16 岁的中学生徐某在网络游戏《天堂》中以"天币"1200 多万元出售宝物，24 岁的陈某在如数交付"天币"后，徐某却拒绝交付宝物，陈某不甘心大人被小孩骗，向警方报警，我国台湾地区警方依欺诈罪拘捕徐某。

四、法律保护模式

【案例 6】

网络游戏《传奇》的玩家赵先生发现自己在游戏虚拟空间中的财富和装备突然不翼而飞。而为了积累这些"网络虚拟财产"，他在现实中的花费相当大：以每月 1500 元的薪酬，请人夜以继日地修炼了 3 个月，还用数千元购买了不少极品装备。事后，赵先生曾经打电话到经营该游戏的上海盛大公司询问，但结果让他很不满意。该公司称，这是你们玩家自己的问题，不是我们公司的错误。于是赵先生向律师咨询。律师分析了情况后认为，如果提出诉讼，法院很可能根本就不会受理，即使受理了也很难判决，因为在这方面没有任何明确的法律依据。最后，赵先生只能选择向当地消费者协会投诉。[1]

在我国现行法律体系下，法律保护的模式可以分为以下几种：

（一）民法保护模式

1. 物权保护方式。现代物权的发展，使得物权的客体已经不限于有体、有形的物了，物权客体对有体物的突破反映了物权客体的扩大化。尤其是进入网络时代以来，物权客体要适应新时代的需要还应包括无形财产。网络虚拟财产便是其中一种，因此用物权方式保护网络虚拟财产，可以保护该种财产权利的交易安全，促进网络经济的繁荣发展。

2. 合同法保护模式。虚拟财产存在于网络中，网络游戏运营商和网络游戏玩家之间存在网络服务合同。网络游戏运营商通过合同向玩家提供服务的内容。

---

[1]　施凤芹："对'网络虚拟财产'问题的法律思考"，载《河北法学》2006 年第 3 期。

该合同是格式合同。根据合同法的规定，只要网络游戏玩家按照合同的条款履行义务，例如，遵守中国的法律法规，不得非法使用法律服务系统等，网络游戏中产生的虚拟财产应该归玩家所有。玩家离线后虚拟财产由运营商保管。如果网络财产由于运营商的过错而遭到损害，运营商应该承担违约责任。这种方式属于合同法救济的方式。

（二）刑法保护模式

针对一些严重的侵犯网络虚拟财产权的犯罪行为，许多国家的相关立法都规定了相应的刑事制裁措施。我国台湾地区修改后的"刑法"增订了电磁记录的单独保护罪名，增订的第 359 条规定："无故取得、删除或变更他人电脑或其相关设备、电磁记录，致损害于公众或他人者，处 5 年以下有期徒刑、拘役或科或并科 20 万元以下罚金。"网络虚拟财产的刑事案件，主要有盗窃、抢劫、非法入侵运营商计算机系统等。这些行为不仅侵害了其他玩家的合法权益，也危害计算机信息系统安全和网络游戏的市场交易秩序，当具备一定社会危害性时，符合一定的犯罪构成要件就应当承担相应的刑事责任。

第五节　网络虚拟财产保护中的行业自律与自我管理

一、网络虚拟财产保护中的行业自律

由于网络虚拟财产具有虚拟性、无形性的特点，无论法律规定得多么严格，都难免受到比现实社会的财产更大的损失。一旦网民诉诸法院，取证会非常困难。目前网上取证最重要的方式是公证的方式，但是公证手续麻烦，并且成本高，大约一份公证 800～1000 元钱，因而公证方式取证不现实。另外，网上注册资料的真实性较差，相关诉讼主体也很难确认。原告要证明自己是谁，又要证明被告的身份，这并非容易的事。[1] 因此，只是依赖法律保护网络虚拟财产是不够的，还需要借助行业自律的方式。在行业自律的保护中有这样几种方式：

1. 建立完善的行业组织。有必要建立一个由游戏开发商、运营商和玩家共同组成的"网络游戏自治协会"性质的行业组织。其功能在于：一方面，对会员企业和个人自身的网络信息安全进行监管，切实规范网络游戏玩家和经营者的行为；另一方面，防止来自外界和内部的侵犯，同时负责保存商家或其他网络用户自愿发送来请求保护的信息，在需要时提交给司法机关作为原始证据使用。[2]

---

〔1〕 "谁来保护网络世界虚拟财产"，载 http：//www. wangluofa. com，访问时间：2003 年 12 月 13 日。

〔2〕 莫骅："论网络虚拟财产及其法律保护"，载 http：//www. cnki. net，访问时间：2007 年 8 月 15 日。

2. 增强技术措施的运用。网络安全对网络游戏市场来说至关重要，通过提高网络技术水平，保证游戏玩家在网络上的财产的安全，成为运营商重要的义务。由于玩家的人数越来越多，网上加密的技术越来越容易被破解，因此要求网络游戏行业提供更可靠的安全技术。对此，中国电子商务综合服务平台（CE-BC）下属的解决方案中心提出了基于数字签名技术的网络游戏解决方案。其基本原理就是先给玩家颁发一个游戏的通行证（Certificate），并将这个通行证放到用户的一个类似 U 盘的实物存储介质中，之后再利用其 PKI（公开密钥体系）技术的特性以及实物介质的唯一性，确保游戏玩家账户以及账户数据的安全。这项技术现在在各大银行的网上银行业务中已经开始应用，相信不久之后，此项技术将成为游戏玩家的"福音"。[1]

二、网络虚拟财产保护中的道德意识的加强

网络的开放性、自由性、隐蔽性等特点，使网络活动对道德具有较强的依赖性。在网络社会中，法律和行政规范的效力是有限的，而网络伦理道德教化则具有法律所不可企及的作用，因此，网络虚拟财产的保护也不能忽略网络伦理道德的教育问题。对网络虚拟财产的保护，应当引导网络组织和广大网民增强网络道德意识，共同建设网络文明，帮助网络使用者培养网络伦理道德情操。主要应做到以下两点：①增强全社会对网络安全的认识，使使用者认识到对网络虚拟财产的盗窃也会触犯现实的法律，也有可能构成犯罪。②对网络技术人员进行必要的教育和培训，使其技术真正为保证网络安全，而不是成为盗取他人网络财产的工具。坚持"依法治网"和"以德治网"并举，形成立足中国现实、继承优秀历史传统、吸收外国有益成果的有中国特色的社会主义网络文化和网络道德，努力提高全民族的网络道德素质。[2]

三、虚拟财产保护中的自我管理

网络虚拟财产所有人应该树立自我防范的意识，积极采取措施保护自己的网络财产。例如，设置安全的密码，不将重要的资料泄露给陌生人，包括网络账号、游戏中的"货币""装备""宠物"等，确定与网站连线时资料不会外泄，拒绝接受任何不必要的 cookies 等。[3]

思考题

1. 简述虚拟财产权的性质。

---

〔1〕 莫骅："论网络虚拟财产及其法律保护"，载 http：//www. cnki. net，访问时间：2007 年 8 月 15 日。
〔2〕 莫骅："论网络虚拟财产及其法律保护"，载 http：//www. cnki. net，访问时间：2007 年 8 月 15 日。
〔3〕 饶传平：《网络法律制度——前沿与热点专题研究》，人民法院出版社 2005 年版，第 160 页。

2. 简述游戏运营商的权利义务。
3. 简述其他国家和地区对网络虚拟财产的法律保护概况。
4. 简述网络虚拟财产侵权行为的方式。
5. 简述网络虚拟财产的法律保护模式。
6. 简述网络虚拟财产管理的行业自律的内容。

第九章
电子商务中的消费者权益保护

【学习目的与要求】通过本章的学习，了解国外主要国家和地区关于电子商务中消费者权益保护的立法概况及我国相关立法的现状，结合实际了解电子商务的快速发展对消费者权益保护产生的影响，思考如何完善我国电子商务中消费者权益保护的现行法律。

电子商务的兴起极大地拓宽了消费市场，增加了消费者获得信息的途径，提供了更加方便快捷的消费方式，降低了消费成本，同时商品的信息量以及市场透明度也显著增大，从而使消费者整体受益。与发达国家相比，我国的电子商务起步虽晚，但发展势头强劲，其迅猛的增长速度以及给社会、经济、法律等各个方面带来的影响，已经远远超过了以往任何新技术的运用。根据 CNNIC（中国互联网络信息中心）于 2016 年 1 月 22 日发布的第三十七次中国互联网络发展状况统计报告可知，截至 2015 年 12 月，中国网民规模达 6.88 亿，互联网普及率达到 50.3%，半数中国人已接入互联网。其中，2015 年新增网民 3951 万人，增长率为 6.1%，较 2014 年提升 1.1%，移动互联网塑造了全新的社会生活形态。随着网民队伍的日益壮大以及互联网基础设施的不断完善，电子商务逐渐走进千家万户并得以迅猛发展。

但是，电子商务的跨越式发展以及网络的虚拟性、开放性、高科技性等特征，不可避免地使消费关系变得复杂化，并增加了消费者遭受损害的可能，给消费者保护带来了一系列新的法律问题。这些问题如得不到很好的解决，将严重挫伤消费者的积极性，不利于消费者信心的建立。而消费者信心和信任的建立是消费者参与信息社会的前提条件，也是电子商务生存和发展的源头活水，缺少消费者信赖的电子商务根本无前途可言。因此，只有尽快构建我国电子商务消费者权益保护的法律体系，切实保护电子商务中的消费者合法权益，才能促进我国电子商务健康、快速地发展。

第一节　电子商务中消费者权益保护的立法概况

一、消费者与电子商务消费者

消费者是消费的主体，包括生产性消费者和生活性消费者。国际标准化组织"消费者政策委员会"于1978年5月10日在日内瓦召开的第一届年会上，把"消费者"定义为"为个人目的购买或使用物品或接受服务的个体社会成员"。我国首次在1985年6月颁布的《消费品使用说明》"总则"中规定了"消费者"的概念，即指"为满足个人或者家庭的生活需要而购买、使用商品或服务的个体社会成员"。2014年3月15日，由全国人民代表大会常务委员会修订的新版《消费者权益保护法》正式实施。《消费者权益保护法》第2条规定："消费者为生活消费需要购买、使用商品或者接受服务，其权益受本法保护；本法未作规定的，受其他有关法律、法规保护。"因此，消费者权益保护法所指的消费者是指除厂商或经营者以外的，为了满足个人或家庭的生活需要，购买、使用商品或接受服务的自然人。该定义包括以下含义：①消费者是购买、使用商品或者接受服务的人；②消费者购买、使用的商品和接受的服务是由经营者提供的；③消费者是进行生活性消费活动的人。

电子商务消费者则是指通过网络购买商品、使用商品或接受服务的自然人。电子商务消费者与消费者之间没有本质区别，只不过是两者购买商品、使用商品或接受服务的方式不同。因此，在电子商务交易中发生消费纠纷、合法权益受到侵害的消费者可以援用《消费者权益保护法》请求保护。

现代消费者保护立法是在充分认识到消费者弱者处境的基础上进行的，即站在消费者的立场上，对消费者给予特殊保护，从而达到抑制强者、保护弱者的目的。电子商务的兴起，大大提高了交易的效率并降低了交易的成本，但是电子商务又使消费关系变得更为复杂，传统交易下存在的纠纷及风险并未随着科技的发展而消失，相反，电子商务中的消费者相对于传统商业的消费者，更处于弱势地位，消费者的权益更容易受到损害。因此，法律上必须对电子商务中消费者权益给予特殊保护，以维护交易的公平秩序。同时，电子商务是建立在消费者信赖和认可的基础上的，因而消费者权益保护在电子商务发展中具有重要地位。

二、国外主要国家和地区关于电子商务中消费者权益保护的立法概况

（一）国际组织的相关立法

1. 联合国国际贸易法委员会。联合国国际贸易法委员会（UNCITRAL）在1996年3月召开的第29次会议上通过了《电子商务示范法》。《电子商务示范法》第 1 条关于适用范围的一个脚注中说明，该法并不否认任何意在保护消费者的法律规则。此外，该法还在《电子商务示范法及其颁布指南》中对这一问题作出进一步说明，任何此类消费者保护法均可优于《电子商务示范法》的条款。由此，我们不难看出，《电子商务示范法》所强调的是，在电子商务中不是排除对消费者合法权益的保护，而是加强对消费者合法权益的保护。此外，《电子商务示范法》还规定了电子合同的效力、电子合同履行的标准、电子签名的指导方针、电子证据的使用等，为逐步解决电子商务法律问题（包括网络交易消费者权益保护）等问题奠定了基础。

2. 经济合作与发展组织（以下简称经合组织）。经合组织是最活跃的全球性组织，极大地推动了电子商务的跨国合作，同时在电子商务环境下消费者保护方面也做出了重大贡献，其在电子商务方面主要有以下一些规则强调对消费者权益的保护：

（1）《关于保护隐私与个人数据的跨国流动指南》。经合组织理事会在 1980 年 9 月 23 日通过了《关于保护隐私与个人数据的跨国流动指南》，该指南指出，个人资料的国际流通及隐私权保护应遵循以下原则：①限制收集及利用原则；②保证资料正确的原则；③收集资料目的明确的原则；④保护资料安全的原则；⑤个人参与的原则等。其目的在于，要求签署国基于其国内法考虑上述准则所列举的原则，不得借保护隐私权之名，不当阻碍个人资料的国际流通。

（2）《全球电子商务行动计划》。1998 年 10 月，经合组织在其部长会议上推出了《全球电子商务行动计划》，标志着在实现全球电子商务共同行动方面迈出了重要的一步。为明确电子商务的规则，保护电子商务中消费者的合法权益，此次会议通过了以下宣言：①《在全球网络上保护个人隐私宣言》。该宣言确认了各国对在全球网络上有效保护个人隐私的承诺并采取必要措施达到此目的的决心。②《关于在电子商务条件下保护消费者的宣言》。该宣言认为，各国政府、工商界、消费者及其代表必须继续共同合作，确保消费者能得到有效的保护。③《电子商务身份确认宣言》。该宣言确认了身份认证对电子商务的重要性，并概述了一系列促进开发和使用身份认证技术和机制的行动。

（3）《电子商务中消费者保护指南》。经合组织在 1999 年 12 月 9 日通过了一系列关于保护消费者和鼓励全球电子商务的持续发展的指导原则——《电子商务中消费者保护指南》，以期确保消费者能获得不低于传统交易环境的保障。该指南呼吁从事电子商务的企业向消费者提供关于企业、产品或服务、交易条款和条件准确无误的信息的原则；交易的确认过程应做到透明化的原则；公平进行贸易、广告和市场营销等商业活动的原则；建立安全的支付的原则；及时、公正、力所能及地解决纠纷和给予赔偿的原则；保护消费者个人隐私的原则；

向消费者和其他企业进行电子商务宣传的原则等。此外，指南在关于争议解决和救济方面还规定：企业和消费者代表应在不给消费者带来不合理费用及负担的条件下，继续建立公平、有效及透明的内部机制，以公平和及时的方式对消费者的申诉和困境做出反应并加以消除。

（二）欧盟的相关立法

1.《关于个人资料的运行和自由流动的保护指令》。1995 年 10 月欧洲议会及欧洲理事会正式通过《关于个人资料的运行和自由流动的保护指令》，于 1998 年 10 月开始生效。该指令以综合立法的模式，把网络隐私的保护问题包含于个人资料隐私的保护中，针对个人数据处理，要求收集个人资料者须公布其隐私权政策；说明将如何利用收集来的资料；给予资料所有人查阅、更改资料与反对收集者利用资料的权利。

2.《关于远距离合同中消费者权益保护指令》。1997 年 5 月欧盟颁布了《关于远距离合同中消费者权益保护指令》。该指令的立法目的是在欧盟范围内协调统一各成员国有关在远距离缔结合同过程中旨在保护消费者权益的法律措施。该指令规范的"远距离合同"涵盖了企业和消费者之间通过销售方的远程销售网络，借助远程传播手段，包括促销印刷品、格式化促销函、含有订货券的报刊广告、产品目录、促销电话、广播、可视电话、可视图文、电子邮件、传真机和电视等手段，而订立的货物或服务买卖合同。该指令明确规定了远距离销售中经营者或供应商缔约前的义务，其第 4 条第 1 款规定，在任何远距离合同缔约前的适当时候，经营者或供应商必须告知消费者一切与合同有关的信息，如经营者或供应商的身份、地址、商品或服务信息等，以保证消费者的知情权；第 6 条赋予了消费者的无因退货权，即对于任何远距离合同，消费者在收到商品之日起 7 天内可撤销合同，且无需赔偿也不用解释原因。同时，该指令在其第 6 条第 3 款中规定了消费者不能行使绝对无因退货权的例外情形。

3.《关于内部市场中与信息社会的服务特别是与电子商务有关的若干法律问题的指令》。该指令于 2000 年 7 月由欧盟公布。该指令适用范围涵盖所有信息社会服务，适用的具体形态相当广泛，包括在线新闻、在线数据库、在线金融服务、在线专业服务、在线娱乐服务、在线广告以及其他使用国际网络提供服务的经营者。该指令主要规范与消费者知情权相对应的经营者的信息披露义务。该指令规定，信息服务供应商披露的基本信息包括信息服务商的名称、地址、联系方式、经营许可范围、注册证号、专业资格以及增值税编号等。此外，该指令还规定，信息服务供应商在同消费者订立合同前，应对电子合同的缔结方式给予明确的解释说明；并在订约过程中增加确认程序，以保证消费者发现并改正下订单时的输入错误。

（三）美国的相关立法

消费者保护一直是美国传统法律中的重要问题，随着电子商务的出现，美国各相关部门和机构纷纷对法律法规和政策规则做出相应调整，以适应网络交易时代消费者保护的新要求。

1. 《全球电子商务纲要》。美国政府在 1997 年 7 月颁布了《全球电子商务纲要》，作为美国政府发展电子商务的战略性政策框架，反映了产业部门、消费群及网络界的广泛意见与要求，体现出联邦政府大力促进从业者与消费者参与电子商务的战略意图。《纲要》中明确宣示，对于网络信息不宜以法律规制，但对于网络上的不实广告与欺诈行为，政府应介入管理；在网络隐私权保护问题上，偏重于产业界采取自律规范，确保消费者个人资料及交易资料的隐私性；在网络安全方面，认为建立数字签章制度对于确认交易双方身份，确保交易内容一致，避免否认交易是不可或缺的。

2. 《统一计算机信息交易法》。美国统一州法全国委员会在 1999 年 7 月通过了《统一计算机信息交易法》。该法对格式合同作出了相应的规定。根据该法，如果合同或合同条款显失公平，则法院可以拒绝执行该条款或限制该条款的适用；经营者在制定格式合同时应以能引起常人注意的方式为消费者或其合理设置的电子代理人提供审查该合同条款的机会；经营者应在显著位置以显著方式向消费者展示格式条款；如果经营者没有履行上述为消费者提供审查机会的义务，即使消费者已经订立了合同，如在其获得审查机会后对该格式合同不同意时，仍可行使返还请求权，并可要求赔偿相应损失。

3. 《儿童在线隐私权保护法》与《儿童在线隐私保护规则》。美国在法律传统上比较注重个人隐私权的保护，采取了一种行业自律与立法规范相结合的新模式。对未成年人的隐私则制定了专门的法律。1998 年美国国会通过了《儿童在线隐私权保护法》，美国联邦贸易委员会又在该法的基础上制定了《儿童在线隐私保护规则》（2000 年 4 月 21 日生效）。这两部法律旨在保护 13 岁以下上网儿童的隐私。这两部法律对网站经营者的告知义务（对儿童和父母）、父母同意、父母的审查权、不得诱使儿童提供超出必要范围的信息以及安全保护等作出了详细的规定。根据这些规定，经营者在收集儿童个人资料时，必须告知收集人如何使用这些信息，将向哪些人公开这些信息；经营者在收集、使用或公开儿童提交的资料时，必须获得其父母的有效同意；经营者应向父母提供审查收集信息的权利，要求信息被删除和拒绝对儿童信息作进一步处理的权利，还应使父母享有在同意信息收集时拥有不同意向第三方转让的权利；经营者应建立合理程序保护儿童信息的隐秘性、完整性和完全性；经营者在收集信息时不能设置不当的诱惑、奖金等使儿童提供更多的信息。

4.《国际国内商务电子签名法》。克林顿政府于 2000 年 6 月签署了国会通过的《国际国内商务电子签名法》。该法第 10 条规定，使用电子记录向消费者提供交易信息，必须得到消费者的明示同意。其前提条件是：必须事先向消费者充分说明消费者所享有的各项权利以及消费者撤销合同的权利、条件和后果等；消费者确实获得了调取与保存电子记录的说明与能力，有关调取或任何保存电子记录的任何变化，都应通知消费者，在发生变化的情况下，消费者享有无条件撤销同意的权利。这体现了对消费者知情权的保护。

三、目前我国电子商务消费者权益保护的法律现状

我国目前还没有颁布专门的电子商务消费者权益保护法，综观我国立法现状，对电子商务中消费者权益的法律保护，可以援引为依据的法律法规有《民法通则》《合同法》《消费者权益保护法》《产品质量法》《反不正当竞争法》《广告法》《电信条例》《计算机信息网络国际联网管理暂行规定》《计算机信息网络国际联网安全保护管理办法》《电子银行业务管理办法》及《网络交易管理办法》等相关规定。随着电子商务这种商业模式的发展及电子商务消费者队伍的不断壮大，2014 年施行的《消费者权益保护法》增加了关于电子商务消费者权益保护的规定，具体体现在第 25 条、第 28 条和第 44 条。其明确规定了"7日无因退货"制度、经营者信息披露义务和网络经营者等主体的责任承担问题。这些新的规定又进一步促进了网络经济的健康发展，切实保护了消费者的合法权益。2015 年 9 月 1 日施行的《中华人民共和国广告法》增加了关于电子广告的规定，从消费者的利益出发，规制了网络广告的秩序，具体体现在第 43、44、45 条。"任何单位或者个人未经当事人同意或者请求，不得向其住宅、交通工具等发送广告，也不得以电子信息方式向其发送广告。以电子信息方式发送广告的，应当明示发送者的真实身份和联系方式，并向接收者提供拒绝继续接收的方式。""利用互联网从事广告活动，适用本法的各项规定。利用互联网发布、发送广告，不得影响用户正常使用网络。在互联网页面以弹出等形式发布的广告，应当显著标明关闭标志，确保一键关闭。""公共场所的管理者或者电信业务经营者、互联网信息服务提供者对其明知或者应知的利用其场所或者信息传输、发布平台发送、发布违法广告的，应当予以制止。"

2005 年 4 月 1 日起施行（2015 年 4 月 24 日修正）的《电子签名法》是我国电子商务发展的里程碑。尽管它几乎没有涉及电子商务消费者权益的保护，但该法确立了电子签名的法律效力，对数据电文、电子签名与认证及相关法律责任作了较为详尽的规定，对规范电子签名具有重大意义。

2014 年 3 月 15 日正式生效的《网络交易管理办法》是我国第一部较为系统的对电子商务网络交易进行规范的规章。该办法从网络交易的一般原则、网络商品经营者和有关服务经营者的义务、网络商品交易及有关服务监督管理、法律责任等方面对网络交易进行了规制，对消费者权益的保护提供了有力的保障。

第二节　我国电子商务中消费者权益保护的法律完善

消费者权益是指消费者依法享有的权利及该权利受到保护时给消费者带来的应得利益。我国《消费者权益保护法》第 7～15 条规定消费者享有安全权、知情权、选择权、公平交易权、求偿权、结社权、获知权、受尊重权和监督权九项权利。在网络环境下，消费者权益保护更主要地表现为赢得消费者信任这种新的交易方式的问题。有时，人们会误以为强调消费者保护问题会制约电子商务的发展。实际上，消费者获得充分有效的保护将有利于平衡消费者和经营者的利益，使消费者对这种商业模式产生更高的信赖感，更愿意参与交易，电子商务会因此更加普及。为了给予电子商务消费者与传统商务消费者相同程度的保护并促进电子商务的发展，有必要对电子商务中涉及的消费者权益保护问题进行分析，并在此基础上制定或修改消费者保护的相关法律法规。

一、安全权

（一）我国电子商务发展对消费者安全权产生的影响

安全权是我国《消费者权益保护法》规定的消费者所享有的最基本的权利。在传统商务模式中，消费者安全权体现为经营者必须保证所提供的商品或服务不存在危及人身和财产安全的缺陷，对可能危及人身、财产安全的商品和服务，应当向消费者作出真实说明和明确警示，并标明正确使用产品或接受服务的方法及防止危害产生的方法。电子商务消费者在购买商品或接受服务时当然也享有安全权，经营者并不能因交易方式的改变而减轻任何保障商品和服务安全的义务和责任。相反，在电子商务中消费者的安全权有着更广泛的内涵。除了上述要求外，还要求网络经营者提供一个安全的交易虚拟环境和交易过程，包括对电子支付安全机制、消费者个人数据的保密机制、电子签名的有效性确认机制等。目前，电子商务的发展对消费者安全权的影响主要表现在以下几个方面：

1. 消费者网上交易和网上支付安全。由于电子商务是在一个虚拟的网络空间进行的，经营者和消费者彼此互不见面，有关商品和服务的信息都是通过互联网进行发布、传递和接收的，双方都无法确认对方身份的真实性，消费者无法确保和自己交易的对方在事实上是该名称所代表的对方本人，而非其他人。在传统交易环境下，交易当事人最关心的是谁先履行合同义务，一般来说，先履行义务者风险较大；而在电子商务环境下，交易人要考虑的则是正在与何人进行交易，其信用如何，由于网络的虚拟性和开放性，如何建立交易双方的信用感和安全感成为非常重要的问题。

在电子商务环境下，利用互联网进行价款支付具有高效性、便捷性的特征，同时又伴随着相应的风险，这些风险主要表现为以下两个方面：①系统风险。包括系统故障、系统遭受外来攻击、伪币和欺诈等。不适当的操作、内部控制程序或信息系统错误等都会引起电子支付系统故障，甚至导致系统瘫痪。②非系统风险。由于发行电子货币进行网上付款的经营者不一定是金融机构，也不一定在某一国主管机关的管辖范围内，因此消费者若与其从事网上付款交易，则可能承担该经营者经营不良或倒闭的风险。

2. 消费者的虚拟财产安全。广义的虚拟财产是指必须利用网络服务器的虚拟空间才能为网络使用者支配使用的电磁记录，如网络游戏装备、QQ 号码、电子邮箱账号等。这些虚拟财产无法经由单机再行复制，只能在网络世界中存续。狭义的网络虚拟财产一般就是指网络游戏空间存在的财物，其物理上以电子数据形式存在。在网络游戏中，体现为具有某些游戏功能的物品，且由于上述物品是通过消费者付出精力、时间和金钱获得的，在现实中形成了大量的网下交易，有些稀缺的虚拟物品甚至价格不菲，所以称其为虚拟财产，以区别于现实世界中的财产。[1]随着网络游戏的不断普及，相关纠纷也不断涌现，但在目前我国的法律当中，都还没有明确涉及包含"网络中的账号以及网络游戏中积累的货币、装备、宠物等虚拟财产"的规定，对于实务中急需解决的问题，如玩家（消费者）在游戏中虚拟财物的损失、运营商应当如何向玩家承担责任、虚拟交易平台的规范等问题亦无明确的法律依据，致使某些运营商和个人逃避法律责任，获取不当利益，进而损害了广大消费者的合法权益。

3. 消费者的个人信息安全。传统商场购货经营者一般很少要求消费者提供诸如个人电话、住址、性别、年龄、收入、爱好等详细的个人信息。但在电子商务中，消费者一般都需要向注册网站提供个人信息，当消费者在网上浏览或购物时，总会被要求填写含有大量数据的表格，包括姓名、性别、出生年月、身份证号、家庭地址、电话号码、电子邮箱、个人收入等。随着信息处理技术的发展，通过互联网采集、检索、处理、存储以及传播个人信息愈发便捷，加之电子商务的飞速发展，使得个人信息的商业价值不断提升，网络服务商甚至利用追踪软件来追踪对象在网上的行为，收集其兴趣或者其他个人可识别信息，然后根据这些信息，向消费者有针对性地发送广告，或者把这些信息出售给他人。在互联网环境下个人信息的泄露和滥用随处可见，每一个互联网用户都处

---

[1]　商建刚：《网络法》，学林出版社 2005 年版，第 29 页。

于丧失个人信息控制权的边缘。个人信息得不到有效的保护，使得消费者对于交易的安全性产生质疑，降低了消费者参与电子商务的积极性，从而阻碍了电子商务的进一步发展。因此，对电子商务中消费者的个人信息进行有效保护是电子商务得以顺利进行并促进其进一步发展的基本保障。

（二）电子商务中消费者安全权的法律完善

1. 消费者网上交易安全的法律保护。保证交易安全是促进电子商务发展的重要前提。由于网络的虚拟性和开放性，要建立消费者对经营者的信用感和安全感非常困难，人们在实践中发展出一种切实有效的方法来解决这一问题，即寻找一位可靠的第三方当事人，由其负责将某一公钥密码与特定用户联系起来，这就是电子认证。简而言之，电子认证就是由特定的机构对电子签名及其签署者的真实性进行验证的具有法律意义的服务。[1]

（1）电子认证对在线消费者的保护。电子签名和电子认证都是电子商务的保障。电子签名的目的是保护数据电文的安全，防止其内容的仿冒、更正或否认。电子认证的目的则是把电子签名和交易方联系起来，确保对方得到的电子签名来自于该"电子签名"的真正代表方，而不是别人假冒。它的出现和设立的目的就是要弥补网络交易的匿名性所带来的不确定因素，帮助交易当事人确认对方的身份，负责保管公钥以供验证、核发电子证书作为身份证明，确保网络交易的安全。可以说，在电子商务中，认证机构扮演着传统贸易中权威性、中立性的公正机构的角色，它作为交易活动的中介人，保管着交易各方的公钥密码，并可应有关方的申请提供身份认证服务。[2]电子认证主要有两个方面的功能：一是防止欺诈，即防止当事人以外的第三人以交易一方的名义窃取其资金或者其他财产的行为；二是防止否认，通过电子认证，可以为交易双方提供证据，从而使得当事人很难否认其行为。[3]

为了从法律上确保认证的法律效力（实际上也是保证电子签名的法律效力），国际组织和各国相继制定了电子商务签名法。我国于2005年4月1日正式生效的《电子签名法》（2015年4月24日修正），明确了电子签名与手写签名和盖章具有同等的法律效力，赋予了电子签名、数据电文合法性、有效性，解决了信息化活动过程中文件记录的合法性问题。

（2）认证机构的风险责任承担与消费者的权益保护。电子认证机构在签发数字证书、证明电子签名的正确性的业务活动中，承担着很大的法律风险。例

[1] 李双元、王海浪：《电子商务法若干问题研究》，北京大学出版社2003年版，第26页。
[2] 饶传平：《网络法律制度——前沿与热点专题研究》，人民法院出版社2005年版，第58页。
[3] 张楚、郭斯伦编著：《网络与电子商务法教程》，首都经济贸易大学出版社2005年版，第159页。

如，运用技术过失致使数字记录丢失；申请证书的一方提供了虚假的身份信息，而认证机构没有发现；未经过合理适当的辨别而中止或撤销证书；某个证书已经失效，认证机构又没有及时告知证书信赖者，致使信赖者遭受损失；内部人员即认证机构中有权访问证书数据库的雇员制作虚假证书或涂改证书记录；外部人员使用多种方法攻击认证机构的通用协议等。这意味着从法律上规定认证机构的责任及其权限是必要的。

我国《电子签名法》将认证机构的责任规定为"电子签名人或者电子签名依赖方因依据电子认证服务提供者提供的电子签名认证服务从事民事活动遭受损失，电子认证服务提供者不能证明自己无过错的，承担赔偿责任"。这实际上采取的是举证责任倒置的过错推定原则，这种规定比较有利于保护信赖人（包括消费者）的利益，因为认证机构是一种专业性非常强的信息服务，通常信赖人只了解认证机构的对外功能，不一定完全了解其内部操作规范以及技术标准，在出现错误认证时，要由信赖方拿出确切的证据来证明对方有过错是很困难的，因此实行举证责任倒置，让认证机构自己承担证明自身无过错的义务是比较合理的。我国《电子签名法》规定电子认证服务提供者的义务包括：在收到电子签名认证证书申请后，应当对申请人的身份进行查验，并对有关材料进行审查，应当保证电子签名认证证书内容在有效期内完整、准确，并保证电子签名依赖方能够证实或者了解电子签名认证证书所载内容以及其他有关事项。在工业和信息化部于 2015 年施行的《电子认证服务管理办法》中规定，电子认证服务机构应当保证提供确认签发的电子签名认证证书的真实性，保证电子签名依赖方能够证实或者了解电子签名认证证书所载内容及其他有关事项。

2. 消费者网上支付安全的法律保护。网上支付是指利用互联网进行价款支付的方式，它具有高效性和便捷性的特征。有效地保障网上支付的安全性，有利于消费者安全权的保障，会增强消费者的信心，促进电子商务的发展。但由于国际互联网本身是一个开放系统，而网上支付变资金流动为网上的信息传递，这些开放系统上的信息传递很容易成为众多网络"黑客"的攻击目标，导致消费者的账户资金被挪用或被盗用，从而很难确保消费者的支付安全，消费者的财产利益可能随时遭受侵害。在这当中，最核心的问题应属未经授权而使用信用卡所造成的损失应当由谁来承担？是商家承担，还是消费者承担，还是由发卡银行承担？应采用一种什么样的原则来分担损失？

（1）其他国家对消费者支付安全的法律保护。消费者多以信用卡作为网上交易的支付手段，在全球范围内，注重保护持卡人（消费者）的利益已经成为银行卡方面的国际规则。例如，根据英国法律，当发生消费者资金被不法冒领的情形时，损失由谁承担很大程度上取决于信用卡公司、电子商务经营者和顾客之间的合同条款，电子商务经营者有义务认真履行其与信用卡公司订立的合同，按照约定的认证程序对支付过程进行核实，电子商务经营者违反以上义务的，应对此产生的损失承担相应的责任。顾客同样应依合同履行对网上支付指令、信用卡信息加密的义务，否则对因顾客过失所造成的损失，银行或信用卡公司不负赔偿责任。[1]

美国《电子资金划拨法》与《E 条例》及其官方人员注释具体规定了消费者对未经授权的电子资金划拨承担的责任限额：①一般来说，只有在满足下列先决条件的情况下，消费者才对涉及其账户的未经授权的电子资金划拨承担责任：该划拨是使用一个消费者已接受的卡或存取工具发动的；金融机构已提供一种方法以确认持有存取工具的消费者的身份；金融机构已向消费者进行关于消费者对未经授权的划拨的责任的披露，已向消费者提供认为已经发生或可能发生未经授权的划拨情况时受理通知的人员或办公室的电话号码和地址，以及金融机构的营业日。如果满足了以上前提条件，在消费者通知金融机构已经发生或可能发生未经授权的划拨以前出现了未经授权的电子资金划拨的，消费者的责任为不超过 50 美元和未经授权的划拨金额两者间较小的金额。②如果消费者的存取工具遗失或被盗，且他在发现遗失或被盗后的 2 个营业日内通知金融机构的，则消费者的责任不超过 50 美元；如果他未在发现遗失或被盗后的 2 个营业日内通知金融机构的，则他可能承担超过 50 美元的责任，但即使如此，消费者的责任也限于 500 美元与下列总和两者间较小的金额：50 美元与在消费者发现存取工具遗失或被盗后第二个营业日结束时实际发生的未经授权划拨的金额两者之间较小的金额；在第二个营业日结束后，通知金融机构之前发生的未经授权划拨的金额，只要金融机构能够证明消费者若在 2 个营业日内通知了金融机构，则这些划拨不会发生。③消费者必须在收到载有未经授权的资金划拨行为的定期报表后的 60 天内通知金融机构，否则消费者要对发生在为期 60 天以后的未经授权的资金划拨行为承担责任，即承担无限责任。但即使在这种情况下，消费者的责任也不会超过以下金额的总和：50 美元、显示在定期报表中的未经授权划拨的金额、在定期报表传送后 60 天内发生的未经授权划拨的金额三者之间较小的金额；在 60 天以后直至收到消费者通知以前发生的未经授权划拨的金额，如果机构能证明只要它在 60 天内收到了通知，这些划拨本来是不会发生的。[2]从上述规定可以看出，该法对消费者承担未经授权的电子资金划拨的责任依不同情形规定了最高限额，并规定了严格的适用条件，更有利于保护消

---

[1]　张剑文：“电子商务消费者保护法律制度研究”，载《法学》2001 年第 11 期。
[2]　刘颖：《电子资金划拨法律问题研究》，法律出版社 2001 年版，第 45 页。

费者的利益。

（2）我国对消费者支付安全的法律保护。2005年1月国务院办公厅在其发布的《国务院办公厅关于加快电子商务发展的若干意见》中强调，要加强制定在线支付业务规范和技术标准，研究风险防范措施，加强业务监督和风险控制；积极研究第三方参与这一履行方式的相关问题，引导商业银行、中国银联等机构建设安全、快捷、方便的在线支付平台，大力推广使用银行卡、网上银行等在线支付工具；进一步完善在线资金清算体系，推动在线支付业务规范化、标准化，并与国际接轨。同时中国人民银行于2005年10月发布了《电子支付指引（第1号）》，这是针对网上支付市场的第一部指导性文件，对境内银行业金融机构从事网上支付活动提出了指导性的要求。文件规定了金融机构应当负有保障用户支付安全的义务，即应确保电子支付业务处理系统的安全性，应采取必要措施保护电子支付交易数据的完整性和可靠性，应确保用户信息资料和交易记录的保密性等。2010年6月、12月，中国人民银行分别制定并公布了《非金融机构支付服务管理办法》《非金融机构支付服务管理办法实施细则》，将第三方支付机构以非金融机构的法律地位纳入央行监管范围，并对第三方支付机构的准入设置了相应条件。[1]2013年6月，中国人民银行公布施行《支付机构客户备付金存管办法》，对客户备付金的使用作出了严格限制，并要求第三方支付机构必须至少提取10%以上的备付金利息收入用作风险准备金。以上法律法规对电子商务中金融机构、非金融机构的准入、义务、法律责任等问题作了明确规定，但是都未涉及网上支付中消费者权益保护的核心内容，即如何确保客户权益的问题。

综上所述，今后的相关立法应从保护消费者利益的基础上规定以下内容：限制消费者对未经授权划拨承担的责任；对持卡消费者欺诈或过失的举证由发卡银行承担。这样可以把新技术带来的风险与可能造成的损失分配给能以最低成本避免损失风险的一方，符合公平原则。就持卡人与发卡银行两者而言，发卡银行无疑最容易预测、控制和防范持卡人风险，并且可以通过更新和完善技术来减少这种风险，最大程度地保护消费者利益。

3. 消费者虚拟财产的法律保护。如前所述，广义的虚拟财产是指必须利用网络服务器的虚拟空间才能为网络使用者支配使用的电磁记录，如网络游戏装备、QQ号码、电子邮箱账号等，这些虚拟财产无法经由单机再行复制，只能在网络世界存续。狭义的网络虚拟财产一般就是指网络游戏空间存在的财物，其

---

〔1〕　于颖："第三方支付之定性—试论托付法律关系"，载《法律适用》2012年第6期。

物理上以电子数据形式存在，而在网络游戏的环境中体现为具有某些游戏功能的物品。

【案例1】

　　上海市徐汇区人民法院2004年4月审理的网络游戏玩家何先生诉运营商光通通信发展有限公司（以下简称"光通公司"）删除游戏装备案中，原被告双方对网络游戏装备的财产性质、游戏规则的合理性、虚拟消费的保护、现实法律的适用等问题都有不同的认识。虽然最终上海市徐汇区人民法院对这起案件调解结案，光通公司同意支付何先生一定的补偿，但对上述问题仍然没有确切的答案。在安徽省太和县人民法院审理的网络游戏玩家赵某诉上海盛大网络发展有限公司游戏装备被盗一案中，原告赵某声称自己电脑上装了"热血传奇"的客户端，接受了"上海盛大"的服务，与被告之间已形成服务合同关系。原告在游戏中获得的物品是原告的劳动所得或者是原告用人民币直接购买所得，属于原告的财产。原告的这些装备储存在被告的服务器上，被告在提供服务时应当保障原告的财产安全。被告有能力而未尽到安全保障的义务，致使原告的游戏装备被盗，应当承担民事责任。法院经审理后认为：原告赵某作为被告提供运营服务的网络游戏的玩家之一，在按照游戏的要求履行充值付费的义务后，接受被告提供的服务，进行网络游戏，双方形成消费者与服务者的关系，应适用《中华人民共和国合同法》和《中华人民共和国消费者权益保护法》等相关法律。

　　对于我国目前存在的虚拟财产方面的纠纷，在我国现行法律中找不到明确的法律依据，而网络游戏产业的发展需要法律对网络虚拟财产社会关系进行相应的调整。因此，为保护玩家（消费者）的利益，应从以下几个方面完善对虚拟财产的法律保护：

　　（1）明确虚拟财产的法律地位，司法机关应当以司法解释的方式将"虚拟财产"纳入法律上的财产概念中，具体可以采取对《民法通则》第75条中的"其他合法财产"作扩大解释的方法，将虚拟财产纳入其中，在法律上肯定虚拟财产的价值。

　　（2）制定网络游戏的相关法律，在立法上明确运营商的责任。一方面，运营商在玩家游戏时应当提供符合一定要求的网络和技术环境服务，如果其服务质量没有达到其承诺或法律所确定的标准，应当向玩家承担相应的责任；另一方面，运营商应当合法保存玩家在游戏中所形成的数据资料并保证其完整性，保障玩家存放在服务器上的数据（即虚拟财产）的安全，一旦运营商没有尽到注意、维护义务，或程序技术上存在缺陷，就应承担相应责任。

（3）鉴于取证困难的情况，司法中应明确界定举证责任。运营商和玩家的举证责任的分配问题是虚拟财产纠纷得以解决的关键。游戏运营商基于技术、人力、财力及控制力上的优势，比游戏玩家具备更为优越的举证能力，故根据公平原则，应当对其自身不存在游戏维护、管理上的过错而承担举证责任，若举证不能，应当推定运营商存在过错，即实行过错推定的举证责任原则。

4. 消费者个人信息的法律保护。

（1）个人信息不同于个人隐私。学界通说认为，隐私是一种与公共利益、群体利益无关，当事人不愿他人知道或他人不便知道的个人信息，当事人不愿他人干涉或他人不便干涉的个人私事，以及当事人不愿他人侵入或他人不便侵入的个人领域。[1]而个人信息可以分为敏感个人信息和琐细个人信息。敏感个人信息，是指涉及个人隐私的信息。琐细个人信息是指不涉及个人隐私的信息。[2]因此，个人信息与个人隐私是两个不同的概念，二者之间是包含关系，个人信息的内容包括隐私却不限于隐私。隐私与不涉及隐私的个人信息具有不同的内在价值和社会影响，如果都采用保护隐私的方式加以保护显然是不当的。

随着电子商务的飞速发展，个人信息的商业价值不断提升，其中蕴涵的巨大商机培植了一大批专门从事网上调查业务的公司，只需支付低廉的费用，任何机构和个人都可以获得他人详细的个人资料。在美国，甚至还出现了拍卖个人信息的案例。2000 年 5 月底，Toysmart. com 在对外宣布即将结束营业并向法院申请破产后，即于 6 月 8 日在《华尔街日报》刊登广告拍卖公司的有形及无形资产，其中包括"数据库及客户名单"。Toysmart. com 因此受到了美国联邦贸易委员会的指控。

（2）个人信息保护应当遵循的原则。我国尚没有个人资料收集管制方面的规定，对于专门收集个人信息的专业公司实行许可登记制度。对于一般从事在线交易或网上经营活动的企业而言，收集和使用个人资料可以参照其他国家及国际组织的做法，确立如下原则和具体规范：

第一，公告与当事人同意原则。在进行个人信息收集之前，应当告知当事人此信息将被收集以及该信息被收集的目的即被收集信息的用途，同时必须得到当事人的明确同意。世界各国对于个人资料的收集大多要求事先征得当事人同意或者让当事人知道其个人资料被收集用于的特定目的。实际上，法律设置同意条件主要是防止个人信息用于经营或营利目的。

第二，限制利用原则。收集信息后，只能在告知当事人信息被收集的目的

---

〔1〕 梁慧星、廖新仲："隐私的本质与隐私权的概念"，载《人民司法》2003 年第 4 期。

〔2〕 齐爱民："论个人信息的法律保护"，载《苏州大学学报（哲学社会科学版）》2005 年第 2 期。

范围内对信息加以利用，一旦要转变目的范围，必须再次提醒当事人，不得在当事人未做出首肯的情况下，越权利用其个人信息。禁止在当事人无法察觉的情况下收集或越权利用当事人个人信息即剥夺当事人自主选择是否同意的机会。而且，除非经事先授权或同意，不得将资料转让他人为商业利用。

第三，敏感信息妥善处理原则。"原则上禁止处理种族血缘、政治意向、宗教或者哲学信仰、工会会员资格等个人信息及涉及个人健康或者性生活等信息。但当事人同意或者基于公益且有安全防范措施等的可以除外。"[1]

第四，安全保护原则。这主要包括两方面：其一，应当禁止任何利用技术手段非法窃取、篡改、冒用个人信息的行为；其二，网站经营者应当采取一定的技术安全保障措施，保证网站上不存在明显的可能导致个人信息被泄露或被窃取的技术安全漏洞。

第五，特殊保护未成年人原则。未成年人因其心智不成熟，缺乏自我防范意识，赋予父母在未成年人个人信息被收集、使用过程中审查确认的权利，可以在一定程度上保障未成年人个人信息的安全。[2]

（3）我国个人信息保护的立法完善。目前我国还没有单独针对个人信息的保护进行专门的立法，对于个人信息的保护散见于各个单行的法律法规中。

《宪法》第 40 条规定公民的通信自由和通信秘密受法律的保护。除为公共利益以外，任何组织或者个人不得以任何理由侵犯公民的通信秘密。这为个人信息的保护提供了宪法依据。《最高人民法院关于贯彻执行〈中华人民共和国民法通则〉若干问题的意见（试行）》第 140 条以及《最高人民法院关于审理名誉权案件若干问题的解答》中明确提出了"隐私"这个概念，但并未将其视为一项独立的人身权，而是将侵犯隐私的行为认定为侵犯公民名誉权的行为加以保护。《民事诉讼法》第 134 条、《刑事诉讼法》第 183 条以及《行政诉讼法》第 54 条都规定，有关个人隐私的案件可以不公开审理，在司法程序上实现了对当事人个人隐私的保护。我国在《未成年人保护法》第 39 条中专门针对未成年人个人隐私的保护作出了规定。《行政诉讼法》第 32 条以及《律师法》第 38 条对律师对当事人隐私的保密义务作出了规定。

2014 年 3 月 15 日施行《消费者权益保护法》第 14 条增加了："……享有个人信息依法得到保护的权利。"同年施行的《网络交易管理办法》第 18 条第 2 款规定："网络商品经营者、有关服务经营者及其工作人员对收集的消费者个人

---

[1] 胡建淼、马良骥："信息技术发展带来的法律新课题——《个人信息保护法》研究"，载《科学研究》2005 年第 6 期。

[2] 王全弟、赵丽梅："论网络空间个人隐私权的法律保护"，载《法学论坛》2002 年第 2 期。

信息或者经营者商业秘密的数据信息必须严格保密，不得泄露、出售或者非法向他人提供。网络商品经营者、有关服务经营者应当采取技术措施和其他必要措施，确保信息安全，防止信息泄露、丢失。在发生或者可能发生信息泄露、丢失的情况时，应当立即采取补救措施。"《计算机信息网络国际联网安全保护管理办法》第7条专门针对互联网用户通信自由和通信秘密的保护作出了规定。《计算机信息网络国际联网管理暂行规定实施办法》第18条中规定，不得擅自进入未经许可的计算机系统，篡改他人信息；不得在网络上散发恶意信息，冒用他人名义发出信息，侵犯他人隐私。《全国人大常委会关于维护互联网安全的决定》第4条规定，利用互联网侮辱他人或者捏造事实诽谤他人及非法截获、篡改、删除他人电子邮件或者其他数据资料，侵犯公民通信自由和通信秘密的，可以构成犯罪，依照《刑法》有关规定追究刑事责任，从而对运用技术手段侵犯互联网上个人信息的行为作出了禁止性的规定，并设定了相应的刑罚手段。《上海市消费者权益保护条例》第31条规定，经营者提供商品或服务时，不得要求消费者提供与其提供的商品或服务无关的个人信息；除法律、法规另有规定外，经营者未经消费者本人同意，不得以任何理由将消费者的个人信息披露给第三人。同时对消费者的个人信息的范围作出了相应的界定。该条例首次明确提出了"消费者的个人信息"这一概念并对相应的保护方式也作出了明确的规定，具有重大意义。中国人民银行发布的《电子支付指引（第1号）》专门针对网上支付中个人信息的安全作出了规定，指出银行对客户资料、交易记录等负有相应的保护义务。以上法律规范的相关规定，对我国未来立法具有相当重要的指引作用。

由此可见，我国立法中已出现了对于个人信息保护的规定，但大部分法律法规仍停留在对于个人隐私的保护上。个人信息保护法律规范的欠缺，使得互联网环境下的个人信息处于极为不利的地位，这在一定程度上会制约电子商务的发展。因此，应当尽快制定或完善相关法律规范，加大法律对于个人信息保护的力度。

二、知情权

（一）我国电子商务发展对消费者知情权产生的影响

知情权是法律基于交易双方信息不对称而赋予消费者的一项基本权利。我国《消费者权益保护法》第8条规定："消费者享有知悉其购买、使用的商品或者接受的服务的真实情况的权利。消费者有权根据商品或者服务的不同情况，要求经营者提供商品的价格、产地、生产者、用途、性能、规格、等级、主要成份、生产日期、有效期限、检验合格证明、使用方法说明书、售后服务，或者服务的内容、规格、费用等有关情况。"

　　在传统商务中，消费者知情权的实现是与传统购货方式中的看货、了解情况、试用、讨价还价、进行交易、送货等一系列的环节相配套的；而电子商务是一种远程销售，消费者不是面对面地进行选择，加上互联网的虚拟性，消费者对于商品和服务的了解受到限制。除送货外，其他环节都变成了虚拟化的方式，消费者通过网上经营者的介绍和相关图片了解商品信息，通过网络远距离订货，通过电子银行结算，由配送机构送货上门等，其对商品的实际质量情况和商品本身可能存在的隐蔽瑕疵、缺陷无法得知。因此，在电子商务中，消费者知情权的实现比在传统的交易方式下受到了更大的限制。目前，电子商务中消费者的知情权主要面临以下两方面的问题：

　　1. 相关信息不全或虚假信息。许多经营者在交易平台上展示商品或介绍服务时，有意或无意地向消费者提供虚假或不完整的信息。如夸大产品性能和功效、虚假价格、虚假服务承诺等，遗漏产品产地、生产日期、有效期、检验合格证明、服务具体内容等重要信息。并且有些经营者为减轻或逃避责任，不清晰、完整、准确地发布经营者信息和交易条件信息，使消费者的知情权遭受损害。

　　2. 网络虚假广告。网络广告是消费者了解商品信息的又一个重要途径，与传统形式的广告相比，网络广告具有互动性、数字化、形式多样性、可多次访问、可链接、低成本等特点，因此受到经营者的青睐而迅猛增长。网络广告与普通广告在实质和功能上并无二致，因此网络广告仍应适用广告法，但现行法规在网络环境下的适用遇到以下三大难题：

　　（1）广告主体的资格定位问题。广告主、广告经营者和发布者定位问题模糊不清，从而导致在法律责任的认定上出现困难。在传统媒体广告环境下，广告主、广告经营者和发布者的区分是清晰的，但是在网络环境下，三者的区分日益模糊，经营网络运营的 ISP 和提供信息服务的 ISP 既拥有传统媒体的传播平台，同时也集广告代理、制作、发布于一身，在这种情况下，无法用现行法律的概念和规则去理解和规范网络环境下的三种角色。另外，企业自由设立主页或站点进行自我宣传，登录某一站点发布广告或类似的宣传信息，对此如何管理也是面临的新问题。这些都带来广告法在调整对象上的混淆，也在资格审查方面造成一定的混乱。

　　（2）网络广告的审查、审核问题。广告法中，无论在广告内容审查、广告主资格审查及在广告中所标榜的产品荣誉、证书审查上都有严格的要求，但对数量巨大的网络广告信息进行确认、审查、登记是广告监督管理机构难以承受的，这给许多虚假广告的发布带来了可乘之机。2003 年 2 月 1 日起实施的我国第一部系统的电子商务地方性法规《广东省电子交易条例》设专章规定了"认证机构"，明确了其权利义务。目前上海、广东、北京等地都不同程度地开展了电子商务的认证。

（3）隐性广告问题。广告法中，对于隐性广告（如以新闻形式发表的广告等）是严格禁止的，但在网上，隐性广告又以许多新的形式出现，在认定上也比较困难。比如，通过 BBS 站点发布的广告。[1] BBS（电子公告牌）作为一种向网络用户提供信息服务的方式，在网上影响范围很广，由于其经常不对用户传输的信息内容和范围加以控制，使得通过 BBS 销售假冒伪劣商品等欺诈行为变得很容易。由此可见，只有规制广告真实性的相关法律法规更加完善，才能更好地规范广告市场，保护消费者的合法权益，维护公平竞争。

（二）电子商务中消费者知情权保护的法律完善

1. 在线披露制度。消费者知情权的实现依赖于在线经营者的披露义务。在电子商务环境下，基于交易双方的信息不对称以及合同订立过程的非谋面性和非协商性特征，为保护消费者权益，应该更加注重经营者的信息披露义务，使经营者以合理的方式，充分、及时地向消费者提供事关消费者权益的重要信息，并为消费者提供合理审查合同条款的机会，使消费者的知情权真正得以实现。

（1）国际组织及相关国家（地区）规定的电子商务模式下生产经营者的信息披露义务高于传统交易模式下的义务。对于在线经营者的披露义务，一些国家和国际组织作出了相应的规范，对经营者应当在缔约前和缔约过程中告知或公示的信息内容和范围作出了详细的规定。无论是经济合作与发展组织（OECD）公布的《电子商务中对消费者保护的指南》，或是欧盟的《远距离销售指令》及《电子商务指令》，还是日本的《访问交易法》，都规定了在线经营者应当披露的信息内容，主要包括以下几个方面：①经营者信息，如经营者的名称，经营者的设立地址与经营者迅速、直接、有效地沟通的联系方式，注册号码，特定范围营业的行政许可证明等；②商品或服务信息，这是指使消费者足以做出明智的消费决策充分的商品或服务相关信息；如价格、内容、使用方法、进口商品原产国或产地及产品安全或健康警告等；③交易条件信息，如披露支付、交付和履行的各种安排、要约的有效期和消费者解除合同的权利、行使解除合同的权利的条件和程序、售后服务及投诉地点等。

（2）我国现行法律关于在线披露的规定。

第一，关于生产经营者在线自身信息披露的规定。《公司登记管理条例》第59 条第 3 款规定，《企业法人营业执照》正本或者《营业执照》正本应当置于

---

〔1〕 谭征、岳平、田文英编著：《电子商务与法律》，人民邮电出版社 2001 年版，第 123 页。

公司住所或者分公司营业场所的醒目位置。我国《消费者权益保护法》第 21 条规定，经营者应当标明其真实名称和标记；租赁他人柜台或者场地的经营者，应当标明其真实名称和标记。《网络交易管理办法》第 7 条规定，从事网络商品交易及有关服务的经营者，应当依法办理工商登记。从事网络商品交易的自然人，应当通过第三方交易平台开展经营活动，并向第三方交易平台提交其姓名、地址、有效身份证明、有效联系方式等真实身份信息。具备登记注册条件的，依法办理工商登记。第 8 条规定，已经工商行政管理部门登记注册并领取营业执照的法人、其他经济组织或者个体工商户，从事网络商品交易及有关服务的，应当在其网站首页或者从事经营活动的主页面醒目位置公开营业执照登载的信息或者其营业执照的电子链接标识。

2000 年 7 月 7 日，北京市工商行政管理局颁布了《关于在网络经济活动中保护消费者合法权益的通告》，该通告的调整对象是北京市辖区内利用因特网从事以营利为目的销售商品或提供服务的活动，并不包括从事网上竞价销售活动的经营者。通告中关于经营者在线自身信息披露的规定有以下两个方面的内容：①在因特网站上销售产品或提供服务的经营者应当将其真实注册地点、联系方式或交易地点告知消费者，不得提供虚假地址；②经营者不得在因特网站上采用假冒他人的注册商标、擅自使用他人的商品名称、企业名称、企业地址、伪造或冒用认证标志、名优标志等不正当竞争手段误导消费者。

第二，关于商品服务信息和交易信息披露的规定。我国《消费者权益保护法》第 8 条规定了消费者知情权的内容。该法第 18 条第 1 款还规定："经营者应当保证其提供的商品或者服务符合保障人身、财产安全的要求。对可能危及人身、财产安全的商品和服务，应当向消费者作出真实的说明和明确的警示，并说明和标明正确使用商品或者接受服务的方法以及防止危害发生的方法。"我国《产品质量法》第 27 条规定，产品或者其包装上的标识应符合下列要求：①有产品质量检验合格证明；②有中文标明的产品名称、生产厂厂名和厂址；③根据产品的特点和使用要求，需要标明产品规格、等级、所含主要成分的名称和含量的，用中文相应予以标明；④限期使用的产品，应当在其显著位置清晰地标明生产日期和安全使用期或者失效日期；⑤使用不当，容易造成产品本身损坏或者可能危及人身、财产安全的产品，应当有警示标志或者中文警示说明。《网络交易管理办法》第 11 条规定，网络商品经营者向消费者销售商品或者提供服务，应当向消费者提供经营地址、联系方式、商品或者服务的数量和质量、价款或者费用、履行期限和方式、支付形式、退换货方式、安全注意事项和风险警示、售后服务、民事责任等信息，采取安全保障措施确保交易安全可靠，并按照承诺提供商品或者服务。第 14 条规定，网络商品经营者、有关服务经营者提供的商品或者服务信息应当真实准确，不得作虚假宣传和虚假表示。

北京市工商行政管理局于 2002 年 8 月 1 日施行的《电子商务监督管理暂行办法》第 11 条第 2 款规定："消费者有权要求经营者提供商品与服务的名称、种类、规格、成分、性能、用途、生产者、产地、等级、价格、生产日期、有效期限、配送范围、配送方式、运费标准等有关情况。"北京市工商行政管理局颁布的《关于在网络经济活动中保护消费者合法权益的通告》中对于披露商品和服务信息、交易信息作出如下规定：①在因特网站上销售商品或提供服务的经营者必须明示所售商品或提供服务的价格，不得对商品或服务的价格作出虚假表示。②在因特网站上销售商品的经营者必须明示所售商品的产地、生产者、规格、等级、质量状况。当消费者提出对有关商品的质量、性能、主要成分、生产日期、有效期限、检验合格证明、使用方法说明书、售后服务等项内容的疑问时，经营者应当如实答复；对一时无法答复的要说明理由。经营者在发布上述各项信息时，不得作出虚假表示，误导消费者。③经营者不得在因特网站上利用广告或者其他方法对商品的品种、规格、质量、制作成分、价格、性能、用途、生产者、有效期、产地等作引人误解的虚假宣传。网络广告经营者不得代理、设计、制作、发布虚假广告。④在因特网站上销售商品或提供服务的经营者，应当保证其提供的商品或服务符合人身、财产安全的要求；对可能危及人身财产安全的产品或服务应当向消费者作出真实的说明或明确的警示，并说明或标明正确使用商品或接受服务的方法以及防止危害发生的方法。能够在网上明示的，应予以明示。不能在网上明示的，应当在实物交易过程中向消费者明示。

（3）我国关于在线信息披露制度的立法完善。《消费者权益保护法》第 28 条规定："采用网络、电视、电话、邮购等方式提供商品或者服务的经营者，以及提供证券、保险、银行等金融服务的经营者，应当向消费者提供经营地址、联系方式、商品或者服务的数量和质量、价款或者费用、履行期限和方式、安全注意事项和风险警示、售后服务、民事责任等信息。"《网络交易管理办法》第 8 条规定："已经工商行政管理部门登记注册并领取营业执照的法人、其他经济组织或者个体工商户，从事网络商品交易及有关服务的，应当在其网站首页或者从事经营活动的主页面醒目位置公开营业执照登载的信息或者其营业执照的电子链接标识。"通过将我国现行法律在线信息披露的规定和国际组织及相关国家（地区）的规定相比较，可以看出我国立法特别是全国性立法滞后于电子商务的发展，《消费者权益保护法》仍需要对信息披露的具体形式和要求作出具体的规定。

在线信息披露应遵循以下原则：①真实准确。即经营者对信息的说明必须忠于事实，不得夸大或隐瞒作虚假表示。②完整充分。完整是指经营者在对信息进行说明的时候，必须将有关信息完整表述，不得故意遗漏不利于交易形式的信息；充分是指经营者对信息的说明必须足以使消费者对是否进行交易作出正确判断。③及时。即经营者应及时披露信息，不得滞后。④便于理解。即经营者对信息说明所采用的文字、语句必须浅显易懂，对专业术语应进行解释，不得故意使用一些文义晦涩的词语让消费者难以理解或使用引人误解的表示让消费者对商品或服务产生错误的期待。⑤易于获得。即经营者对信息的说明必须便于消费者随时查阅，不得运用技术手段加以隐藏，或运用超链接的方式使消费者经过多次链接却仍得不到。

2. 规制网络虚假广告。《广告法》第28条规定了具体的属于虚假广告的情形。广告以虚假或者引人误解的内容欺骗、误导消费者的，构成虚假广告。广告有下列情形之一的，为虚假广告：①商品或者服务不存在的；②商品的性能、功能、产地、用途、质量、规格、成分、价格、生产者、有效期限、销售状况、曾获荣誉等信息，或者服务的内容、提供者、形式、质量、价格、销售状况、曾获荣誉等信息，以及与商品或者服务有关的允诺等信息与实际情况不符，对购买行为有实质性影响的；③使用虚构、伪造或者无法验证的科研成果、统计资料、调查结果、文摘、引用语等信息作证明材料的；④虚构使用商品或者接受服务的效果的；⑤以虚假或者引人误解的内容欺骗、误导消费者的其他情形。第44条规定，利用互联网从事广告活动，适用本法的各项规定。利用互联网发布、发送广告，不得影响用户正常使用网络。在互联网页面以弹出等形式发布的广告，应当显著标明关闭标志，确保一键关闭。《广告法》明确网络广告活动适用广告法的规定。虽然现行的《广告法》对网络虚假广告不能全面地规制，但其进步性是显而易见的。

对网络虚假广告的规制，主要包括以下两个方面的内容：

（1）应加强网络广告的立法工作，完善现有法律，拓展新的立法领域。以现有《广告法》为基础，制定一系列针对网络广告的业界规章，即采取法律规范及专门规章规范相结合的方式对网络广告进行规范。针对目前网络广告经营环境宽松的情况，有必要制定《网络广告管理条例》，对网络广告的基本问题作出原则性规定，如广告主体的界定问题、广告经营者的资格问题、对违法网络广告的经营者进行法律制裁等，重点是网络广告经营者的从业资格认证。结合我国现状，可以规定从事网络广告经营的网站应当依法得到工商行政管理部门的许可，并由工商行政管理部门颁发一定期限的许可证。国家工商行政管理总局已发出对网上广告经营与许可的初步要求，并对27家较为规范的网上广告经营者颁发了广告经营许可证。企业在自己的商业网站上为本企业发布广告信息、个人在自己的主页上发布相关广告信息的，同样也应申请许可证，但在条件与期限方面可以放宽。

（2）应加大政府对网络广告的管理力度，建立联合监管机构。目前我国的广告监管部门已逐步开始采用非传统的监管方式对待网络广告。例如，工商部门将在网站 www. catcher. com. cn 上授权开设网络广告监管窗口，受理对网络虚假广告的举报，并对查实的网络虚假广告通过互联网予以公示。从加强网络广告监管角度出发，结合我国实际，可授权工商行政管理部门联合文化部门、信息产业部门、公安部门等分工协作，在涉及文化传播、商品经营、网络信息技术等方面发挥各自的职能优势，实现管理的效率和公正。

三、选择权

（一）我国电子商务发展对消费者选择权产生的影响

所谓选择权，是指消费者根据自己的意愿自主地选择其购买的商品及接受服务的权利。《消费者权益保护法》第 9 条规定："消费者享有自主选择商品或者服务的权利。消费者有权自主选择提供商品或者服务的经营者，自主选择商品品种或者服务方式，自主决定购买或者不购买任何一种商品、接受或者不接受任何一项服务。消费者在自主选择商品或者服务时，有权进行比较、鉴别和挑选。"由此可见，选择权具体应当包括以下三项内容：①消费者有权根据自己的意志自由决定购买什么产品或者选择什么服务，任何人无权干涉；②消费者有权决定交易的对象，任何人无权指定消费者应当与谁交易、不应当与谁交易；③对于经营者提供的商品和服务，消费者有权在比较、鉴别的基础上进行选择，任何经营者不得要求消费者接受某种商品或服务。

在开放的网络环境下，消费者可以通过网络的信息搜索工具掌握大量的商品或者服务信息，电子商务中的消费者在商品或者服务的选择上拥有更多的机会，占有更大的主动权，每个消费者甚至可以根据自己特殊的品位、爱好向网上经营者提出更个性化的服务要求。但事实并非如此，这主要体现在以下两个方面：①网络信息搜索工具的出现，使消费者对商品或者服务信息的了解增多，但信息的良莠不齐会造成消费者选择的困难。另外消费者行使自主选择权是以知情权为基础的，由于消费者不能亲临现场挑选且受到经营者网上信息披露的影响，其"自主选择"的商品未必是其真正需要的。这样一来，在传统交易模式下，建立在卖方瑕疵担保责任基础上的"三包"制度就难以平衡电子商务模式下的买卖双方的权利义务。②由于互联网开放性的特点，一些电子商务经营者通过电子邮件擅自发送商业性广告进入消费者的邮箱。大量的垃圾邮件广告不但影响消费者的网络安宁，造成消费者的物质损害，而且对消费者选择真正满意的商品或者服务也是一个严重的干扰。此时消费者的自由选择权无法正常行使。

（二）电子商务中消费者选择权保护的法律完善

1. 无因退货制度。

（1）无因退货制度的主要内容。所谓无因退货，是指在一定时间内，消费者可要求无条件退货，经营者不得拒绝。在传统消费过程中，除了有专门的产品说明书外，消费者还可以通过向经营者的询问、产品的检验、调试或试用来了解产品的真实质量与性能。但在电子商务模式下，消费者除了接收货物时的简单查看外，几乎没有任何机会了解实物产品，所依赖的只是生产经营者的在线信息披露和网络广告，这就不可避免地导致消费者作出错误的购买决定，使消费者的选择权不能得到真正、充分的实现。[1]

为降低网上购物消费者未实际看货、验货的风险，各国和地区采取了两种立法模式：一种是欧盟将网上购物视为通信交易，制定特殊的规则加以保护；另一种是美国和我国台湾地区将网上购物视为邮购买卖的特殊形式，适用邮购买卖中的消费者保护法。[2]无论是将网上购物视为通信交易，还是视做邮购买卖，在此种交易形态中，消费者都只能从商品目录和说明中获得商品信息，不能看到实际的商品，这就使消费者可能会因为认识不清而对商品产生过高的评价或误解，因此许多国家和地区的法律都特别规定在商品送达之后，再给消费者一定时间的"犹豫期"，在该期间可以自由考虑是否接受或退货。这意味着：①消费者享有在"犹豫期"内试用商品并无条件解除合同的权利。②"犹豫期"是法定期限，如果消费者不在此期间内行使此项权利，则该权利自动丧失。③"犹豫期"的长短具有可变性。法定的犹豫期间是最低保护标准，经营者可以自行确定犹豫期的长短，但必须长于法定的犹豫期。

各国法律出于平衡消费者和生产经营者之间的利益且防止消费者权利滥用的目的，还规定了无因退货的除外情况。例如，美国联邦交易委员会就网络购物的规范利用邮件或电话购物规则加以处理，该规则所规范的只限于有体商品，而不包括无体的权利与服务。《欧盟关于远程合同中消费者权益保护的指令》第6条第2款规定了无因退货的除外情况，这些除外情况主要包括以下几种：①经消费者拆封的视听产品或电脑软件；②服务的合同基于消费者同意，服务在7个工作日的"犹豫期"届满前已经开始提供；③有关提供商品或服务的合同的价款基于金融市场而浮动，并不为经营者所能控制；④商品是应消费者所定的规定；⑤报纸或定期期刊；⑥有关游戏与彩票的服务。可见，在基于消费者自

---

〔1〕　张楚、郭斯伦编著：《网络与电子商务法教程》，首都经济贸易大学出版社2005年版，第186页。

〔2〕　朱家贤、苏号朋：《e法治网：网上纠纷、立法、司法》，中国经济出版社2000年版，第239～240页。

身的原因或因商品本身的特性不能解除合同的情况下，消费者一般不能主张"犹豫期无因退货"的权利。

（2）我国现行法律的规定与完善。《消费者权益保护法》第24条规定："经营者提供的商品或者服务不符合质量要求的，消费者可以依照国家规定、当事人约定退货，或者要求经营者履行更换、修理等义务。没有国家规定和当事人约定的，消费者可以自收到商品之日起7日内退货；7日后符合法定解除合同条件的，消费者可以及时退货，不符合法定解除合同条件的，可以要求经营者履行更换、修理等义务。依照前款规定进行退货、更换、修理的，经营者应当承担运输等必要费用。"《消费者权益保护法》第25条和《网络交易管理办法》第16条均规定，经营者采用网络、电视、电话、邮购等方式销售商品，消费者有权自收到商品之日起7日内退货，且无需说明理由，但下列商品除外：①消费者定作的；②鲜活易腐的；③在线下载或者消费者拆封的音像制品、计算机软件等数字化商品；④交付的报纸、期刊。除上述所列商品外，其他根据商品性质并经消费者在购买时确认不宜退货的商品，不适用无理由退货。消费者退货的商品应当完好。经营者应当自收到退回商品之日起7日内返还消费者支付的商品价款。退回商品的运费由消费者承担；经营者和消费者另有约定的，按照约定。

《消费者权益保护法》新增的第25条为我国网络消费的无因退货制度奠定了基础，开启了对我国消费者保护的新篇章。其一，本条明确了无因退货制度的适用范围——网络、电视、电话、邮购等电子交易模式下都适用无因退货制度，结合我国国情解决当前突出的消费矛盾。其二，本条明确了消费者"犹豫期"的时间期限和经营者的退款期限——"消费者有权自收到商品之日起7日内退货，且无需说明理由"。这里应注意，"7日"的起算时间应当从自消费者收到商品之日起计算，即"经营者应当自收到退回商品之日起7日内返还消费者支付的商品价款"。2015年3月15日施行的《侵害消费者权益行为处罚办法》对此做出了进一步的规定。其第9条规定，经营者采用网络、电视、电话、邮购等方式销售商品，应当依照法律规定承担无理由退货义务，不得故意拖延或者无理拒绝。经营者有下列情形之一并超过15日的，视为故意拖延或者无理拒绝：①对于适用无理由退货的商品，自收到消费者退货要求之日起未办理退货手续；②未经消费者确认，以自行规定该商品不适用无理由退货为由拒绝退货；③以消费者已拆封、查验影响商品完好为由拒绝退货；④自收到退回商品之日起无正当理由未返还消费者支付的商品价款。由此可以看出，经营者应当在收到消费者退回商品15日内返还消费者的货款。其三，本条规定了无因退货制度的行使条件——"消费者退货的商品应当完好"。这里商品完好的判断标准应以不影响第二次销售为限。当然这是建立在商品没有任何质量问题的情形下，若商品有质量问题，就不适用"无因"退货制度了。其四，明确退货费用的承担主体——"退回商品的运费由消费者承担；经营者和消费者另有约定的，按照约定"。这样的规定在一定程度上可以防止消费者的权利滥用。消费者因处于弱势地位而享有无因退货的权利，但他不可以滥用这种权利而给经营者造成负担，我们要平衡买卖双方的利益。当然如果买卖双方对于退货费用另有约定的，应按照约定。其五，例外情形的规定：①消费者定作的具有明显的、强烈的个人属性的商品不适用无因退货制度。如果消费者对自己定作的商品提出"无因"退货申请，经营者无法将此带有明显个人属性的商品再出售给第二人，那么他付出的成本和精力都无法收回，这对经营者是不公平的。②鲜活易腐的商品。这类商品主要是针对食品类商品，其保质期一般较短，在存储过程中对时间要求很高。众所周知，网络消费是需要邮寄时间的，邮寄时间也不是完全固定的，它很容易受到天气、路况等外界因素的影响。这时如果适用"无因"退货，那么无疑是会损害经营者的利益的。③在线下载或者消费者拆封的音像制品、计算机软件等数字化商品。随着科技的不断进步，数字化商品已逐渐走进千家万户，影响着人们的生活。对于这类商品，一旦出售，经营者是无法判断网络消费者在退换商品之前是否已经对原件进行拷贝复制。也就是说如果此类商品适用"无因"退货制度，那么会使经营者的利益受损，这显然是不合理的。④交付的报纸、期刊。这类商品在内容上具有很强的时效性，人们所看重的是其新闻价值，假若消费者对此类商品提出退回要求，其结果可想而知。对于经营者而言，失去时效性的报纸和期刊，并不能为其带来任何经济效益。

由以上分析可以看出我国法律的进步性，但其不完善性也是显而易见的：首先，《消费者权益保护法》并没有对买卖双方产生纠纷后的举证责任作出具体规定。其次，对计算机软件不适用"无因"退货制度，学界是有很大争议的：有学者认为消费者以一定的价钱购买计算机软件，但是试用后觉得不满意，是可以退回软件的，而且这会促使软件开发者提升自己的业务能力，所以，计算机软件不适用"无因"退货制度的合理性还是有待考证的。因此，《消费者权益保护法》应进一步细化经营者与消费者的权利义务，进一步完善我国网络消费的无因退货制度。

2. 规范垃圾邮件。电子广告邮件，通常又被人们称为"垃圾邮件"。在美国又被称为"不请自来的商业电子邮件"（Unsolicited Commercial E-mail），它是指那些寄发到用户电子邮箱里的不断重复而且不受欢迎的电子广告信函。大量垃圾邮件寄送的一个后果是占据了邮箱的使用空间，使当事人不能正常使用邮箱；另一个严重后果是浪费以自付费用为特点的网络用户的金钱和时间，造成网络系统的紧张。

【案例2】

　　美国已有垃圾邮件制造者遭法律制裁的成功案例，如大脚公司（Bigfoot Partners Ltd.）和大地连线公司（Earthlink Network Inc.）分别在纽约联邦法院和加州洛杉矶高等法院起诉有垃圾邮件大王之称的华莱士（Wallace）案。华莱士是一家促销公司的所有人，他主持开发了电子邮件快速发送软件，并向很多ISP用户散发过商业广告性质的电子邮件，而且有时盗用ISP的名义（通过改变回邮地址即可），造成用户抱怨不已。纽约联邦法院作出的裁决是要求华莱士将大脚公司及其客户的电子邮件从他的网络内清除，如果华莱士或其代理人再向大脚公司的用户散发垃圾邮件或盗用该公司的名义发出此类邮件，华莱士或他的代理人每天将要缴纳1万美元的罚金；洛杉矶高等法院根据有关禁止非法穿越私人领地的法律作出裁决，禁止华莱士向大地连线公司的用户发出任何垃圾邮件，华莱士向受害用户书面道歉，保证如再有类似行为，将会被判罚100万美元。法院认为，网络公司的网络可以被视为该公司的领地，因此，华莱士向公司的用户散发垃圾邮件，等于非法侵入该公司的领地。[1]

　　我国目前只在《消费者权益保护法》中简单地提及对商业电子邮件的规范。《消费者权益保护法》第29条第3款规定："经营者未经消费者同意或者请求，或者消费者明确表示拒绝的，不得向其发送商业性信息。"其他有关商业电子邮件的规定则出现在一些地方规章中，如北京市工商行政管理局于2000年5月颁布的《关于对利用电子邮件发送商业信息的行为进行规范的通告》中规定，因特网使用者在利用电子邮件发送商业信息时应本着诚实信用的原则，不得违反国家的法律、法规，不得侵害消费者和其他经营者的合法权益。不经收件人同意不得擅自发送商业信息，不得利用电子邮件进行虚假宣传和诋毁他人的商业信誉，所发送的广告内容不得违反广告法的有关规定。同时，原信息产业部也在其颁布的《互联网电子邮件服务管理办法》中规定，任何组织或者个人不得有未经互联网电子邮件接收者明确同意，向其发送包含商业广告内容的互联网电子邮件的行为；互联网电子邮件接收者明确同意接收包含商业广告内容的互联网电子邮件后，拒绝继续接收的，互联网电子邮件发送者应当停止发送。双方另有约定的除外。互联网电子邮件发送者发送包含商业广告内容的互联网电

---

〔1〕　郭卫华等：《网络中的法律问题及其对策》，法律出版社2001年版，第154页。

子邮件，应当向接收者提供拒绝继续接收的联系方式，包括发送者的电子邮件地址，并保证所提供的联系方式在 30 日内有效。这些法律规范的出台和颁布在一定程度上对垃圾邮件进行了有效的规制，对我国完善或出台相关立法，使消费者能够免受垃圾邮件的干扰，充分行使其自主选择权，具有重要的参考价值。

四、公平交易权

（一）我国电子商务发展对消费者公平交易权产生的影响

《消费者权益保护法》第 10 条规定："消费者享有公平交易的权利。消费者在购买商品或者接受服务时，有权获得质量保障、价格合理、计量正确等公平交易条件，有权拒绝经营者的强制交易行为。"与经营者相比，消费者在交易中常常处于弱者地位，以致交易的公平性难以实现。同时，在电子商务环境下，侵犯消费者公平交易权的形式出现了新的变化，主要表现为格式合同问题。

格式合同，是指一方当事人为与不特定的多数人订立合同时重复使用而预先拟定的，第三方只能表示接受或者拒绝而不能与其协商修改或变更的合同。格式合同简化了订约程序，节约了谈判时间，降低了交易成本，提高了交易效率。在电子商务中，经营者不可能与数以万计的消费者分别谈判订立合同，格式合同成为电子商务的必然选择。因此，与传统交易相比，电子商务中格式合同被更加广泛地利用。与此同时，电子商务格式合同给消费者权益保护带来了不可忽视的问题，主要表现在以下几个方面：

1. 网上经营者在拟定合同时一般都会利用自己的优势地位将合同内容规定得尽量对己有利，并且利用各种手段迷惑消费者。比如，经营者为减轻或免除自己的责任，在合同中规定"因网站或网站个别工作人员的过失造成消费者个人资料的丢失或泄露，网站不负责任"。

2. 故意将不公平条款以细微文字书写并且放在不显眼的位置或者零散放置，或将不合理条款置于其他条款之中或设置多次链接而置于其他网页之上，使消费者难以了解。

3. 合同条款的措辞模糊、晦涩，令消费者不解其义；合同内容庞大，专业术语众多，让一般的消费者失去阅读的兴趣。

由此可见，格式合同在电子商务中的大量使用严重侵蚀了交易的公正性。[1]

（二）电子商务中格式合同的法律规制

网络具有天然地适用格式合同的条件及优势。无论是利用网络提供服务还是从事商品买卖，网络的确适合格式合同的应用。其原因在于：其一，电子商

---

〔1〕　朱家贤、苏号朋：《e 法治网：网上纠纷、立法、司法》，中国经济出版社 2000 年版，第 249～250 页。

务是一对众的交易，面对数以万计的网上消费者，不可能要求经营者与每一个消费者都通过个别谈判来订立合同；其二，网络为格式合同的应用提供了便捷的手段，经营者可以便捷地在网络上发布合同、标准化的交易条件、声明等相关信息，它不仅可以全面地展现合同内容，而且为格式条款的修改等提供了便利。

1. 从内容上加以规制。对于电子商务中格式合同内容的规制可以完全依照对传统交易中格式条款内容规制的方法进行。根据《合同法》第 39 条的规定，格式合同的拟定应遵循公平原则。基于公平原则，法律应当对格式合同的内容加以严格限制，以确保消费者的权益不受侵害。目前我国《合同法》第 40 条对格式条款的无效作出了原则性的规定，即凡是具有《合同法》第 52 条和第 53 条中导致合同无效的法定情形的，或是提供格式条款一方免除其责任、加重对方责任、排除对方主要权利的格式条款均无效。我国《消费者权益保护法》第 26 条规定："经营者在经营活动中使用格式条款的，应当以显著方式提请消费者注意商品或者服务的数量和质量、价款或者费用、履行期限和方式、安全注意事项和风险警示、售后服务、民事责任等与消费者有重大利害关系的内容，并按照消费者的要求予以说明。经营者不得以格式条款、通知、声明、店堂告示等方式，作出排除或者限制消费者权利、减轻或者免除经营者责任、加重消费者责任等对消费者不公平、不合理的规定，不得利用格式条款并借助技术手段强制交易。格式条款、通知、声明、店堂告示等含有前款所列内容的，其内容无效。"《网络交易管理办法》第 17 条："网络商品经营者、有关服务经营者在经营活动中使用合同格式条款的，应当符合法律、法规、规章的规定，按照公平原则确定交易双方的权利与义务，采用显著的方式提请消费者注意与消费者有重大利害关系的条款，并按照消费者的要求予以说明。网络商品经营者、有关服务经营者不得以合同格式条款等方式作出排除或者限制消费者权利、减轻或者免除经营者责任、加重消费者责任等对消费者不公平、不合理的规定，不得利用合同格式条款并借助技术手段强制交易。"

2. 从表现形式上加以规制。由于电子商务的无纸化，电子商务中的格式条款有多种多样的表现形式。鉴于此，在对格式条款的内容进行规制的基础上，还应对电子商务中格式条款的表现形式加以严格限制，合理地提请消费者对格式条款加以注意，才能切实地保障消费者的利益。对此，应做到以下两点：

（1）应当在消费者签订合同前给予其再次查阅格式条款的机会。由于目前大多数电子商务交易都是建立在自动订货系统上的，所以消费者一旦下订单，交易双方的交易合同即告成立。而有些网上经营者将消费者在注册时才有机会阅读的格式条款作为合同的一部分，显然有失公平。因此，应当将即将成为交易合同一部分的条款放置在消费者易于查阅的地方，使消费者在下订单之前还有机会再次查阅该条款。

（2）赋予消费者更正电子错误的机会。在网上签订合同时，消费者因疏忽大意，可能会进行错误操作，而导致合同成立。对此，可借鉴美国在 1999 年 7 月通过的《统一计算机信息交易法》对电子错误的规定，提供消费者更正电子错误的机会，对于网络经营者因疏于设计而未提供更正的程序方法，使消费者的错误表示无从更正的情况，消费者可不受该错误信息的约束。[1]

五、求偿权

（一）我国电子商务发展对消费者求偿权产生的影响

求偿权，是指消费者在因购买、使用商品或者接受服务而受到人身、财产或者其他损失时，依法享有的获得赔偿的权利。求偿权是弥补消费者所受损害的必不可少的救济性权利。电子商务中，消费者求偿权的实现面临着以下难题：

1. 管辖权问题。在传统的交易模式中，管辖权的确定常常与位置有关，如合同缔结地、合同履行地、标的物所在地、当事人国籍或住所所在地、侵权行为地等。然而，电子商务以其开放性、无国界性动摇了传统交易模式中以地理界限为基础所形成的司法管辖权。在虚拟的网络空间中，地理界限的消失使网上活动发生的具体地点和确切范围的判断变得很难，而将其对应到某一特定的司法管辖区域就更为困难。某一次具体的网上活动可能是多方的，活动者分处于不同管辖区域或国家内，这种随机性和全球性使得几乎任何一次网上活动都是跨区域或跨国家的，从而可能造成国内或国际司法管辖权的冲突。

【案例 3】

在原告瑞得公司诉被告东方信息公司网页侵权案中，原告瑞得公司向瑞得公司 ISP 所在的人民法院——北京市海淀区人民法院起诉。被告东方信息公司对海淀区法院的管辖权提出异议。被告称，被告所在地在四川省宜宾市，北京市海淀区不是侵权行为的实施地和结果发生地，故北京市海淀区人民法院对此案无管辖权。北京市第一中级人民法院受理被告的上诉后认为，被指控的侵权行为必须接触原告的 ISP 才能实施，因此，侵权行为的侵权实施地应包括 ISP 所在地，故驳回被告的上诉，裁定北京市海淀区人民法院享有管辖权。由这个案例我们可以看出，法院认为，因特网 ISP 所在地和用户终端计算机所在地均被视为侵权行为地，当事人有权选择向 ISP 所在地或者用户终端计算机所在

---

[1]　郭懿美：《电子商务法律与实务》，科学出版社 2004 年版，第 346 页。

地的人民法院起诉。[1]

2. 电子证据及举证责任问题。随着电子商务的发展，电子证据的出现又给传统的证据规则带来了冲击。首先是电子证据的效力问题。如电子证据应归入传统的哪一证据种类当中？其具有什么样的法律地位？当事人和法院如何对其进行收集和保全？采取证据保全对当事人的服务器的正常运作及其业务活动产生影响时如何处理？[2]其次是电子证据的举证责任问题。相对于经营者来说，消费者是一个弱势群体，在仲裁和诉讼中，由于电子证据具有较强的技术性，且出于信息安全的考虑，消费者取得相关证据十分困难。如果在仲裁或诉讼中依然采用现行的"谁主张，谁举证""举证不能者承担败诉责任"的原则，对消费者来说就显失公平了。

（二）电子商务中消费者求偿权保护的法律完善

1. 确立有利于消费者的诉讼管辖原则。网络交易过程中发生了纠纷，诉讼必然是解决纠纷的可选方式之一。消费者在起诉之前须判断哪个法院有管辖权，同样经营者在利用互联网从事经营活动时，也希望能事先预见其可能在哪些地方涉诉。

我国《民事诉讼法》第 23 条规定了诉讼管辖的一般原则，即由被告住所地或者合同履行地人民法院管辖。该法第 34 条又规定了协议管辖原则，即当事人可以在书面合同中协议选择管辖地点，可以选择被告住所地、合同履行地、合同签订地、原告住所地、标的物所在地，但不得违反《民事诉讼法》有关级别管辖和专属管辖的规定。可见，关于普通合同纠纷的管辖问题，一般以被告住所地或合同履行地法院管辖为原则。但上述原则通常受到两个方面的限制：一是协议管辖，即当事人可以通过协议来选择管辖法院，只要该协议符合特定的形式要件即可；二是法律有关保护性管辖的强制性规定。所以对于一个消费合同引起的纠纷，消费者面临的问题主要有以下几个方面：①商家可能利用协议约定有利于商家的法院管辖地，从而使消费者处于被动局面；②如何确定被告所在地；③如何确定合同履行地；④法律有没有可能规定有利于消费者的法院管辖原则。基于保护消费者权益之考虑，许多国家和地区对消费者合同纠纷一般多实行保护性管辖，即由消费者住所地法院专属管辖。例如，在欧洲大陆，关于涉外民商事案件的管辖权一般都适用 1968 年《布鲁塞尔关于民商事案件管辖权及判决执行的公约》（以下简称《布鲁塞尔公约》）。该公约在涉及网络消费者的合同时，规定了有利于消费者利益的管辖规则。根据《布鲁塞尔公约》，

---

[1] 薛虹：《网络时代的知识产权法》，法律出版社 2000 年版，第 22 页。
[2] 李双元、王海浪：《电子商务法》，北京大学出版社 2004 年版，第 430 页。

一般的销售商品和提供劳务的合同，在符合以下两个条件时，消费者可以在他的住所地或者是卖方的住所地起诉：①合同是在消费者住所国通过向消费者发出要约邀请或广告的方式订立的；②为了使合同能够缔结，消费者在该国实施了必要的行为予以配合。这种明显倾向于消费者一方的管辖权规定被称为保护性管辖权。欧盟在 2001 年对《布鲁塞尔公约》进行了修改，添加了有关电子商务的内容，修改后形成的《2001 年第 44 号规则》继续向消费者提供保护性管辖，确定消费者有权选择受诉法院：既可以在其住所地国法院，也可以在被告的住所地国法院。

我国《消费者权益保护法》和《民事诉讼法》对消费者合同纠纷的管辖没有作出特别规定，因此，只能适用《民事诉讼法》的一般规定，即由被告住所地或合同履行地法院管辖，也可以协议管辖。显然，我国立法的这种局面既不符合国际有关消费者合同纠纷管辖的一般原则，也不利于消费者权益的保护。

2. 电子证据及举证责任分担。

（1）电子证据的法律地位。证据是指能够证明案件真实情况的各种事实，也是认定案件事实的重要依据，更是消费者维权的重要保障。它具有三个构成要件，即真实性、关联性以及合法性。在电子商务中，尽管消费者可以依照《消费者权益保护法》第 22 条的规定向经营者索取书面的购物凭证或服务单据，但无纸化是电子商务的重要特征，电子商务交易信息大多都是以数据电文的形式记载的。因此，要使消费者能够有效地寻求救济，就必须对数据电文的证据效力加以判定。

我国《电子签名法》第 7 条规定："数据电文不得仅因为其是以电子、光学、磁或者类似手段生成、发送、接收或者储存的而被拒绝作为证据使用。"从而肯定了数据电文的证据资格。但数据电文能作为何种类型的证据使用直接决定了其证明力的大小，所以还应当对其作为证据的法律地位加以明确。根据现行诉讼法的相关规定，证据主要包含书证、物证、视听资料、证人证言、当事人陈述、鉴定意见、电子数据以及勘验笔录等形式。虽然我国《合同法》第 11 条将数据电文明确规定为合同的书面形式之一，但这并不能将数据电文等同于书证。《民事诉讼法》第 70 条规定，书证应当是原件。而数据电文具有高科技性、无形性、复合性以及易破坏性的特征，因此很难认定数据电文的原件形式。《电子签名法》第 4 条、第 5 条的规定，确认了符合法律法规规定的书面形式、原件形式的数据电文，即明确了只有满足规定的数据电文才有等同于书证的证明效力。同时，由于《最高人民法院关于民事诉讼证据的若干规定》第 22 条、《最高人民法院关于行政诉讼证据若干问题的规定》第 12 条都将计算机数据定位为视听资料，所以除了符合《电子签名法》规定的书面和原件形式的数据电文可以作为书证使用之外，其他的数据电文都只能作为视听资料加以使用。

（2）电子证据的证明力。以数据电文形式记载的交易记录很容易被篡改，难以保证其真实性，进而对其证明力产生了较大的影响。《电子签名法》第 8 条对审查数据电文作为证据的真实性应考虑的因素作出了规定，即应考虑：生成、储存或者传递数据电文方法的可靠性；保持内容完整性方法的可靠性；用以鉴别发件人方法的可靠性；其他相关因素。由此可知，这些因素的判定必须依赖于相关技术的支撑。所以，为了确保证据的真实性和合法性，在目前电子商务争议处理的实务中，当事人往往采取公证的方式进行举证。然而，采用传统的公证方式进行举证不仅造成了成本的增加，还造成了时间的浪费。因此，针对电子商务中电子证据的特征，可以创设更为有效的方式或措施来判定证据的真实性。

（3）举证责任的承担。我国民事诉讼制度采取"谁主张，谁举证"的原则，在一般的民事纠纷中，当事人只需要将自己保存的书面合同原件提供给法庭，由法庭确认责任。在电子商务中，当事人一方提供证据的同时，常常需要他人或对方也提供相应的证据，因为当事人合同关系的许多证据往往存储在对方当事人的服务器中。这样，要求当事人完全承担举证责任显然不公平，特别是在一方当事人为消费者、对方当事人为网络服务商时，诉讼请求人大多处于不利的弱势地位。针对这一问题，应该采取与一般举证责任不同的举证原则，主要包括以下内容：其一，在消费者能够举证时，适用一般的举证原则。如果根据合同情形消费者不可能举证，则要求经营者举证，也就是适用举证责任倒置原则；如果经营者不承担举证责任，也不能否认消费者的请求，则推定消费者的请求成立。其二，对于网络合同的一些特殊主体，如网络服务商、认证机构，根据法律要求的举证义务，应该明确规定其举证责任，一方面使举证主体承担与自己从事的业务相应的责任，另一方面也有利于诉讼纠纷的解决。其三，由于这种证据的特殊性，我们只能要求举证主体在其能力的范围内承担举证责任，也就是要求举证人只对自己服务器能够存储的合同内容负责举证，而不对合同的生成负责举证。同时，由于存储器存储空间的有限性，让举证人对于在有效的时间范围内承担合同的举证责任较合理。比如，可以根据服务商的服务条件要求，参照我国其他的法律规定，规定一合理的期限，使当事人的举证责任更合理，也有利于当事人举证责任的承担。

3. 在线争议解决机制对消费者权益的保护。就目前的网上消费者纠纷的状况来看，通过司法程序解决纠纷存在着很多困难。如当事人双方很可能距离遥远，使得管辖权的确定、证据的提供和认定、判决的执行都存在着困难；另外，由于多数网络交易涉及金额较小，消费者往往不会通过诉讼来解决纠纷。为保护消费者的合法权益，亦为促进电子商务的良性发展，建立合理的消费者纠纷的非诉解决机制是十分必要的。在线争议解决机制（Online Dispute Resolution，简称 ODR）是纠纷的非诉讼解决机制（Alternative Dispute Resolution，简称 ADR）或称替代性争议解决机制的延伸，是利用互联网和信息技术的各项通信和技术工具，由互联网上非法院但公正的第三方，解决电子商务争议的所有方式。[1] 其特点是运用了网络这一特殊的技术手段，其发展目的在于完全做到在互联网环境下解决争议。从广义上讲，ODR 包括各种利用网络解决纠纷的机制，其中包括在线企业自身的争议解决机制。但狭义上，ODR 仅指由专业的第三方机构主持纠纷解决，亦称为 OADR（Online Alternative Dispute Resolution）。国际组织与欧盟给它所下的定义是："网络上由非法庭但公正的第三人，解决企业与消费者之间因电子商务契约所生争执的所有方式。"较有共识的在线争议解决机制的基本原则或要求有以下几点：①合法性；②独立性和公正性；③透明性；④方便性；⑤低费用。

　　在线争议解决机制主要包括四种方式：①在线消费者投诉处理。消费者投诉处理是第三方机构设立平台接受消费者投诉并帮助消费者联系商家解决投诉问题的一种方式。一般来讲，第三方机构大多是协会或公益组织，因而与在线企业的内部处理消费者投诉的机制不同，由第三方建立的投诉平台与消费者之间既无交易关系也没有服务协议。②在线调解。在线调解和传统的调解在程序上并没有重大区别，不同的是通信方式。在线调解使用加密的电子邮件或者加密聊天室，在某些情况下还使用可视会议技术。通过使用密码，调解人可以和一方当事人单独在一间"房间"里谈话，而另一方当事人在旁边等候。调解成功一般会有一份和解协议。③在线仲裁。目前的在线仲裁主要解决域名争议，较少适用于网络交易纠纷。④自动化协商。自动化协商主要适用于当事人要求索赔的案件，它是由中立的第三方机构提供计算机程序自动处理争议双方的协商过程，指引双方当事人达成一个折中的解决方案的方式。由于在协商的过程中，一方的报价对另一方是不公开的，因此又称为不公开报价处理方式。

　　随着电子商务在我国的迅猛发展，交易纠纷也呈现出日益上升的趋势。在线争议解决机制虽然无法提供具有强制力的解决方式，但对经营者及消费者而言，其相对于司法程序的方便、高效和经济等优点是很明显的。总体上，在线争议解决机制在各国（地区）已经被认可为电子商务中消费者纠纷解决的一种重要机制。但是，在线争议解决机制是建立在当事人自愿基础上的一种纠纷解

---

〔1〕　郭佳玫："论现行网络交易争议解决的法律问题——兼谈线上争端解决机制"，载《科技法律透析》2001 年第 6 期。

决机制,其裁决或调解决定的执行也有赖于商家和消费者自觉履行。因此,除非国家法律肯定其具有执行效力或者存在制约当事人履行决定的机制,否则在线争议解决机制仍然缺少真正的生命力。可见,要真正建立有效的在线争议解决机制,仍然需要国家政策和法律确认这种制度并对其作出规范,为交易纠纷提供较好的替代性救济措施。

思考题

1. 电子商务发展对消费者权益保护产生的影响有哪些?
2. 个人信息保护应遵循的主要原则有哪些?
3. 简述在线披露制度的作用与内容。
4. 简述无因退货制度的作用与内容。
5. 如何对电子商务中不公平的格式合同进行规制?
6. 针对电子商务中消费者纠纷应确立怎样的诉讼管辖原则?

第四编 其他网络法律问题 ‹‹‹

第十章

网络隐私权

【学习目的与要求】通过本章的学习，要求掌握网络隐私权的概念、网络隐私权的保护范围，网络隐私权的权利内容；了解美国、欧盟等发达国家的网络隐私权的立法情况；熟悉有关儿童网络隐私权的法律保护问题；了解网络隐私权与版权的关系；了解我国的网络隐私权保护的立法现状；了解我国其他网络人身权保护的内容。

【案例1】

据报道，2004 年一美国少女无故频频受电话骚扰，被要求提供"性服务"，后经警方查实，原来是其追求者求爱不成，遂于一因特网网址上公开其个人的详细资料，并登出色情服务的广告。2003 年初，日本樱花银行称，电脑黑客通过互联网窃取了它的 2 万名客户的姓名、电话号码、住址以及生日等信息，这些信息足以让他们从别人账户上提款或者以别人的名义使用信用卡。电影明星布拉德·比特被人偷拍的裸照在网上供人欣赏；克林顿的私人信件被黑客截获并被公布于互联网上；比尔·盖茨的信用卡账号被人盗得……网络隐私侵权已经到了令人难以忍受的程度。据美国《商业周刊》去年做的一项抽样调查显示，消费者选择不在网上购物的首要原因是出于对个人隐私的顾虑。

在中国，网络隐私权遭受侵犯的现象也时有发生。据报道，上海已有几十家企业开始使用"网络神探"，即把一种新开发的"监工"软件安装在办公室里，用以制止公费上网及利用企业网络干私活的现象。它颇似一位隐身于企事业局域网上的"电子工头"，能将每个员工在网络工作站上的所作所为以图像形式记录下来，企事业负责人只要打开浏览器便可一目了然。使用该软件，就如同在未经允许的情况下，可私自打开别人的办公抽屉，随意窥视别人的隐私一样。[1]

第一节 网络隐私权概述

一、隐私权的概念

隐私一词源于英文 Privacy，原意为"隐私、私密、独处、不受他人打扰"。现在我们通常用来指私人生活秘密，包括私人的信息、秘密及其他不愿为人知晓或不愿被公开的个人生活范围内的隐秘之事。我国学者张新宝认为："隐私，又称私人生活秘密或者私生活秘密，是指私人生活安宁不受他人非法干扰，私人信息不受他人非法搜集、刺探和公开。隐私包括私生活安宁和私生活秘密两个方面。"[2] 隐私权即是由隐私所派生出来的权利。隐私权的概念最早是由美国的两位著名法学家萨缪尔·D. 沃伦和路易斯·D. 布兰迪斯在 1890 年 4 月的《哈佛法律评论》上发表的著名的《隐私权》（The Right to Privacy）一文中提出的，他们在文章中指出，由于技术进步和都市报纸已经侵犯了个人和公民生活的神圣领地，许多机械设备的使用预示着我们面临着这样的威胁——最亲爱的人之间说的悄悄话也将被从屋顶上宣扬出去，并明确提出个人有不受打扰的权利。自此之后的一百多年来，隐私权的法律保护成为众多学者关注研究的重要课题。世界上许多的国家和地区颁布了保护隐私权的法律。

隐私权是公民对其私人生活安宁与私人信息享有的不被非法侵扰、知悉、搜集、利用和公开的一种权利。它既是民法所规定的人格权，也是国际人权法所承认的基本人权。《世界人权宣言》第 12 条规定："任何人的私生活、家庭、住宅和通信不受任意干涉。"学者将隐私权的内涵概括为如下三个方面：①基于宪法秘密通信自由及其他于此规定，而由法律加以保护之隐私利益；②基于安适生活之需要，为求不受干扰之隐私利益；③基于现代自动化资讯处理之发达与普遍，为控制关于自己之资料之隐私利益。[3] 第三个方面就是所谓的"信息隐私权"。

二、网络隐私权的概念

数字化网络技术使用的增加和数据库技术的进步，使信息获得的方式发生

---

〔1〕 殷国伟、陆慧："论网络隐私权的立法保护"，载《行政与法》2007 年第 2 期。

〔2〕 张新宝：《隐私权的法律保护》，群众出版社 1997 年版，第 7 页。

〔3〕 吴汉东："知识产权 vs. 人权：冲突、交叉与协调"，载 http：//www. sipo. gov. cn/sipo/zscqb/lilun/default. htm，访问时间：2007 年 8 月 4 日。

改变，不仅是关于个人的，还包括各类商业诸如交互服务提供商、在线商人收集、整理和使用信息的方式。虽然个人信息的获得远在计算机普及之前，但是这类信息很难被收集、整理和分配。尽管个人信息已经被各类商业使用多年，例如货运公司、电信公司，但其目的仅是满足潜在的消费者通过直接的市场渠道获得商品和服务的需要。

为了方便用户上网并为用户提供个性化的服务，以及促进电子商务和广告的发展，网络服务提供商需要收集和使用一定的个人信息。负责合理使用这类信息会使互联网络成为更具权威性的媒体。但是，如果不能有效地实施隐私权的保护，将会使公众因担心计算机网络暗中破坏个人的隐私而对互联网敬而远之。

不论这种担心是否出于担心使用数字网络对隐私带来威胁，还是归于公众对技术的陌生和怀疑，网络服务业必须对潜在的隐私问题予以考虑，特别是它必须赢得消费者的信任。也就是说，他们的个人隐私将会得到强有力的保护。网络服务商必须确保未经本人许可不得将私生活的细节向外界透露以获取利益。在数字化的时代，给出个人隐私的定义是件困难的事情。有学者认为，"一切与个人有关的信息，只要其能够构成对个人进行识别的信息都是个人数据，随着科学技术的发展，个人及其家庭的基因图谱也应纳入隐私权保护的范畴"。[1]例如，IP 地址、浏览踪迹、活动内容等。有学者认为，网络隐私权是指公民在网上享有私人生活安宁和私人信息依法受到保护，不被他人非法侵扰、知悉、搜集、利用和公开的一种人格权；也指禁止在网上泄露某些与个人相关的敏感信息，包括事实图像以及诽谤的意见等。由以上定义可以看出，网络隐私权包括两个方面的意义：在积极意义上讲，网络隐私权是指网络使用者可以自由决定个人生活和个人信息的状况和范围，并且能够对其进行利用和支配的权利。从消极方面讲，网络隐私权是指网络使用者依法享有保护个人信息不被他人非法侵扰、知悉、搜集、利用和公开的权利。

一般认为，网络隐私权是指网络环境中权利主体在最少的干涉下，顺应自己的意愿而生活的权利。[2]关于网络隐私权的讨论呈现出复杂性，比如说对加密技术的使用问题、网络以匿名的方式进行互动问题等都要求立法保护而不能只依靠行业自律的问题。任何网络资料和个人信息的检查，都应该比照其他行业的使用惯例。任何网络资料的使用规范的制定，既要考虑对消费者个人信息的保护又要考虑到网络这种媒体单独授权的特点。

---

〔1〕 汤啸天："网络空间的个人数据与隐私权保护"，载《政法论坛》2000 年第 1 期。

〔2〕 张楚主编：《网络法学》，高等教育出版社 2003 年版，第 155 页。

三、网络隐私权的保护范围

对网络环境下个人隐私权的保护主要涉及如下领域：

1. 具有可识别性的个人资料的保护。它包括消费习惯、病历、宗教信仰、所属政党、税务情况、工作保险以及犯罪前科等。任何对个人资料的非法收集、存储、使用都是对个人资料隐私权的侵犯。

2. 个人生活秩序的保护。网民有权按照自己的意志在网上从事或不从事某种与社会公共利益无关的活动，不受他人的干涉、破坏或支配。

3. 个人私事的保护。任何人包括网络服务商，不得不当窥视、泄漏、干涉他人的私事。

4. 个人领域的保护。国家、网络服务商、黑客等不得对个人的信息系统进行攻击、破坏。但国家为保护社会公共利益对网络进行监视而触及网络使用者的隐私，则依法可以免责。

四、网络隐私权的权利内容

网络隐私权大致有如下内容：

1. 知情权。当网站搜集的是用户的个人信息资料时，用户有权知道网站收集了他的哪些信息，信息的内容是什么，信息将用于什么目的，这些信息会不会与他人共享等事项。如果用户无法得知上述情况，知情权就是不完整的，也就无法充分正确地行使其他权利。

2. 选择权。网站收集个人资料前须征得用户的同意，用户有权选择是否提供个人资料以及提供哪些个人资料。公民对个人资料是否加以保护以及是否允许特定主体使用，只要其具有完全民事行为能力就可以由其自主决定。网络空间现在已经有了"隐私倾向选择平台"，供用户控制有关自己的信息并决定向哪个网站提供哪些信息。"无交换"（不获取任何其他个人身份信息的网站），"一对一交换"（不向第三方泄露有关个人或交易数据的服务），"第三方交换"（可以向第三方泄露有关个人或交易数据的服务），都是支持主体自行处置隐私权的选择方式。但在目前情况下，多数网站提供的服务都与用户付出的信息资料直接相关：用户付出的信息资料多，获得的服务就多，如果不提供或不完全提供网站所需的全部个人资料，就无法获得网站的绝大部分服务，甚至是拒绝访问，这样用户的选择权只局限在"进入"与"退出"的范围内，这对信息的流动和用户选择权的实现都是不利的。

3. 控制权。用户有权控制个人信息的使用，包括通过合理的途径访问个人资料，对错误的个人信息进行修改和补充，在利用个人资料的特定目的消失后或利用期限届满时，用户有权要求永久删除。

4. 用户的支配权。这是网络隐私权中的核心内容，具体包括以下两个方面：

一是权利主体对其个人信息的控制权，即公民个人对自己信息的收集、储存、传播、修改所享有的决定权；二是权利主体对其隐私的利用权，即公民有权依法按自己的意志利用自己的隐私，从事各种活动，满足自身的需要。

5. 安全请求权。个人信息资料的安全是网络隐私权制度的基础。用户有权要求网站保护其个人信息资料的安全，当网站拒绝采取必要措施或技术手段保护用户个人信息资料安全时，用户有权要求网站停止利用、根据协议申请仲裁或提起诉讼。

6. 利用限制权。为了维护网络环境的安定、有序以及公共利益，网站利用个人信息必须限定在合理的范围内，否则就会侵犯个人隐私权，引起纠纷，抑制网络隐私权的立法保护。

7. 私有领域保密权。这是指公民有权禁止他人非法破坏其网络私有领域的隐秘。公民有权维护自我人身与精神私有领域的隐秘。

五、网络隐私权侵权的表现方式

网络隐私侵权的表现形式通常包括以下几种：

1. 擅自在网上宣扬、公布他人隐私。在互联网上宣扬、公布他人隐私的途径有发送电子邮件、聊天室、新闻组等方式，非法将他人隐私暴露。

2. 篡改、监看他人的电子邮件。在这里发生的侵权最多的是所谓"黑客"的闯入，他们将邮件的内容改过之后再发给收信人，这样收信人看到的就不是真正的发信人发过来的内容。另一种情况是 ISP 把其客户的邮件非法转移或关闭，造成客户的邮件丢失和个人隐私或商业秘密的泄露。互联网上利用技术监看他人的电子邮件是很普遍的现象。这些与现实生活中私拆他人信件属同一性质的问题，都是侵害他人隐私权的行为。

3. 垃圾邮件的寄送。互联网上还有一种较为普遍的侵害隐私权的现象就是垃圾邮件，即邮箱中充斥着大量与本人无关的内容。它的一个严重后果是引爆邮箱，使其无法正常使用，另外就是造成了网络系统的紧张。

4. 非法获取、利用他人的隐私。互联网上对人们隐私权构成侵犯的最大危险来自于个人信息的收集和传播、公开或不公开、正当或不正当地收集消费者的信息。

第二节　国外立法

一、各国网络法律保护概况

随着网络技术的普及和发展，网络隐私侵权案件不断增加，面对日趋严重的网络隐私侵权困境，各地也纷纷完善网络保护体系。目前，许多国家和地区都对网络隐私权的保护给予了高度重视，其中一些国家和地区建立了自己的网络隐私权保护制度。我国台湾地区于 1995 年 8 月正式实施"电脑处理个人资料保护法"以及实施细则，欧洲共同理事会于 1995 年 10 月通过了《自动处理个人资料保护公约》，美国接连制定了《公平信用报告法》《电子通信隐私法》《儿童在线隐私保护法》等法律。从世界范围来看，关于网络隐私权的保护主要有两种模式：一种是以美国为代表的行业自律模式，另一种是以欧盟为代表的立法规制模式。

二、美国的情况

（一）美国联邦立法

在美国，隐私立法经历了一个对于资料收集和使用的渐进过程。全面的隐私保护的立法是 1974 年的《隐私权法案》。该法案规范了政府机构收集和披露个人信息的行为。但是，对该法案例外情形过于宽泛的解释削弱了它的力度。例如，美国邮政服务公司被允许为了市场利益，出售有关客户地址改变的私人信息给第三方。还有一项议案正在国会讨论，即关于建立一个全国性的隐私保护委员会，用来监督隐私保护法的实施。

规范因商业目的而使用个人资料的法规包括如下几种：①1970 年的《良好信誉报告法》，该法用以禁止掌握客户个人信息的代理机构披露其信息，特别情形除外；②1984 年的《有线通信政策法》，该法要求有线经营者在公开用户的个人信息之前，取得用户的书面许可；③1978 年的《商业隐私法》，该法要求商业机构在将个人记录透露给政府代理机构之前要通告用户；④ 1988 年的《音像隐私保护法》，该法禁止音像租赁公司把顾客租借的记录对外披露；⑤1991 年的《电话用户保护法》，该法要求，只要用户提出，电话商就必须除去用户拨打的记录。唯一一个保护网络隐私权的法案是《电子隐私通信法》，该法规定未经授权不得将个人电子信息披露给第三方。虽然该法对网络个人电子信息和用户记录提供重要的保护，但并不直接规范出于商业目的而使用或公开个人信息的行为。隐私保护者认为，目前的隐私保护立法体系被保护的例外情形暗中破坏了。

美国在处理隐私权的问题时采取的是逐步立法的方式，而未形成对隐私权保护的完整体系。这种立法状况部分地反映了美国传统的观念，即政府而非私人对个人的隐私权和自由会带来基本的威胁。由于这个原因，美国对阻止政府介入电子通信个人隐私和记录比欧洲一些国家的保护更强烈。鉴于此，就较容易理解美国隐私立法的非体系化和美国历史上排斥建立联邦监督机构的做法了。

（二）美国判例法

美国法院有时会考察个人信息控制权是否属于宪法第十四修正案所保护的

一项基本权利。在 *Paul v. Davis* 一案中，最高法院认为，个人信息的控制不是宪法第十四修正案所保护的范围。审理该案的法院认为，隐私权只包含关于婚姻、生育、家庭关系、子女的养育等情形。在此之后的判例中，法院仍不肯承认隐私权是一项基本权利。在一些判例中，美国最高法院发现公众利益的保护胜过对个人信息隐私的保护范畴。这一点由成文法予以确认。比如，在 *Roman v. Post Office* 一案中，法院支持个人删除权，也就是应消费者要求将消费者的名字从邮寄色情物品的广告名单上删除。在成文立法上已确定只在邮寄色情物品的名单上可以去除消费者的名字。

在州法院，个人还可基于侵权、财产损失和合同之诉来保护其个人隐私。在侵权之诉中，州法院很难发现信息的使用者负侵权的责任，因为个人无法举证由于信息披露而造成的伤害。

尽管法院还未承认个人信息的财产利益，但是法院面临着日益增多的诉讼，主张个人信息是财产。例如，一个威基尼亚州的居民主张他的名字的财产利益。这是一个新的讨论的焦点，因为这是典型的普通法上的权利，即主张一个人的名声（如名字或其他类似的）都有潜在的财产价值。在该案中，原告是一个名不见经传的人，起诉被告违反了州法律中任何人未经授权不得使用他人的姓名、照片的条款。

州法典 1950 年版第 8 章第 40 条指出，任何人或公司组织未经他人书面授权，不得为广告或商业目的使用该个人的姓名、肖像或照片。原告声称，被告未经他许可而使用了他的财产（名字之类）。在本案中，美国世界新闻报道杂志从杂志中借用了他的名字，作为用户名单的一部分，而他未被告知或经他同意。这个判例是独特的。当原告以州隐私权法保护的名义起诉时，他的诉讼请求侧重于他的财产而非隐私权被侵犯。鉴于这个案例是以新的诉讼请求引起的，州法院裁定它无司法管辖权。如果上述这个案子或同类的案子被认可个人隐私是财产，经营者想要使用这种信息，就必须从个人那里购买，这样的结果会造成现有的判例法与基本的成文法之间在美国法律保护范围内隐私权概念上的割裂与不一致。

三、欧洲隐私权立法

与美国零散的、不成体系的对隐私和资料收集的保护相比，欧洲国家则进行了更为全面的立法。通过对《欧洲数据保护指令》的整体考察可知，欧洲共同体在其公民使用数字化网络时，从多方面保护他们的隐私权。

1995 年 7 月 20 日，欧盟委员会通过了《欧洲数据保护指令》，这部法令适用于欧共体各成员国（包括英国、法国、德国、意大利和比荷卢同盟国）。并且指示他们保护成员国公民基本的权利和自由，特别是个人资料收集方面的隐私权的保护。《欧洲数据保护指令》要求成员国在3年内制定法律来规范个人资料收集者的义务，要求收集资料之前必须告知被收集主体，允许被收集主体更改资料，并有权拒绝被收集和有权通知主管当局所怀疑的侵权行为。《欧洲数据保护指令》规定了个人资料收集的条件。包括以下几个方面的内容：①资料所有者明确表示同意被收集；②被收集主体作为合同当事人一方，其资料被收集对于合同的履行是必要的或者是订立合同的前提要求；③被收集主体作为法律责任的主体其资料必须要被收集；④为了公共利益的目的和政府为执行公务的收集；⑤收集对于保护被收集主体的目的是必须的；⑥资料对于被收集者或资料被披露给的第三方的法律利益是必须的。

《欧洲数据保护指令》第12条要求各成员国确保每一个资料主体从资料控制者处获得以下权利：①资料收集的确认、收集的目的和类型；②资料的修改；③资料主体要求将资料的修改信息告知第三方。

除此之外，该指令要求所有的资料控制者在个人资料收集之前到所在国主管当局登记；该主管当局在成员国领土内有权监督该指令的实施。

四、港台地区的保护情况

（一）我国香港地区对网络隐私权的保护措施

香港地区对隐私权的保护措施分别在3部法律中得到体现。《香港特别行政区基本法》第28条规定，"禁止任意或非法搜查居民的身体、剥夺或限制居民的人身自由"。第29条规定，禁止非法搜查公民的"住所和其他房屋"。法院对以上条文解释为基本法赋予公民的隐私权不受非法干涉的权利。《香港人权法案条例》规定保障公民的隐私不受政府等公权力机构的侵犯。对公民隐私权作出最详细规定的是《香港个人资料（隐私）条例》。该条例于1996年12月20日生效。条例的目的是保障公民个人信息资料的安全，以及个人信息资料可以不受限制地流动。资料的保护范围可以包括公营和私营机构，资料的保护方式可以是自动或手工操作的形式。该条例的主要内容涉及收集个人信息资料的目的和方式、个人资料的准确性、个人信息资料的使用方式以及个人信息资料的安全保护措施等。另外，根据条例设立的香港个人资料隐私专员公署被赋予广泛的调查和执法权力，以确保条例的实施。

（二）我国台湾地区对网络隐私权的保护措施

我国台湾地区通过1995年8月公布的"电脑处理个人资料保护法"和1996年公布的"电脑处理个人资料保护法之个人资料类别"对个人资料进行具体详细的保护。"电脑处理个人资料保护法"的立法目的是对个人资料进行法律保护，避免人格权受侵犯，从而促进个人资料的合理使用。该法的适用范围包括政府机关和非政府部门，非政府部门包括医院、学校、电信、金融业、保险业及大众传播业等。根据该法第 7 条的规定，政府机关收集个人资料需要满足以下所列三个条件之一：①必须在法律规定的职权范围内；②必须经过当事人同意；③必须对当事人的权益没有侵害的危险。根据该法第 18 条的规定，非公务机关收集资料需要满足以下条件之一：①经当事人书面同意；②与当事人有契约或者类似契约的关系，并对当事人的权益没有侵害的危险；③已经公开的资料对当事人没有重大利益的影响；④为了学术研究的目的，并对当事人没有重大的影响。

由以上立法可知，欧盟严格的网络隐私保护与美国的保护方式形成鲜明的对比。这些国家和地区在互联网发展状况、立法传统、社会经济政治状况以及人民民主意识等方面存在差异，导致了他们在保护网络隐私权的模式、手段等方面存在不同之处。美国主要依靠市场需求、公众压力和行业自律来进行网络隐私权的保护。但是，由于美国网络服务商是全球性的，至少对于欧盟成员国的用户会遵守《欧洲数据保护指令》的要求。这样非欧盟成员国的用户得到的网络隐私权的保护会低于成员国的用户，如此一来将导致网络服务商调整隐私政策以便遵守《欧洲数据保护指令》。

但是，我们还是能够从其中归纳出一些共同特点，主要包括：①他们主要关注个人数据的利用情况，如个人数据的过度收集、个人数据的二次开发利用、个人数据的商业交易；②更加重视对儿童、消费者、雇员和患者等特定人群网络隐私权的保护等。

第三节　有关网络隐私权的法律问题

一、网络儿童隐私权保护
【案例 2】

美三家网站侵犯儿童隐私权被处罚款[1]

美国三家儿童网站在未经孩子家长的同意下擅自收集大量儿童隐私资料，2001 年 4 月 19 日被罚款 10 万美元。这三家网站是第一批因违反美国保护 13 岁以下儿童法而遭罚款的。对其他更多网站的调查取证工作正在进行之中。据美国媒体教育中心发布的一篇报告说，商业网站普遍存在侵害儿童权益及隐私的问题。调查显示，在 153 个涉及此问题的网站中，仅有 50 个在收集关于儿童的资料时简单地征求了家

---

〔1〕　资料来源：http：//www.sina.com.cn，访问时间：2001 年 4 月 20 日。

长的同意。但更多的网站则是鼓励孩子更改出生年月，谎称自己已满13岁。

由于网络的特殊性，在网络环境下，儿童的隐私权比现实社会中更容易受到侵犯。侵犯儿童网络隐私权的实施主体主要有两类：一是各种怀有非法目的的网络商家，他们通过玩游戏、看卡通或者参加比赛等形式来引诱孩子让他们在网上注册，或者通过利用监视儿童上网习惯的软件，对儿童上网的行踪进行非法检测，刺探、搜集儿童个人信息。这些信息包括真实姓名、家庭住址、电话号码、社会保险号码、身高、体重等。二是怀有非法目的的个人，很多儿童在网上使用的几乎都是真实姓名，有的还对网友公开自己的学校、年级、年龄、电子邮箱，甚至家里的电话号码。一些怀有不良动机的所谓网友通过网络聊天，骗取儿童的真实信息，进而对他们或他们的家人实施直接或者间接的侵犯，如通过邮寄黄色信息，通过查找家庭住址进行诈骗、绑架，拨打骚扰电话干扰正常生活等。常见的侵犯儿童网络隐私权的方式有非法搜集获取儿童个人信息，例如，以提供某些个人信息作为玩游戏时获取积分的条件，诱骗孩子泄露个人真实信息。还有非法使用、非法传播和擅自增加或减少儿童个人信息的范围、改动信息的内容等侵权形式。这些侵权行为危害巨大，给儿童的生活造成严重的影响，甚至影响到儿童的家庭和其他成员的生活。

由于儿童的隐私权容易受到侵犯，《儿童权利公约》第16条规定儿童的隐私、家庭、住宅或通信不受任意或非法干涉。各国法律对儿童的隐私权保护也都作出了相应的规定。我国《未成年人保护法》第30条规定，任何组织和个人不得披露未成年人的个人隐私。[1]

对儿童在网上隐私权保护的立法目前只有美国1999年通过的《儿童在线隐私保护法》，该法为世界各国保护青少年网上隐私权提供了法律借鉴。该法主要规定了以下内容：①调整范围。如果网站是商业性的并面向13岁以下儿童，或者网站中有一部分内容与儿童有关并收集儿童信息，这些网站受该法约束。②如果此类网站上的栏目需要输入儿童的姓名、电子邮件的地址、家庭住址、电话号码或其他能使别人识别或联系到该儿童的个人信息时，应在网站主页（或其他任何可能会得到儿童信息的页面）上建立隐私提示链接，同时需得到儿童父母的同意确认。③在网上向他人传播儿童的电子邮件地址或其他信息时（如通过留言板等形式披露），必须通过严格的父母确认程序，具体可以选择以下方法之一：请父母给网站打对方付费电话获得许可，该电话必须由经过培训

---

〔1〕　李春华："试论网络环境下我国儿童权益的保护"，载 www.cnki.net，访问时间：2007年9月22日。

的工作人员接听；或者通过书信或传真获取父母的书面认可材料；或者收到父母签名的电子邮件；或者接受并确认一个信用卡账号；或者收到父母发出的带有密码的电子邮件。以上方法的目的是使父母了解孩子在网上的活动，以保护孩子的隐私权。④违法者的处罚最高可达 11 000 美元。

这部法律的生效使迪斯尼等网站取消了 13 岁以下用户的电子邮件账号，使这些儿童感到受限制太多，会产生虚报年龄的情形，但对网上儿童的隐私权保护起到了积极的作用。

二、言论自由与网络隐私权

我国《宪法》第 35 条规定："中华人民共和国公民有言论、出版、集会、结社、游行、示威的自由。"这是我国公民言论自由的宪法来源。但是任何自由都不是绝对的，言论自由同样受到法律和其他权利的限制。《公民权利和政治权利国际公约》第 19 条对自由发表意见的权利作出了两项限制：①尊重他人的权利或名誉；②保障国际安全或公共秩序或公共卫生或道德。也就是说，言论自由要受到国家公权以及私权的限制，公民的隐私权也应包括在其中。在互联网上，每个人都成了互动的个体，互联网中信息的交互性、及时性、全球性，打破了传统大众媒介对权威话语权的垄断，使得信息提供者与信息接受者建立在严格限制基础上的关系彻底解体，信息自由传播和自由表达真正得以实现；另一方面，互联网中的言论自由，可以让人们把生活中的不满情绪宣泄出来，缓解人们的压力，减轻痛苦，疏导社会矛盾，让人们身心得到愉悦，获得某种趣味和享受。网络信息自由带来的另一后果是网上言论侵害隐私权的事件大量发生。原因大致有四：①从主体来说，网络个体传播者大多缺乏相应知识，不能够清晰界定自己的言论是否构成对他人隐私权的侵犯；②从客体上看，网络立法的滞后与空白，客观上放任了有意或无意的侵权者，致使大量法律投机现象不断出现；③从传播特点看，互联网传播具有迅速、广泛的特点，且费用低廉，传播代价小，约束机制又不健全；④从人性上看，网络环境是一个独立于现实世界的虚拟空间，很容易让人陷入一种非理性状态，因为人类理性和道德情感并不是那么确信无疑，而在网络这个虚拟世界里，人们更容易忘记在现实世界中形成的法律意识和观念。[1]

鉴于我国目前的社会状况，现在还无法提出十分具体和系统的立法建议。但是总的来说，在个人资料的收集、保管、使用等环节中，法律应该明确资料所有人的各种权利，包括选择权、知情权、修改权等；对于信息使用者，应区

---

〔1〕　蔡恒："网络信息隐私权保护中的利益平衡问题研究"，载《华北电力大学学报》2005 年第 3 期。

别不同情况（如商用、非商用）进行资格认定，同时要对信息使用（包括传播）手段和使用权限进行严格限制，并明确侵权责任。从隐私所有者的角度看，这样是为了保护其隐私权不受侵犯；从信息流通的角度看，这既能限制隐私权的滥用，也能维持信息的完整、准确、适当，保证信息的流通顺畅。

三、版权与网络隐私权

在网络环境中，在电子版权管理系统[1]下，版权人利用新技术监视和控制个人使用作品的情况，变得相对容易，版权人的权利得以扩大。虽然作品使用者的隐私尚未在版权法中涉及，使用者的隐私权却在网络环境中对版权起到一定的作用。如果版权人可以控制个人使用作品的行为，版权人的利益与作品个人使用者的隐私的关系将会引起人们的关注。如果立法者忽视了作品使用者的隐私权和自主使用作品的自主性，版权人控制作品的使用范围有可能与作品个人使用者的隐私范围重合，从而引起冲突。

从以上的立法可以看出，数字化作品的个人使用由于经济利益的原因而有被版权人控制的趋势。直到现在，在电子版权管理系统下，个人使用作品的行为受到版权人的控制只是一种理论上的探讨。即使版权人被授权控制个人使用作品，但是在实践中不能真正实施该权利。在不久的将来，电子版权管理系统会使版权人监控个人的使用从而达到控制个人使用作品。这样不仅影响到使用者的信息隐私，而且个人隐私空间会以电子的方式被侵入。一种选择是切断这种潜在的方式，通过建立一道最终使使用者不能逾越的电子围墙来阻止个人使用。通过电子版权管理系统可以实施以下几种技术措施：

（一）监控

目前发展中的新技术将会使版权人很容易地监控他的作品的使用情况，当侵权和违背许可条款的行为发生在个人使用的范围内时，版权人就能察觉到。每一次作品被使用，电子版权管理系统的监控软件会将作品的使用情形记录下来，为版权人提供了监控的可能。例如，这种监控软件可以自动地收集作品的使用者对所阅读内容的喜好及兴趣范围，不仅如此，还可以监测到相关的信息，如使用者硬盘中的 MP3 文件，或使用者正在运行何种电脑程序。这种行为不仅会侵犯信息隐私权，一般意义上的隐私权也被侵犯了。即使这种电子监控比有形的搜查程序更隐秘，但根据德国最高法院的判例认为仍是侵犯个人隐私的行为。虽然对个人非商业性使用作品的监控还没有先例，但是在每次收看付费电视的服务方面，德国等发达国家已经出现这种情形了。消费者通过支付基本费

---

〔1〕 即 ECMS 系统。这是一种在网络环境下用以保护版权的软件，该系统可识别作者的身份，通过加密、监控等方式保护作品，同时又可以像电子契约那样与使用者进行交易，收取使用对价。

用，可以任意选择电视节目。这一系统不禁止对节目的复制，而且可以观看无数遍或者将复制的电视节目与家人分享。版权监控还有更进一步的作用。即使购买了复制的作品以后，版权人仍然可以掌握个人的使用情况。

（二）技术阻碍

另一种保护版权人的作品的技术措施是给作品加密以阻断作品获取的路径，除非可以得到解码。这样，版权和版权的许可授权条款就得到了有效保护。因为如果个人资料不被获得或披露，就不可能侵犯资料保护方面的法律。唯一可能侵犯隐私权的情况是对家庭隐私的侵犯，版权人会盲目地闯入使用者的个人领域。有学者认为，技术阻碍措施可以比做保护私人财产的篱笆，[1]它可以用来阻止进入使用者个人的领域。更确切地说，这种技术阻碍措施会限制使用者对作品的自由使用的空间。

某些评论者认为，个人复制的豁免制度是为了保护个人领域。[2]德国的版权学者认为，个人的非商业性的复制与思想的自由表达有着密切的联系，[3]而且《伯尔尼公约》第9条第2款规定版权不能影响到个人范围。从隐私的角度而言，技术阻碍措施比监控个人使用的措施对使用者更有利一些。

技术措施已成为数字环境下版权保护的重要形式。那么需要研究的是这种法律保护的技术措施是否会影响到版权和隐私权的平衡；也就是说，基于个人的非商业性使用作品或为了保护使用者的隐私权而破坏技术措施是否违法。

《世界知识产权组织版权条约》[4]第11条和第12条都规定成员国应该为电子版权管理系统提供法律保护。该条约第11条规定，当版权人为实施该条约和《伯尔尼公约》赋予的权利而采用技术保护措施时，若该技术保护措施被规避，成员国应该提供充分的和有效的法律救济并对未被作者授权或法律允许的行为进行限制。显然，作品使用者规避技术保护措施的行为是被该条款所包括的。但是根据该条的字面意思，成员国限制规避技术措施的行为只是在法律不允许的情况下；如果个人复制行为被版权法所允许，成员国就不能对为此目的而规避技术措施的行为提供法律救济。根据世界知识产权组织有关文件，第11条和

---

[1] Mackaay，"The Economics of Emergent Property Rights on the Internet"，*in Kluwer Law International*，1996，p. 13.

[2] P. Bernt Hugenholtz，"Adapting Copyright to the Information Super Highway"，*in Kluwer Law International*，1996，p. 81.

[3] J. Spoor，"The Copyright Approach to Copying on the Internet：Stertching the Reproduction Right"，*in Kluwer Law International*，1996，p. 67.

[4] 即WCT，签订于1996年，主要为了规定数字网络环境下版权的保护问题，是对《伯尔尼公约》的补充。

第 12 条引入的原因是在数字环境下"如果没有技术保护措施和权利管理信息的支持,版权的许可和使用的监控等版权得以有效的实施就可能是句空话"。[1]而且这些技术措施的使用需要相应的法律条款的保护。

如果个人复制行为包含在版权法的控制范围之内的话,就会产生这样的问题——通过扩大版权的保护范围和保护措施使个人单独使用作品时必须分别得到版权人的许可,并使个人使用作品的情形受到监控,从而限制了使用者的隐私权,这样的做法是否公平呢?如果当版权与隐私权发生冲突时,由于隐私权是基本的人权与表达的自由密切相关而具有优先权吗?相反的观点还可以是版权也同样促进思想的表达。在任何情况下,立法者不仅要考虑到版权人的利益,同时也要根据宪法和国际公约保护公民的隐私权,无论是版权还是隐私权都不是绝对的权利,不存在哪一种权利更优的问题。

直到 20 世纪 60 年代,随着家庭复制技术的发展,版权和隐私权才出现了冲突现象。但是,通过对复制设备和空白磁带征税而不是向版权人赋予禁止个人复制的禁止权而达到了版权和隐私权的平衡。当我们进入数字网络环境时,还需要保持这种平衡吗?根据《欧盟版权指令建议》的规定,版权人的权利和使用者的相关权利的合理的平衡必须要得到保障。在网络环境下的平衡不同于传统情形下的平衡,这是一种动态的平衡,需要不断地调整。《欧洲软件与数据库指令》表现出在数字环境下,版权人的权利可以扩张到覆盖个人非法使用具有版权的作品,但是不包括禁止非法获得作品的个人的非商业性的使用。《欧盟版权指令建议》允许成员国可以规定对数字化作品的复制,当这种复制的目的具有经济意义时,可以取消个人复制的例外规定。也就是说,版权人的复制权可以延伸到个人复制行为。很显然,在数字环境下,作品被使用时,版权人的利益保护显得更为重要。但是,在数字环境下,当只考虑到版权的保护范围和版权人的权利所及时,作品使用者的隐私权往往被忽视了。尤其是在权利管理信息的法律保护方面,使用者的隐私权显得尤为重要。在作品被数字化使用时,忽略使用者的隐私权保护的主要原因有以下两个方面:一是认为通过电子版权管理系统,实施版权不会影响到使用者的个人领域;二是因为个人复制行为的例外在实际中使版权人不可能针对个人使用者实施版权。即使第二个原因是正确的,通过电子版权管理系统实施版权对使用者的隐私权的限制要比传统环境下大得多。考虑到在民主社会中隐私权、信息与表达自由的重要性,以及版权实际上反映对信息的保护方式,因此在通过电子版权管理系统实施版权时应采

---

[1] WIPO 关于数字技术和新条约的研讨会的发言。

取谨慎的态度，决定隐私权在什么情况下被侵权，以便达到在数字网络环境下版权和隐私权的平衡。

以上分析表明，电子版权管理系统的发展会潜在地影响到作品使用者的隐私权和相关权利，并且这种影响达到前所未有的程度。同时，采取各种保护措施——法律的、技术的和组织上的——来减少这种影响。最终，这些保护措施的作用的大小实际上取决于利益平衡的演化结果。

第四节　我国网络隐私权法律保护对策

一、我国网络隐私权保护的立法现状

1. 1996 年邮电部发布的《中国公用计算机互联网国际联网管理办法》中规定："任何组织和个人，不得利用计算机国际互联网从事危害他人信息安全和网络安全、侵犯他人合法权益的活动。"

2. 1997 年《计算机信息网络国际联网安全保护管理办法》规定："用户的通讯自由和通讯秘密受法律保护。任何单位和个人不得违反法律规定，利用互联网侵害通讯自由和通讯秘密。"

3. 2000 年《互联网电子公告服务管理规定》认为："电子公告服务提供者应当为上网用户个人信息保密，未经他人允许，不得向他人透露。"

4. 2000 年《全国人大常委会关于维护互联网安全的决定》规定，利用互联网侮辱他人或捏造事实诽谤他人及非法获取、篡改、删除他人的电子邮件或者其他数据资料，侵犯他人通信自由和通讯秘密的，可以构成犯罪，依照刑法追究责任。

5. 2010 年《中华人民共和国侵权责任法》第 2 条规定："侵害民事权益，应当依照本法承担侵权责任；本法所称民事权益，包括生命权、健康权、姓名权、名誉权、荣誉权、肖像权、隐私权、婚姻自主权、监护权、所有权、用益物权、担保物权、著作权、专利权、商标专用权、发现权、股权、继承权等人身、财产权益。"《侵权责任法》首次在法律上确立了隐私权作为一项独立的民事权利的地位。

《侵权责任法》还对侵权责任作了单独规定，当然网络隐私侵权问题也可以适用这些规定。《侵权责任法》第 36 条规定："网络用户、网络服务提供者利用网络侵害他人民事权益的，应当承担侵权责任；网络用户利用网络服务实施侵权行为的，被侵权人有权通知网络服务提供者采取删除、屏蔽、断开链接等必要措施。网络服务提供者接到通知后未及时采取必要措施的，对损害的扩大部分与该网络用户承担连带责任；网络服务提供者知道网络用户利用其网络服务

侵害他人民事权益，未采取必要措施的，与该网络用户承担连带责任。"

6. 2012 年 12 月 28 日，第十一届全国人民代表大会常务委员会第三十次会议通过的《全国人大常委会关于加强网络信息保护的决定》中明确规定了我国要保护"能够识别公民个人身份和涉及公民个人隐私的电子信息"，以及网络服务提供者和其他企业事业单位在个人信息的收集和使用方面所要遵循的规则，同时对于窃取或者以其他非法方式获取、出售或者非法向他人提供公民个人电子信息的违法犯罪行为以及其他网络信息违法犯罪行为提供了救济途径。

7. 2014 年 10 月 10 日实施的最高人民法院颁布的《关于审理利用信息网络侵害人身权益民事纠纷案件适用法律若干问题的规定》（以下简称《规定》），明确了隐私权的独立地位。《规定》第 1 条："本规定所称的利用信息网络侵害人身权益民事纠纷案件，是指利用信息网络侵害他人姓名权、名称权、名誉权、荣誉权、肖像权、隐私权等人身权益引起的纠纷案件。"

二、我国网络隐私权的具体规定

为正确审理利用信息网络侵害人身权益民事纠纷案件，根据《中华人民共和国民法通则》《中华人民共和国侵权责任法》《全国人民代表大会常务委员会关于加强网络信息保护的决定》《中华人民共和国民事诉讼法》等法律的规定，结合审判实践，制定了《规定》。该《规定》在肯定网络隐私权独立地位的同时，其 12 条[1]还规定了网络隐私权的范围、侵权例外等具体事项：

1. 明确列举了属于个人隐私和个人信息的事项。将自然人的基因信息、病历资料、健康检查资料、犯罪记录、家庭住址、私人活动明确列为属于个人隐私的事项。需注意的是，此处列举为说明性的、强调性的而非穷尽性的，意在强调信息的敏感性。

2. 仅规制利用网络公开个人信息的行为。互联网时代，利用网络公开他人信息以构成侵权的现象是极为常见的，无底线的人肉搜索日渐成为侵犯他人合法权益的"大杀器"。因此，《规定》从司法实践的角度，对网络隐私权侵权行为进行规制。

3. 网络隐私权侵权的例外规定。即网络用户或者网络服务提供者利用网络

---

〔1〕《规定》第 12 条第 1 款："网络用户或者网络服务提供者利用网络公开自然人基因信息、病历资料、健康检查资料、犯罪记录、家庭住址、私人活动等个人隐私和其他个人信息，造成他人损害，被侵权人请求其承担侵权责任的，人民法院应予支持。但下列情形除外：①经自然人书面同意且在约定范围内公开；②为促进社会公共利益且在必要范围内；③学校、科研机构等基于公共利益为学术研究或者统计的目的，经自然人书面同意，且公开的方式不足以识别特定自然人；④自然人自行在网络上公开的信息或者其他已合法公开的个人信息；⑤以合法渠道获取的个人信息；⑥法律或者行政法规另有规定。"

公开他人信息不构成侵权的情形：①网络用户或者网络服务提供者公开他人信息经过了自然人的书面同意，并在约定范围内公开。②网络用户或者网络服务提供者公开他人信息是为了促进社会公共利益的需要，且在必要的范围内进行公开。③学校、科研机构可以公开他人信息，但是需要同时满足以下条件：首先，必须是基于公共利益而进行学术研究或者统计目的；其次，需要经过自然人的书面同意；最后，公开的方式不能使公众识别出特定的个人。④网络用户或者网络服务提供者利用网络公开的信息，是已经公开的信息。此处已经公开的信息是指：一是自然人已经自行公开的信息。二是其他已经合法公开的信息。⑤网络用户或者网络服务提供者公开他人的信息是以合法渠道获取的个人信息。

4. 对已公开信息再次公开的限制。[1] 自然人在网络上自行公开的信息或者其他已合法公开的个人信息，以及其他人以合法渠道获取的个人信息，网络用户或者网络服务提供者在网络上公布的，不能认定为侵权。在实践中，通过这两种方式所公布的信息本身并不足以指向特定的个人，但是网络用户或者网络服务提供者利用搜索引擎等手段获取他人的网络信息并将多个个别信息综合起来使之与现实中的某个特定人对应起来，从而使这些信息具有可识别性，指向特定的自然人（人肉搜索）。那么，以这种违反社会公共利益或者社会公德的方式进行再次公开，则仍然构成侵权；或者网络用户或者网络服务提供者的这种再次公开侵害了权利人的其他重大利益，同样，也应当承担侵权责任。[2]

三、我国网络隐私权保护的缺陷

我国三大基本法（《民法》《刑法》《行政法》）均没有隐私权保护的直接规定，《民法通则》及其司法解释并没有界定隐私权的范围，也没有具体解释它的概念。在司法实践中我国将隐私权作为名誉权加以保护，而这种保护方式是十分不恰当的。隐私权是人格权，其权利主体只能是自然人，而名誉权主体不仅仅包括自然人，还包括法人。另外，隐私权保护的是个人私密和个人安宁，而名誉权保护的是个人的社会评价和社会地位。所以对于一些侵犯隐私权却未对当事人名誉权造成损害的侵权行为不易得到法律的支持，显然这样的保护方式不利于受害人隐私权的保护。目前我国的隐私权并没有本着尊重人格精神利益的宗旨去立法，没有将隐私权看做是一项独立人格权加以重视。这种做法直接

---

[1] 《规定》第12条第2款："网络用户或者网络服务提供者以违反社会公共利益、社会公德的方式公开前款第四项、第五项规定的个人信息，或者公开该信息侵害权利人值得保护的重大利益，权利人请求网络用户或者网络服务提供者承担侵权责任的，人民法院应予支持。"

[2] 杨临萍、姚辉、姜强："《最高人民法院关于审理利用信息网络侵害人身权益纠纷案件适用法律若干问题的规定》的理解和适用"，载《法律适用》2014年第12期。

的弊病就是无法划分权利与权利的界限（包括隐私权与名誉权、隐私权与人格自由权），最终导致隐私权保护的无法可依。而不对隐私权进行专门立法是绝对不可能解决我国纷繁复杂的隐私权侵权现象的，更无法应对日趋严重的网络隐私侵权现象。

我国现行立法为网络隐私权的保护奠定了一定的法律基础，但还没有关于网络隐私权比较成形的法律，除在《侵权责任法》中提及外，仅是在一些部门规章或司法解释中有所规定，但是仍不能在立法层面解决网络隐私权的保护问题。因此，根据网络隐私权的保护现状的不足，建立完整的网络隐私权保护体系是十分必要的。

四、我国网络隐私权立法保护对策

（一）我国网络隐私权保护立法模式的选择

我国网络隐私权保护立法模式的选择，应在了解我国实际情况的前提下，积极关注国际上的立法趋势和立法动态，从中吸取经验，参考性地加以借鉴，从而形成我国网络隐私权保护的一般方式和原则。在国际上，主要有美国的行业自律模式和欧盟的立法模式。哪一种模式适合我国的国情呢？我们认为，单纯地采取美国式的行业自律模式对我国的网络隐私权进行保护，并不符合我国的现实国情。美国是互联网技术和电子商务业最发达的国家，通过电子商务进行的国际贸易额位居世界之首，美国还可以通过因特网掌握其他国家的用户甚至是国家的隐私和机密。我国的网络业方兴未艾，行业发展不成熟，行业自律性较差，单纯的行业自律缺乏有效的执行和保障手段，这就使得公民的网络隐私权可能受到毫无顾忌地侵犯。但是，单纯地采取高标准的、较为严格的法律规制模式，对网络隐私权问题以立法的形式加以严格规定和限制，虽可能达到保护网络使用者及消费者隐私权的目的，但是这种过度的保护，可能会降低网络业及电子商务业发展的积极性，使其受到严格限制，失去发展的契机，这将对我国利用网络信息技术促进经济发展的长远利益产生不利影响。

综上分析，我国应当采取行业自律和立法规制相结合的方式，即以行业自律为最低标准，以法律规制为最终保障，从而实现对网络隐私权的法律保护。采取这种模式可以实现行业自律规范与法律规定的双重监督，行业自律可以在基础层面上保护网络隐私权，而法律则作为网络隐私权保障的最终手段。这样既可弥补单纯立法的僵化，也可增强行业自律的强制性。

（二）建立网络隐私权的法律保护体系

我国一直以来在立法上没有对隐私权的概念、内容和范围作出明确的规定，而是归入一般人格权的保护范畴。这种间接的保护方式使隐私权的法律地位不够明确，造成在实践中难以对隐私权进行十分有效的保护。因此，我国应该在未来的民法典中规定隐私权为一项独立的人格权，使隐私权在法律上可以获得直接的保护，从而更有利于保护公民的隐私权。在此基础上，对网络隐私权作出特别的规定。从其内容、范围、侵权行为的判定、侵权责任的承担等方面建立起关于网络隐私权的法律保护体系。

第五节　网络其他人身权益的保护

网络世界是可以不受空间限制来进行信息交换的，信息交换的时域性（更新速度快）、多元性（视频、图片、文章等）、低成本性（以信息交换代替实物交换）等特点为人们的生活和工作带来了极大的便利，使人们热衷并依赖于这项高科技工具。而如今的互联网不仅是一种工具，更是一种社会变革的力量，它改变了人类的生活方式和社会经济发展模式。与此同时也冲击着我国的法律制度。随着网络人身权侵权案件的不断涌现，我国的法律必须对其进行规制，以维护网络社会的正常秩序，以保护人们的基本权益。那么我国除了对网络隐私权进行保护外，还对其他网络人身权的保护进行了明确的规定。

一、网络名誉权的保护

（一）名誉权的概念和特点

名誉权是以名誉为客体的一种人格权，是名誉主体享有的获得客观公正社会评价、免受精神损害的一种民事权利。[1]名誉权具有以下特征：①法定性。我国的《民法通则》和《侵权责任法》均规定了公民和法人享有名誉权，因而名誉权是法律赋予公民的一项基本的人格权。任何权利均是特定利益和法律之力的结合，当民事主体的名誉权受到侵害后会受到国家法律的保护。②专属性。名誉权的主体是特定的民事主体，包括公民和法人。公民自其出生之日，法人自其成立之日就具有名誉权。名誉权是社会公众对特定主体的评价，因而名誉权是不可转让、不可继承、不受剥夺的，也不能由权利主体随意抛弃。③非财产性。名誉权的本质是社会公众的评价，其本身并不直接具有财产性质，也不得交换，不能为权利主体直接带来财产利益。但良好的名誉能为民事主体带来一定的财产利益，如公司若拥有良好的名誉，消费者则会对其产品更加青睐。名誉权受到侵害时往往采取非财产手段进行救济，如赔礼道歉、消除影响等，在特殊情况也可以要求精神损害赔偿。④社会性。名誉权是社会公众对于特定主体的评价，具有公开性和普遍性，如果仅仅是个人对个人的侮辱，并没有为

---

[1]　张新宝主编：《互联网上的侵权问题研究》，中国人民大学出版社2003年版，第107~109页。

第三人获知，社会公众对其的评价并不会降低，也就不构成名誉权侵权了。

（二）网络名誉权侵权的特点

近些年来通过网络侵犯他人名誉权的现象逐渐增多，有学者提出了"网络名誉权"的概念以区分传统名誉权。[1]但是无论从权利主体、权利客体、权利内容方面来说还是从名誉权侵权方面来说，两者的区别仅仅是发生的环境不同。传统的名誉权侵权主要发生于传统的媒体，如书籍、报纸、杂志、电视、广播等，而网络环境中的名誉权侵权特指发生于网络环境中的侵权行为。其侵犯的特定利益与传统的侵权行为是相同的，构成要件也大体相同，只是在具体要件的内容上有所差别。所以，本书认为无需专门的来定义"网络名誉权"。

互联网被称为"第四媒体"，具有不同于以往的报纸、广播、电视等媒体的特点。因而在网络环境中的名誉权侵权具有不同于传统名誉权侵权的特点。

1. 侵权信息传播速度快。我国现在的网民数量相当庞大，一条侵权信息可能会被成千上万的人获知。尤其是随着及时通信工具的出现，如 QQ、微信、微博等，一条侵权信息可能在短时间内被转载、转发几万次、几十万次。同时由于互联网的全球性特征，侵权信息有可能在世界上任何一个角落都可以被获知。因此，网络侵权后果比传统侵权后果更加严重。

2. 侵权责任界定复杂。首先，网络侵权不仅涉及侵权信息的发布者，而且还涉及网络服务提供者，同时不同的网络服务提供者其所承担的信息审查义务也是不同的。其次，我国侵权法规定了"通知——删除"规则，该规则类似于美国法中的"避风港规则"，只要网络服务提供者及时删除侵权信息，其就可以免责，该规则的具体运用也具有复杂性。所以网络名誉权侵权责任的界定比传统名誉权侵权责任界定更加复杂。

3. 侵权来源具有不确定性。"在互联网上，没有人知道你是一条狗。"这句出自《纽约客》一幅漫画标题的话形象地说明了网络的匿名性。由于网络环境具有匿名性，大多数网络用户在网上发表言论的时候不能够严格约束自己的言论，有些人甚至专门利用互联网的匿名性发表侮辱、诽谤他人的言论，以求能够逃避法律的惩罚。虽然我们可以通过一些技术手段来确定侵权来源，但是其存在的金钱成本使人们望而却步。

4. 网络信息缺乏审查机制。在传统的名誉权侵权中，传统媒体对其发布的信息具有审查义务。而在网络环境中，由于网络的开放性和无门槛性，任何人

---

[1]　丁淑玲、马晓莉："试析网络背景下名誉侵权与保护对策"，载《法制与社会》2012 年第 27 期。

均可以在网络中发布、转发言论，上传下载视频音频，从而造成了互联网中的海量信息。如果要求网络服务提供者对这些海量信息进行审查，这不仅会给网络服务提供者造成极大的负担而且也会使互联网失去其得以兴起的自身特点，不利于互联网的长久发展。因此，网络服务提供者一般不对网络中的信息进行审查。[1]

【案例3】

范冰冰与毕成功、贵州易赛德文化传媒有限公司侵犯名誉权纠纷案[2]

2012年5月19日，香港《苹果日报》刊登一篇未经证实的关于内地影星章子怡的负面报道。毕成功转发并评论，主要内容是，前述负面报道是"Miss F"组织实施的。致使网络上出现了大量对于范冰冰的攻击性言论，范冰冰随后将毕成功及黔讯网诉至法院。毕成功则辩称，"Miss F"指的是美国女演员莉莉·科林斯（Lily Collins）。法院审理认为，从毕成功该微博下的评论以及后续大量网友的评论和相关报道来看，多数人认为"Miss F"所指即是范冰冰。认定毕成功捏造事实，通过网络在微博中以影射的方式指认范冰冰实施了诬陷计划，并对范冰冰进行贬损，主观上具有过错。同时法院认定，易赛德公司（黔讯网的主办方）缺乏对"黔讯网"的有效管理，其人员在编写《内幕》一文时带有一定的倾向性和目的性，以引发读者兴趣为手段，主观上存在过错。综上，法院依法认定毕成功和易赛德公司构成对范冰冰名誉权的侵害。据此法院判决贵州易赛德文化传媒有限公司和毕成功公开刊登致歉声明，具体内容应经法院审核；如不履行，法院将在全国发行的报刊上三次刊登判决书主要内容。易赛德公司和毕成功赔偿范冰冰精神损害抚慰金分别为3万元和2万元。

二、网络姓名权、肖像权的保护

（一）姓名权的概念

自然人的姓名权，是指自然人决定和改变自己的姓名并禁止他人非法使用的权利，维护其姓名利益的具体人格权。[3]法学界的通说认为姓名权是具体人

---

〔1〕　王眉：《网络传播中的名誉侵权问题研究》中国广播电视出版社2008年版，第125页。

〔2〕　资料来源：北京晚报，http://ent.sina.com.cn/s/m/2013-02-20/15343860284.shtml，访问时间：2016年6月12日。

〔3〕　杨立新：《人格权法》，法律出版社2011年版，第407页。

格权，但有些学者有不同的主张，例如有的学者认为姓名权具有人格权和财产权的双重属性，[1]持该种观点的学者认为，在现代社会中，自然人的姓名，尤其是公众人物的姓名，被不断的商业化利用推广商品、宣传产品等，其中重要的理论前提是承认姓名权具有财产权益和人格权益双重属性，所以姓名权人拥有自己姓名旳财产利益，自然应该受到法律的保护。对于此，也有学者认为"姓名权财产利益是指作为自然人的姓名被用作企业名称、产品宣传或服务等标识，用作企业产品的宣传或服务，就能够该姓名权人带来的财产利益"。[2]在现代网络飞速发展的今天，姓名权逐渐发展为一种具有财产利益的具体人格权，但是切记，这并不代表姓名权就具有双重性质，这只是说姓名权法律关系中的客体即姓名利益具有双重属性，既有精神利益，又有经济利益。

（二）网络姓名权侵权的特点

姓名权网络侵权和传统意义上的姓名权侵权似乎没有太大的区别，但网络作为一种现代计算机和通信技术结合的新产物，其自身的特殊性质就决定了姓名权网络侵权具有和传统的姓名权侵权相区别的特征。主要体现在：

1. 侵权后果传播速度较快。互联网极强的时速性决定了网络姓名权侵权后果传播速度快的特征。姓名权网络侵权发生的场所和手段都是互联网，且只要掌握了基本的计算机操作技术，就可能使用网络侵犯他人的姓名权，因此姓名权网络侵权行为具有跨地域性。此外，因为网络沟通了全球网络用户的活动，因此一旦发生姓名权侵权的行为，其侵权的后果就会在全世界快速地蔓延开来，为司法机关解决此类案件设置了诸多的障碍。

2. 隐蔽性，侵权责任人的不确定性。网络的使用门槛很低，吸引了众多的网络用户，几乎每个人都可以成为网络信息的发布者。但如果对发表言论不加以限制，进行网络活动就可能侵害他人的姓名权。同时在网上任何人都可以使用自己喜欢的文字或者真实姓名作为网名，来发布、回应或者接收网络信息。因此，常常会发生姓名权网络侵权的问题，而在司法实践中却难以确定具体的侵权责任人。

3. 姓名权网络侵权救济困难，实体和程序都难以实现理想的法律效果。从实体法上看，网络的诞生引发了社会很多领域的深刻变革，为人类社会的发展产生了极大的推动力，但同时网络技术也成为他人实施姓名权网络侵权行为的方法，而我国网络实体相关立法中没有相应的规制措施。侵害姓名权的主体就是利用自身的网络技术优势侵害他人的姓名权益，受害人却常常会因找不到具

---

〔1〕 袁雪石："姓名权本质变革论"，载《法律科学》2005 年第 2 期。

〔2〕 张善斌："姓名权财产利益的法律保护"，载《法商研究》2002 年第 4 期。

体的法律依据而得不到很好的救济；从程序上看，互联网作为一个独特的网络空间，技术复杂，交流形式灵活多变，姓名权的网络侵权行为往往会牵涉到几个地点或者多个网络终端，姓名权人在认定和选择地域管辖、查找和认定网络证据时也常常面临困境。[1]

（三）肖像权的概念

王泽鉴教授指出："以传统见解，人格权乃……非财产权。值得注意的是，因社会经济活动的扩大，科技的发展，特定人格权尤其是姓名权及肖像权既已进入市场而商业化，如作为杂志的封面人物，推销商品或出版写真集等，具有一定经济利益的内涵，应肯定其兼具有财产权的性质。"肖像权指以肖像所体现的人身利益及财产利益为内容的民事权利，它直接关系到自然人的人格尊严及其形象的社会评价，是自然人所享有的一项重要的具体人格权。[2]

（四）网络肖像权侵权的特点

由于网络传播的迅捷性、广泛性，网络侵权给肖像权人造成的损害可能更为严重，对其进行规范是极为必要的。究其特点，总结如下：

1. 实施的便捷性。网络中侵害肖像权的表现形式，以及需借助各种技术手段实现的特点都使得足不出户的行为人只需轻松地运用手中的鼠标和键盘就可以肆无忌惮地实施侵权行为。这在计算机和网络出现之前，恐怕是难以想象的。但是在当今这个网络时代，行为人不需要深入到实际社会当中就能实施一些侵害他人肖像权的行为。

2. 传播的迅捷性。"网络之所以能够像今天这样普及，一个重要原因是它具有覆盖面广、传播速度快的显著优点、人们可以通过互联网迅速获悉各方面的图片、视频。"[3]这种传播方式不仅仅是点对点、点对面的传播，几乎是以面对面的方式传播的，其传播速度令人难以想象。简言之，互联网的国际性和网络信息传输的迅速性决定了网络中肖像权侵权行为传播速度的迅捷性。

3. 形式的复杂性。网络侵犯肖像权的形式不仅有图片、影像，而且可以是静态、动态结合的形式。在传统的媒介上，平面媒体侵害肖像权的方式是图片方式，电子媒体如电视则是影像形式，而在网络上，则可以是几种形式同时存在。[4]

---

〔1〕 段从焕："姓名权网络侵权问题研究"，云南大学 2015 年硕士学位论文。

〔2〕 王泽鉴：《民法总则》，中国政法大学出版社 2001 年版，第 1 页。

〔3〕 董晓波："网络名誉侵权的特征及民事责任"，载《金陵科技学院学报》2004 年第 1 期。

〔4〕 刘正民："论肖像权的民法保护"，河南大学 2009 年硕士学位论文。

【案例4】

赵雅芝与上海琪姿贸易有限公司、上海诺宝丝化妆品有限公司侵害姓名权纠纷、肖像权纠案[1]

2005 年 5 月 16 日，赵雅芝与诺宝丝公司签订《形象代言协议书》，约定赵雅芝允许诺宝丝公司合法使用其肖像为 VZI 系列化妆品进行广告宣传，合约有效期为 2005 年 7 月 31 日至 2006 年 7 月 31 日，诺宝丝公司支付港币 80 万元作为酬金等。2012 年 1 月 9 日，被告琪姿公司与被告诺宝丝公司签订协议书，约定诺宝丝公司确认琪姿公司为"VZI 氧疗系列产品"上海区域的独家总代理商；诺宝丝公司向琪姿公司提供品牌代言人赵雅芝等六大明星为"VZI"产品制作的影响广告宣传资料；协议有效期自 2012 年 1 月 9 日至 2013 年 1 月 8 日等内容。2012年，琪姿公司在其经营的网站上使用赵雅芝的姓名、肖像等。赵雅芝起诉请求两被告停止使用其姓名及肖像、公开赔礼道歉并赔偿经济损失 95 万元及精神抚慰金 5 万元。上海市浦东区法院认为，诺宝丝公司未经赵雅芝同意，无权在双方协议约定期间届满后继续使用其姓名和肖像，也无权授权他人使用，两被告的行为侵犯了原告的姓名权和肖像权。原告作为影视明星，其姓名和形象在中国大陆具有较高知名度，加之原告良好的外形和在公众中所产生的良好声誉，使用其姓名和形象对相关产品进行宣传可提升该产品的影响力和可信度，对该产品的生产商或销售商亦可带来实际的利益。因此，原告的姓名和肖像具有一定的商业价值，对其姓名权和肖像权造成侵害，侵权人应当赔偿一定的经济损失。对于该数额的确定，法院认为，结合琪姿公司在网站上使用原告姓名和肖像的时间长短、对原告造成的影响范围、其行为的过错程度等综合因素，酌情确定被告琪姿公司应赔偿原告损失 25 万元，诺宝丝公司承担连带责任。

在认定受害人的经济损失时，应综合考虑被侵权人的知名度、对相关产品进行宣传可提升该产品的影响力和可信度、对该产品的生产商或销售商可带来的实际利益、使用被侵权人姓名和肖像的时间长短、对被侵权人造成的影响范围、其行为的过错程度等因素，并据此判决其经济损失，贯彻了通过损害赔偿制裁违法行为、提高违法行为的成

---

[1] 资料来源：滨州法律服务网，http://www.0543168.com/articles/497f812b46b744318eeafe939a7a01d6.html，访问时间：2016 年 6 月 12 日。

本的制度功能。《规定》以明文规定的方式贯彻了这一原则，明确了网络用户侵犯他人人身权的损害赔偿责任，第17条："网络用户或者网络服务提供者侵害他人人身权益，造成财产损失或者严重精神损害，被侵权人依据侵权责任法第20条和第22条的规定请求其承担赔偿责任的，人民法院应予支持。"

三、对网络服务提供者承担连带责任的具体规定及其他

《侵权责任法》以专门的法律条文对网络侵权行为进行规制，尤其是《侵权责任法》第36条第2款、第3款[1]的规定，其将网络服务提供者置于焦点之下，并且规定了网络服务提供者的连带责任。但是，围绕这两款的规定，司法实践中却产生了诸多问题。对此，《规定》第5条至第9条针对司法实践中所产生的问题对36条第2款、第3款作了详尽的补充性规定。

（一）规定了通知的形式和内容

《规定》第5条[2]对《侵权责任法》第36条第2款所提及的"通知"作了详尽的规定，即什么样的通知才是有效的通知？有效的通知将发生何种法律效果？司法解释规定了两种通知形式：①是书面形式。书面是比较容易保存，证明力较强的证据形式。②是网络服务提供者公示的方式。网络服务提供者为了取得竞争优势，会设置更为便捷的投诉或通知方式并向网络用户公示，这为权利人维护自身合法权益提供了更为便利的条件。

关于通知的内容，需满足以下条件才可认定为有效的通知：首先，通知人的姓名（名称）联系方式等个人信息。这里的姓名和联系方式，是指能够确定通知人真实身份的信息。其次，要求通知人提供明确的网络地址。通知的目的在于要求网络服务提供者删除涉嫌侵权的信息，所以应当要求通知人提供明确的网络地址或者足以准确定位侵权内容的相关信息，从而达到"通知什么、删除什么"的效果。最后，要求通知人阐述删除相关信息的理由。主要目的有二：一是向网络服务提供者表明通知人即是被侵权人或者与被侵权人具有一定关系

---

[1]　第36条第2款："网络用户利用网络服务实施侵权行为的，被侵权人有权通知网络服务提供者采取删除、屏蔽、断开链接等必要措施。网络服务提供者接到通知后未及时采取必要措施的，对损害的扩大部分与该网络用户承担连带责任。"36条第3款："网络服务提供者知道网络用户利用其网络服务侵害他人民事权益，未采取必要措施的，与该网络用户承担连带责任。"

[2]　第5条："依据侵权责任法第36条第2款的规定，被侵权人以书面形式或者网络服务提供者公示的方式向网络服务提供者发出的通知，包含下列内容的，人民法院应当认定有效：①通知人的姓名（名称）和联系方式；②要求采取必要措施的网络地址或者足以准确定位侵权内容的相关信息；③通知人要求删除相关信息的理由。被侵权人发送的通知未满足上述条件，网络服务提供者主张免除责任的，人民法院应予支持。"

的主体；二是阐述构成侵权的理由。如此，既可以减少恶意通知的情形，也可以减轻网络服务提供者的负担，从而达到双方主体利益的平衡。

（二）规定了"及时"的判断标准

《侵权责任法》第 36 条第 2 款规定，网络服务提供者收到通知后，未及时采取措施的应当承担连带责任。这里的及时应当如何判断？《规定》第 6 条规定，应当综合网络服务的性质、有效通知的形式和准确程度、网络信息侵害权益的类型和程度等因素综合判断。之所以要采取综合因素来判断，是因为实践中侵权现象纷繁复杂，我们不能以一个严格统一的标准来判断网络服务提供者所能做到的"及时"的程度。原因如下：①网络服务的性质不同，服务内容不同，删除的速度也会不同。②要视情况来确定通知的形式和通知的准确程度。电子形式的通知，删除速度可能就比纸质形式的快，及时的标准就高；通知越准确，网络服务提供者删除的速度就越快。③不同的侵权类型和侵权程度，及时的认定标准也会不同。譬如，侵害隐私权的行为比较容易判断，网络服务提供者作出判断所需要的时间就少，及时的标准就高。所以，要综合各方面的因素来对是否"及时"进行认定，而不能以一个标准来认定。

（三）规定网络服务提供者的通知义务

《规定》第 7 条规定了网络服务者的通知义务。网络服务提供者收到权利人的通知后，及时地对信息采取了删除、屏蔽、断开链接等措施，而发布该信息的网络用户要求网络服务提供者承担违约责任或者侵权责任的，网络服务提供者可以以收到了权利人的通知为由而免除责任。此时，被采取删除、屏蔽、断开链接等措施的网络用户，请求网络服务提供者提供通知内容的，网络服务提供者应向其提供。需注意的是，本条是避风港规则的具体化，网络服务提供者收到通知后，一旦及时采取措施，则网络服务提供者是"双向免责"，既免除对网络用户的违约责任或者侵权责任，也免除对被侵权人的侵权责任。

（四）错误删除的法律责任承担问题

《规定》第 8 条对错误删除的法律责任承担问题作出了规定。因为通知人的通知导致网络服务提供者错误采取删除、屏蔽、断开链接等措施，被采取措施的网络用户是可以请求通知人承担侵权责任的，并且在技术条件允许的情况下，可以要求网络服务提供者采取相应恢复措施。错误删除妨碍了网络用户的表达自由，因此，网络用户要求网络服务提供者恢复信息的，在技术可能的情况下，是应当得到支持的。

（五）对"知道"的判断标准作了指引性规定

《侵权责任法》第 36 条第 3 款规定网络服务提供者承担的连带责任，以网络服务提供者知道网络用户利用网络侵害他人民事权益为条件。《规定》第 9 条[1]最终采取了多个因素综合认定的方式来判定网络服务提供者是否"知道"。因为，在司法裁判中，如果设置过严的认定标准，则会造成网络服务提供者承担过重的责任，自我审查过严，经营负担加大，进而可能会影响合法信息的自由传播，不利于互联网的发展；但是如果设置的标准过宽，又会导致网络服务提供者怠于履行必要的注意义务，放纵甚至主动实施侵权行为。因此，采取这种考虑相关因素的方式进行综合认定是否"知道"是比较适当的做法。需注意的是，在适用该条规定时，不能机械地对该条中所列明的因素一一考虑，应当根据个案的具体情况进行认定。在某些情况下，司法解释规定的考虑因素一个或几个的满足即可认定网络服务提供者"知道"。

（六）增加网络服务提供者的信息披露义务

网络的匿名性为人们提供了充分表达、自由表达的虚拟空间，但同时也为一些人实施侵权行为提供了便利。因网络匿名性特征使得被侵权人难以确定涉嫌侵权的网络用户的难题也由此形成。如何更好地维护每位网民的合法权益，使其权益可以得到充分保障，是我们待以解决的问题。《规定》实施后，被侵权人就可以依据法定途径快速地确定侵权者的真实信息，更及时地维护自己的合法权益。《规定》第 4 条规定了网络服务提供者的信息披露义务，基本内容是，由原告在诉讼中提出请求，人民法院审查后可要求网络服务提供者提供网络用户的个人信息，原告可以追加该网络用户为被告。如网络服务提供者无正当理由拒不提供的，人民法院可以采取民事诉讼强制措施。适用本条规定，应注意以下几个条件：①原告已经对网络服务提供者提起诉讼，且网络服务提供者进行抗辩的理由是：涉嫌侵权的信息是由网络用户发布的。②原告由于客观原因无法取得网络用户的个人信息，依据《民事诉讼法》第 64 条[2]的规定，请求人民法院责令网络服务提供者披露网络用户的个人信息。③人民法院需要根据案件具体情况判断是否需要责令网络服务提供者披露网络用户的个人信息。判

---

[1] 《规定》第9条："人民法院依据侵权责任法第36条第3款认定网络服务提供者是否'知道'，应当综合考虑下列因素：①网络服务提供者是否以人工或者自动方式对侵权网络信息以推荐、排名、选择、编辑、整理、修改等方式作出处理；②网络服务提供者应当具备的管理信息的能力，以及所提供服务的性质、方式及其引发侵权的可能性大小；③该网络信息侵害人身权益的类型及明显程度；④该网络信息的社会影响程度或者一定时间内的浏览量；⑤网络服务提供者采取预防侵权措施的技术可能性及其是否采取了相应的合理措施；⑥网络服务提供者是否针对同一网络用户的重复侵权行为或者同一侵权信息采取了相应的合理措施；⑦与本案相关的其他因素。"

[2] 《民事诉讼法》第64条第2款："当事人及其诉讼代理人因客观原因不能自行收集的证据，或者人民法院认为审理案件需要的证据，人民法院应当调查收集。"

断的因素包括：原告提出该申请的目的是否是追究网络用户的侵权责任、原告提供的证据材料证明网络用户侵权的可能性大小等。④披露的信息以能够确定网络用户的真实身份、满足原告提起诉讼的条件为限。⑤网络服务提供者的免责事由为"有正当理由"，包括相关信息的客观灭失、已经超出法定的保存期限等。[1]

四、对网络人身权保护的其他规定

伴随着互联网行业的发展，网络侵权现象猖獗不止，而《规定》对于规范网络行为、建立良好的网络秩序，具有重要意义。《规定》全文虽仅有 19 条，但是内容非常丰富，不但详尽地规定了网络服务提供者的侵权认定问题，涉及了司法实践中的热点、难点问题的解决，还对利用网络侵害人身权益案件的损害赔偿问题作了规定。具体规定如下：

（一）用户侵权网站被纳入被告范围

在以往的纠纷中，网站对于其注册用户或其他类型用户的发帖行为均主张不承担责任。具体到个案中，很多被侵权人因为无法确定注册用户的身份信息，使得其合法权益无法得到及时维护。今后，用户发帖，与网站无关将不会那么简单。仅在起诉受理环节，网站也被纳入了被告范围。《规定》第 3 条："原告依据侵权责任法第 36 条第 2 款、第 3 款的规定起诉网络用户或者网络服务提供者的，人民法院应予受理。原告仅起诉网络用户，网络用户请求追加涉嫌侵权的网络服务提供者为共同被告或者第三人的，人民法院应予准许。原告仅起诉网络服务提供者，网络服务提供者请求追加可以确定的网络用户为共同被告或者第三人的，人民法院应予准许。"

（二）自媒体人转发信息要谨慎

在微信等社会化媒体或自媒体大行其道的今天，随手转发的可能是正能量，也可能是"毒药"。很多随手转发的用户，不论是普通网民，还是网络大 V，都抱着"又不是我说的""我发出来恰是为了辟谣"的心态，对各类耸人听闻的信息予以转发，很多大 V 还会对一些信息进行编辑再加工然后予以发布。这类信息一旦包含官员外逃、公司诈骗等关键词，特别容易成为大 V 争相转发的信息，也极易成为民众关注的焦点信息。而事实上，很多此类信息都是一些人别有用心杜撰的，其目的是给当事人施压谋取不当利益。当然，这其中，也可能有另

---

〔1〕　杨临萍、姚辉、姜强："《最高人民法院关于审理利用信息网络侵害人身权益纠纷案件适用法律若干问题的规定》的理解和适用"，载《法律适用》2014 年第 12 期。

外一种可能，即不良网站伺机敲诈当事人。[1]

今后，对于可能涉嫌侵犯他人合法权益的信息，要谨慎转发，否则将要承担相应的侵权责任。其中，网络大 V 的注意义务更是要高于普通用户。《规定》第 10 条对认定网络用户或者网络服务提供者转载网络信息行为的过错及其程度作出了规定，认定过程中所应当考虑的因素如下：①转载主体所承担的与其性质、影响范围相适应的注意义务；②所转载信息侵害他人人身权益的明显程度；③对所转载信息是否作出实质性修改，是否添加或者修改文章标题，导致其与内容严重不符以及误导公众的可能性。

（三）网络水军要承担连带责任

网络水军，又称"五毛党"，这些人或 ID 发布信息时从不考虑信息的真实性和合法性，只要委托人支付相应的费用，就按照委托人的意图或要求发布指定的信息。在实践中，网络水军发布的信息通常都是涉嫌侵犯他人合法权益的。据此，《规定》对此类现象也作了规制，其 15 条："雇佣、组织、教唆或者帮助他人发布、转发网络信息侵害他人人身权益，被侵权人请求行为人承担连带责任的，人民法院应予支持。"

（四）恶意发布差评要承担责任

评价体系本来是督促经营者提供更加优质的服务，但是，评价体系被人恶意利用后，也成为一些人敲诈勒索经营者的工具。在各大购物网站上，活跃着很多职业差评师，这些人以恶意发布差评要挟买家满足其不合理的要求，今后，这些职业差评师可能要面临失业的风险了。《规定》第 11 条："网络用户或者网络服务提供者采取诽谤、诋毁等手段，损害公众对经营主体的信赖，降低其产品或者服务的社会评价，经营主体请求网络用户或者网络服务提供者承担侵权责任的，人民法院应依法予以支持。"

（五）删帖收费法律不予保护

在实践中，很多网站或者搜索服务商不能及时响应被侵权人的删除、屏蔽、断开链接要求，很多被侵权人只能被迫选择付费删帖，该种付费行为不但不利于被侵权人及时维护其合法权益，反而会使网络服务商拖延履行删除屏蔽侵权信息义务，因此《规定》亦对此现象作了规制。《规定》第 14 条对删帖收费现象作出了规定：①被侵权人与构成侵权的网络用户或者网络服务提供者达成的包含下面内容的协议是无效的：由一方支付报酬，另一方提供删除、屏蔽、断开链接等服务。②擅自篡改、删除、屏蔽特定网络信息或者以断开链接的方式阻止他人获取

---

[1]　李俊慧："最高院《网络侵权司法解释》的七大看点"，载 http://tech. sina. com. cn/zl/post/detail/i/2014 - 10 - 10/pid_8462554. htm，访问时间：2016 年 6 月 12 日。

网络信息，发布该信息的网络用户或者网络服务提供者可以请求侵权人承担侵权责任。如果是接受他人委托实施该行为的，委托人与受托人要承担连带责任。

（六）对损害赔偿问题的规定

《规定》第16条至第18条规定了侵权人应承担的赔偿责任。值得我们注意的是，《规定》第18条明确将被侵权人为制止侵权行为所支付的合理开支，认定为《侵权责任法》第20条[1]规定的财产损失，进而又明确规定了合理开支的范围，包括调查取证的合理费用和合理的律师费用。《规定》第18条第2款规定在被侵权人的财产损失或侵权人获益无法确定的情况下，人民法院可在50万元以下根据具体案情作出裁量。由此可以看出，此条规定解决了在侵害网络人身权益的案件中，被侵权人往往并无具体的财产损失或者不能证明具体的财产损失，结果造成维权成本过高、违法成本过低的不平衡状态问题。为倡导正确的网络观念、确立良好的网络行为规范、建立规范的网络秩序等方面，具有重要作用。另外，关于50万元的赔偿上限问题，适用时需要注意以下问题。首先，在证明责任上，原告有义务证明自己的损失数额。但是，原告可能会因损失较小而不提出证据证明并意图获得该50万的赔偿上限。此时，被告可以通过证明原告的损失或者自己的收益作为对抗原告试图获得赔偿上限的一种手段。换言之，被告的收益既是原告的攻击手段，也是被告的防御手段。其次，只有在原被告就损失和收益皆无证据证明的情况下，才由法官自由裁量。最后，所谓50万元的赔偿上限，并非在每一个案件中都是按照上限予以赔偿，人民法院应当根据案件的具体情况在50万元以内酌情确定，需要考虑的因素包括侵权人的过错程度、侵权行为及其方式、损害后果及其影响等。[2]

【案例5】

蔡继明与百度公司侵害名誉权、肖像权、姓名权、隐私权纠纷案[3]

蔡继明作为政协委员公开发表假日改革提案后，引起社会舆论关注。网络用户于百度贴吧中开设的"蔡继明吧"内，发表了具有侮辱、

---

[1]《侵权责任法》第20条："侵害他人人身权益造成财产损失的，按照被侵权人因此受到的损失赔偿；被侵权人的损失难以确定，侵权人因此获得利益的，按照其获得的利益赔偿；侵权人因此获得的利益难以确定，被侵权人和侵权人就赔偿数额协商不一致，向人民法院提起诉讼的，由人民法院根据实际情况确定赔偿数额。"

[2] 杨临萍、姚辉、姜强："《最高人民法院关于审理利用信息网络侵害人身权益纠纷案件适用法律若干问题的规定》的理解和适用"，载《法律适用》2014年第12期。

[3] 资料来源：中国法院网，http://www.chinacourt.org/article/detail/2014/10/id/1456160.shtml，访问时间：2016年6月12日。

诽谤性质的文字和图片信息，且蔡继明的个人手机号码、家庭电话等个人信息也被公布。百度公司在"百度贴吧"首页分别规定了使用"百度贴吧"的基本规则和投诉方式及规则。其中规定，任何用户发现贴吧帖子内容涉嫌侮辱或诽谤他人，侵害他人合法权益的或违反贴吧协议的，有权按贴吧投诉规则进行投诉。蔡继明委托梁文燕以电话方式与百度公司就涉案贴吧进行交涉，但百度公司未予处理，梁文燕又申请作"蔡继明贴吧"管理员，未获通过，后梁文燕发信息给贴吧管理组申请删除该贴吧侵权帖子，但该管理组未予答复。2009年10月13日，蔡继明委托律师向百度公司发送律师函要求该公司履行法定义务、删除侵权言论并关闭蔡继明吧。百度公司在收到该律师函后，删除了"蔡继明吧"中涉嫌侵权的网帖。蔡继明起诉百度公司请求删除侵权信息、关闭蔡继明吧、披露发布侵权信息的网络用户的个人信息以及赔偿损失。

北京市海淀区法院一审认为，百度贴吧服务是以特定的电子交互形式为上网用户提供信息发布条件的网络服务，法律并未课以网络服务商对贴吧内的帖子逐一审查的法律义务，因此，不能因在网络服务商提供的电子公告服务中出现了涉嫌侵犯个人民事权益的事实就当然推定其应当"知道"该侵权事实。根据《互联网电子公告服务管理规定》，网络服务商仅需对其电子公告平台上发布的涉嫌侵害私人权益的侵权信息承担"事前提示"及"事后监管"的义务，提供权利人方便投诉的渠道并保证该投诉渠道的有效性。百度公司已尽到了法定的事前提示和提供有效投诉渠道的事后监督义务，未违反法定注意义务。百度公司在2009年10月15日收到蔡继明律师函后，立即对侵权信息进行了删除处理，不承担侵权责任。由于百度公司已经删除了侵权信息并采取了屏蔽措施防止新的侵权信息发布，蔡继明继续要求百度公司关闭涉诉贴吧于法无据，且蔡继明因公众关注的"国家假日改革"事件而被动成为公众人物，成为公众关注的焦点，出于舆论监督及言论自由的考虑，应当允许公众通过各种渠道发表不同的声音，只要不对蔡继明本人进行恶意的人身攻击及侮辱即可。而"蔡继明吧"只是公众舆论对公众人物和公众事件发表言论的渠道，以"蔡继明"命名吧名只是指代舆论关注的焦点，其本身并无侵害其姓名权的故意，对关闭蔡继明吧的请求不予支持。关于蔡继明诉前要求百度公司提供相关网络用户的个人信息，百度公司依照《互联网电子公告服务管理规定》第15条未直接向蔡继明提供侵权网络用户信息，并无过错。蔡继明诉讼请求百度公司提供上述信息，百度公司亦当庭表示在技术上可以提供，故蔡继明要求百度公司通过法院向蔡继明提供涉嫌侵权的网络用户信息的诉讼请求理由正当，一审法院对此予以支持。

宣判后，原告蔡继明的代理人表示要上诉。

蔡教授说，国务院决定取消五一黄金周公布后，一些反对者就把他当成了发泄怨气的对象，经常有人通过电话、短信、电子邮件对他进行人身攻击。不久前，他发现百度贴吧中还有一个"蔡继明吧"，"百度贴吧里有人公布了我的电子邮箱、家庭电话和手机，我每天都会接到匿名电话的骚扰，现在我的手机上有160多条短信，邮箱里有100多封电子邮件，都是一上来就骂人。有时候，有人先打电话，确定有人接之后，立马就发那些辱骂的短信，然后还会上贴吧告诉其他网友，这个电话是真实的，号召大家一起打电话骂我。我的妻子和女儿在外面都不敢提自己的丈夫或者父亲是谁"。

最终北京市第一中级人民法院二审认为，百度公司在收到梁文燕投诉后未及时采取相应措施，直至蔡继明委托发出正式的律师函，才采取删除信息等措施，在梁文燕投诉后和蔡继明发出正式律师函这一时间段怠于履行事后管理的义务，致使网络用户侵犯蔡继明的损害后果扩大，应当承担相应侵权责任。根据本案具体情况，百度公司应当赔偿蔡继明精神抚慰金10万元。

上述案例最终二审的判决是在2011年作出的，虽然最终蔡继明教授得到公正的判决，但是可以看出当时是没有明确的法律依据的，那么2014年10月10日施行的《规定》就补充了法律的漏洞，明文规定了网络服务提供者的责任。

网络侵犯人身权的行为对于被侵权人造成了非常大的不良影响，司法解释对网络的一些不良行为进行规制，有助于净化法律环境。除上述规定之外，网络水军，删帖付费，恶意发布差评这些行为都受到《规定》的制约。生产力决定生产关系，科学技术的发展使社会进入信息化时代，在网络日益发达的今天，网络侵权变得相当简单，最高人民法院制定发布的《关于审理利用信息网络侵害人身权益民事纠纷案件适用法律若干问题的规定》堪称正当其时，它对规范网络行为，建立良好的网络秩序，具有重要意义。

思考题

1. 简述网络隐私权的保护范围。
2. 简述网络隐私权的侵权行为表现形式。
3. 简述美国网络隐私权的立法概况。
4. 简述网络隐私权与版权的关系。
5. 简述网络隐私权与言论自由的关系。
6. 简述我国网络隐私权保护的问题和对策。
7. 简述网络名誉权侵权的特点。
8. 简述网络姓名权侵权的特点。

第十一章

电子政务

【学习目的与要求】通过本章的学习，要求掌握电子政务的概念和特征；了解电子政务实行的意义；了解电子政务的应用发展阶段；熟悉国外立法状况及发展；了解我国电子政务发展的阶段和存在的问题；了解我国电子政务制度的构想。

第一节 电子政务概述

一、电子政务的概念

电子政务是由电子和政务合成而来，电子是指电子信息技术和网络通信技术，政务是指国家的管理活动。简单地说，电子政务是指国家借助电子技术进行社会的管理活动。电子政务最早由美国于 1993 年提出。电子政务由电子政府发展而来。所谓电子政府，西方学者定义为实质上是将工业化模型的大政府（特点是集中管理、分层结构在物理经济中运行）转变为新型的管理体系，以适应虚拟的、全球性的、以知识为基础的数字经济，这种新型的管理体系就是电子政府。[1]电子政务与电子政府虽然在功能上有许多相似之处，但是，侧重点有所不同，电子政务是指通过电子技术进行的国家管理活动，强调动态的过程，电子政府是指通过电子技术构建的电子化的政府，强调静态的组织结构。

二、电子政务的重要意义

电子政务的发展对社会的发展具有重要的意义。主要表现在以下几个方面：

1. 电子政务有利于提高政府机关的工作效率，提高管理质量。电子政务的主旨在于使政府的服务质量和水平得到改善。电子政务运用数字化和网络化技术，实现了各政府部门之间的有效沟通，减免了复杂的申请手续，有效地提高

---

〔1〕 饶传平：《网络法律制度——前沿与热点专题研究》，人民法院出版社 2005 年版，第 47 页。

了行政效率和服务质量。[1]

2. 电子政务有利于提高行政透明度。国家通过电子化的运作，可以将不涉及个人隐私、国家机密的信息向社会公布，公民可以随时随地参与政府的管理，起到社会对国家权力的监督作用。政府与公民可以达到互动，信息通过网络沟通更加通畅，避免信息传播中的失真。

3. 电子政务有利于培养社会诚信的风尚。市场经济要求社会诚信，建立完善的诚信体系，对市场经济的进一步发展起到重要的作用，但是，目前我国市场面临信用危机，不讲诚信的现象比较普遍。电子政务可以促使政府部门与企业的网络连接。企业的费用缴纳、税收征管经营状况等内容都可以在网络上查询。企业的诚信与否易于评估和查询，从而有利于建立企业的信用制度，乃至培养全社会的诚信风尚。

【案例1】

给市长发个 E-mail[2]

由于杭州市政府邮件系统的启用，杭州普通市民与市长能够通过电子邮件进行直接沟通，非常方便快捷。杭州市政府新建的市民邮箱系统根据用户群具体分为三类：一是面向机关单位和公务人员的公务邮箱；二是面向各类企事业单位和社会团体的法人邮箱；三是面向普通市民的免费市民邮箱。该系统建设用户容量为30万，目前已经登记开通2万多个。

该邮件系统规模较大，涉及三大类不同的用户群体，系统设计容量大，而且是实名制的，用户的申请注册以及用户个人信息的维护和保存显得十分重要。针对这种情况，邮件系统应用了虚拟域的技术，可以支持多个不同的邮件后缀名。值得一提的是，该系统采用了 Sun Java 企业系统软件。首先，这个平台采用了 Sun Java 应用服务器。其次，它支持通常的 Web 服务标准。最后，它还支持 LDAP。LDAP 提供了一个集成的服务器，而这是大多数其他平台所不具备的。

本邮件系统的建设与"中国杭州"政府门户网站相配套，邮件系统的注册用户信息和个性化喜好信息是整个系统的核心。杭州市政府邮件系统不仅仅是一个功能强大的电子邮件系统，而且还能与具体的应用系统相结合，为市民提供增值信息、应用服务，如可以通过邮件

---

〔1〕　饶传平：《网络法律制度——前沿与热点专题研究》，人民法院出版社 2005 年版，第 51 页。

〔2〕　节选自《国内电子政务优秀案例》，载 http://www.kingsoft.com，访问时间：2007 年 9 月 23 日。

系统向市民提供水电煤气等账单信息、图书超期通知信息等与市民日常生活息息相关的信息服务。

此外,为消除数字化鸿沟,系统还提供统一消息服务(UMS)的功能,为那些没有条件购买电脑或在旅途中没有条件访问互联网的用户提供使用本邮件系统的服务,即用户还可以通过电话、传真、短消息等其他通信工具来直接阅读和发送电子邮件,而不是仅限于使用电脑通过互联网的方式进行。

实施单位:Sun 中国公司

客户名称:杭州市人民政府

点评:对于大型信息化系统的建设,平台和关键技术的选型十分重要,系统架构的设计需要兼顾可扩展性和可扩充性。关键技术的选型既要考虑技术的先进性,又要兼顾技术的成熟度,由于 Sun Java 企业系统提供了一个开放的网络环境,所以杭州市政府邮件系统的个性化需求得到了充分的满足。

三、电子政务的应用发展阶段[1]

目前,国际上对电子政务的发展阶段划分的方法有所不同,具有代表性的主要有以下几种:

1. 联合国与美国行政学会的电子政务阶段划分。联合国与美国行政学会将电子政务划分为以下五个阶段:

(1)网站的出现。政府提供几个官方网站,为公民提供公共服务。

(2)改善网站的质量。例如增加政府网页和动态的信息,信息选择的方式多样化。

(3)出现互动的网站。网站使公众与政府能够及时沟通,如网上下载表格。

(4)网上提供服务。用户可以便利地从政府网站上获取服务,如网上交税。

(5)提供全面的政务服务,通过一站式的门户网站,完全通过网络提供政府服务。

2. 欧共体委员会的阶段划分。欧共体委员会将电子政务的发展划分为以下四个阶段:

(1)网上信息的发布。政府只在网上发布公共服务信息,而不作其他用途。

(2)单向沟通。政府除了发布信息以外,还向公民在网上提供服务,如提供表格的下载服务。

---

〔1〕 饶传平:《网络法律制度——前沿与热点专题研究》,人民法院出版社 2005 年版,第 53~56 页。

（3）双向互动。政府和公民可以实现良好的互动。政府可向公民在网上做些民意调查，提高政府的服务质量，公民也可通过网络向政府提出建议。

（4）全面的网上政务处理。政务在此阶段可以实现全方位的电子化。政府的公共服务的范围非常广泛，公民不仅可以下载表格，还可以在网上交税、缴纳各种费用。

3. 香港电子政务的阶段划分。香港的电子政务在亚洲非常发达。电子政务的发展阶段有以下四个：

（1）网络只是信息的附加通道。公民可以从网上获取政府发布的信息，但并非主要的信息来源。

（2）电子服务的提供。公民通过网络与政府互动，获得电子化的公共服务。

（3）政府的跨部门合作。在网上，公共服务的提供模式是一站式，部门之间没有明确的划分。跨部门的合作使得公民获得更便利、更优质的服务，但是该阶段实施的难度较大。

（4）全新意义上的政府。与私部门合作提供电子化的服务。政府将很多服务项目外包给私部门。私部门的介入使政府有效地利用其资源，也使政府的含义重新界定，更能塑造一个提供更优质高效服务、值得信赖的政府。

第二节　国外电子政务现状及立法概况

一、美国电子政务现状及立法

（一）美国电子政务概述

美国是最早提出发展电子政务，并且发展最为迅速的国家。美国之所以重视电子政务的发展，是因为从 20 世纪 80 年代以来，财政赤字造成美国政府效率低下，为此美国副总统戈尔领导的全国绩效评估委员会提出了运用信息技术改造政府的报告，希望借助信息技术提高政府的工作效率，节约成本。1994 年 9 月，他又提出建立全球信息基础设施的倡议，强调建立服务型政府，为民众提供更为便利的服务，建立高效能的政府。

美国积极从立法方面推动电子政务的发展，先是颁布了《政府纸张消除法案》，要求在 2003 年 10 月以前实现政府办公无纸作业，全面实行电子化的管理模式。又在 2002 年 12 月签署了《电子政府法》。另外，还制定了《个人隐私权保护法》《美国联邦信息资源管理法》等法律法规。

在具体实践中，美国投入巨资设立专门基金实施电子政府计划，又建立了电子政府办公室，负责政务公开、内部办公电子化等工作。

（二）美国的《电子政府法》

美国总统布什于 2002 年 12 月 17 日签订《电子政府法》。该法案的宗旨在于促进美国联邦信息系统之间的信息交流，以及信息系统与政府工作人员、政府工作人员与社会公众之间的信息交流的畅通。

该法案的内容有：批准投入资金建设政府网站 firstgov. gov，根据公民需要提供政府信息和服务内容，要求政府管理机构所作出的行政管理裁决在网上公布，联邦法院要在他们的网上公布法院信息和司法判决；允许机构科技人员、政策决策者和公众，通过访问网站获得关于联邦科学研究基金支出的非敏感信息，改善联邦信息技术专业人员的招聘和培训工作；为政府持有的私人信息建立新的重要的隐私保护。[1]

该法案规定建立电子政府办公室的新机构，由该机构管理电子政府基金，基金主要用于资助政府部门和在政府间可以被广泛应用的项目。该机构的负责人由总统任命，运转资金由管理和预算办公室拨付。

该法案还要求在行政管理和预算局设立一个信息办公室，信息办公室设有首席信息官，负责协调联邦政府的电子信息资源。该法案要求另设一个首席信息官委员会，满足在各机构间的信息共享。在财政部设立一个电子政府基金，负责支付机构间的信息技术活动。

该法案还要求联邦机构建立传送政府信息服务的信息传输系统，建立联邦在线电话簿和在线图书馆。为了公众及时获得诉讼信息和其他信息，法案要求联邦法院在 2 年内建立网站供公众查询。另外，还要求建立一个在线机构目录和有关监管程序制定摘要的网站。

《电子政府法》还包括《联邦信息安全管理法》，使联邦机构计算机安全事务永久处于国会的监管之下，为电子政务的发展提供了司法保障。

（三）美国的《个人隐私权保护法》

《个人隐私权保护法》于 1974 年颁布，1979 年美国第 96 届国会将其编入《美国法典》第五编"政府组织与雇员"的第 552a 节。该法就美国政府对个人信息的采集使用、公开和保密问题作了重要规定，该法是限制政府对个人信息的使用，平衡政府的权力和个人隐私权的一项重要法律。

《个人隐私权保护法》的基本原则是行政机关不应该保有秘密的个人信息记录；个人有权知道自己被行政机关记录的个人信息和使用情况；为某一目的而采集的公民个人信息未经本人许可不得用于其他目的；个人有权查询和请求修

---

〔1〕 吴爱明、王淑清主编：《国外电子政务》，山西人民出版社 2004 年版，第 334 页。

改关于自己的个人信息记录；任何采集保有、使用和传播个人信息的机构必须保证该信息可靠地用于既定目的，合理地预防该信息的滥用。

该法适用的主体范围主要指机关和人。机关包括联邦政府的行政各部、军事部门、政府控制的公司，以及行政部门的其他机构包括总统执行机构。该法也适用于不受总统控制的行政机关，但国会、隶属于国会的机关和法院、州和地方政府的行政机关不适用该法。该法中的人是指美国公民或在美国依法享有永久居留权的外国人。

该法的适用的内容是记录。记录是指包含在某一记录系统中的个人记录。记录系统是指在行政机关控制之下的任何记录的集合体。个人记录是指根据公民的姓名或其他标识而记载的一项或一些信息。其他标识是指用于识别某一个人的标识，包括别名、相片、笔名、指纹、汽车执照号码、社会保障号码等标识。

行政机关对记录要遵循禁止公开的原则，即未经公民的许可，行政机关不得将个人记录公开。但是，该法规定了个人信息记录公开的 12 种例外情况，在这些情形下，可以不经公民同意而公开个人记录。这 12 种情形是：①为执行公务在机关内部使用个人记录；②根据《信息自由法》公开的记录；③向人口普查局提供的记录；④记录的目的与制作的目的相吻合的常规使用；⑤为了统计研究的目的，向其他机关提供的个人记录；⑥向国家档案局提供的具有永久保存价值和历史意义的记录；⑦为了执法目的向其他机关提供的记录；⑧在危急情况下，为了个人的安全和健康而使用的个人记录；⑨向国会及其委员会提供的个人记录；⑩向总审计长提供的供公务使用的个人记录；⑪依据法院的命令提供的个人记录；⑫向消费者资信检查机关提供的为便于其他机关收取债务之用的个人记录。以上记录的例外情形除了第 1 种和第 2 种情况，其他公开必须将公开的目的、性质、获取记录者的姓名和地址登记在案，并且至少保存 5 年。

《个人隐私权保护法》规定个人享有记录的查询权和修改权。个人有权知道行政机关是否保有本人记录以及规定的内容并要求得到复制品，行政机关不得拒绝，除非是例外的情形或是行政机关为起诉某人而作的个人记录。个人认为自己的信息不准确、不完整或已有变化的，可以请求行政机关给予修改。

《个人隐私权保护法》规定了对行政机关的限制和要求。在信息采集方面，要求行政机关必须用正当合法的手段收集、制作和保有个人记录；如果个人信息的采集可能会对被记录人造成不利的后果时，其本人须自愿提供；行政机关在要求提供个人信息时，负有向信息提供者的说明义务，如要求提供的法律依据、使用的目的、拒绝提供信息的法律后果等。在保有和使用个人记录方面的限制和要求有：行政机关记录或者修改个人信息系统时，必须在《联邦登记》

上公布一系列事项，如系统的名称与地点，系统中被记录者的类型，行政机关保存和使用记录的方式等内容。行政机关必须在执行职务的必要范围内使用个人记录；行政机关必须保证记录的准确性、完整性和适时性；禁止行政机关保有宗教信仰和政治信仰的记录，因为与行政机关执行职务无关。如果法院在诉讼中强制命令公开个人记录，行政机关有义务通知被记录人；为保证个人记录的安全、完整和不被泄露，行政机关必须采取行政的、技术的和物质的安全保证措施。

《个人隐私权保护法》还规定了免除条款。所谓免除，就是行政机关在一定的情形下，不适用对行政机关的限制和要求条款，即行政机关在一定的条件下，不必履行法律为行政机关设定的限制和义务。例如，可以拒绝被记录人的查询、修改的请求，不履行公开记录的义务等。这里的免除分为两种：全部免除和特定免除。全部免除是指除了法律规定的几项基本规定外，其他全部免受限制。普遍免除只适用于中央情报局和主要以执行刑法为主要职能的机关。特定免除是指只能免除法律规定的几项限制，主要是指免除行政机关对被记录的个人公开个人记录的限制。例如，个人查询记录的权利，个人查询被公开情况记录的权利，行政机关只能保有与执行公务相关的信息记录等。特定免除不限制使用的机关，但适用的记录只限于记录系统中的七种记录：①如为执法目的而编制的记录；②根据总统的命令明确划分为国防和外交秘密的记录；③以保卫总统、副总统等其他重要官员、外国来访元首为主要任务的安全机关所保有的个人记录；④人口普查记录和其他为统计目的而编制的个人记录；⑤决定个人任用、合同签订和接触保密材料为目的的个人记录；⑥文职官员的考核、晋升的材料；⑦军官晋升的考核材料。

二、加拿大电子政务现状及立法

（一）加拿大电子政务概述

2002 年，Accenture 调查公司对全球 23 个国家和地区的电子政务实施情况进行调查，调查结果显示以信息公开化和通信程度、政府网站的构成、用户的满意度等为标准，加拿大排名第一。加拿大 1999 年颁布了"政府在线"的电子政务战略计划，计划在 2004 年政府的所有信息实现全部上网，成为使用互联网和信息技术的榜样。加拿大推行了统一政府的策略，以保持电子政务在国际上的领先地位。统一政府是指加强各级政府的协调合作，向公众提供一体化的电子服务。2001 年 1 月，为了全面推行以客户为中心的网上服务，加拿大对政府门户网站进行了重大的改进。

加拿大电子政务的主要特点表现在以下几个方面：①中央政府发挥重要作用，实行"自上而下"的中央集权式的电子政务建设。建设计划统一由联邦政府负责，将网络连接到每一个住户，实现加拿大的全民上网。②加拿大政府强化基础设施建设。1999 年，加拿大成为在全球第一个将公共图书馆和学校通过互联网连接起来的国家。加拿大政府通过与其他社会组织和政府部门的合作，率先实现了"以公民为中心""一站式"提供信息和服务的目标。③加拿大奉行以客户为中心，做服务型政府的理念。加拿大政府提供的网上服务，都是先进行充分的市场调研，力求真正使客户满意。2001 年，加拿大政府对政府网站进行了重新设计，将政府所服务的群体分为加拿大公民、加拿大企业和国际客户三类，达到了以客户为中心的服务目标。

为了更好地服务于民，加拿大政府还要推行电子化的公开投标系统和推行单一的商业注册号码。

（二）加拿大的《信息获取法》

为了保障公众获取政府信息的权利，1982 年加拿大财政委员会颁布了《信息获取法》。该法规定信息披露独立于政府机构，依据信息披露的内容来决定复审制度。《信息获取法》赋予每一个加拿大公民和加拿大永久居民除了有限的限制和特殊情况以外查阅政府机构控制下的任何档案记录或者得到其复印件的权利。《信息获取法》还规定政府部门有义务向社会公布拥有信息的内容，并规定了信息获取过程中涉及政府机构和申请人以外的"第三者"利益平衡的方式。

（三）加拿大的《隐私权法》

1983 年加拿大财政委员会颁布了《隐私权法》，该法作为《信息获取法》的补充，旨在在政府信息公开的过程中为个人信息的安全提供法律保证。

《隐私权法》规定了个人信息的范围，个人信息是指可识别个人的各种信息，包括个人的民族、种族、肤色、性别、年龄、婚姻状况、宗教信仰、财产状况、指纹、犯罪历史、身份证号码、医疗保险以及个人的观点、与政府的通信等。《隐私权法》对政府对个人信息的使用作出限制：非为急需办理的公务的目的，不得采集个人信息，采集时需要直接向本人要求；个人信息的使用必须有特定的目的，只做有条件的披露。政府还需为个人信息数据库编制索引并每年修订一次。

《隐私权法》规定了加拿大公民和永久居民的对个人信息的权利：即有权获得政府掌握的本人的信息；在查阅个人信息后，对错误和遗漏的记录，有权要求政府予以改正；公民书面申请获取个人信息，政府必须在 30 日内作出答复。

对于政府掌握的个人信息，《隐私权法》规定了 14 种例外情形。在这些情形下，政府可以不经本人许可，而直接向申请查询的其他个人或组织提供个人信息。如为政府机构获取个人信息的目的；议会的其他法律授权；根据法院或其他有权的机构作出的传票、授权令或者作出的命令；国家司法部长在法律程序中使用；为执行国家或地方法律而实行法律调查向调查组织提供；本国政府或政府机构依据协议或合同，为执行法律或者法律调查的目的向地方政府、外国政府、国际组织或者它们的下设机构提供；为了便于选举将选民有关的信息向议员披露；为审计的目的向政府机构的官员或雇员、审计长办公室以及条文规定的其他个人或组织提供等 14 种情形。

《隐私权法》还规定了政府信息披露的豁免条款。豁免分为强制性豁免和自由裁量性豁免。强制性豁免是指无条件豁免，如从外国政府、国际组织秘密获得的信息无条件地不予披露。自由裁量性豁免是指具备豁免披露的条件，但是可由政府决定是否披露。例如，披露会影响政府事务处理的信息。

《隐私权法》规定的适用范围是政府控制的个人信息，但有例外情况。例如，被记录者同意披露的信息或者死亡 20 年以上人员的信息都不受《隐私权法》的调整。

【案例 2】

美国证券交易委员会的新邮箱[1]

2004 年第一季度，美国证券交易委员会发现他们需要对 Exchange 环境中数以千计的邮箱进行管理，信息部门为此制定了两大管理目标：其一，将邮件从信息服务器转到专门的、价格更可承受的在线信息存储介质上处理，进而减少 Exchange 信息数据库的压力；其二，改善电子邮件存档搜索能力，实现按需随时访问电子邮件。

经过筛选，美国证券交易委员会最终选择了 EMC/Legato 的解决方案。采用 Legato Email Xtender 与 Disk Xtender 后，数据可以自动从电子邮件信息服务器上移出，然后进入 Centera 法规遵从版本的固定内容寻址存储（CAS）系统。软件可以捕获所有往返电子邮件，并编制这些电子邮件的索引。这一方式，既解决了电子邮件服务器的瓶颈，又降低了整体拥有成本。

EMC Centera 是世界上第一个固定内容寻址存储（CAS）解决方案，用来满足固定且内容不会更改的信息的独特需求，这些固定内容包括电子邮件以及其他不会变化的数字资产。Centera 提供了可保证的内容真实性与 PB 级可扩展性的在线接入。作为第一个基于磁盘的 WORM（一写多读）设备，Centera 为遵从最严格的法规要求提供了便

---

[1] 案例来源：http://news. xinhuanet. com/it/2004 −06/24/content_1545079. htm，访问时间：2008 年 3 月 30 日。

利。EMC Centera 为固定内容的管理提供了最佳解决方案，其优势是磁带、光盘或传统的磁盘解决方案所不可比拟的，且整体拥有成本更低。

而 Legato Email Xtender 则是一种集中式数据存储与检索系统，能够自动收集、组织、保留并检索电子邮件信息及附件，支持 Microsoft Exchange/Outlook、Lotus Notes/Domino、UNIX Sendmail 与 Bloomberg Mail。这种可扩展的、综合的并且基于策略的系统将数据从电子邮件消息服务器上转移出来并进入存储系统，可以捕获所有往返电子邮件，并编制这些电子邮件的索引。Email Xtender 提供了对已存储的电子邮件的快速访问，实现了电子邮件的快速恢复并有助于降低服务器备份时间，让不同的组织机构降低整体拥有成本并满足组织或行业规章。

EMC 负责公司市场营销与技术部门的执行副总裁 Howard Elias 认为："EMC/Legato 解决方案将显著改善美国证券交易委员会使用与管理其电子邮件数据库的能力，并能够更加有效地执行其任务。"

这些价值其实已经蕴涵在了目前 EMC 所能提供的所有解决方案中。"EMC 正在不断扩展产品业务范围和多样性，提供业界完美的分层网络存储解决方案。我们已经在高端和低端都有所扩展，包括 SAN、NAS、CAS 等，而且当这些与我们日益增长的软件业务量相结合时，EMC 将可以为用户提供性价比更高的产品。"Howard Elias 表示："同时还可以与我们日益扩展的众多合作伙伴间密切关系相结合，为 EMC 在业界的发展提供了一个舞台。"

三、英国电子政务现状及立法

（一）英国的电子政务概述

英国在 1996 年公布政府向导计划（Government Direct），提出借助电子技术进行公共服务的改革。改革的主要目标包括以下三个方面：①通过信息技术使政府各个部门连接起来，建立电子化的单一窗口，简化政府组织的工作，为民众提供更快更好的服务；②除了法律规定不得公开的资料以外，政府其他信息都可以以电子化的形式公开，从而提高行政公开化的程度，民众可以更容易获得信息；③要求政府以电子化的方式处理日常例行程序，节约纸张和其他行政成本。

在立法方面，英国制定了《政府信息公开法》，并于 2000 年 5 月通过的《电子通信法案》中确定了电子签名和其他电子证书在司法审判中的证据作用。

在电子政务的实施中，英国在利用新技术提供公共服务方面成果显著。政府可以通过网络向公众提供多项服务，例如，驾驶标准局提供网上驾驶考试服务。2001 年，英国启动政府网关，使公民网站与政府的办公室系统连接起来，可以全年 365 天随时提供服务。

（二）英国的"电子政府计划"

英国的"电子政府计划"是在 1999 年 3 月出台的《政府现代化白皮书》中提出的，该计划是全面改革政府公共服务方式的专项计划。"电子政府计划"的核心是利用互联网的高科技信息技术，使政府的公共服务实现电子化，从而改善管理方式，提高管理效率。在该计划中政府制定的实现电子政府的目标是：2002 年 25% 的政府服务实现电子化，2005 年 50% 的政府服务实现电子化，2008 年 100% 的政府服务实现电子化。2000 年 3 月，英国政府又将全面提供政府服务的时间从 2008 年提前到 2005 年，即在 2005 年实现全民上网，这样政府的所有服务都在网上实现，教育、消防、医疗等公共机构的服务也在网上提供。学校和公共图书馆全部上网，政府的低价物品可以在网上交易等。

为了实现电子政府建立的目标，英国政府还制定了一系列的实施战略。如 2000 年 4 月推出的《电子政府——信息时代公共服务的战略框架》。

【案例 3】

比利时人的 Java 身份证 [1]

2003 年 4 月，比利时政府开始执行该国第一个电子身份认证卡（EID）项目。该项目旨在为在比利时居住 12 年以上的所有的人发放个人 ID 卡。该项目使比利时政府在全球范围内实施电子政务和设立电子 ID 卡方面，处于领先地位。

这一 EID 项目是欧洲各国政府中采用 Sun 公司 Java 技术实现国民 ID 卡的最大项目。在该项目的试用阶段，有几万张 ID 卡分发给比利时 11 个城市的居民，使该项目的系统及其后勤工作以实用的规模经受检验。至少要试用 6 个月，之后整个试用工作将受到政府内阁的评价。如果内阁给出正面的评价，比利时政府则计划发放 1000 万张 ID 卡。

新的国民身份认证卡的推出是电子政务启动的里程碑。像普通信用卡大小的一张身份认证卡，将提供传统身份认证卡同样的功能，包括姓名、照片和出生日期等。此外，Java ID 卡中还装有几个安全元件和一个高级 Java 芯片，能使多个应用功能安全地共存于一个智能卡中。在声明或申请填表等应用中，Java ID 卡能用于安全的个人数字签名。Java 卡技术已被证明是一个可以在金融服务、政府和电信等行业广泛

---

〔1〕 案例来源：http://news.xinhuanet.com/it/2004-06/24/content_1545079.htm，访问时间：2008 年 3 月 30 日。

应用和配置的技术；而且它具有安全性、互操作性、多应用能力和符合开放性标准等固有的特性。

"基于 Java 技术的国民身份认证卡的推出是比利时政府电子政务计划启动的标志"，比利时联邦政府 ICT 部门总经理 Jan Deprest 说，"它使比利时居民无论什么时候在需要访问政府的相关信息时，都能非常容易地被鉴别身份，进行安全的电子访问。这一电子身份认证（EID）项目，将来还可以用于对私人应用的访问，如用这一 Java ID 卡进行各种文化活动的票务预定和支付费用等。将来，还要把个人的签名放到数字文档上，例如在声明和填写表格的应用中，这些电子文档将与今天使用的本人签字的文档具有同等的法律效能"。

该项目的执行公司、Sun 的合作伙伴 ZETES 公司管理总监 Alain Wirtz 表示："该项目背后的巨大威力建立在我们的技术解决方案的高超质量和我们选择 Sun 这一强大的合作伙伴的技术的基础之上。按照我们的观点，Sun 的各个组件都是业界最优秀的产品。我们在各个组件的选择上完全没有进行折中，而是充分利用了比利时政府批准的经费预算。新的电子身份认证卡的高质量和耐用性是比利时政府为简化身份认证管理所获得的关键特性。"

"比利时政府像全球许多国家的政府一样，他们都选择了在 Sun 的 Java 卡技术的基础上发行智能型身份认证卡"，Sun 公司负责欧洲、中东和非洲事务的副总裁 Elie Simon 说，"比利时政府在 IT 卡中建立了新的标准。Java 卡技术允许各种服务和应用随着用户需求的变化进行动态的修改，而无需因置换新卡增加费用。这一 EID 解决方案可使比利时居民享用具有安全性的移动通信，而这在以往是根本做不到的；该方案还使比利时政府能够适应未来若干年内的发展需求"。

Elie Simon 还补充说："我们非常高兴，比利时政府和 ZETES 公司选用了 Sun 的 Java 卡技术，用之满足他们在大规模的身份认证卡执行项目中对高质量、高技术的关键性需求。"

四、日本电子政务现状及立法

（一）日本的电子政务概述

日本为电子政务的推行做了很多努力。1994 年通过了《政府信息化推进基本计划》，并于 1995 年实施。该计划的内容主要包括以下几个方面：①加强行政信息的电子化处理。高度利用行政信息，建立各省厅区域网络。②促进信息资源的共享。发展线上服务，快速为公众提供电子信息，以达到信息的最大共享和充分利用。③保障信息流通的顺畅。为了保证各个政府机关之间的交换信息的便利，日本建立了大量的部门之间的电子文件的交换系统。④行政手续的便捷化。为提高政府服务的质量，利用信息技术逐步实现手续办理的电子化。[1]日本政府于2000年3月开始建设电子政务工程，该工程的目的是实现在网上办理税金申报、出口审批等3000多项任务。

在电子政务的立法方面，主要有1999年制定的《信息公开法》，2000年颁布的《日本政府机关信息安全指导方针》和同年制定的《电子署名及认证业务法》。

（二）日本《信息公开法》简介

为了加强国民与行政机关的沟通，便于国民获取行政信息，日本于1999年颁布了《信息公开法》。该法第1条确立了立法目的：根据国民的主权理念，规定行政文书的请求权，据此谋求行政机关的信息公开化，使政府履行向国民说明各项活动的责任，确保行政的公正与民主。

《信息公开法》的适用范围包括适用机关和适用文书。适用机关是指国家行政机关（中央的行政机关），包括根据法律规定设立的内阁及其下属机关，府、省、厅、委员会等行政机关；设施机关，特殊机关及分支机构；会议检察院。适用的文书是指行政机关的人员在履行职责的过程中制作和取得的文书、图片及电磁记录等。

信息公开的请求人可以是任何人，即日本国民和在日本居住的外国人都可以向行政长官提出信息公开的请求。

《信息公开法》规定了以下六类豁免公开的信息：①个人信息，这类信息是指记录个人姓名和出生年月日的能识别出特定人的信息，或者是虽不能识别出个人，但公开会造成个人利益受损失的个人信息；②商业信息，这类信息是指记录法人或其他团体（国家机关和地方公共团体除外）的相关信息和经营信息；③有关国家安全和外交的信息，这类信息的公开会妨碍国家安全，损害与国际组织的关系；④有关公共安全的信息，这类信息的公开会妨碍社会安全和社会秩序；⑤国家机关审议和讨论中的信息，这类信息的公开会影响决策，易在公众中引起混乱；⑥行政机关的内部信息，这类信息的公开会妨碍正常的行政机关的公务活动。

上述六种豁免公开的信息也存在例外，《信息公开法》第6条规定，上述豁免公开的内容在删除了敏感的内容后，可以向请求人有限公开；《信息公开法》第7条规定，行政长官在豁免公开的信息范围内，如果认为公开对社会非常有益处，可以决定公开信息。信息是否公开的核准机关是信息公开审查会，该审

---

〔1〕 张楚主编：《网络法学》，高等教育出版社2003年版，第226页。

查会处于中立的地位，对行政机关的咨询作出信息是否公开的意见和说明。

（三）《日本信息安全指导方针》简介

2000 年初日本政府的网站被非法篡改的事件引起国民对网络安全的质疑，为此日本政府于同年 7 月出台了《日本信息安全指导方针》，成为日本信息安全的政策基础。

该指导方针规定设立由有关部门领导的信息安全委员会，负责信息系统的筹划。为了保证政策的顺利实施，各部门还要任命一个最高信息安全执行官，在此最高信息安全执行官下设专门委员会，负责日常事务，从而明确了信息安全的组织机构和负责人。

该指导方针规定应强化对人员的管理，对工作人员进行管理和保密培训，防止泄密事件的发生。对临时工作人员要求签订安全协议书。还规定了系统故障和缺陷的报告制度。

该指导方针要求制定严密的系统缺陷的防范对策，防止网站被非法侵入。例如，授予系统管理人员在系统发生严重破坏时，有权对职员的电子邮件进行调查等防范对策。

五、新加坡电子政务现状及立法

新加坡的电子政务系统很发达。1992 年制定了《信息技术 2000 战略规划》。在国家信息技术委员会下设的国家电脑局负责"智能岛"的组织和实施下，该规划利用新加坡一号高速宽度网、洲际信息交换枢纽等 8 项骨干工程重点建设电子政务应用系统与国际贸易网接轨的电子数据交换。该规划的实施使外贸报关申请程序从原来的几天缩短到 15 分钟。2005 年，新加坡提出构建智能型岛国的设想，希望通过信息化、智能化增强该国的竞争力。

为了电子政务的健康发展，使电子政府取代传统的政府服务模式，新加坡政府认为必须建立相应的法律架构和模式。新加坡于 1998 年修改了《滥用计算机法》，该法的目的是防止日益严重的计算机犯罪并使之适应电子商务的发展需要。该法规定了三项计算机犯罪的新罪名。为了与该法配套，政府制定了《信息安全指南》和《电子认证安全指南》。

新加坡还制定了《电子交易法》，为电子交易提供了法律保障。新加坡政府之所以重视该法，是因为《电子交易法》可以使认证中心发出的数据证书得到世界各国的承认并有利于解决纠纷，这是发展电子政务的前提条件。《电子交易法》规定了数字签名、认证机构、电子合同和电子申报等内容。《电子交易法》是信息化法律的核心，为电子政务的发展奠定了基础。

新加坡的电子政务的配套设施还包括法院利用最新技术建立的电子法庭、交互法庭等。因为新加坡重视了配套的法律法规的建设，为电子政务的良性发展建立了良好的环境。

【案例4】

新加坡的"网络法庭"[1]

世界上第一个通过网络来执行司法的"网络法庭"即将在狮城岛国出现。新加坡大法官杨邦孝和总检察长陈锡强已联合为网上司法主持启用仪式,为法院的刑事、民事法庭在网络上控告嫌疑犯的全新司法审讯方式拉开了序幕。从此,通过在网上执行司法的"网络法庭"来控告嫌疑犯再也不是纸上谈兵了。

这项网上司法的原理其实是利用网络电视会议的科技方式,以网上的虚拟形式控告嫌疑犯,并让代表控方的总检察署工作人员通过网络审讯遭扣押的嫌疑犯。

新加坡司法界人士解释说,网上司法是一项全面性的法庭服务,它通过齐全的现代信息技术和科技设备,可让辩护律师随时上网提出要求和等候审讯日期,了解有关审讯和缴费情况,他们当然也可以在律师楼内出庭。

网上司法的好处显而易见,它可以让律师舒适地在办公室进行多方面的审讯,既节省交通时间又不必在法官办公室苦苦等候,律师因而可以把省下来的时间和精力用于会见客户和准备案子,不但可提高他在法庭辩护的效率,而且被告的客户也能节省费用。

早在2002年初,新加坡18家律师楼的律师和总检察署的副检察司及政府律师已着手在初级法庭实验这一做法,并获得良好的反应。因此,司法当局决定将实验计划扩大到民事和刑事法庭。

目前初级法庭通过网上司法提供的服务有:民事程序、税务和遗嘱审讯、领养审讯、审前会议等。2002年3月,高等法院也开始采用这种做法,对某些审讯日期等进行审前会议,这个系统甚至安置总检察署的工作人员开始直接与囚犯面谈,代替了以往把这些囚犯运载到指定地点面谈的方式,效果良好。

六、韩国电子政务现状及立法

(一) 韩国电子政务概述

韩国的电子政务经过了以下几个发展阶段:

---

[1] 该案例节选自吴爱明、王淑清主编:《国外电子政务》,山西人民出版社2004年版,第358页。

第一个阶段是从 1978 年到 1986 年，行政电算化阶段。在这个阶段，韩国政府推进了在工资、人事等方面的统计电算化。在此期间制定了《关于行政业务电算化的规定》和《普及和促进利用网络法》等法律法规。

第二个阶段是从 1987 年到 1995 年，实施行政电算网计划阶段。在这个阶段，对政府工作人员实现人人使用计算机的目标，在五大重点领域如行政、金融、教育研究、国防、公安实行政务信息化。为了克服建设初期资金的困难，实行了先由运营商自己投资进行信息化建设，最后由政府统一结算的金融方法。在此期间的建设取得了显著成效，公务员都使用计算机办公，大部分的行政业务都实现了计算机化。

第三个阶段是 1996 年至今，这是韩国电子政务的正式推进阶段。该阶段的目标是利用数字信息化，提高政府的工作效率，使公民可以方便快捷地获得政府的信息，提高生活质量，促进全社会生产效率的提高。1996 年韩国政府制定了 10 个"信息化基本计划"，如电子文件系统、公共政府服务、共同利用行政信息等内容。1999 年韩国修订了《公共机关情报公开法》。2001 年韩国政府加速了电子政府建设的步伐。2001 年 1 月韩国成立了电子政务特别委员会，2001 年 2 月通过了《电子政府法》，2001 年 5 月电子政务特别委员会在电子政务实现报告会上提出将在 2002 年底实现电子政府的目标。2002 年 2 月 18 日韩国信息通讯部宣布将把有线的电子政务扩大到无线互联网，表明韩国正在建立移动政府。

韩国的电子政务建设有以下几个特点：①以中央政府为先导，采用立法手段来保障电子政务的顺利进行。在韩国电子政务的发展过程中先后制定了《关于行政业务电算化的规定》《普及和促进利用网络法》《电子政府法》等法律法规。②采用了先进的金融方法，保证了电子政务的顺利进行。韩国采取了先投资后结算的融资方法，克服了电子政务建设中的资金困难。③政府首脑对电子政务建设高度重视。韩国总统金大中 1997 年就职后，将信息化和知识经济作为建国目标之一，电子政务是其中重要的组成部分。分别由金大中亲自主持的"韩国信息化战略会议"和总理主持的"信息化促进委员会"是两个最高的信息化决策机构，在电子政务的发展中发挥了重要的作用。电子政务在韩国被称为总统工程。

（二）韩国的《电子政府法》

韩国在电子政务发展方面反映在该国的《电子政府法》中。该法全称是《关于实现电子政府促进行政业务等电子化的法律》，于 2001 年通过并于同年 7 月 1 日生效。该法共分 7 章，第一章和第七章是总则和附则，其他五章的主要内容包括电子政府的实现和运营原则，如增进国民便利原则、业务革新先行原则、电子处理原则、保存信息的公开原则等；行政管理的电子化，通过信息通信网进行业务、会议远距离工作和信息化教育等；国民服务的电子化，具体是指国民事务电子申请、电子提供行政信息等；文书业务的消减，具体是指纸质文书的消减计划的制定、业绩公示、文书消减委员会的设置等；电子信息事业的推进，具体规定中长期电子政府事业计划、成果评价、模范事业的推进、优秀事迹的普及推广、信息化促进基金和信息化组织的设立等。[1]

第三节　我国电子政务的发展概况

一、我国电子政务法制化现状

我国电子政务的法制化进程也和电子政务的发展进程一样大致经历了以下两个阶段：

第一个阶段是从电子政务的兴起到 1999 年的起步阶段。这一时期，我国的电子政务正处于探索和研究阶段，且更多关注计算机网络本身的问题而非"政务"，偏重于解决因互联网产生的技术层面的问题，颁布的是行政条例或决定，立法层次很低。例如，《计算机软件保护条例》《计算机信息系统安全保护条例》《电信条例》《无线电管理条例》《互联网服务管理办法》以及《关于维护互联网安全的决定》等一系列法律法规。

第二个阶段是从 2000 年开始至今的逐步发展阶段。相关立法对电子政务的发展提供了法律保障。例如，《电子签名法》规范了电子签名行为，确立电子签名的法律效力，为网络行政行为的可行性奠定了基础。2008 年实施的《中华人民共和国政府信息公共条例》规范了我国电子政务的政府信息公开信息共享和信息安全。相关部门和地方政府的电子政务立法活动也比较多，《深圳市政府信息网上公开办法》《天津市电子政务管理办法》等相继出台，从电子政务平台建设、数据库建设、政务信息交换机制、政府信息公开、信息安全、应急处理、知识产权、相关方的责任等几个方面系统、全面地确立了规范电子政务的法律原则，在我国电子政务立法上有相当大的意义。

由于电子政务本身的发展要求，法律制度明显滞后于技术发展，主要体现在以下两个方面：

（1）电子政务的法律地位不明确。法律没有明确规定电子政务与传统的行政模式享有同等的效力。《行政许可法》虽然认可了电子政务，但其规定过于原

---

[1]　张楚主编：《网络法学》，高等教育出版社 2003 年版，第 227 页。

则，况且并不是一部专门规范电子政务的法律。其他相关的法律法规的法律效力较弱，使政府执行电子政务的权力依据不足，起不到应有的作用。

（2）没有较高级别的规定信息公开的法律。信息公开是电子政务发展的核心，现代社会政府管理的基本品质要求政务公开和公共信息透明。我国有关信息公开的条例法规都是以部、委或地方政府的名义颁布的，广州市政府2003年率先实施《广州市政府信息公开条例》、国土资源部2004年推出《关于切实加强国土资源政务信息网上公开促进依法行政和行政为民的通知》，效力范围有限，法规条例容易产生冲突。而与之相反的是，美国和韩国制定了《电子政府法》，美国和英国制定了《政府信息公开法》。

二、我国电子政务法的基本原则

电子政务就是为了实现政务的电子化，要实现这一目标就要按照一定的法律原则和基本制度做到电子政务的合法化。我国在进行电子政务时，根据国内外的电子政务的相关立法经验，总结出以下几方面的基本原则：

1. 建立以公众为中心的政府。电子政务的指导思想是建立以公众为中心的政府，而信息技术只是应用的工具，在制定有关的法律制度和政策时确立政务为民的原则，在电子政务的建设中应加强各个部门的合作，更好地为公众服务。

2. 处理好保密和信息共享的关系。要为公众提供人性化的、有效的服务，必须处理好公民的个人数据的保密工作和政府信息公开之间的关系。应在立法中明确公民个人信息保护的范围，建立公众对个人数据保密的信任，规定在何种情形下政府可以有限制地使用和公布个人信息。在此基础之上对政府信息进行公开，实现便捷的信息共享。

3. 提供高效的电子化公共服务。国际竞争和内部改革要求提高行政效率，而通过网络提供高效的电子化公共服务，是实现高效率的行政管理和服务的有效途径。政府要积极通过电子政务的建设，强调政府与市民的互动，激发公众参政议政的积极性，提高政府工作人员的素质，为公众提供高效的电子化公共服务。在电子政务的立法中，明确政府的职能，确保这一目标的实现。

三、电子政务基本法律制度

电子政务的法律规范可以分为广义和狭义两种：广义的电子政务法可以涉及诉讼法、宪法等领域；狭义的只属于行政法范畴。但是，电子政务的产生和实行需要一系列的法律规范的配合。具体体现在以下几个方面：

1. 电子政务运行的基本法律制度有《电子政务法》《电子签名法》《电子政务安全条例》等，从法律上为电子政务的发展创造条件。

2. 信息公开制度。政府信息公开是开展电子政务的前提条件，一个电子化政府，是一个管理透明、政务公开的政府。政府有责任与义务以更便利的方式，以更易理解的语言，让民众能够容易地获得政府的信息。

3. 个人隐私权的保护。在倡导政府信息公开的同时，也需要保护网络中公民的个人信息。在政府进行电子政务的过程中，网络环境下公民隐私权的保护就更值得关注。

4. 电子政务信息安全保护的法律体系。当前应完善制度层面上的政府部门信息安全法规建设，主要包括信息采集、信息发布、数据保护、信息监管以及相关的程序性法律法规等。

5. 电子政务的监督机制。电子政务的实质仍是政务活动，为避免行政权的滥用，电子监督约束机制是必不可少的。通过建立政府与民众之间的互动回应机制，可以起到公众监督的作用。另外，在立法中规定网络行政行为的法律责任，通过法律制约网上办公人员的行为。

思考题

1. 简述电子政务实行的意义。
2. 简述电子政务的应用发展阶段。
3. 简述国外电子政务的立法状况及发展。
4. 简述我国电子政务发展的阶段和存在的问题。

第十二章

网络犯罪

【学习目的与要求】通过本章的学习，掌握网络与网络犯罪的概念、特征；了解网络犯罪的基本表现形式；熟悉刑法意义上的网络犯罪的主要罪名的构成要件；了解网络犯罪的立法对策和发展趋势。

第一节　网络与网络犯罪的概念特征

当今世界，计算机上网已经成了势不可挡的潮流，网络变得无时不有，无处不在，它影响到我们生活的每个方面，但是网络是一把双刃剑，在带给我们便利的同时也带来了网络犯罪。涉及计算机网络的犯罪无论是从犯罪类型还是从发案率来看，近几年来都在逐年大幅度上升。而国外有的犯罪学家也曾预言："未来信息化社会犯罪的形式将主要是计算机网络犯罪。"

一、网络的特性及对网络犯罪的影响

网络的特性对网络犯罪产生了重大的影响，主要体现在以下几个方面：

1. 网络的开放性及其对网络犯罪的影响。开放性是因特网最根本的特性，整个因特网就是建立在自由开放的基础之上的。从技术层面而言，TCP/IP 协议和超文本标识语言又为其开放性提供了软件保障；从社会层面来说，开放性意味着任何人都能够得到发表在网络上的任何信息，意味着任何个人、任何组织包括国家和政府，都不能完全控制互联网。网络打破了国家对信息的绝对控制，使个体对国家的权威提出了挑战。犯罪就是一种反国家的行为，在网络环境下，国家的控制力量削弱了，个人的力量相对增强了。国家对网络上的犯罪难以有效控制，也就导致网络犯罪率的不断上升。

2. 网络的不确定性及其对网络犯罪的影响。网络的不确定性是其开放性直接导致的后果。由于网络的开放，就使网络不可能是一个孤立的、封闭的空间，随着在网络空间中个体力量的膨胀，国家力量的削弱，国家控制预防网络犯罪

的能力不足，因为在网络上不确定的因素太多，一个意外就有可能导致犯罪的发生。例如，网络高手在网络上随便漫游碰巧闯入某一银行系统，就有可能产生窃取银行资金的犯罪行为，这类犯罪难以预知也难以迅速破获。

3. 网络巨大的信息量对网络犯罪的影响。网络是一个巨大的信息库，每天每个人都在网上使用信息，同时也生成、存储和传播信息。因此，人人都可以是信息的使用者和传播者，而且信息在时时增加和更新中。庞大的信息量为网络犯罪提供了条件，比如在网上很容易就可以浏览淫秽图片，找到伪造证件的软件。有时在网上传播信息就构成犯罪，例如在网上发送宣传邪教组织的邮件等。

4. 网络的交互性对网络犯罪的影响。网络的另一个特点是它具有其他媒体所不具有的交互性。而传统媒体比如电视只能被动地接收信息，而不能反馈信息。而网络可以做到交流自如，可以是两台联网计算机之间也可以是多台联网计算机之间。这种交互性虽然促进了信息的互动，但是也提供了犯罪的可能。有些犯罪团伙完全在网上联系共同作案，这些犯罪分子之间可能远隔万里，但从未谋面。

二、网络犯罪的概念

对于网络犯罪的概念的界定，理论界存在着较大的争议。这些争议主要集中在对网络犯罪两个方面的认识。

1. 就观察的视角而言，网络犯罪是犯罪学概念还是刑法学概念。第一种观点认为，网络犯罪是犯罪学的概念，因为网络犯罪是基于网络的出现而产生的一种新型犯罪现象。它属于犯罪学研究中的新的犯罪形态。第二种观点认为，刑法中已经明确规定的非法侵入计算机信息系统罪和破坏计算机信息系统罪在绝大多数的情形下，主要表现为网络犯罪。所以，刑法理论有必要将其作为一种犯罪类型研究。通说倾向于第二种观点。

2. 就网络犯罪的性质而言，网络犯罪是工具犯还是对象犯。理论界的争论主要是以网络为犯罪对象的犯罪还是通过网络实施的犯罪。通说认为，应该从广义上理解，即网络犯罪包括以网络为犯罪对象也包括以网络为犯罪工具的行为。

在对网络犯罪广义理解的基础上，可以得知，网络犯罪是指行为人利用网络技术手段在网络环境中实施的直接危害网络安全及网络正常秩序的各种犯罪行为。

三、网络犯罪的特征

1. 犯罪主体的多样性。网络犯罪随着网络技术的普及，已经不再是高智商的网络高手的专利，各种不同年龄、不同身份的主体都有可能成为网络犯罪的主体，这是由网络的高度开放性和交互性决定的。

2. 犯罪形式的多样性和犯罪手段的复杂性。网络犯罪的最初形式以黑客侵入计算机系统实施的犯罪最为常见，近年来网络犯罪的领域不断扩展。例如，通过网络侵犯他人的财产权和人身权的网络犯罪日益增多，成为网络犯罪的主要形式。同时，行为人使用的犯罪手段更加高明，往往比公众更早更快地使用先进的技术。

3. 犯罪对象的广泛性和犯罪结果的严重性。网络犯罪的对象非常广泛，从网上侵犯隐私权到网络色情，从网上盗用信用卡密码到电子洗钱，甚至网络本身也成为犯罪的对象。另外，网络犯罪的危害结果非常严重，网络犯罪的危害性远非一般的传统犯罪所能比拟。涉及财产的网络犯罪，动辄就会造成上百万、上千万甚至上亿元的损失。网络犯罪不仅会造成财产损失，而且会危及公共安全和国家安全。

4. 高度的隐蔽性。网络的开放性和不确定性使网络犯罪很难发现，因为犯罪行为可以在极短的时间内完成，而且不会留下任何痕迹。这类案件往往破获的难度很大。破获的案件只占犯罪案件较小的比例，而且多是由于犯罪人的粗心大意或得意忘形造成的。

四、网络犯罪的分类

（一）以网络在犯罪中的作用为标准

1. 借助于网络实施的传统犯罪。网络在犯罪中起到的只是辅助的作用，该犯罪也可以通过其他途径实施。比如，通过互联网进行电子洗钱、在网上购物销赃等。

2. 网络与传统犯罪相结合。这种犯罪对网络的依赖性很大，没有网络就无法实施这种犯罪。例如，通过技术手段进入他人的计算机系统获取重要信息，侵犯他人隐私的犯罪行为。

3. 完全由于网络产生的新型犯罪。这种犯罪形式是基于网络产生的全新的犯罪类型，其犯罪手段、特征完全不同于传统犯罪。例如，通过网络传播计算机病毒的犯罪，是直接危害网络安全的犯罪行为。

（二）以网络犯罪所侵犯的客体为标准

1. 危害国家安全的网络犯罪，如侵犯国家秘密的犯罪。

2. 危害社会管理秩序的网络犯罪，如网上伪造证件、伪造货币的犯罪。

3. 危害网络安全的网络犯罪，如制造、传播计算机病毒犯罪。

4. 侵犯财产权的网络犯罪，如网上盗窃犯罪。

5. 侵犯人身权的网络犯罪，如网上恐吓犯罪。

6. 侵犯知识产权的网络犯罪，如网上贩卖盗版软件的犯罪。

第二节　网络犯罪的表现形式

网络是一个虚拟的世界，在这个世界中，网络犯罪的表现形式多种多样，完全不同于现实世界的犯罪表现形式。常见的网络犯罪主要有以下几种表现形式：

一、网络色情和性骚扰

网络色情是指通过互联网提供色情服务的行为。主要通过色情网站的形式发布色情信息，在电子论坛上发布色情广告，或者发送电子邮件宣传色情网站，接受色情服务。色情网站的内容主要包括以下几个方面：①张贴淫秽图片。可以在开设的网站上，也可以在 BBS 上张贴淫秽图片，或发送含有免费的淫秽图片的电子邮件。②在网络上设置贩卖淫秽光盘或者录像带的网站，或者在论坛和布告栏公布目录以及交易方式。③提供超链接色情网站。专门收集色情网站加以分类，提供超链接服务。④散布性交易信息。在网络上提供、散布卖淫信息，提供给不特定第三人进行性交易，或者从事卖淫活动。[1]

随着宽带网络和视频技术的广泛使用，一种新的网络色情传播方式即色情视频聊天，俗称"裸聊"泛滥开来。所谓"裸聊"是指聊天者将身体裸露在摄像头下，通过网络视频聊天工具（腾讯 QQ、雅虎通、MSN、视频聊天室等）将其图像传给聊天对象实时进行性交流的聊天方式。色情视频聊天是一种动态的淫秽信息交流，是现实中的人在网络中的性沟通，这种形式的色情活动大大加强了供求双方的互动性和真实性，其诱惑性和危害性更加严重。其基本形式有三种：①面对点式，即色情活动经营者以牟取暴利为目的向网民组织淫秽表演，网民通过缴纳会员费和购买"点数"来观看色情表演或进行视频色情聊天。②网络公共会议式，即"裸聊"组织者向网络服务商付费承租公众视频聊天室，然后亲自或者指定管理员组织网民进入聊天室，并作出淫秽动作供彼此观看娱乐，寻求刺激。③点对点式，即两个网民之间通过 IM 通信软件，通过视频工具裸露彼此的身体，互相进行"虚拟性爱"。[2]

【案例 1】

日本在 2000 年 12 月 9 日破获了一起夫妇合谋通过互联网卖淫的案件。调查表明，夫妇俩（男 35 岁，女 31 岁）系名古屋市人，在以男女交际为主题的揭示板上刊登公告说，"我是名古屋市的少妇，可以在一宫立体交叉道附近约会，征求经济宽裕的漂亮男子"。又通过电子邮件给爱

---

〔1〕 李兴安："论网络犯罪"，载 http://www.511w.com，访问时间：2003 年 4 月 3 日。
〔2〕 罗胜华编著：《网络法案例评析》，对外经济贸易大学 2012 年版，第 337 页。

知县一官市的五名公司职员说，"严守秘密，绝不外传，约会1～2小时，3万元即可"，"希望干脆利索的男人。严守秘密。金额3万元"等，引诱他们嫖娼。为了避开警察，还要求人们出示身份证明书，指定在Love饭店附近的便利店等候。丈夫开车接送，妻子在饭店卖淫。在被逮捕前的5个月里，至少从100人身上获利300万元。经查，夫妇二人于1998年3月结婚。丈夫婚前由于赌博欠款300万余元，1998年7月又从运输公司辞职。为了还债，妻子从8月开始至年底就在风俗店打工。丈夫和她合谋："如果用因特网，直接招揽客人的话就能存钱了。"丈夫1年半之前开始筹划，用邮件招揽嫖客，接送妻子到饭店卖淫。[1]

【案例2】

　　2008年的"裸聊获罪第一案"。2006年失业在家的方某受到网络上激情视频的启发，认为这是"生财之道"，于是购置了摄像头、耳麦等视频聊天工具，开始了她的"裸聊生意"。2006年下半年，方某在网上注册了两个QQ号，分别取网名"水水"和"晴_儿"。注册后，方某将这两个QQ号挂于QQ聊天室大厅的"E网情深"聊天室下的"E夜激情"室内，聊天中以发信息的形式告之"好友"进行色情聊天，招揽网友进行裸聊。方某还为此订立了一套收费标准。在两个QQ号的"个人资料""介绍说明"栏内加入了"加我请注明网银支付宝，试看5元（我裸体2分钟，同时证明我是真人），满意后50元服务30分钟，特殊的加钱。绝对真人，有良好的信誉，欢迎付费男士"的个人说明。有聊天对象加其为"好友"，并谈妥裸聊后，方某将银行账号或支付宝账号告知对方汇款，在核实对方已将钱汇入后，根据对方的要求以及汇入资金的多少通过视频提供不同的裸聊服务。法院的判决书显示，有多位证人证言证实"其中1元、2元、3元的没有裸体，5元的就全裸体"。方某的"裸聊生意"迅速扩大，"客户"来自湖南、河南、深圳等全国21个省份1000多人次，仅被认定裸聊并核实姓名的观众就有300多位，网上银行汇款记录达1000余次，合计获利2.4万余元。2007年5月，一位网友在观看方某表演后，"出于正义感"向网警举报，方某的裸聊行为随即被衢州市公安局网监支队查获。2007年11月22日，龙游县人民检察院指控被告人方某犯传播淫秽物品牟利罪，向龙游县人民法院提起公诉。法院审理查明，自2006年11月1日

---

[1]　案例来源：李兴安："论网络犯罪"，载http://www.511w.com，访问时间：2003年4月3日。

到 2007 年 5 月 14 日，被告人方某裸聊范围达 20 多个省份的 300 余人，其用于裸聊收费的银行以及支付宝账号先后汇入裸聊资金 1054 次，计 24 973.03 元。最终法院认为公诉机关指控的罪名成立。被告人方某以牟利为目的，利用互联网传播淫秽电子信息，其行为已构成传播淫秽物品牟利罪。[1]

二、网上诈骗

网上的电子化服务越来越丰富多样，如电子商务、电子票据、电子票证、电子银行服务、网上拍卖、网上租赁等形式多样的电子服务。电子服务给人们带来便利的同时也给犯罪分子进行网上诈骗提供了可乘之机。常见的网上诈骗有以下几种：

1. 网络服务诈骗。这主要包括提供原本免费的服务而收取费用；支付在线或者网络服务的费用，却没有得到服务，或者得到不实服务。

2. 网络钓鱼诈骗。诈骗者利用欺骗性的电子邮件和伪造的 Web 站点来进行诈骗，受骗者往往会泄露自己的财务数据，如信用卡号、账户用户名或口令等内容，其包括伪造网站站点和木马程序盗号两种形式。

3. 虚假机会诈骗。诈骗者采用向用户提供诸多机会的方法，骗取用户钱财的诈骗形式，包括中奖机会（短信通知中大奖，需交纳邮寄费或税款）和求职机会（声称有好的职位需交纳介绍费等）。

4. 网络拍卖诈骗。出卖人要求消费者在网络上竞标，消费者在中标后，却收不到商品；或者即使消费者收到商品，但所得实物与拍卖时卖方所声称的商品相差很大。

5. 程序欺诈。诈骗人通过进入他人计算机系统，篡改或改变计算机程序，发布错误指令，达到骗取财物的目的。

【案例 3】

美国联邦贸易委员会（FTC）裁定一个名为 Craig Lee Hare 的男子终生不得在互联网上做生意，因为他利用电脑在线拍卖欺骗了 25 个人。据悉，Hare 通过在线方式销售新的或二手电脑，但他在拿到钱后却不发货给买主。为此，他共骗得 2 万到 3 万美元。据 FTC 说，由于 Hare 身无分文，因此没有要求他进行赔偿。不过，Hare 也因此永远失去了在因特网上做生意的机会。

三、侵入他人网站、主页、电子信箱

这是一种因侵入他人的计算机系统而产生的犯罪行为，主要有以下几种情

---

〔1〕　案例来源：http://news.sina.com.cn/s/2008 - 05 - 30/155115651790.shtml，访问时间：2016 年 4 月 5 日。

形：①入侵他人网站后以指令、程序或者其他工具开启经过加密的档案；②入侵他人主页或电子邮箱后窃取他人档案或者偷阅、删除电子邮件；③入侵计算机系统后将一些档案破坏，致使系统无法正常运行。

四、制造、传播计算机病毒

网络病毒是网络犯罪的一种形式，是人为制造的干扰破坏网络安全正常运行的一种技术手段，网络病毒的迅速繁衍，对网络安全构成最直接的威胁。从当前病毒传播的特点来看，病毒传播攻击的方式多种多样，利用各种手段如电子邮件、下载软件、网页浏览、即时通信工具（如QQ）等进行传播；病毒还常常利用系统的安全漏洞，主动进行传播。病毒具有攻击性和破坏性，可能破坏他人的计算机设备、档案。据国际计算机安全协会公布的《2000年病毒传播趋势报告》称，电子邮件已经成为计算机病毒最主要的传播方式，感染率从1999年的56%上升到2000年的87%，一举取代通过软盘存储和网络下载的病毒传播途径。报告同时指出，该年度最具破坏性的病毒中，以"MACRO""VBS/Java Script"以及"特洛伊木马"（Trojan）居前三位。网络病毒的泛滥成灾，已成为现代文明社会的一大公害。

五、网络赌博

网络赌博是指通过互联网开设网上虚拟赌场，吸引他人参与赌博的行为。网络赌博的虚拟性使赌博行为更难控制，因为网上赌场可以在赌博合法化的国家开设，向全球提供服务。这样的赌博行为具有隐蔽性，对于禁止赌博的国家来说实行管理是很困难的。

【案例4】

2003年1月至8月，冯某采用与他人合股坐庄的方式，在赌球网站宝盈网上开设了e5600、pa2860等9个球盘，并分别占有14%～40%的股份，招揽他人赌球。冯某先后纠集了徐某、李某甲、王某、李某乙等人共同参与非法牟利。据不完全统计，仅2003年8月4日至24日，冯某等人即盈利人民币190万余元。期间，冯某支付给徐某报酬7万余元，李某甲3万元、王某2万余元、李某乙2万元。最终上海市第一中级人民法院认为其5人的行为构成赌博罪。[1]

六、网上侵犯个人隐私

随着网络的迅速兴起，个人数据的搜集与利用更为方便和快捷。网上个人隐私权主要是指个人享有的个人资料的控制和利用的权利。侵犯网络隐私权是

---

〔1〕 案例来源：罗胜华编著：《网络法案例评析》，对外经济贸易大学2012年版，第329页。

指将未经许可的个人信息资料公开利用的行为。主要表现在对个人数据的非法收集、擅自在网上公布他人隐私、在电子商务活动中的非法利用获利等行为。例如，在网上公布公众人物的电话号码或偷拍公众人物的私生活照片在网上公布等行为。但是，在涉及网络安全的时候，在网上对个人隐私的公开，不应属于网上侵犯个人隐私的行为。因此，网络安全与网络个人隐私权如何平衡是一个值得深入研究的问题。

七、教唆、煽动各种犯罪，传授各种犯罪方法

网上教唆他人犯罪的重要特征是，教唆人与被教唆人并不直接见面，教唆的结果并不一定取决于被教唆人的行为。网上有大量教唆犯罪的网站，有的是各种组织设立的，如恐怖组织、邪教组织等。还有各种个人建立的教唆、煽动犯罪的网站，例如，有设立自杀的网站，造成网友的自杀行为。还有危害国家安全的网站，如日本有一个敌视中国的网站，宣扬中国人都是犯罪人；德国新纳粹主义者在德国邻国建立网络并通过该网络宣传种族主义。

八、伪造证件、货币

由于网络的便利和全球性，伪造证件和货币的行为已经不是一国的问题。全球规模的伪造集团利用网络跨国发布伪造文凭、证件的广告，不定期地向电子邮件用户发布伪造证件的邮件。利用互联网伪造证件有以下三种途径：①开办销售假证件的网站，按照顾客的要求制作假证件；②提供制作假证件的软件，供顾客下载；③根据网络上公布的个人信息制作假证件牟利。利用互联网制作假币可以是提供制作假币的软件，也可以在网上发布信息出售制作好的假币。

【案例 5】

1999 年 12 月 24 日，日本琦玉县川口市内某小学生，在路上捡到一个钱包，交给了交通警察。钱包中除了驾驶证等以外，还有 9 张面额 1 万元的假钞。1 月 12 日，警方将钱包的主人、来自福冈住在东京的 19 岁无业青年逮捕。经调查，该青年在 1999 年 12 月中旬，采取某网页上公布的伪造纸币的方法，在自家用计算机和扫描仪，伪造了 100 张面额 1 万元的钞票。该犯供述在川口市和东京都北区花掉 2 张伪钞，但没有查出。而该主页，虽然提示读者如果伪造纸币就会触犯法律，但是也构成了犯罪。[1]

九、网上恐吓、敲诈勒索

网上恐吓、敲诈勒索是指通过网络实施的恐吓和敲诈勒索。主要表现行为

---

〔1〕 案例来源：http://ibbs.chinalabs.com/16769.html，访问时间：2007 年 12 月 5 日。

是侵入计算机系统获得重要资料，据此进行索要钱财的行为，或者得到在网上的信息资料以揭发他人隐私为由索要钱财的行为。网络是实施恐吓、敲诈勒索的主要工具。

【案例 6】

两位哈萨克斯坦黑客，成功地侵入了美国彭博信息公司的计算机系统，并且用电子邮件向该公司勒索 200 000 美元。FBI 与彭博信息公司负责人麦克·彭博说服黑客在伦敦的希尔顿饭店见面。当天，彭博与两位便衣警察一起赴约，当黑客提出勒索的条件后，当即遭到逮捕。

2000 年 6 月底期末考试来临之时，韩国一名 17 岁的高一学生，从网上下载了一些色情照片，把学校三位女教师的头像组合起来，以电子邮件的形式寄给三位女教师，威胁她们必须把期末考试的题目发到他的电子信箱，否则就把这些照片在网上公布。三位教师经过商量后，选择了报警，将该生抓获。

美联社 1996 年 5 月 22 日报道，居住在堪萨斯州现年 29 岁的兽医朗·霍恩贝克近期承认自己犯有勒索罪。1995 年 6 月，霍恩贝克在 Internet 把自己描绘成一个名叫"丽塔"的妇女。丽塔常常在 Internet 通过计算机打字和男子进行色情谈话，并且表示要给对方一张性感照片。与此同时，霍恩贝克把谈话内容储存并打印出来。当受骗者等待着丽塔的裸体照时，结果却收到一封威胁信。霍恩贝克在信中装成丽塔的未婚夫，称他已发现受骗者与丽塔之间的谈话记录，以此进行讹诈。

一个名为"塞巴网络恐怖分子"的国际计算机匪帮，通过设置逻辑炸弹，破坏各网络公司的计算机系统来敲诈勒索。1995 年，一家公司为了让这伙恐怖分子清除其埋藏在该公司计算机系统中的"软件炸弹"，不得不向匪徒们支付 1950 万美元。据统计，这伙国际计算机匪帮自 1993 年以来，先后作案 40 余起，共勒索各计算机公司 6 亿多美元。[1]

十、网上组织邪教组织

邪教组织利用互联网的便利性和隐蔽性的特点在网上宣传邪教，开展组织活动，对社会造成严重的危害。例如，邪教组织法轮功通过电子邮件散布反党反社会主义的言论，影响极坏。

---

[1] 案例来源：http://ibbs.chinalabs.com/16769.html，访问时间：2007 年 12 月 3 日。

十一、网上非法交易

网上非法交易是指实施法律禁止的交易活动或者实施限制性买卖活动。例如，在网络上贩卖违禁物品、违禁药品、管制物品或者管制药品，如枪支、毒品、春药等。各国都发现过拍卖人体器官的网络广告，在一些网站上有人体器官买卖的信息发布。这是伦理道德难以接受的，但是各国法律却没有明确禁止。

【案例7】

2000 年 10 月 12 日，我国台湾地区警方破获了一起利用网络跨国订购、走私大麻的案件。当月 9 日，台北市一邮局在验关时发现一包由美国旧金山邮寄到台北张姓男子的快件，其中夹寄了近 300 克大麻，也有少量新兴毒品"power"，其效力和"摇头丸"类似。经调查，该男子于当月 2 日上网向美国某知名网站订货，以刷卡付费方式购买大麻，以逃避警方的监视。

第三节   刑法规定的网络犯罪的类型

为了预防和惩罚网络犯罪，现行刑法规定了适用于网络犯罪的条款。刑法意义上的网络犯罪是指行为人通过计算机、通信等技术手段，或者利用其所处的特殊地位（如 ISP），在网络环境中实施的侵害或威胁法益并应受刑罚处罚的行为。[1] 从现行刑法和《全国人大常委会关于维护互联网安全的决定》的规定可以看出，网络犯罪适用的条款有《刑法》第 285 条规定的非法侵入计算机信息系统罪、第 286 条规定的破坏计算机系统的犯罪、第 287 条、第 291 条第 2 款和《决定》第 2~5 条规定的利用计算机实施的犯罪。对于《刑法》第 286 条，虽然最高人民法院认为应是破坏计算机信息系统罪一个罪名，但是理论界却认为应当分为三个罪名，即破坏计算机信息系统功能罪，破坏计算机数据和应用程序罪，制作、传播计算机病毒等破坏性程序罪。下面根据刑法犯罪构成的理论，对网络犯罪进行具体分析。

一、非法侵入计算机信息系统罪

（一）概念

非法侵入计算机信息系统罪是指违反国家规定，侵入国家事务、国防建设、尖端科学技术领域的计算机信息系统的行为。

---

〔1〕　张楚主编：《网络法学》，高等教育出版社 2003 年版，第 245 页。

（二）构成要件

1. 犯罪主体。本罪的主体是一般主体，即指年满 16 周岁并具备刑事责任能力的自然人和单位均可成为本罪的主体。实施网络犯罪的主体一般都具有较高的网络技术知识和能力，主要是指进行网络开发研究的技术人员。非法侵入的主体通常分为两种情形：一种是网络窃贼，侵入系统就是为了犯罪。另一种是出于好奇和炫耀自己的网络高超技术的目的，叫做网络玩童。

2. 犯罪的主观方面。本罪的主观方面只能是直接故意，即行为人明知是国家事务、国防建设、尖端科学技术领域的计算机信息系统，根本无权进入而故意侵入。过失不能构成本罪，因为国家事务、国防建设、尖端科学技术领域的计算机信息系统具有很强的安全保护体系，行为人不经过研究考虑是不可能进入的。

3. 犯罪客体。本罪的犯罪客体比较复杂，主要是指国家对计算机信息系统的安全管理秩序，国家的保密制度和国家事务、国防建设、尖端科学技术领域的正常活动。本罪的犯罪对象只能是国家事务、国防建设、尖端科学技术领域的计算机信息系统，而不能随意扩大犯罪对象的范围。国家对这三个领域的计算机系统进行特殊的保护，一旦侵入会泄露国家的机密信息，造成难以挽回的损失，因此需要防患于未然。刑法严禁侵入这三个领域的计算机信息系统的行为，否则承担刑事责任。

4. 犯罪的客观方面。本罪的客观方面，可以从以下几个方面来理解：

（1）非法侵入计算机信息系统必须是违反了国家规定。国家规定是指法律和行政法规、行政措施、决定、命令，不包括规章和地方性法规。我国目前相关规定主要包括《关于维护互联网安全的决定》《计算机信息系统安全保护条例》《计算机信息网络国际联网管理暂行规定》《计算机信息网络国际联网安全保护管理办法》《计算机软件保护条例》等。

（2）行为人实施了非法侵入的行为。非法侵入是指未经授权或超出授权范围访问计算机信息系统或进行数据截收。

二、非法获取计算机信息系统数据、非法控制计算机信息系统罪

非法获取计算机信息系统数据、非法控制计算机信息系统罪，是《刑法修正案（七）》第 9 条在《刑法》第 285 条增加的第 2 款规定的新罪名，是指违反国家规定，侵入国家事务、国防建设、尖端科学技术领域以外的计算机信息系统或者采用其他技术手段、获取该计算机信息系统中存储、处理或者传输的数据，或者对该计算机信息系统实施非法控制，情节严重的行为。

1. 犯罪主体。本罪的主体是一般主体，即指年满 16 周岁并具备刑事责任能力的自然人和单位均可成为本罪的主体。

2. 犯罪的主观方面。本罪的主观方面为故意。

3. 犯罪的客体。本罪的客体是计算机信息系统安全。本罪的对象是国家事务、国防建设、尖端科学技术领域以外的计算机信息系统及其中存储、处理或者传输的数据。

4. 犯罪的客观方面。具体表现为，侵入国家事务、国防建设、尖端科学技术领域以外的计算机信息系统或者采用其他技术手段、获取该计算机信息系统中存储、处理或者传输的数据，或者对该计算机信息系统实施非法控制，情节严重的行为。

【案例8】

2010年3月至5月间，被告人范某某伙同被告人文某利用计算机上互联网，通过后门程序侵入长沙质量技术监督局、青海质量监督总站、抚顺政务公开网、佛山市高明区档案局、句容市安全生产监督管理局、繁昌县文化广电新闻出版局（体育局）、邹平党建网、楚雄州人大常委会、接力出版社、读书人俱乐部、北京钨钼材料厂等网站后台，修改网页源代码，添加黑链代码，对上述网站的主页进行修改，以提高其他网站在搜索引擎的排名，从而达到非法获利的目的。二被告人获利共计人民币6000元。北京市朝阳区朝阳法院于2011年2月18日作出判决：被告人范某某犯非法侵入计算机信息系统罪，判处有期徒刑9个月；犯非法控制计算机信息系统罪，判处有期徒刑1年，罚金人民币2000元；决定执行有期徒刑1年6个月，罚金人民币2000元。被告人文某犯非法侵入计算机信息系统罪，判处有期徒刑6个月；犯非法控制计算机信息系统罪，判处有期徒刑9个月，罚金人民币1000元；决定执行有期徒刑1年，罚金人民币1000元。同时继续追缴被告人范某某、文某犯罪所得人民币6000元，予以没收。[1]

三、提供侵入、非法控制计算机信息系统程序、工具罪

提供侵入、非法控制计算机信息系统程序、工具罪，是《刑法修正案（七）》第9条在《刑法》第285条增加的第3款规定的新罪名，是指提供专门用于侵入、非法控制计算机信息系统的程序、工具，或者明知他人实施侵入、非法控制计算机信息系统的违法犯罪行为而为其提供程序、工具、情节严重的行为。

1. 犯罪主体。本罪的主体是一般主体，即指年满16周岁并具备刑事责任能

---

〔1〕 案例来源：http://cyqfy. chinacourt. org/public/detail. php? id =2199，访问时间：2016年4月21日。

力的自然人和单位均可成为本罪的主体。

2. 犯罪的主观方面。本罪的主观方面为故意。行为人是否为营利的目的提供程序、工具不影响犯罪的成立。

3. 犯罪的客体。本罪的客体是计算机信息系统的安全。本罪的对象是用于侵入、非法控制计算机信息系统的程序、工具，包括：①具有避开或者突破计算机信息系统安全保护措施，未经授权或者超越授权获取计算机信息系统数据的功能的；②具有避开或者突破计算机信息系统安全保护措施，未经授权或者超越授权对计算机信息系统实施控制的功能的；③其他专门设计用于侵入、非法控制计算机信息系统、非法获取计算机信息系统数据的程序、工具。[1]

4. 犯罪的客观方面。本罪表现为提供专门用于侵入、非法控制计算机信息系统的程序、工具，或者明知他人实施侵入、非法控制计算机信息系统的违法犯罪行为而为其提供程序、工具、情节严重的行为。

【案例 9】

被告人王某平时无业在家，偶然的情况下在网上的百度贴吧中发现网上有出售 webshell（可以进行 web 入侵的脚本攻击工具）的帖子，同时有大量的买家发帖收购，王某认为自己可以廉价购入 webshell 后卖出，赚取差价。2012 年 7 月至 10 月期间，被告人王某多次通过互联网贩卖大量 webshell，非法获利 7142 元。2012 年我国某政府网站被攻击，公安部门通过技术侦察手段发现被告人王某涉及倒卖 webshell，并很快将被告人王某抓获。山西省孝义市人民法院作出判决：被告人王某因在网上向不明需求者出售可以进行 web 入侵的脚本攻击工具 webshell，构成提供侵入、非法控制计算机信息系统程序、工具罪，判处有期徒刑 1 年，缓期 2 年，并处罚金 1000 元。

四、破坏计算机信息系统功能罪

（一）概念

破坏计算机信息系统功能罪是指违反国家规定，对计算机信息系统功能进行删除、修改、增加、干扰，造成计算机信息系统不能正常运行，后果严重的行为。计算机信息系统具有对信息进行采集、加工、存储、传输和检索的功能。对计算机信息系统的破坏方式分为物理破坏和智能破坏。物理破坏是指通过捣毁、摩擦、爆炸等手段破坏计算机系统设备和功能。这种破坏方式由于没有放入破坏计算机信息系统功能罪中，可以按故意损坏公私财物罪定罪处罚。智能

---

〔1〕　参见 2011 年《最高人民法院、最高人民检察院关于办理危害计算机信息系统安全刑事案件应用法律若干问题的解释》第 2 条规定。

破坏是利用计算机知识进行的破坏。我国《刑法》规定的"删除、修改、增加、干扰"的形式就是智能破坏。

（二）构成要件

1. 犯罪主体。本罪的主体是一般主体，即指年满16周岁并具备刑事责任能力的自然人和单位均可成为本罪的主体。

在网络使用之初，本罪的主体多是具有极高网络技术的专业人员，且多是黑客。但是随着网络使用的普及，此罪的主体，可以扩展到社会各类熟悉网络技术的人，甚至在校学生。

2. 犯罪的主观方面。本罪在主观上表现为故意，即指行为人明知自己的行为会造成计算机信息系统不能正常运行的严重后果，希望或放任这种结果发生的心理态度。行为的动机可以是发泄、讹诈、报复等。过失不应构成本罪。

3. 犯罪客体。本罪侵犯的客体是直接客体，是指计算机信息系统的正常的安全管理秩序。本罪的行为对象是计算机信息系统功能

4. 犯罪的客观方面。本罪的客观方面包括三个条件：①违反国家规定，主要是指违反《计算机系统安全保护条例》《计算机信息网络国际联网安全保护管理办法》等法律法规的规定。②实施了对计算机信息系统功能删除、修改、增加或干扰的行为。删除是指除去计算机系统的全部或部分功能；修改是指改变计算机信息系统的原有功能，使之不能运行；增加是指增加计算机信息系统的功能，使之不能正常运行；干扰是指利用计算机内部信息符号或程序干扰系统的正常运行，例如，拒绝服务是一种干扰的方式。③造成计算机系统不能正常运行，后果严重。必须达到严重的后果，才能构成本罪。

（三）定罪量刑和刑罚适用

1. 本罪与非罪的界限。本罪是结果犯，行为人的行为必须达到造成计算机信息系统不能正常运行，并且后果严重才能构成本罪。至于严重的程度，需要司法解释作出界定。

2. 关于犯罪形态的界定。行为人已经着手破坏计算机信息系统，希望发生计算机信息系统不能运行的严重后果，但是由于意志以外的原因如犯罪行为被发现而未能得逞的，按照未遂犯处理。在犯罪行为过程中主动放弃的，按照犯罪中止处理。

3. 本罪的牵连犯罪的处理。行为人实施了网上盗窃、金融诈骗等犯罪，为了消除罪证对计算机信息系统功能进行破坏，应当以盗窃罪、金融诈骗罪与破坏计算机信息系统功能罪实行数罪并罚。

4. 本罪的刑罚适用。根据《刑法》第286条的规定，构成破坏计算机信息系统功能罪的，处5年以下有期徒刑或者拘役；后果特别严重的，处5年以上有

期徒刑。单位犯罪的，对单位判处罚金，并对其直接负责的主管人员和其他直接责任人员，依照上述规定处罚。

【案例10】

2007年9月底至11月中旬，马某、彭某、马甲某、柳某、唐某、补某合谋盗取互联网用户的网络游戏账户信息，其利用域名服务器劫持程序攻击劫持了上海市、重庆市、扬州市等10余个省市共计27台域名服务器，造成互联网用户在访问腾讯公司迷你网主页时，被错误指向到马某等人事先设置于无锡市的携带17种网络游戏木马的服务器上，从而被感染木马病毒。因马某等人的攻击劫持行为，腾讯公司被迫暂时关闭其迷你网首页，致使腾讯公司迷你网及QQ客户端的计算机信息系统不能正常运行，由此造成腾讯公司直接经济损失达人民币100 800元。域名服务器的作用是对网站和其对应的IP地址进行解析，是互联网用户通过输入网址访问到相应的网站，即域名服务器的解析是互联网用户访问网站的必要步骤。而马某、彭某、马甲某、柳某、唐某、补某在域名服务器中添加指令，利用域名服务器劫持程序，对互联网运营商的公共域名服务器进行攻击劫持，构成对计算机信息系统的解析功能的干扰。无锡市湖滨区人民法院认为上述六人违反国家规定，采用干扰的技术手段攻击劫持互联网运营商的公共域名服务器，在域名服务器中添加指令，在大量个人计算机信息系统中植入木马，造成计算机信息系统不能正常运行，后果严重，其行为均已构成破坏计算机信息系统罪。[1]

五、破坏计算机数据和应用程序罪

（一）概念

破坏计算机数据和应用程序罪是指违反国家规定，对计算机信息系统中存储、处理或传输的数据和应用程序进行删除、修改、增加的操作，后果严重的行为。

（二）构成要件

1. 犯罪主体。本罪的主体是一般主体，即指年满16周岁并具备刑事责任能力的自然人和单位均可成为本罪的主体。实施网络犯罪的主体一般都具有较高的网络技术知识和能力，主要是指进行网络开发研究的技术人员。

2. 犯罪的主观方面。本罪在主观上表现为故意，即指行为人明知自己的行

---

[1] 案例来源：罗胜华编著：《网络法案例评析》，对外经济贸易大学2012年版，第293页。

为会对计算机信息系统中存储、处理或传输的数据和应用程序进行删除、修改、增加的操作，并且造成严重后果，希望或放任这种结果发生的心理态度。过失不应构成本罪。

3. 犯罪客体。本罪侵犯的客体是直接客体，是计算机信息系统安全保护管理秩序和计算机信息系统的权利人的合法权益。本罪的行为对象是计算机信息系统中存储、处理或传输的数据和应用程序。数据是指计算机输入、输出和以某种方式处理的信息。所谓应用程序，是指在计算机程序设计中为某些用户编写的具有特定用途的程序。[1]

4. 犯罪的客观方面。本罪的客观方面包括三个条件：①违反国家规定，主要是指违反《计算机网络系统安全保护条例》《计算机信息网络国际互联网安全保护管理办法》等法律法规的规定。②对计算机信息系统中存储、处理或传输的数据和应用程序实施了非法操作的行为。非法操作的行为主要有删除、修改、增加三种形式。另外，这种犯罪侵犯的数据和应用程序必须在存储、处理或传输的状态中，否则不构成此罪。③此种犯罪造成严重后果，后果严重的程度需要司法解释作出明确规定。

（三）定罪量刑和刑罚适用

1. 本罪与非罪的认定。

（1）本罪是结果犯。行为人对计算机信息系统中存储、处理或传输的数据和应用程序进行删除、修改、增加的操作，造成严重后果的，才构成本罪。如果造成一定后果尚未达到严重程度则不构成本罪。

（2）行为人只有同时破坏了计算机数据和应用程序，才构成本罪。破坏其中之一的，不构成本罪。

2. 本罪与破坏计算机信息系统功能罪的区别。这两种犯罪虽然看似有相似之处，但也有以下几点不同：

（1）犯罪对象不同。本罪的犯罪对象是计算机数据和应用程序，后者的犯罪对象是计算机信息系统的功能。

（2）犯罪行为方式有所不同。本罪的行为方式包括删除、修改、增加等非法操作的行为，后者除了上述非法行为，还包括干扰。

（3）危害结果不同。本罪是指破坏了计算机数据和应用程序的严重后果，后者是指计算机信息系统不能运行的严重后果。

3. 本罪的刑罚适用。根据《刑法》第286条的规定，构成破坏计算机信息

---

〔1〕　张楚主编：《网络法学》，高等教育出版社2003年版，第250页。

系统数据和应用程序罪的，处 5 年以下有期徒刑或者拘役；后果特别严重的，处 5 年以上有期徒刑。单位犯罪的，对单位判处罚金，并对其直接负责的主管人员和其他直接责任人员，依照上述规定处罚。

【案例 11】

2000 年 10 月 23 日，云南省昆明市五华区法院对一起黑客登录网络破坏计算机信息系统犯罪作出一审判决，被告人林某某因犯破坏计算机信息系统罪被判有期徒刑 2 年，并附带赔偿民事诉讼原告人直接经济损失人民币 4300 元，林某某是厦门大学计算机系毕业的硕士研究生，任职于福建省厦门市工商银行。2000 年 12 月 26 日中午 12 时许，林某某利用午休时间，使用单位的互联网登录设备对昆明市的云南信息电讯网站进行破坏式的攻击，删除了该网站几乎全部的用户数据，之后林某某为了掩盖罪行，欲嫁祸台湾黑客，故意用一幅写有分裂国家英文字样的图片替换了被攻击网站的主页，林某某的行为致使云南信息电讯网被迫关闭，后经有关部门认证直接经济损失达 4300 元，侦查机关根据林某某使用的网络 IP 地址将其查获。昆明市五华区法院受理此案后，由具有计算机高级工程师资格的法官受理了此案，并依法作出一审判决。一个风华正茂的计算机专业人才，利用所学知识，随意乱用手中的鼠标最终沦为阶下囚。[1]

六、制作、传播计算机病毒等破坏性程序罪

（一）概念

制作、传播计算机病毒等破坏性程序罪是指故意制作、传播计算机病毒等破坏性程序，影响计算机系统正常运行，造成严重后果的行为。

（二）构成要件

1. 犯罪主体。本罪的主体是一般主体，即指年满 16 周岁并具备刑事责任能力的自然人和单位均可成为本罪的主体。其中制作计算机病毒的行为人一般都具有较高的网络技术知识和能力，主要是指进行网络开发研究的技术人员。传播计算机病毒的行为人可以是病毒的制作者，也可以是一般人。

2. 犯罪的主观方面。本罪在主观上表现为故意，即指行为人明知自己的行为会造成计算机信息系统不能正常运行的严重后果，希望或放任这种结果发生的心理态度。从目前的犯罪调查来看，行为的动机可以包括：①恶作剧；②讹诈；③报复；④出于政治、军事的目的；⑤获取经济利益。无论出于何种动机，

---

〔1〕　参见《光明日报》2001 年 10 月 27 日，第 5 版。

只要故意制作、传播计算机病毒都构成本罪。过失不应构成本罪。

3. 犯罪客体。本罪侵犯的客体是直接客体，是计算机信息系统安全保护管理秩序和计算机信息系统的权利人的合法权益。本罪的行为对象是计算机病毒等破坏性程序。除了计算机病毒这种破坏性程序以外，还有非病毒的其他破坏性程序。

4. 犯罪的客观方面。本罪的客观方面包括两个条件：一是实施了制作、传播计算机病毒等破坏性程序的行为。制作是指在他人的计算机或单位的计算机上编写计算机病毒的行为，在自己的计算机上编写而不传播的行为不构成犯罪。传播是指将自己或他人制作的计算机病毒置于网络中或者放入软件中销售、散发的行为。破坏性程序是指损害计算机数据的程序或破坏计算机系统的程序。二是造成计算机系统不能正常运行，后果严重。必须达到严重的后果，才能构成本罪。

（三）定罪量刑和刑罚适用

1. 本罪与非罪的界限。本罪是结果犯，行为人的行为必须达到造成计算机信息系统不能正常运行，并且后果严重才能构成本罪。至于严重的程度，需要司法解释作出明确界定。而且本罪的行为对象应是计算机病毒等破坏性程序。

2. 本罪与破坏计算机信息系统功能罪的区别。这两种犯罪有以下几点不同：

（1）犯罪对象不同。本罪的犯罪对象是计算机病毒等破坏性程序，后者的犯罪对象是计算机信息系统的功能。

（2）犯罪行为方式不同。本罪包括制作和传播计算机病毒的行为，后者则包括修改、删除、增加、干扰计算机信息系统的行为。

（3）危害结果不同。本罪是指影响计算机系统正常运行，造成严重后果的行为，后者是指计算机信息系统不能运行的严重后果。

3. 本罪的刑罚适用。根据《刑法》第286条的规定，构成破坏计算机信息系统数据和应用程序罪的，处5年以下有期徒刑或者拘役；后果特别严重的，处5年以上有期徒刑。单位犯罪的，对单位判处罚金，并对其直接负责的主管人员和其他直接责任人员，依照上述规定处罚。

【案例12】

李某于2006年10月开始制作计算机病毒"熊猫烧香"，并请雷某对该病毒提修改建议。雷某认为，该病毒会修改被感染文件的图标，且没有隐藏病毒程序，容易被发现，建议李某从这两个方面对该病毒进行修改。随后李某根据雷某给出的建议和雷某一起对"熊猫病毒"进行修改，但是都没有解决以上问题。2006年11月中旬，李某开始在互联网上叫卖该病毒，同时也请王某及其他网友帮助出售该病毒。随着病毒的出售和赠送，"熊猫烧香"病毒迅速在互联网上传播，由此导致自动链接李某个人网站 www.krvkr.com 的流量大幅上升。王某得知此情形后，主动提出为李某卖"流量"，并联系张某购买李某网站的"流量"，所得收入由王某和李某平分。张某购买李某网站的流量后，先后将九个游戏木马挂在李某的网站上，盗取自动链接李某网站游戏玩家的"游戏信封"，并将盗取的"游戏信封"进行拆封、转卖，从而获利。从 2006 年 12 月至 2007 年 2 月，李某获利 145 149 元，王某获利 8000 元，张某获利 12 000 元。"熊猫烧香"病毒的传播，造成北京、上海、天津、山西、河北、辽宁、广东、湖北等省市众多单位和个人的计算机受到病毒感染，不能正常运行，同时也使众多游戏玩家的游戏装备、游戏币被盗。2007 年 2 月 2 日，李某将其网站关闭，之后再未开启该网站。湖北省仙桃市人民法院判决认为：被告人李某、雷某故意制作计算机病毒，被告人李某、王某、张某故意传播计算机病毒，影响了众多计算机系统正常运行，后果严重，其行为均已构成破坏计算机信息系统罪，应负刑事责任。

七、拒不履行信息网络安全管理义务罪

拒不履行信息网络安全管理义务罪，是《刑法修正案（九）》第 28 条增加的新罪名，是指网络服务提供者不履行法律、行政法规规定的信息网络安全管理义务，经监管部门责令采取改正措施而拒不改正，具有致使违法信息大量传播等法定严重后果或严重情节的行为。

1. 犯罪的主体。本罪的主体为特殊主体，即网络服务提供者。

2. 犯罪的主观方面。本罪的主观上出自故意。

3. 犯罪的客体。本罪侵犯的客体是信息网络管理秩序。

4. 犯罪的客观方面。本罪在客观上表现为网络服务提供者不履行法律、行政法规规定的信息网络安全管理义务，经监管部门责令采取改正措施而拒不改正，因而具备下列四种法定情形之一的行为：①致使违法信息大量传播的；②致使用户信息泄露，造成严重后果的；③致使刑事案件证据灭失，情节严重的；④有其他严重情节的。

八、利用网络实施的传统犯罪

我国《刑法》第 287 条和《全国人大常委会关于维护互联网安全的规定》规定了利用网络实施的传统犯罪的类型。主要包括利用网络实施的金融诈骗、盗窃、贪污、挪用公款、窃取国家秘密、侵犯知识产权、侵犯隐私权或者其他犯罪。主要表现为对财产权的侵犯、对知识产权的侵犯等方面。

（一）利用网络实施的金融诈骗罪

利用网络实施的金融诈骗罪是指行为人利用计算机网络为工具或对象实施的侵犯金融领域的正常的交易管理秩序，情节严重的行为。网络金融犯罪的主要类型有网上欺诈、偷窃、黑客入侵破坏金融系统的计算机网络以及病毒侵害金融系统的计算机网络功能和金融电子数据。黑客的攻击可能导致电子银行资源被盗用甚至电子银行服务被迫中断的严重后果，美国每年因黑客入侵导致的银行损失达到 15 亿美元。计算机病毒也会导致银行数据丢失，更为严重者导致整个银行系统的崩溃。

1. 本罪的构成要件。

（1）犯罪主体。本罪的主体是一般主体，是指年满 16 周岁并具备刑事责任能力的自然人。

（2）犯罪的主观方面。本罪在主观上表现为故意并且具有非法占有公私财物的目的。过失不应构成本罪。

（3）犯罪客体。本罪的犯罪客体是指金融业的网络数据，主要以电子货币、电子公文和商业资料的形式存在。电子货币的应用越来越广泛，甚至超出了传统货币和票据的使用，最早的表现形式是信用卡，其后出现的借记卡、IC 卡、证券交易、网上银行都具有电子货币的特征。电子公文是金融业实现业务处理网络化和文件传递网络化的结果。

（4）犯罪的客观方面。本罪的客观特征包括两个条件：①实施了利用网络侵害金融系统的计算机网络功能和金融电子数据的行为；②该行为对金融交易和管理秩序造成严重的后果。

2. 本罪的刑罚适用。犯本罪的，应根据我国《刑法》第 192～200 条的规定及有关司法解释依法给予相应的刑事处罚。

【案例 13】

2015 年 12 月 23 日，互联网金融公司大大集团被媒体报道因涉嫌非法集资 4 名高管被羁押，警方冻结了大大集团账户，发现其账面上仅剩 1 亿多元资金，但如果要实现投资人资金完全兑付，可能需要 40 亿元左右。12 月 25 日大大集团的官方网站声明，正在接受上海经侦调查取证，案件还未定性。声明称，因上海经侦调查需要，大大集团相关账户被依法冻结，目前所有客户兑付工作停止。

2015 年 12 月 22 日，昆明市人民政府发布通报称，昆明泛亚有色金属交易所在经营活动中涉嫌违法犯罪问题，公安机关已依法立案侦查。昆明泛亚有色金属交易所旗下一款明星产品"日金宝"具有资金随进随出、年化约 13%、每日结息实时到账的项目，丰厚的收益吸引了众多投资者参与。然而从今年 4 月份，开始出现投资者的资金无法取回，泛亚逐步限制交易，到了 7 月连投资者存放在泛亚账户的个人资金也遭到"冻结"。引发投资者维权，喊出"活捉单九良，还我血汗钱"的口号。20 多个省份的 22 万投资者的 430 亿元资金难以讨回。

根据中申网发布的《2015 年 12 月 P2P 问题平台数据监测报告》显示，2015 年共出现 P2P 问题平台 929 个。这些平台的诈骗金额小到几万，大到如日金宝、大大集团的上亿元。在这些形形色色的问题平台之中，最多的就是上线几个月就跑路的平台，这些平台共同的特点就是上线时间不长，大多为短期标，没有资金托管。而从实际情况来看，许多运营时间一两年甚至是两年以上的大平台也开始出现问题，单纯的就时间而选择 P2P 投资平台的时间显然已经过去了。再加上年关已至，平台的跑路潮也将爆发。投资人在选择平台时，一定要多观察多考究，再选择适合自己的投资平台和投资模式，以免造成不可换回的财产损失。[1]

【案例 14】

李某受过电子专业的高等教育，具有多年从事证券交易的经历，谙熟证券交易的电脑操作程序。1999 年 3 月 31 日下午，李某在三亚上证营业厅，通过小厅内电脑终端非法侵入三亚上证计算机信息系统，当发现该系统的委托报盘数据库未设置密码后，即萌生修改计算机中委托报盘的数据，拉高"兴业房产"股票价格以使自己所持有的 7800 股该股票得以抛售获利的念头，同时李某又决定采用相同方法提高"莲花味精"股票价格，并示意股民高某购进该股票。4 月 15 日，被告人李某在三亚上证营业厅再次侵入该计算机信息系统，复制委托报盘数据库进行了修改实验并获得成功。4 月 16 日中午股市午间休市时，李某在三亚上证营业厅将三亚上证尚未向证券交易所发送的周某等五位股民委托买卖其他股票的报盘数据内容全部修改成委托买入"兴业房产"和"莲花味精"两种股票共计 497.93 万股，两种股票的价格也分别改为比前日收盘价格上升 10% 的涨停价位，即 10.93 元和 12.98 元。当日下午股市开盘时，当上述被修改的委托数据被发送到证券交易所后，引起了"兴业房产"和"莲花味精"两种股票的交易量和交易价格出现非正常波动，造成三亚上证需支付 6000 余万元资金，以涨

---

[1]　案例来源：http://mt.sohu.com/20160118/n434851272.shtml，访问时间：2016 年 4 月 24 日。

停价和接近涨停价的价格如数买入了该两种股票，致使三亚上证因一时无法支付巨额资金而被迫平仓，经济损失达 295 万余元。被告人李某却乘机以涨停价抛售了其在某国际投资公司上海证券业务部账户上的 7800 股"兴业房产"股票，获利 7277.01 元。股民高某及其代理人王某也将受李某示意买入的 8.9 万股"莲花味精"股票抛出，获利 8.4 万余元。[1]

（二）利用网络实施诈骗罪

诈骗罪是以非法占有为目的，采用虚构事实或隐瞒事实的方法骗取数额巨大的公私财物的行为。利用网络实施诈骗罪是指利用计算机网络技术采用虚构事实或隐瞒事实的方法骗取数额巨大的公私财物的行为。利用网络实施诈骗的形式多种多样，最为常见的是冒充网络商品销售服务公司。这种所谓的公司从各种渠道获得客户的资料，然后将自己伪装成实力雄厚的大公司，向这些客户鼓吹能提供质优价廉的商品或服务，被害人往往经不起诱惑而上当受骗。具体来说，利用网络实施诈骗的方式有以下四种类型：①金字塔诈骗。"只需 4 个星期，5 美元变成 6 万美元"，是最可能出现的"金字塔"或"Ponzi"骗术的诱骗手段。②无风险投资。互联网上数不胜数的无风险投资大都承诺一定时间内还本，并能得到很多利益。投资诈骗是行为人利用人们想发财的基本心态，成立一个投资会，保证加入者将获得巨额投资回报，从而骗取他人钱财。③电话诈骗。收件人会收到催促拨打某一电话的电子邮件，许诺如果拨打会得到一笔奖金。但是拨打的费用很高。④信用卡诈骗。诱使用户在网上购物时使用信用卡，利用客户在网上公布的信用卡卡号，从信用卡上划拨金额。

1. 本罪的构成要件。

（1）犯罪主体。本罪的主体是一般主体，是指年满 16 周岁并具备刑事责任能力的自然人。

（2）犯罪的主观方面。本罪在主观上表现为故意，并且具有非法占有公私财物的目的。过失不应构成本罪。

（3）犯罪客体。本罪侵犯的客体是公私财物的所有权。犯罪对象是合法的公私财物，非财物的其他利益不是本罪的保护客体。

（4）犯罪的客观方面。本罪的客观特征包括两个条件：①实施了诈骗行为。所谓诈骗行为，是指行为人虚构事实或隐瞒真相，使受害人产生错误的认识从而自动交出财物的行为。至于虚构事实或隐瞒真相的手段，法律并未明确限制。

---

[1]　案例来源：http://www.china.findlaw.cn/info/case/jdal/，访问时间：2008 年 4 月 14 日。

利用网络实行诈骗的行为属于诈骗罪。②诈骗的数额较大方可构成犯罪。根据最高人民法院的司法解释的规定，个人诈骗财物在2000元以上的属于数额较大。

2. 本罪的刑罚适用。我国《刑法》第287条和第266条规定，犯本罪基本罪的，处3年以下有期徒刑、拘役或管制，并处或者单处罚金；犯重罪的，处3年以上10年以下有期徒刑，并处罚金；犯极重罪的，处10年以上有期徒刑或无期徒刑，并处罚金或者没收财产。

【案例15】

2013年7月间，被告人许某某与卢某某共谋利用网络诈骗他人钱财，由卢某某提供笔记本电脑、银行卡等作案工具，并租赁某酒店式公寓等处作为诈骗窝点，许某某负责在婚恋网站诱骗女性被害人投资"彩票"实施诈骗。同年8月间，许某某在某婚恋网站上搭识苏某某并取得苏某某的信任，并谎称其是澳门彩票公司的主管，以有内幕消息可让苏某某中奖为由，诱骗苏某某"投注"人民币1万元。随后，卢某某以彩票公司经理的身份打电话通知苏某某中奖人民币278万元，并以需缴纳银行开户费等为由，骗取苏某某汇款人民币6万元。同月18日，卢某某又联系邱某龙（另案处理）冒充"香港金融管理局"的工作人员，以苏某某的奖金被"香港金融管理局"冻结，需要解冻费用等为由，骗取苏某某再次汇款人民币8万元，后卢某某让卢某凯（另案处理）到银行的自动取款机上取走其中的人民币8万元。诈骗后，许某某分得人民币12 000元。案发后，福建省漳州市漳浦县公安局向卢某某扣押人民币15万元退还给被害人苏某某。被害人苏某某对许某某表示谅解。漳浦县人民法院经审理认为，许某某伙同他人以非法占有为目的，采用虚构事实、隐瞒真相的方法，骗取他人人民币15万元，数额巨大，其行为已构成诈骗罪。公诉机关指控的罪名成立。在共同犯罪中，许某某起次要作用，是从犯，且犯罪时不满18周岁，依法应当减轻处罚，以被告人许某某犯诈骗罪，判处其有期徒刑1年6个月。[1]

（三）利用网络实施盗窃罪

利用网络实施盗窃罪是指以非法占有为目的，利用网络实施窃取他人上网账户等方式秘密窃取他人数额较大的公私财物的行为。利用网络实施盗窃的表

---

[1]　案例来源：http://news.youth.cn/sh/201511/t20151123_7341422.htm，访问时间：2016年4月24日。

现形式有利用计算机网络盗用电信服务的行为，如利用计算机复制电信号码并非法使用，盗用个人的账号和密码等行为，利用计算机窃取金融系统的电子货币的行为等网上盗窃行为。

1. 本罪的构成要件。

（1）犯罪主体。本罪的主体是一般主体，是指年满16周岁并具备刑事责任能力的自然人。

（2）犯罪的主观方面。本罪在主观上表现为故意。窃取普通财物的，必须具有非法占有公私财物的目的。盗接通信线路、复制通信号码或上网账号，或者明知是盗接的线路或复制的设备而使用的，必须以牟利为目的，这里的牟利可以是金钱利益也可以是服务等。过失不构成本罪。

（3）犯罪客体。本罪侵犯的客体是公私财物的所有权。犯罪对象是合法的公私财物，非财物的其他利益不是本罪的保护客体。

（4）犯罪的客观方面。本罪的客观方面包括两个条件：①实施了秘密窃取的行为；②盗窃的数额较大。根据最高人民法院司法解释的规定，个人盗窃财物在500～2000元以上的属于数额较大。

2. 本罪的刑罚适用。我国《刑法》第287条和第266条规定，犯本罪基本罪的，处3年以下有期徒刑、拘役或管制，并处或者单处罚金；犯重罪的，处3年以上10年以下有期徒刑，并处罚金；犯极重罪的，处10年以上有期徒刑或无期徒刑，并处罚金或者没收财产。

【案例16】

2014年10月份至案发前，被告人陆某某纠集同村人陆某甲、陆某乙等人以非法占有为目的，在其位于广西壮族自治区南宁市宾阳县新桥镇某村的家中通过网络实施盗窃。陆某某通过网络购买了具有拦截被害人手机信息功能的木马病毒并植于内容为"××，我是××，这是一份文件，请你看一下，http/xxx. xxxxxxx（注：木马病毒）"的短信，通过手机或者电脑的方式将该短信发送给不特定的手机号码。若被害人点击该链接，手机就会中木马病毒，其手机中的联系人及验证码的短信息可以传到由陆某某控制并指定的邮箱和手机中。陆某某本人或者安排他人通过预先设定的邮箱或手机后台获取回收的短信，通过手机网上营业厅将被害人手机绑定的银行账号密码进行修改后，控制被害人的银行卡或者网上银行。陆某某在控制了被害人的网上银行后，通过网银支付的方式在京东或者淘宝网站等进行消费，将购买的物品在收到后进行变卖获利；将控制的被害人的银行卡的资金通过转账的方式取现。陆某某给予陆某甲、陆某乙等人"水钱"的方式支付劳务报酬。

2014 年 12 月 24 日，被告人陆某某安排陆某甲等人通过其家里的电脑或者手机给被害人于某某（男，61 岁）等不特定的人发送植入木马病毒的短信息。2014 年 12 月 24 日下午 5 时许，于某某所有的号码为 1360640×××的手机接到发送号码为 1842010×××的短信息，内容为"于某某，我是姜某某，这份文件你帮我看一下，我工作手机出问题 http//dl. vmall. com/covt77tt4x 谢谢"。于某某用手机点击链接后，其手机上的短信消失，且无法接收和发送短信。被告人陆某某通过其邮箱 youjizz116688@126. com 获知利用木马病毒绑定的于某某的手机号 1360640×××的信息并通过发送验证码并修改密码的方式控制于某某的中国建设银行卡（卡号为 524094234023×××）一张及中国农业银行卡（卡号为 622848025280122×××）一张，陆某某通过网上银行支付的方式，在于某某不知情的情况下多次从上述两张银行卡里转款或者网银消费的方式盗取金额共计 256 899.07 元（建行卡为 248 299.07 元，农行卡为 8600 元），用于购买上海汇添富基金（代码为 00030）及用于其他消费。2015 年 2 月 6 日，被告人陆某某及其陆某甲（另案处理）被公安机关抓获。[1]

（四）利用网络实施贪污和挪用公款罪

贪污罪是指国家工作人员利用工作上的便利，侵吞、窃取、骗取或者以其他手段非法占有公共财物的行为。挪用公款罪是指国家工作人员利用工作上的便利，挪用公款归自己使用，进行非法活动的，或者挪用公款数额较大、进行营利活动的，或者挪用公款数额较大、超过 3 个月未归还的行为。利用网络实施贪污和挪用公款罪是指国家机关工作人员利用工作上的便利，在网络上侵占以数字信息表达的公共财产的行为。利用网络实施贪污和挪用公款罪的表现形式有通过非法操作计算机侵占单位资金、利用计算机财务系统存在的漏洞和缺陷窃取单位资金等行为。

1. 本罪的构成要件。

（1）犯罪主体。本罪的主体是特殊主体，即国家工作人员，包括以下四种：①国家机关中从事公务的人员；②国有公司、企业、事业单位委派到非国有公司、企业、事业单位、社会团体中从事公务的人员；③国有公司、企业、事业单位、人民团体中从事公务的人员；④其他依照法律从事公务的人员。

---

[1]　案例来源：http：//wenshu. court. gov. cn/content/content？DocID＝9fb99b0e－c723－41e8－a1e8－cfd-ba9462e86&KeyWord＝网络盗窃，访问时间：2016 年 4 月 24 日。

（2）犯罪的主观方面。本罪在主观上表现为故意，并且以非法占有公共财物为目的。

（3）犯罪客体。本罪的客体为复杂客体，既指国家工作人员的廉洁性，又指公共财物的所有权。

（4）犯罪的客观方面。犯罪的客观方面有三个条件：①国家工作人员利用工作上的便利。②利用网络实施贪污的行为指的是侵吞、窃取、骗取或者以其他手段非法占有公共财物的行为。利用网络实施挪用公款罪是指挪用公款归自己使用，进行非法活动的，或者挪用公款数额较大、进行营利活动的行为。③贪污或挪用的公款的数额较大。

2. 本罪的刑罚适用。根据我国《刑法》第 287 条和第 383 条第 1 款第 3 项的规定，利用计算机实施贪污罪、个人贪污数额在 5000 元以上不满 5 万元的，处 1 年以上 7 年以下有期徒刑；情节严重的，处 7 年以上 10 年以下有期徒刑。根据我国《刑法》第 287 条和第 384 条的规定，利用计算机实施挪用公款罪的，处 5 年以下有期徒刑或者拘役；情节严重的，处 5 年以上有期徒刑；情节特别严重的，处 10 年以上有期徒刑或无期徒刑。挪用用于救灾、抢险、防汛、优抚、扶贫、移民、救济款物归个人使用的，从重处罚。

【案例 17】

　　原交通银行宁波分行方某从 1990 年起利用担任电脑记账员之便，多次采用凭空划账，私刻印鉴伪造票据，盗用他人账户，转账套现，伪造分户账等手段侵吞公款合计人民币 166 万元，成为我国首例利用电脑贪污案的案犯。1990 年 8 月 4 日，方某通过非法手段偷越国境，潜逃至加拿大。案发后，公安部向国际刑警组织发布红色通缉令。2000 年 1 月，33 岁的方某被加拿大法院判决驱逐出境，并移交中国司法机关。后经浙江省高级人民法院审理，被告人方某被判处无期徒刑并剥夺政治权利终身。

（五）利用网络实施非法获取国家秘密罪

非法获取国家秘密罪是指以窃取、刺探、收买方法非法获取国家秘密的行为。非法获取国家秘密罪是指利用计算机网络非法获取存储于网络上的国家秘密的犯罪。非法获取国家秘密罪的表现形式有利用计算机网络系统的漏洞，通过非法操作获取国家秘密；利用计算机技术，破解进入存有国家秘密的计算机系统获取国家秘密；对计算机信息系统处理后的信息进行分析获得国家秘密。

1. 本罪的构成要件。

（1）犯罪主体。本罪的主体是一般主体，是指年满 16 周岁并具备刑事责任能力的自然人。

（2）犯罪的主观方面。本罪在主观上表现为直接故意，即明知自己的行为会造成非法获取国家秘密的后果，希望或放任这种结果的发生。

（3）犯罪客体。本罪的客体是直接客体，即国家的保密制度。行为对象是国家秘密。

（4）犯罪的客观方面。本罪的客观方面有三个条件：①违反国家的保密规定。②采用窃取、刺探、收买方法。这三种只具其一就构成此罪，其他方法的使用获得国家秘密不构成此罪。③产生非法获取国家秘密的结果。

2. 本罪的刑罚适用。根据我国《刑法》第 282 条第 1 款的规定，利用网络实施本罪的，处 3 年以下有期徒刑、拘役、管制或者剥夺政治权利；情节严重的，处 3 年以上 7 年以下有期徒刑。

（六）利用网络实施恐怖主义犯罪

利用网络实施恐怖主义犯罪是指恐怖组织利用网络，以实施恐怖活动为目的，进行恐怖活动，危害公共安全的行为。

1. 本罪的构成要件。

（1）犯罪主体。本罪的主体是一般主体，是指年满 16 周岁并具备刑事责任能力的自然人。

（2）犯罪的主观方面。本罪在主观上表现为直接故意，并且以实施恐怖活动为目的。

（3）犯罪客体。本罪的客体是社会的公共安全。社会的公共安全是指危害不特定的多数人的生命、健康和重大财产的安全。本罪的危害对象具有不确定性，犯罪后果具有严重性和广泛性。

（4）犯罪的客观方面。本罪的客观方面是指行为人以计算机网络为工具，组织、实施恐怖活动。实施组织恐怖活动是一种集团犯罪行为，行为人只要具有组织实施恐怖活动的行为即构成此罪，不需要产生严重的后果。

2. 本罪的刑罚适用。根据我国《刑法》第 120 条和第 287 条的规定，组织、领导恐怖活动的，处 10 年以上有期徒刑；积极参加的，处 3 年以上 10 年以下有期徒刑；其他参加的，处 3 年以下有期徒刑、拘役、管制或剥夺政治权利；犯前款罪并实施杀人、爆炸、绑架等犯罪的，依照数罪并罚的规定处罚。

（七）利用网络实施侵犯著作权罪

利用网络实施侵犯著作权罪是指以营利为目的，未经著作权人以及与著作权有关的权益人的许可，在网络上复制他人享有专有出版权的图书，以及在网络上复制音像制作者制作的音像制品，违法所得数额较大或者有其他严重情节的行为。

1. 本罪的构成要件。

（1）犯罪主体。本罪的主体是一般主体，是指年满 16 周岁并具备刑事责任能力的自然人。单位也可构成本罪。

（2）犯罪的主观方面。本罪在主观上表现为直接故意，并且以营利为目的。

（3）犯罪客体。本罪的客体是他人的著作权以及与著作权有关的权益。著作权是指著作权人对文学艺术科学等作品享有的专有财产权和人身权的总称。著作财产权是指著作权人享有的许可他人使用作品并获取经济报酬的权利。著作人身权是指作者对其作品享有的发表权、署名权、修改权和保持作品完整权。与著作权有关的权益即邻接权，是指出版者、表演者、音像制作者和广播组织者享有的权利。

（4）犯罪的客观方面。本罪的客观方面包括以下三个要件：

第一，实施了侵犯著作权以及与著作权有关的权益的行为，主要包括四种表现形式：①未经许可在网络上复制他人的作品的行为；②在网络上复制他人享有专有出版权的图书的行为；③未经录制者许可，在网络上复制音像制作者制作的音像制品的行为；④在网络上复制、销售假冒他人署名的美术作品的行为。

第二，侵犯著作权以及与著作权有关的权益的行为必须发生在著作权以及与著作权有关的权益的保护期内，《著作权法》明确规定了不同作品的保护期，最短的保护期有 50 年。过了保护期的使用作品的行为不构成侵权。

第三，必须是违法所得数额较大或者有其他严重情节的行为。根据最高人民法院的司法解释，数额较大是指个人违法所得在 5 万元以上 20 万元以下，单位违法所得在 20 万元以上 100 万元以下。有其他严重情节，是指下列三种情况：①因侵犯著作权曾经两次或两次以上被追究行政责任和民事责任，2 年内又实施前述侵犯著作权的行为之一的；②个人非法经营数额在 20 万元以上，单位非法经营数额在 100 万元以上的；③造成其他严重后果的。

2. 本罪的刑罚适用。根据我国《刑法》第 287、217 条和第 220 条的规定，利用网络实施本罪的，处 3 年以下有期徒刑或拘役，并处或单处罚金。情节严重的，处 3 年以上 7 年以下有期徒刑，并处罚金。单位犯本罪的，对单位判处罚金，并对直接负责的主管人员或其他直接责任人员，依照个人犯本罪的规定处罚。

【案例 18】

2002 年 2 月美国网络盗版组织 Drinkordie 头领 John Sankus 承认自己有罪，他可能面临长达 5 年的监禁，以及 25 万美元的高额罚款。John Sankus，28 岁，负责 Drinkordie 的日常经营活动。美国维吉尼亚州的检察官声称，John Sankus 伙同该组织的其他 60 名成员，长期进行软件破解活动。这些人还在聊天室里散布破解的软件和电影，据估计，由 Drinkordie 组织造成的损失达 250 到 500 美元。据悉，美国司法部和联邦调查局曾对 Drinkordie 组织进行了长达 15 个月的跟踪和取证活动。为此 FBI 还专门成立了一个虚假的网站，引诱 John Sankus 上钩。[1]

（八）利用网络实施侵害名誉罪

利用网络实施侵害名誉罪是指利用网络侮辱或诽谤他人，公然败坏他人名誉，情节严重的行为。侮辱是指利用暴力或其他方法败坏他人名誉；诽谤是指捏造并散布某种事实，足以败坏他人名誉。因为网络的虚拟性，行为人可以采用多个用户名，也可以在网络论坛中以匿名的方式参与讨论，所以，在网络上进行的侮辱、诽谤行为，具有更强的隐蔽性。另外，互联网是世界性的，影响范围会更广，危害也更为严重。

1. 本罪的构成要件。

（1）犯罪主体。本罪的主体是一般主体，是指年满 16 周岁并具备刑事责任能力的自然人。单位不构成本罪。

（2）犯罪的主观方面。本罪在主观上表现为直接故意，即明知自己的侮辱、诽谤行为会造成损害他人名誉的行为，仍放任或希望这种结果发生。

（3）犯罪客体。本罪的犯罪客体是被损害人的社会名誉，即社会对公民的普遍的社会性评价。

（4）犯罪的客观方面。犯罪的客观方面包含两个要件：

第一，网络上的侮辱、诽谤行为起到了损害他人名誉的目的。行为人通过互联网进行侮辱、诽谤的方式是多样的，主要通过文字、图片和动画进行。传播方式可以将侮辱或诽谤的事实作成电子文档，通过电子邮件发送，或在 BBS 或者博客上发布。这些方式在互联网上的传播非常迅速和广泛，对被损害人的名誉的影响也更为恶劣。

第二，被侮辱、诽谤的对象是特定的主体。可以是一人也可以是数人。如果在网上对不特定的人实施侮辱、诽谤行为，不构成侮辱、诽谤罪。

2. 刑罚适用。根据我国《刑法》第 287 条和第 246 条的规定，利用网络实施侮辱、诽谤罪的，处 3 年以下有期徒刑、拘役、管制或者剥夺政治权利。我国《刑法》第 246 条规定，犯侮辱、诽谤罪，"告诉的才处理，但是严重危害社会秩序和国家利益的除外"。在一般情形下，利用网络实施侮辱、诽谤罪是自诉

---

〔1〕　案例来源：搜狐 IT，访问时间：2002 年 2 月 28 日。

案件，告诉的主体可以是被害人，如果被害人遭到威胁恐吓无法告诉的，人民检察院或被害人的近亲属也可以实施告诉。严重危害社会秩序或国家利益的，由人民检察院提起诉讼。主要是指以下两种情形：①侮辱、诽谤行为特别严重，引起了被害人自杀身亡或精神失常，失去自诉能力的；②侮辱、诽谤党和国家领导人，外国元首、外交代表等特定对象，既损害他人名誉，又损害国家利益的。

【案例 19】

张某诉俞某某网络环境中侵犯名誉权纠纷案[1]

原告张某以"红颜静"为网名，在 e 龙西祠胡同网站登记上网，并主持和管理一讨论版块。被告俞某某以"华容道"为网名，在同一网站登记上网。"红颜静""华容道"在西祠胡同网站登记的都是真实网友级别。2000 年 11 月 19 日，西祠胡同网站中的"紫金山下"讨论版块和"一根红线"讨论版块组织网友聚会。通过聚会，网友间互相认识，并且互相知道了他人上网使用的网名。俞某某除以"华容道"的网名参加真实网友的活动外，还在 e 龙西祠胡同网站以"大跃进"为网名登记，其级别为该网站的注册网友。

2001 年 3 月 4 日，在 e 龙西祠胡同网站的相关讨论版块上，有网名"大跃进"发表的《记昨日输红了眼睛的红颜静》一文，文中在描述"红颜静"赢牌和输牌时，使用了"捶胸顿足如丧考妣、耍赖骂娘、狗急跳墙"等侮辱性言词。3 月 7 日，"大跃进"发表《我就是华容道，我和红颜静有一腿》一文。4 月 30 日，"大跃进"又发表《刺刀插向"小猪寂寞"的软肋》一文，文中有"本文所指的软肋就是一个千夫所指、水性杨花的网络三陪女，网络亚色情场所的代言人，中国网友男女比例严重失调的畸形产物——红颜静"等言词。5 月 8 日至 5 月 9 日，"大跃进"在网上跟帖，又重复了上述侮辱言词。5 月 29 日，"大跃进"在《我反对恶意炒作"交叉线性骚扰"事件!》帖中，使用了"这让我想起红颜静这个假处女……"等言词。5 月 31 日，"大跃进"在《红颜静!你丫敢动老子一个指头，一切后果自负!》一文中称："你一不能出台挣钱，二不能为兄弟上阵出头，你要是投胎一男的，顶多是当一小白脸。"上述帖子的点击人气数均达数十次至上百

---

[1] 案例来源：http://www.china.findlaw.cn/info/case/jdal/3441.html，访问时间：2008 年 4 月 14 日。

次。本案原告张某、被告俞某某虽然各自以虚拟的网名登录网站并参与网站的活动，但在现实生活中通过聚会，已经相互认识并且相互知道网名所对应的人，且张某的"红颜静"网名及其真实身份还被其他网友所知悉，"红颜静"不再仅仅是网络上的虚拟身份。知道对方真实身份的网友间，虽然继续以网名在网上进行交流，但此时的交流已经不局限于虚拟的网络空间，交流对象也不再是虚拟的人，而是具有了现实性、针对性。俞某某通过西祠胡同网站的公开讨论版块，以"大跃进"的网名数次发表针对"红颜静"即张某的言论，其间多次使用侮辱性语言贬低"红颜静"即张某的人格。俞某某在主观上具有对张某的名誉进行毁损的恶意，客观地实施了侵犯他人名誉权的行为，不可避免地影响了他人对张某的公正评价，应当承担侵权的民事责任。

（九）利用网络制作、贩卖、传播淫秽物品罪

利用网络制作、贩卖、传播淫秽物品罪是指违反法律规定，在网络上建立淫秽网站、网页，提供淫秽站点链接服务，或者传播淫秽书刊、影片、音像、图片的行为。

1. 本罪的构成要件。

（1）犯罪主体。本罪的主体可以是单位也可以是个人。个人主体是指年满16周岁并具备刑事责任能力的自然人。单位主体没有限制，可以是任何单位。

（2）犯罪的主观方面。本罪在主观上表现为直接故意，即明知是淫秽物品而在网上复制、传播并以非法牟利为目的。

（3）犯罪客体。本罪的犯罪客体是国家对文化市场的管理秩序以及网络内容的管理。

（4）犯罪的客观方面。本罪的客观方面包括两个条件：

第一，行为违反了国家法律法规的规定。

第二，行为表现的形式有制作、复制、贩卖、传播淫秽物品四种行为。制作淫秽物品是指在网络上建立包含有淫秽照片、文字的淫秽网站、网页的行为；复制是将已有的淫秽物品上传到网上的行为；贩卖是指在网上批发、零售淫秽物品的行为；传播淫秽物品是指通过网络播放、散布淫秽录像、图片文字等的行为。

2. 本罪的刑罚适用。根据《刑法》第287条、第363条和第366条的规定，以牟利为目的，个人利用网络、计算机技术制作、复制、贩卖、传播淫秽物品构成犯罪的，处3年以下有期徒刑、拘役或管制，并处罚金；情节严重的，处3年以上10年以下有期徒刑，并处罚金；情节特别严重的，处10年以上有期徒刑或无期徒刑，并处罚金或者没收财产。单位利用计算机网络犯此罪的，对单位

判处罚金，并对直接负责的主管人员或其他责任人员，依照个人犯本罪的规定处罚。

（十）利用网络传授犯罪方法罪

利用网络传授犯罪方法罪是指利用网络，故意用语言文字或其他方式传授犯罪方法的行为。网络传授犯罪方法罪的危害性比传授犯罪方法罪更大。利用网络传授犯罪方法罪不仅传授犯罪方法还提供犯罪工具。利用网络传授犯罪方法罪的传授对象是不特定的人，因为网上很容易查到。例如，教授黑客入侵的软件或工具。利用网络传授犯罪方法罪呈现出平民化的趋势。

1. 本罪的构成要件。

（1）犯罪主体。本罪的主体是一般主体，是指年满 16 周岁并具备刑事责任能力的自然人。

（2）犯罪的主观方面。本罪在主观上表现为直接故意，即行为人明知是犯罪方法而传授，希望或放任他人利用这种犯罪方法犯罪的心理态度。

（3）犯罪客体。本罪的犯罪客体是社会管理秩序。行为人必须传授的是犯罪方法，如果是其他违法的方法不构成本罪。被传授的人既可以是个人，也可以是单位，例如向企业传授偷漏税的方法。

（4）犯罪的客观方面。本罪的犯罪客观方面表现为传授犯罪方法。网络上传授的方式为教授犯罪的文字、图片等，传授的次数可以是一次，也可以是多次；可以是公开传授也可以是秘密传授。本罪是行为犯，即只要实施了传授犯罪方法的行为就构成本罪。

2. 本罪的刑罚适用。根据我国《刑法》第 287 条和第 295 条的规定，利用计算机网络传授犯罪方法的，处 5 年以下有期徒刑、拘役或管制；情节严重的，处 5 年以上有期徒刑；情节特别严重的，处无期徒刑或死刑。

九、非法利用信息网络罪

非法利用信息网络罪，是《刑法修正案（九）》第 29 条在《刑法》第 287 条（287 条之一）增加的新罪名，是指设立用于实施违法犯罪的网站、通信群组，或者利用信息网络发布违法犯罪信息，情节严重的行为。

1. 犯罪的主体。本罪的主体是一般主体，即指年满 16 周岁并具备刑事责任能力的自然人和单位均可成为本罪的主体。

2. 犯罪的主观方面。本罪主观上出自故意。

3. 犯罪的客体。本罪侵犯的客体是信息网络安全的管理秩序。

4. 犯罪的客观方面。本罪在客观上表现为利用信息网络实施下列行为之一：①设立用于实施诈骗、传授犯罪方法、制作或者销售违禁物品、管制物品等违法犯罪活动的网站、通信群组的；②发布有关制作或者销售毒品、枪支、淫秽物品等违禁物品、管制物品或者其他违法犯罪信息的；③为实施诈骗等违法犯罪活动发布信息的。构成本罪，须具备情节严重的因素。

十、帮助信息网络犯罪活动罪

帮助信息网络犯罪活动罪，是《刑法修正案（九）》第29条在《刑法》第287条（287条之二）增加的新罪名，是指明知他人利用信息网络实施犯罪，为其犯罪提供互联网接入、服务器托管、网络存储、通信传输等技术支持，或者提供广告推广、支付结算等帮助，情节严重的行为。

1. 犯罪的主体。本罪的主体是一般主体，即指年满16周岁并具备刑事责任能力的自然人和单位均可成为本罪的主体。

2. 犯罪的主观方面。本罪主观上出自故意。

3. 犯罪的客体。本罪侵犯的客体是信息网络安全的管理秩序。

4. 犯罪的客观方面。本罪在客观上表现为利用信息网络实施犯罪，为其犯罪提供互联网接入、服务器托管、网络存储、通信传输等技术支持，或者提供广告推广、支付结算等帮助的行为。构成本罪，须具备情节严重的要素。

十一、编造、故意传播虚假信息罪

编造、故意传播虚假信息罪，是《刑法修正案（九）》第32条在《刑法》第291条第2款增加的新罪名，编造虚假的险情、疫情、灾情、警情，在信息网络或者其他媒体上传播，或者明知是上述虚假信息，故意在信息网络或者其他媒体上传播，严重扰乱社会秩序的行为。

1. 犯罪的主体。本罪的主体是一般主体，即指年满16周岁并具备刑事责任能力的自然人。

2. 犯罪的主观方面。本罪主观上出自故意。

3. 犯罪的客体。本罪侵犯的客体是公共秩序。

4. 犯罪的客观方面。本罪在客观方面表现为行为人编造虚假的险情、疫情、灾情、警情，在信息网络或者其他媒体上传播，或者明知是上述虚假信息，故意在信息网络或者其他媒体上传播，并且严重扰乱了社会秩序的行为。

第四节 网络犯罪的立法现状和法律对策

一、网络犯罪的立法现状

（一）我国网络犯罪的立法历程

我国网络犯罪立法可以划分为以下三个阶段：

1. 网络立法的开始阶段。从1994～1996年，国务院颁布了两个行政法规，即《计算机信息系统安全保护条例》和《计算机信息系统国际互联网管理暂行规定》。

2. 刑法修订阶段。全国人大于 1997 年修订《刑法》，其中有三条规定了有关计算机网络信息系统犯罪的内容。

3. 总结网络犯罪表现形式阶段。全面总结我国网络违法犯罪的各种表现形式的法律文件是全国人大常委会于 2000 年 12 月 28 日发布的《关于维护互联网安全的决定》。

（二）我国网络犯罪的立法体系

从法律层次上看，全国性的网络犯罪立法可以划分为以下四个层次：

1. 法律类，主要有：①《刑法》（1997 年 3 月 14 日全国人民代表大会修订，1997 年 10 月 1 日起施行）；②《全国人大常委会关于维护互联网安全的决定》（2000 年 12 月 28 日第九届全国人民代表大会常务委员会第十九次会议通过）。

2. 行政法规类，主要有：①《计算机信息系统安全保护条例》（1994 年 2 月 18 日国务院发布并施行）；②《计算机信息网络国际联网管理暂行规定》（1996 年 2 月 1 日国务院发布并施行，根据 1997 年 5 月 20 日《国务院关于修改〈中华人民共和国计算机信息网络国际联网管理暂行规定〉的决定》修正公布）；③《电信条例》（2000 年 9 月 25 日国务院发布并施行）；④《互联网信息服务管理办法》（2000 年 9 月 25 日国务院发布并施行）。

3. 司法解释类，主要有：①《关于审理扰乱电信市场管理秩序案件具体应用法律若干问题的解释》（2000 年 5 月 12 日最高人民法院发布，2000 年 5 月 24 日起施行）；②《关于办理危害计算机信息系统安全刑事案件应用法律若干问题的解释》（2011 年 6 月 20 日由最高人民法院审判委员会第 1524 次会议、2011 年 7 月 11 日由最高人民检察院第十一届检察委员会第 63 次会议通过，自 2011 年 9 月 1 日起施行）。

4. 行政规章类，主要有：①《计算机信息网络国际联网出入口信道管理办法》（1996 年 4 月 9 日原邮电部发布并施行）；②《计算机信息网络国际联网安全保护管理办法》（1997 年 12 月 11 日国务院批准，1997 年 12 月 16 日公安部发布并自 1997 年 12 月 30 日起施行）。[1]

二、我国网络犯罪立法的完善

（一）立法模式的选择

根据我国的立法现状和网络犯罪的实际状况，我国宜采用渐进式的立法模式。即目前不宜进行网络的单独立法，而是针对网络犯罪主要类型修订刑法。

---

[1] 许秀中："我国网络犯罪的法律对策研究"，载《行政与法》2003 年第 1 期。

其一，修改所有现有法律规制对现有或即将出现的网络犯罪惩治条款；其二，修改刑法，扩大为专章，因为我国进行网络犯罪的单独立法的时机还不成熟。

（二）增加资格刑

我国《刑法》第 285 条和第 286 条对网络犯罪的处罚只规定了自由刑，没有规定资格刑。资格刑可以剥夺犯罪分子在一定时间从事与网络有关的职业或活动，可以减少网络犯罪的危害性。资格刑应设置资格刑的条件、内容、期限以及撤销与恢复等。

（三）量刑需适当

刑法上量刑的依据是刑事责任，而刑事责任的大小与犯罪构成因素有直接联系，主要表现为与主观方面和危害结果的联系；另外还要考虑犯罪成本和司法成本等因素。网络犯罪可能直接造成严重的社会经济损失，并且具有重大社会危害性。根据罪责刑相适应或罪刑相当的原则，我国现行刑法条文规定得不合适，对计算机犯罪的处罚较轻。例如，《刑法》第 285 条对于侵入计算机信息系统罪的处罚，法定最高刑只有 3 年。因此，应该加重现有刑法关于网络犯罪的量刑。

思考题

1. 简述网络犯罪的特征。
2. 简述网络犯罪几种主要的犯罪形态。
3. 简述非法侵入计算机信息系统罪的构成要件。
4. 简述利用网络实施的犯罪的主要特征。
5. 简述我国网络犯罪立法完善的措施。

第十三章
网络纠纷的解决

【学习目的与要求】通过本章的学习，了解网络纠纷的特点，熟悉网络管辖权的基本理论，掌握我国对网络管辖权的适用和发展趋势，了解在线纠纷解决机制 ODR 的概念和特点，了解在线纠纷解决机制 ODR 的国际发展，熟悉在线纠纷解决机制 ODR 的主要类型，掌握电子证据概念及特征，了解电子证据的法律地位，掌握电子证据的认定理论。

第一节 网络管辖权

一、网络纠纷的特点

网络空间是一个没有边界的一体化系统，与现实空间存在许多的不同，直接影响到传统的管辖权理论在网络空间纠纷解决中的适用。主要表现在以下几个方面：

1. 互联网与传输信息的机器的物理位置没有关系，网络空间无法像物理空间那样被分割成不同的区域，即使分割也无法与可视的物理空间一一对应。因此，在网络空间难以确定行为地、财产所在地，也难以确定一次远程登录所在的确切地点或登录者的住所。

2. 网络空间的跨地域性使管辖权问题变得更为复杂。在高度链接的互联网上，当事人之间可以相距遥远，可以身处不同的国度或地区。接收与传输当事人之间信息的服务器可能在第三国，一旦发生纠纷而提起诉讼时，当事人首先面临的问题是该纠纷该向哪国的法院起诉，哪国的法院拥有管辖权，这是传统管辖权理论难以解决的问题，因为以被告住所地、合同成立地和合同履行地为基础的传统管辖权处理原则在网络空间存在适用的障碍。

3. 互联网的新特点使管辖权的适用难度更大。例如，互联网的超链接具有实用的价值，可使不同网址位置相互连接而不论其实际位置的远近。因此它将产生当一个网址可能位于法院的管辖内时，通过链接的第二个网址是否也位于该法院的管辖问题。[1]

综上所述，互联网的特点给传统的管辖权理论带来了挑战，产生许多新的问题。例如，发生在虚拟的网络世界中的纠纷，法院行使管辖权的依据何在？网络本身是否可以提供新的管辖依据？这些问题困扰着学术界和司法实践，也促使国际社会思考解决的方法，促进电子商务和网络经济的发展。

【案例1】

美国的一个叫做 Candlestick Inc. 的运动用品商店，其主营业地在加利福尼亚州的三藩市，在加州的洛杉矶也有营业点。为了拓展业务、扩大影响以及方便经营，Candlestick 在网上做了一个网页，并注册了一个专用域名 www. Candlestick. com。网上提供了一个 1~800 的电话号码供人们咨询和下订单，同时在网上公布了公司能够提供的服务。但是，承载该网页的服务器在加州的伯克莱市（Berkeley），Candlestick Inc. 的传统业务是向中学的运动队提供运动服和运动设备。有一天，Candlestick Inc. 的老板 Steve 相继收到来自堪萨斯州和宾西法尼亚州法院的通知，告知他这两个州使用 Candlestick Inc. 的运动用品商店的老板们正在这两个州起诉他的公司。宾夕法尼亚州的法院认为，仅仅因为被告设立了一个网页，就强制他到宾州应诉，理由不够充分，违背了宪法规定，于是裁定驳回原告的起诉。但是堪萨斯州法院认为，被告经营的网页足以说明被告使法院对被告行使属人管辖权，因而强制被告到该州法院应诉符合宪法规定。Steve 面对法院之间的不同做法感到莫名其妙。为什么一个法院认为有权对他行使管辖权，而另外一个却认为没有？到底哪个法院的做法是正确的？为什么法院之间会有这么大的差异？[2]

二、网络管辖权的基本理论

（一）新主权理论

新主权理论，又称网络自治理论，该理论的主要观点为：网络空间形成了一个新的全球性的市民社会，网络以外的法院的管辖当然不被承认，应当创设一种新的网络主权，使网络拥有自己的管辖权。对于网络争议，应该摆脱传统

---

〔1〕 张楚主编：《网络法学》，高等教育出版社 2003 年版，第 265 页。

〔2〕 郭为华等：《网络中的法律问题及其对策》，法律出版社 2001 年版，第 414 页。

的地域管辖的观念，承认网络虚拟空间就是一个特殊的地域，并承认在网络世界与现实世界中存在一个法律上十分重要的边界，若要进入网络的地域，必须通过屏幕或密码，一旦进入网络的虚拟世界，则应适用网络世界的网络法，而不再适用现实中各国不同的法律。[1]网络成员间的纠纷由 ISP 以仲裁者的身份来裁决，并由 ISP 来执行，网络空间将成为一个全球的新的市民社会（Global civil society），它有自己的组织形式和价值标准，完全脱离政府而拥有自治的权力，它的最终趋势是发展为"网络大同世界"。[2]"新主权理论"强调网络空间的新颖性和自治独立性，主张应当建立一个新的管辖原则，对现实的国家权力持怀疑和防范的态度，他们试图以网络的自律性管理来替代传统的法律管辖，以自我的判断和裁决来代替国家的判决和救济。从维护网络发展的角度来看，这种理论是有价值的。[3]新主权理论尽管充分考虑了网络空间的特殊性，但其完全脱离传统法律体系，忽略了网络的客观性与现实社会的关联性，带有较大的片面性，也不具有可操作性。

（二）地域管辖论

地域管辖，也称属地管辖，该原则是指在确定法院管辖权的司法实践中，地域是具有决定性意义的因素。地域管辖中地域作为确定管辖权的基础，构成了诉讼中的案件事实和双方当事人与法院地国的联系。地域管辖中的主要连结因素包括当事人住所地、经常居住地、主要营业所在地、诉讼标的所在地、行为地（包括行为发生地和行为结果地）。地域管辖论将传统地域管辖规则扩张至网络案件的诉讼管辖之中，主张在电子商务合同诉讼管辖方面，各国确定管辖权的依据仍然是住所地、合同成立地、履行地和标的物所在地。该理论为传统管辖权的确定方式留下了适用的空间，有其合理性，但是不能解决网络纠纷中管辖权确定的许多问题。因为网络空间本身具有与实在世界某些不同的特点，如全球性、虚拟性和无中心性等，无法将它像物理空间那样分割成许多领域。从这个意义上说，在网络环境中，地域管辖论所采用的方法——把网络空间分割成许多领域本身就是不现实的，其科学性值得怀疑。同时地域管辖论以确定的连结因素为管辖权的基础，无法适应网络纠纷的复杂情形尤其是网络空间的地理世界的模糊性，使得难以确定合同履行地、标的物所在地这些连结因素。

三、网址作为新的管辖基础

一般说来，法院行使管辖权的基础有两个先决条件：一是该因素有时间和

---

[1] 蒋志培主编：《网络与电子商务法》，法律出版社 2001 年版，第 232 页。

[2] 冯文生："Internet 侵权案件的司法管辖和法律适用"，载《法律适用》1998 年第 9 期。

[3] 吕国民：《国际贸易中 EDI 法律问题研究》，法律出版社 2001 年版，第 194 页。

空间上的相对稳定性，至少是可以确定的；二是该因素与管辖区域之间存在着一定程度的关联性。而网址作为管辖权基础因素可以满足上面的条件，因为网址在网络空间中的位置是可以确定的，并受制于 ISP 的管辖区域即相应的物理空间。该理论试图通过技术即确定网络地址的方式来解决网络法律问题，本质上是为了推翻现存的管辖理论而依靠技术保证网络管辖。有学者认为，虽然网址在网络中的位置是确定的，但其地位并不等同于现实空间中的住所或者居所，个人资料的不确定性无疑会冲淡网址的确定性，从而使网址失去确定管辖的效用；并且上网者完全可以通过技术手段隐藏真实的网址，从而使他人很难通过网址来确定其身份，使得查明用户的来源变得困难。[1]我们认为，网址以其在网络空间中相对确定的特性，可以成为管辖权的依据，但应当作为一个补充依据，或者与其他条件相结合来确定。例如，我们应当允许当事人协议选择网址所在的 ISP 区域作为管辖地。其次，在当事人没有约定管辖法院，且按照传统管辖规则难以确定管辖地时，如果网址所在地与交易有密切联系且由该地法院管辖无悖于公平原则时，可以由网址所在地法院进行管辖。[2]

四、网络案件管辖权的国际立法实践

（一）《海牙民商事管辖权和外国判决公约》

1996 年海牙国际私法会议于 1996 年成立特别委员会着手起草《海牙民商事管辖权和外国判决公约》，1999 年草案完成。委员会先后召开两次会议就草案中涉及的电子商务领域的司法管辖权问题进行探讨。主要探讨了以下一些问题：

1. "网上履行"的定性问题。关于网上履行的定性问题，各国代表意见不统一：法国和德国代表认为网上履行是一种服务，由服务提供地法院管辖；美国代表认为网上履行是提供货物，应制定新的管辖权原则；澳大利亚和新西兰的代表认为从司法管辖的整体来看，应根据被告的惯常居所地和当事人的协议管辖来解决管辖权争议。

2. "网上履行"的处所。关于网上履行的处所主要有两种观点：英国主张涉及以电子形式提供信息的事项由信息传送地管辖，法国和德国反对这种观点；丹麦的观点是由信息接到地管辖，英国和德国反对。

3. 网址能否构成分支机构。《海牙民商事管辖权和外国判决公约》中规定原告可在被告分支机构所在地国法院起诉，只要争议与分支机构的经常性商业活动直接相关。电子商务案件中，网址是否构成分支机构，各国意见不一。大

---

〔1〕 赵福全："网络案件管辖权的确定"，载 http：// www. lawtime. cn/eclaw/ecflfglfdt/2006112945878. html，访问时间：2007 年 10 月 2 日。

〔2〕 黄菁菁："电子合同的司法管辖权研究"，载 http：// www. cnki. net，访问时间：2007 年 10 月 2 日。

陆法系国家认为分支机构应是一个物质的场所，网址不能构成分支机构。美国、新西兰等国的观点则相反，他们认为网址可以作为分支机构，具体位置可以根据具体情况确定。

4. 网络侵权行为应否建立新的司法管辖依据。芬兰、英国等国主张针对网络侵权的特殊性，应建立新的司法管辖依据。因为网络的发展使网络侵权行为地难以确定，故应由受害人惯常居所地国享有优先管辖权。

从以上的讨论可知，就电子商务案件的司法管辖权而言，各国的分歧很多，这是由各国的经济发展水平和立法水平不平衡所导致的。要真正促成《海牙民商事管辖权和外国判决公约》在成员方通过，还需要各方的共同努力和漫长的等待。

（二）欧盟《布鲁塞尔公约》

1968 年欧洲在布鲁塞尔签订了《关于民商事案件管辖权及判决执行的公约》（以下简称《布鲁塞尔公约》）。由于当时互联网的影响很小，所以该公约不适用于电子商务案件的司法管辖权问题。针对电子商务的发展对司法管辖权的影响，欧盟理事会于 1997 年授权成立了专家小组，修订《布鲁塞尔公约》，修订草案于 2000 年通过，2003 年生效，修订案叫做《民商事案件管辖权和判决执行的规则》（以下简称《布鲁塞尔规则》）。

《布鲁塞尔规则》确立的普通管辖原则依然和《布鲁塞尔公约》一样，采纳了原告就被告的原则；合同案件采用合同义务履行地原则；侵权案件在损害发生地法院管辖的基础上增加了损害可能发生地法院管辖。该规则保留了《布鲁塞尔公约》规定的消费者可以选择自己的所在国进行诉讼的规定，并进一步作了扩大解释：①消费者合同可以是以任何方式缔结的合同（包括网上合同）；②消费者可以选择在下列法院提起诉讼，卖方的住所地或者消费者的住所地；③卖方作为原告对消费者提起诉讼，只能在消费者住所地法院提起；④须服从于消费者合同的规定；⑤法院选择条款只有在纠纷发生后缔结才有效，除非在该条款中加入了第②条的内容。[1]

（三）《选择法院协议公约》

海牙国际私法会议于 2005 年 6 月通过了《选择法院协议公约》，这是迄今为止国际社会在法院管辖权和外国法院判决承认和执行方面意义最为深远的一个公约。公约第二章"管辖权"共 3 条，规定了被选择法院行使管辖权的义务、未被选择法院不得行使管辖权的义务以及公约不适用于临时保护措施的规定。

---

〔1〕 张楚主编：《电子商务法》，中国人民大学出版社 2007 年版，第 303 页。

由于公约的适用范围是国际性案件中就民商事宜所缔结的排他法院选择协议，所以"管辖权"这一章的主线依然是排他法院选择协议。排他选择法院协议中指定的缔约国的一个或多个法院应对协议所适用的争议的判决行使管辖权是公约在管辖权问题上所确定的一个基本原则。公约赋予被选择法院排他性质管辖权的同时，也规定它们对这些案件行使管辖权是一种义务，即"不得以争议应由另一国法院判决为由，拒绝行使管辖权"。[1]对于未被选择的法院而言，"应中止或拒绝排他选择法院协议所适用的诉讼"，同时公约也规定了例外情形以避免导致"明显的不公正"。[2]

五、我国对网络管辖权的适用和发展趋势

我国最高人民法院于 2000 年 12 月出台的《关于审理涉及计算机网络著作权纠纷案件适用法律若干问题的解释》第 1 条规定，网络著作权侵权纠纷案件由侵权行为地或者被告住所地法院管辖。侵权行为地包括侵权行为的网络服务器、计算机终端等设备所在地。对难以确定侵权行为地和被告住所地的，原告发现侵权内容的计算机终端等设备所在地可以视为侵权行为地。2001 年 7 月《最高人民法院发布的关于审理涉及计算机网络域名民事纠纷案件适用法律若干问题的解释》第 2 条规定，涉及域名的侵权纠纷案件，由侵权行为地或者被告住所地的中级人民法院管辖。对难以确定侵权行为地和被告住所地的，原告发现该域名的计算机终端所在地可以视为侵权行为地。从最高院这两个司法解释以及网络管辖权纠纷的案例来看，如"恒生诉王洪案""王蒙等六作家诉世纪互联案"，我国在侵权纠纷领域，法院采用的是侵权行为地或者被告住所地人民法院管辖的基本管辖原则。但是提出了与网络因素相关的特别规定，即对难以确定侵权行为地和被告住所地的，原告发现侵权内容（或域名）的计算机终端等设备所在地可以视为侵权行为地。这是因为用户通过主机上网访问其他网页或网站，必须首先接触该网页或网站的服务器，由服务器接入网页或网站。也就是说，主要用户访问网页，网站必须接触了该服务器，因此服务器所在地可以作为侵权行为发生地，服务器所在地的法院具有管辖权。

对于网络电子合同纠纷，由于还没有新的法律出台，因此管辖权的确定还是适用《民事诉讼法》第四编中的涉外管辖规定，即当事人可以通过书面协议选择与争议有实际联系的地点的法院管辖，这些地点可以是合同签订地、合同履行地、诉讼标的物所在地、可供扣押的财产所在地等。而在网络中，电子合同的签订地、履行地都变得不确定，因此有必要对电子商务进行立法，对电子

---

〔1〕《选择法院协议公约》第 5 条第 2 款。
〔2〕《选择法院协议公约》第 6 条。

合同纠纷的管辖进行明确规定。值得注意的是，《电子签名法》的颁布实施，是有关电子商务的第一部立法，该法为网络合同的可规范性提供了立法支持，促使网络电子合同的交易更加频繁，为电子合同案件管辖新立法的出台，打下了良好的基础。

第二节　在线纠纷解决机制

一、在线纠纷解决机制概述

（一）在线纠纷解决机制概念的发展

在线纠纷解决机制即 ODR，并非一个全新的事物，是在 ADR 的基础上发展起来的，ADR 主要是指世界各国普遍存在的民事诉讼制度之外的非诉讼纠纷解决程序或机制的总称。[1]ADR 的范围涵盖得很广泛，主要有：仲裁、调解、"事实发现""中立聆听者""聘请法官"等，ADR 作为替代诉讼解决争议的主要方法，是法学发展的新趋势。ODR 是在 ADR 的基础上，随着网络技术的形成与发展而发展起来的，是 ADR 大家族中的一种。根据美国联邦贸易委员会和欧盟所下的定义，它是指"涵盖所有网络上由非法庭但公正的第三人，解决企业与消费者间因电子商务契约所生争执的所有方式"。[2]从 ODR 的发展来看，它可以直接将 ADR 运用到网络上，也可以从电子商务中产生。前者如泛太平洋律师协会既提供传统的国际仲裁，又提供网上仲裁。后者如 SquareTrade 就是为网络拍卖网站 eBay 从事提供争议解决服务的 ODR。

（二）特点

与传统的 ADR 方式相比，ODR 能吸引更多人的注意并得到迅速发展，是因为它具有独特的优点，主要体现在以下几个方面：

1. 运用了网络技术。ODR 的核心特点在于在线（online）。这里的在线是指在网络数字技术的基础上，能实现信息交换的网络线路。网络技术的应用提高了处理争端的效率，传统的纠纷处理方式如诉讼或调解，耗时较长，从数月到几年不等。这样的拖延与电子商务的高效性格格不入，而 ODR 由于运用网络技术，处理争端效率很高，有时几小时就能解决问题。

2. 适用规则以业界自律为基础，体现了灵活性。在线提供网络争端解决机制的机构多数是民间机构，因为不具有法律上的强制力，所以适用的规则以业

〔1〕　范愉：《非诉讼程序（ADR）教程》，中国人民大学出版社 2002 年版，第 16～17 页。

〔2〕　郭佳玫："论现行网络交易争议解决的法律问题——兼谈线上争端解决机制"，载《科技法律透析》2001 年第 6 期。

界自律为基础。ODR 在实践中形成自己一套独立的适用规则，单个的网络服务商是主要的规则制定者，用户可以自主决定适用与否，何时进入和退出。例如，eBay 在线调解项目因为有规则存在，体现了公平公正性，虽然不具有法律强制力，却能促使争议双方自愿遵守，成为在线争端解决的依据。

3. 全球化的争端解决方式。在线纠纷解决机制建立在全球化的基础之上，目的是通过网络解决纠纷，这是由互联网的特点决定的。无论在世界的哪个地方，只要可以登录国际互联网，就可以把自己的纠纷提交 ODR 处理。这样就克服了传统的诉讼方式要求地域管辖的难题，ODR 这种灵活的制定规则与选择规则的方式，替代了法院程序及可能产生的法律与管辖权争议，充分体现了互联网的特性。[1]

（三）在线纠纷解决机制的国际发展

ODR 发展最早最快的是美国，这是由它的经济发展水平和网络技术的高水平决定的。同时，政府的推动也起了重要的作用。美国环球仲裁协会于 1995 年最早在网上开设仲裁服务，1998 年 1 月设立的互联网中立者是世界上第一个提供在线调解的机构，主要解决电子商务中的纠纷，如商家与消费者、商家与供货商的纷争。但是成效不够理想，成功的案例较少。美国马萨诸赛大学信息技术与争议解决中心于 1996 年设立的在线监察项目却取得了一定的成绩，两周内调解成功 50 件。1996 年 5 月美国国家信息自动化研究中心召开了一次在线纠纷解决的会议，会上专家学者们讨论设计了最早的 ODR 系统，从而鼓励了其他组织机构在网上开设在线纠纷解决服务。

欧盟也是 ODR 的倡导和积极推动者。欧盟在 1998 年公布的《电子商务指令》第 17 条中要求成员国的法律不应妨碍消费者通过各种法院外途径包括电子方式解决纠纷。在 2000 年 3 月，欧盟在布鲁塞尔召开在线纠纷解决的论坛，主要讨论在线纠纷解决的法律、技术和商业方面的问题。欧盟的 ODR 机构带有半官方的性质。

从国际组织方面来看，1999 年经济合作与发展组织发布了《电子商务环境下消费者保护指南》。这个指南鼓励企业、消费者代表和政府共同努力，提供给消费者可以公平、及时地通过 ODR 途径解决纠纷的途径，而不会被过分的纠纷解决费用所累。

亚太经合组织电子商务指导小组于 2000 年 7 月在曼谷召开的一个消费者保护的论坛会议中指出，通过有效的消费者保护立法和建立自律规范，提供处理消费者争议的救济手段，包括 ODR 手段，以建立电子商务环境下消费者的信心。由此

---

〔1〕　张楚主编：《网络法学》，高等教育出版社 2003 年版，第 284 页。

可见，西方发达国家和国际组织非常重视在线纠纷解决机制的建立和发展。

二、在线纠纷解决机制的主要类型

（一）网上仲裁

【案例2】

　　美国仲裁协会创立的虚拟仲裁庭（简称 VMP），即通过网络解决商标或版权争议、不当获取商业秘密、诽谤、欺诈、欺骗性交易行为、侵犯隐私问题。美国仲裁协会已通过虚拟法官机制成功地进行了网上仲裁。如 *Tierney v. Email America* 案。该案中，Email America 公司在美国网站 the America Online System（AOL）上刊登广告出售 500 万个大量投邮的电子邮件地址。申请人 Tierney 认为，这种促销行为违反了美国公共政策，也违反了 AOL 自己的政策。广告本身也潜在性地侵犯了申请人的隐私权。而且广告暗示承诺通过使用所购买的电子邮件可获得巨大的利益，这属于欺骗性行为。申请人请求从网站上撤销该广告。法官在争议提交 4 日内作出了裁决，虚拟法官认定广告属于欺骗性质并请 AOL 予以撤销。该裁决很快得到了执行。[1]

民事仲裁在民商事领域应用广泛。网上仲裁，又称在线仲裁，是指在网络环境中，电子技术适用与传统的仲裁方式相结合解决在线或离线争议。相对于传统的仲裁方式而言，网上仲裁没有时间和空间的限制，能以其不可比拟的快捷性迅速解决争议。目前，国际上有三种著名的网上仲裁模式。第一种是萨博裁判庭仲裁机制，萨博裁判庭由加拿大蒙特利尔法学院发起成立，主要通过网络以调解和仲裁方式解决电子商务争议。其主要涉及争议的领域包括电子商务竞争、版权、商标、言论自由、隐私以及除刑事法范围以外的其他适合的领域。目前，萨博裁判庭的服务是免费的，其仲裁员一些是法官，一些是法官以外的人士。他们来自世界各地，擅长解决商事纠纷以及新信息技术法方面的问题。萨博裁判庭在参考联合国国际贸易法委员会仲裁规则和国际商会仲裁院仲裁规则的基础上，兼顾了网上仲裁的特殊性，从而制定了自己的网上仲裁规则。该规则明确规定，凡规则未予规定的事项，参照联合国国际贸易法委员会的仲裁规则。该规则的特点在于它要求当事人适用强制性的通信格式，没有固定格式的，当事人可以以电子邮件或任何其他方式与秘书处或仲裁庭联系。第二种是美国仲裁协会网上仲裁，美国仲裁协会通过调解或仲裁解决网上争议。该协会创立了虚拟仲裁庭，也称之为虚拟地方法官项目，即通过网络解决商标或版权

---

〔1〕　饶传平：《网络法律制度——前沿与热点专题研究》，人民法院出版社 2005 年版，第 259 页。

争议、不当获取商业秘密、诽谤、欺诈、欺骗性交易行为、侵犯隐私等问题。目前，美国仲裁协会已通过虚拟地方法官机制成功进行了网上仲裁。第三种是Eresolution. ca 网上仲裁网站，Eresolution 是委派解决域名纠纷的四个组织之一。该组织在 2000 年秋季开始为电子商务纠纷提供和解和仲裁服务，而且所有服务均在网上进行。为了中立和公平地处理每一个案件，Eresolution 选取了一批独立公正的仲裁员，所有这些仲裁员都是在商标、知识产权和网络法领域十分知名的国际专家。Eresolution 的目标是在 61 日内解决所有的纠纷。从以上三种机制可以看出，网上仲裁是一种便利的解决网上法律纠纷的方式，可以为网上交易者节省大量的时间和金钱，也是仲裁员乐于实行的一种仲裁方式。但是，目前网上仲裁只限于争议数额较小、难度不大的网上法律纠纷，还未成为国际社会的普遍实践。同时，网上仲裁还面临着需要解决的法律问题，例如以电子形式订立的仲裁协议是否满足传统的书面形式的要求，电子签名是否等同于传统签名等问题在国际社会还存在争议，需要通过国际公约的制定来进一步解决和完善。

（二）网上调解

网上调解是网上调解服务机构就发生网络纠纷的争议双方提交的争议调解请求派出调解员解决纠纷的一种方式。调解员具有专业的知识和技能，本着公平自愿的原则帮助争议双方交流思想、消除误解，最终达成调解协议。值得注意的是，调解员因为没有做出约束双方行为的决定的权力，所以应避免有任何约束双方或一方的行为。网上调解具有经济方便的特点，并且能够充分体现平等自愿的原则，是在线纠纷解决机制中使用最频繁的一种方式。

（三）网上交涉

这种争议解决方式是由争议双方直接通过在线谈判解决争议，无需第三方的协助。争议双方在争议发生后，通过提供服务的网站进行协商，交流观点，直到达成协议。也就是说，网站只提供信息交流的平台，结果完全由争议双方来把握。这种直接沟通的方式简便、快捷，节省时间和资源，因为这种争议解决方式完全可以通过计算机程序自动完成。

（四）网上投诉

网上投诉是指受诉机构为电子商务的消费者提供的一种在线投诉服务，根据受诉范围的不同，网上投诉可以分为受理一般商业纠纷的投诉机构和受理专门纠纷的投诉机构。[1]商业纠纷投诉机制较完善的是美国中央商业促进会下属

---

[1]　张楚主编：《网络法学》，高等教育出版社 2003 年版，第 291 页。

的 BBBOnline，该机构主要受理四类投诉：①对普通公司的投诉；②专门针对和新车有关的投诉；③有关非营利组织和慈善机构的投诉；④有关使用个人可识别信息的投诉。第二种受理专门纠纷的投诉主要是指网络用户对 ISP 的投诉。最为典型的是澳大利亚的电讯业调查官机构，该机构专门向因特网用户提供免费的服务，独立并迅速地解决 ISP 服务提供过程中出现的纠纷。但是仅在用户使用完其他所有的救济方式的时候，该机构才会介入。

三、主要交流方式

（一）E-mail 交流

目前这种方式使用最为频繁，因为它具有便利性的特点，不需要特别的设备，只要争议双方申请一个容量大些的免费邮箱即可。但是这种方式也有不足之处。因为 E-mail 是书面形式，争议双方看不到对方的言行表情，会对沟通的效果产生影响。再者 E-mail 也不能实现同步交流，带有一定的滞后性。

（二）聊天室

聊天室作为互联网上重要的通信媒介，是由软件发展出来的一种虚拟空间，用户进入聊天室可以将信息发送给聊天室内所有的用户，做到了 E-mail 不能做到的多方同步交流。但是多数的聊天室只允许交流文本文件，不允许声像文件的交流，不能做到面对面的交流，而且一般用户不习惯使用聊天室。所以聊天室不是在线纠纷解决机制的普遍交流方式。

（三）可视会议

可视会议是通过互联网传输音像图片、动态图像的软件来交流，使用这种交流方式可以使交流双方消除物理空间的距离，而如同身处一室。但是该种方式的传输质量对设备和成本的要求很高，否则会影响交流的效果，目前在在线纠纷解决机制中的应用还不能得到普及。

（四）QQ 与微信

QQ 与微信都是中国使用量最大、用户最多的面向个人的即时通信软件。我们可以使用 QQ 或者微信和好友进行交流，信息和自定义图片或相片即时发送和接收，语音视频面对面聊天，功能非常全面。此外 QQ 还具有与手机聊天、聊天室、点对点断点续传传输文件、共享文件、QQ 邮箱、楚游、网络收藏夹、发送贺卡等功能。微信作为时下最热门的社交信息平台，也是移动端的一大入口，正在演变成为一大商业交易平台，其对营销行业带来的颠覆性变化开始显现，微信商城的开发也随之兴起。微信商城是基于微信而研发的一款社会化电子商务系统，消费者只要通过微信平台，就可以实现商品查询、选购、体验、互动、订购与支付的线上线下一体化服务模式。在互联网飞速发展的今天，QQ 和微信这两种通信软件弥补了聊天室和可视会议的缺陷与不足。

四、在线纠纷解决机制存在的问题

在线纠纷解决机制适应了网络时代解决纠纷的要求，是对传统纠纷解决机制的一种有益的补充。不过在线纠纷解决机制在应用的过程中面临着一系列的问题。比如，在线纠纷解决机制的全球化的要求与物理地域性的冲突问题。在线纠纷解决机制具有全球性和跨区域性的特征，而法律纠纷的解决最终要依赖地域性的法律制度和道德规范。另外，一国的法律是否承认及如何制定 ODR 的规则都是需要考虑的问题，因此 ODR 作为一种新生事物必将经历一个发展完善的过程。

第三节　电子证据

一、电子证据的概念及特征

电子证据作为一种由现代电子技术引发的新证据类型，目前在世界范围内对其含义的理解可谓是众说纷纭。英文和中文表述都有很多种，每种表述的含义也并不完全相同。常见的英文表述不下十种，主要包括"electronic evidence"（电子证据），"computer evidence"（计算机证据），"digital evidence"（数字证据），"computer—based evidence"（以计算机为基础的证据），"computer—created evidence"（计算机创制的证据）等；常见的中文表述也有近十种，除了"电子证据"之外，还有"计算机证据""数据电文""数字信息"等。这些不同的表述方法反映了电子证据的研究还处于初始的阶段。联合国国际贸易法委员会（UNCITRAL）（以下简称贸法会）及美国、德国、爱尔兰、菲律宾等发达国家对电子证据的定义是采用广义方式概括的。例如，贸法会在 1996 年 12 月 16 日通过的《电子商务示范法》（Model Law on Electronic Commerce）第 2 条规定："数据电文是指通过电子学手段、光学手段或者其他类似手段生成、发送、接收或者储存的信息，这些手段包括但是不限于电子数据交换（EDI）、电子邮件、电报、电传或传真。"美国在《电子商务示范法》中，对电子证据的内涵界定如下："被认为是可接受的证据种类的数据电文、电传、传真信息。"我国《民事诉讼法》并没有对电子证据作出规定，我国理论界对"电子证据"的界定采取了广义的理解方式，即以电子形式存在的用作证据使用的一切材料及其派生物，或者借用电子技术或电子设备而形成的一切证据，均是电子证据。[1]

与传统证据相比，电子证据存在以下几点显著的特征：

---

[1]　何家弘主编：《电子证据法研究》，法律出版社 2002 年版，第 5 页。

1. 无形性。电子证据是用二进制数码表示的数字信号，本身是看不见摸不着的。它的产生和重现必须借助于一定的电子技术设备，只有这些显示设备才能够将其记载的信息转化为人能直接感知的声音、图像、文字或符号。我国《民事诉讼法》规定的七种证据类型，除视听资料以外，其他六种都具有客观实在性，都能够被人直接感知。例如，书证、鉴定结论、勘验笔录以其载体上所表达的思想和记载的内容来证明案件事实，是能够被人直接读到的；证人证言和当事人陈述是以人口头表达的方式，对案件事实予以证明，是可以被人直接听到的。

2. 表现形式多样。电子证据以电子形式存在，可以综合多种形式。比如，文本、图形、图像、声音等生动形象地展现案件事实。例如，某出版社出版的"大百科图书光盘"，通过计算机播放，不仅有文字，而且还配有图像、动画甚至电影片段，还有优美的解说。这种将多种表现形式融为一体的特点是电子证据所特有的，其他任何一种传统证据类型都不具有。

3. 易破坏性。电子证据是由磁性介质保存的一种非连续的数据或信息，易被改动，而且很难留下痕迹；这将导致当有人利用非法手段入侵系统、盗用密码时，还有操作人员的差错或供电系统和网络的故障等情况发生时，电子证据均有可能被轻易地盗取、修改甚至全盘毁灭而不留下任何证据，如果没有可资对照的副本、映像文件，则难以查清和判断。较传统证据来说，电子证据在审查判断上要更加复杂。

【案例3】

全国首例电子邮件为定案证据案 [1]

原告王某某系被告吉列（中国）投资有限公司人力资源及人事服务部经理，1999年10月，被告吉列（中国）投资有限公司决定年度裁员，并制定了裁减58名员工的计划表。

但在此期间，有部分员工竟收到了部门经理们下发的续签劳动合同征询表，员工们欣然应允，并签字续约。公司宣布裁减计划后，员工们甚为愕然，决定要向公司讨个说法。公司无奈，只好以增加经济补偿金和加发工资来平息此事。事后，经公司调查，认定造成这一后果的主要原因是原告王某某违反公司操作监督程序，将续签劳动合同征询表格直接下发给了不知情的部门经理，公司以严重失职为由将原

---

〔1〕 案例来源：张梅："试论电子邮件能否作为诉讼证据——从全国首例电子邮件为定案证据案谈起"，载《华东政法学院学报》2001年第3期。

告解雇。原告不服，诉至上海市浦东新区法院。原告认为，关于人事经理的工作流程，公司并无明确的章程规范，因此，自己谈不上违反操作程序，不构成失职。被告吉列（中国）投资有限公司则认为，公司虽然没有制定明确的规章，但有关人事经理的工作程序事实上已在过去的工作中形成，原告也应当清楚。为此，被告提交了从 1998 年 10 月至 1999 年 10 月原告在工作中接收和发放的多份电子邮件打印件。公司认为，这些电子邮件充分证明了上述续签合同的操作监督程序。原告则称，这些电子邮件是公司蓄意伪造、恶意陷害他的伪证。被告出具了由浦东公安局公共信息网络安全监察处作出的意见书来证明这些电子邮件的真实可靠性。上海市浦东新区法院最后判决原告王某某败诉。

二、电子证据的法律地位

电子证据在各国已经普遍被接受为证据使用，并且电子证据在案件审理过程中发挥的作用越来越重要，但是目前我国民事诉讼理论界对于电子证据以何种证据使用存在着不同的理解。主要存在"视听资料说""书证说"和"混合证据说"等观点。

（一）"视听资料说"

"视听资料说"，即主张电子证据属于视听资料的观点。我国民事诉讼在立法、司法上认可电子证据属于视听资料的范畴。学术界早期也持这种观点。主要观点如下：

（1）由于视听资料是可视、可听的录像带、录音带之类的材料，而电子证据可显示为"可读形式"，因而也是"可视的"。

（2）视听资料与电子证据在存在形式上有相似之处，都是以电磁或者其他形式而非文字符号形式存储在非纸质的介质上。

（3）存储的视听资料及电子证据均需借助一定的工具或以一定的手段转化为其他形式后才能被人们直接感知。

（4）两者的正本和复本均没有区别。

（5）把电子证据归属于视听资料最能反映它的证据价值等。[1]

（二）"书证说"

近年来，由于电子商务的异军突起，许多学者转而借鉴外国电子商务法律文件中的经验，提出了"电子证据系书证"的新观点。例如，有人认为 1982 年

---

[1]　李学军："电子数据与证据"，载《证据学论坛》（第 2 卷），中国检察出版社 2001 年版，第 444～445 页。

的欧洲理事会秘书长报告《电子处理资金划拨》中明确计算机记录相当于书面文件作为证据。理由在于：

（1）两者都是以其表达的思想内容来证明案件事实的。普通的书证是将某一内容以文字符号等方式记录在纸张上，电子证据则是以不同的方式（电磁、光等物理方式）将同样的内容记载在非纸质的存储介质上，两者的记录方式不同、记载内容的介质也不同，但却具有相同的功能。[1]

（2）电子证据通常也是以其代表的内容来说明案件中的某一问题，且必须输出、打印到纸上（当然也可显示在屏幕上），形成计算机打印材料之类的书面材料后，才能被人们看见和利用，因而具有书证的特点。

（3）《合同法》第 11 条规定："书面形式是指合同书、信件和数据电文（包括电报、电传、传真、电子数据交换和电子邮件）等可以有形地表现所载内容的形式。"据此也可以推断出电子证据属于书证。[2]

除了以上两种理论学说之外，还有将电子证据归于"物证""鉴定结论"之类的观点。这些观点从表面上看都有一定的道理，但是都不够全面，只反映了电子证据的部分性质。

（三）"混合证据说"

这是近期提出的新观点。该观点认为，要确定电子证据属于哪种证据类型，必须弄清楚现行各种证据的证明机制。如果证明机制相同，则应归入同一种证据；如果证明机制不同，则应划归不同的证据类型。电子证据同七种传统的证据类型相比，并未创造出一种全新的证明机制，仅仅是外在形式的不同。[3]因此，与传统的分类方式相对应，电子证据可以分为电子书证、电子物证、电子视听资料、电子证人证言、电子当事人陈述、电子鉴定结论、电子勘验检查笔录。

电子书证是指以电子形式记载的当事人之间的意思表示。例如，以电子邮件的形式签订合同，该电子邮件是电子书证。电子书证的主要特点是它由计算机或相关设备记录而成，以记载的信息内容来证明案件事实。

电子物证是指以电子信息的存在与状况来证明案件真实情况的证据。例如，入侵者在侵入计算机犯罪时留下的电子"痕迹"就是电子物证。

电子视听资料是指电子形式的音像证据，如数码录像材料、VCD 材料等。

---

〔1〕 张西安："论计算机证据的几个问题"，载《人民法院报》2000 年 11 月 7 日，第 3 版。
〔2〕 李学军："电子数据与证据"，载《证据学论坛》（第 2 卷），中国检察出版社 2001 年版，第 445 ~ 446 页。
〔3〕 何家弘：《电子证据法研究》，法律出版社 2002 年版，第 24 ~ 25 页。

电子证人证言是指电子形式的言辞证据，如证人在聊天室通过麦克风进行语音聊天的记录等。

电子当事人陈述与电子证人证言基本相同，只是陈述的主体是当事人，如被害人、刑事犯罪嫌疑人的网络聊天记录。

电子鉴定结论是指由有关专家出具的对电子文件或数据信息鉴定得出的鉴定结论。

电子勘验检查笔录是指以电子形式作出的勘验、检查笔录，如网络警察在网络监控时获取的用数码相机拍摄的现场照片等。

三、电子证据的认定

在民事诉讼中，法官对当事人提供的证据材料的审查判断可以分为两个步骤：第一步，认定当事人所提供的材料是否可以被采纳，即可采性的认定。第二步，在第一步的基础上认定证据材料是否具有证据的效力，进而对全案进行事实认定，即证明力的认定。电子证据的认定也需要经过这两个步骤。

（一）可采性

所谓可采性，是指证据资格（of Witnesses）。根据《布莱克法律词典》的解释，所谓证据资格，是指某种证据所具有的属性或者特征符合有关法律对证据的基本要求，可以作为该项证明活动中的证据。电子证据的证据资格是研究诉讼主体在诉讼活动中提出的电子证据能否被采纳以及采纳的标准问题，即只有当诉讼主体提交的电子证据符合了法律规定的采纳标准，法官才能在审判中予以采纳。世界各国对电子证据的采纳标准存在着争议。在英美法系国家，能够定案的证据必须能够证明案件中的实质问题，没有任何排除原则，电子证据的可采性认定标准较高。而大陆法系国家对电子证据的证据效力没有设定障碍，一般都承认其可采性。依照我国证据学的传统观点，证据应当具有三性，即关联性、合法性与真实性。所谓关联性，是指证据必须与需要证明的案件事实或其他争议的事实具有一定的联系。所谓合法性，是指证据种类、证据收集主体以及收集程序必须符合法律的有关规定。所谓真实性，是指证据所记载的内容必须是客观事实。由于关联性在很大程度上是一个事实问题，与传统证据相比，并没有什么特别之处。因此，合法性和真实性是判断民事诉讼电子证据可采性的标准。

1. 合法性标准。在世界各国的立法上，证据的合法性并非是绝对的，非法证据并非全部无效。在我国也采取了有限的排除原则，是否排除需要根据具体的情形进行利益衡量。凡是其生成、取得等环节不合法，且其不合法程度足以影响证据真实性的，或者足以影响某一重大权益的，则应当予以排除。具体包括以下几种情形：

（1）严重违反法定程序取得的电子证据应予排除。主要包括：通过窃录方式获得的电子证据，例如通过电子证据发现公司或者叫做网络侦探，获得的电子证据如果是窃录而来，就应予以排除，否则会导致社会的诚信危机；在电子商务纠纷案件中，通过非法核证程序得来的电子证据，因为目前我国的电子商务发展较晚，尚未对电子商务中使用的计算机程序作出全面的规定，主管部门没有必要的核证程序，所以没有经过核证得来的电子证据，不能作为证据使用；通过非法软件得来的电子证据，主要指的是非法研制、非法出售和非法录制的软件，因为严重扰乱了软件市场，违反民事诉讼的诚信原则，而不予作为证据采纳。

（2）违反法定程序取得的电子证据，缺乏合法取得的证据支持的，一般应予以排除。

（3）违反法定程序取得的电子证据之间相互矛盾，其中不能与其合法取得的证据印证的证据应予排除。[1]

2. 真实性标准。电子证据的真实性是指网络电子证据经过鉴证认定为真实的就可以采纳。具体包括以下几种情形：

（1）电子证据经过当事人双方认可的，一般可以采纳。当事人一方提交法庭的电子证据总是对自己有利的证据，而如果另一方当事人或代理人没有提出异议，就认为是双方都认可的电子证据，法庭应该采纳。这是通过当事人自认的方式对电子证据的真实性的确认。新加坡 1998 年《电子交易法》就明确规定，当事人双方认可的证据具有可采性。

（2）如果能证明计算机系统在关键时刻处于正常状态，可以推定电子证据具有真实性。这里的关键时刻是指对电子证据的生成、传递、存储、显示等各环节具有重要意义的时候，这时的计算机系统正常与否，会直接影响电子证据本身的真实性。因为网络电子证据是通过计算机系统生成的，计算机系统运行的准确性直接影响到电子证据的真实性。加拿大 1998 年《统一电子证据法》第5 条规定："在任何法律程序中，如果没有相反的证据，则可以通过那些支持如下裁定的证据推定记录或存储电子证据的那一电子记录系统具有完整性，即裁定该计算机系统或其他类似设备在所有关键时刻均处于正常运行状态，或者即便不处于正常运行状态，但其不正常运行的事实并不影响电子记录的完整性，并且没有其他合理理由对该电子记录系统的完整性产生怀疑。"我国立法也应该借鉴这一规定，即如果能够证明计算机系统在关键时刻处于正常状态，则可以

---

〔1〕 李晓丽："我国民事诉讼电子证据法律效力研究"，载 http://www.cnki.net，访问时间：2007 年 9 月 23 日。

推定电子证据的真实性。

（3）可以采纳适格证人通过具结方式证明的电子证据。具结方式是指证人向法庭提交的书面陈述材料作为可以采纳的证据。所谓适格证人，是指电子证据的产生和运作中接触过或监控过电子证据的技术人员。这些技术人员在处理日常业务或履行职责时有权对电子证据进行检查，保存电子证据。南非1983年《计算机证据法》规定了适格证人的具体标准。该法第2条第3款规定，作出鉴证具结的作证者应当是基于对一些计算机的知情和经验以及其对受到怀疑的计算机在一切关联时刻运行的特殊系统的知情与经验，以及对该计算机运行以及提供给它的数据与指令所涉及的一切关联记录与实情进行的检查，而有资格提供相关证言的那些人。

（4）可以采纳由专家鉴定的是未经篡改的电子证据。计算机系统往往会遭到计算机黑客的入侵，这些黑客入侵后，不仅会浏览文件，还可能篡改文件。如何辨别这些文件是否被篡改，是一件非常困难的事情。在一些发达国家出现了经过训练可以核查各种电子证据真伪的专家，经过这些专家鉴定的具有真实性的电子证据，一般可以采纳。我国网络电子证据的鉴定技术还不够发达，急需培养这方面的专门人才。

（5）推定有安全程序保障的电子书证为可以采纳的证据。电子书证与传统的书证不同，必须通过安全程序的保障，如口令、密码、数字加密等，目前电子签名的应用最广。我国在2005年的《电子签名法》中确立了功能等同原则，即电子签名与传统签名在签署的主体和签署者确认所签署的内容两方面的功能是一致的。也就是说，在电子签名或其他安全程序保障下的电子书证应推定为具有真实性。

（二）证明力

在我国民事诉讼中，考察电子证据的证明力，就是指要认定电子证据本身或者电子证据与案件中其他证据一起能否证明待证事实以及在多大程度上证明待证事实。电子证据的证据力认定有三种认定标准：关联性标准，可靠性标准和完整性标准。关联性标准主要强调证据与案件事实的证明关系，证据与案件事实联系越紧密，则证据力越大，反之则证明力越小。可靠性标准和完整性标准则要求从证据来源而言，电子证据要真实和完整。

1. 关联性标准。在对电子证据具体认定时，必然涉及电子证据是直接证据还是间接证据的问题。直接证据是能够直接证明案件主要事实的证据，具有较大的证明力。间接证据则不能直接证明案件事实，具有较小的证明力。在认定电子证据是否是直接证据时，应当根据案件的具体情况，与案件事实有着内在紧密联系的电子证据，就应当认定为直接证据，证明力则较大；反之，与案件事实内在联系不够紧密的电子证据，就应当认定为间接证据，证明力较小。不能以电子证据容易被篡改为理由认定电子证据为间接证据。

2. 可靠性标准。证据的可靠性即证据的真实程度，对于证明力的大小产生直接的影响。由于电子证据具有高科技性和易破坏性，而且随着科技的迅速发展，法官确定电子证据的可靠性难度较之其他证据更大。因此在认定电子证据时，需要相关专业的技术人员通过技术手段判定电子证据的可靠性。在具体认定电子证据的可靠性时，主要从以下几个方面入手：①审查电子证据的来源，包括形成的时间、地点、制作过程等；②审查电子证据是否有伪造、篡改情形；③收集的电子证据要妥善保管，防止储存电子数据的介质被物理破坏，防止电子数据丢失。

3 完整性标准。电子数据的完整性主要是考察电子证据本身是否完整、电子证据所依赖的计算机系统是否完整。电子数据的完整性取决于电子证据所在的计算机系统的完整性。计算机系统的完整性主要指计算机系统处于正常的运行状态。在此基础上，电子数据未被增加或删改就说明电子数据具有完整性，从而具有较大的证明力。

思考题

1. 简述网络纠纷的特点。
2. 简述网络管辖权的基本理论。
3. 简述在线纠纷解决机制的主要类型。
4. 简述电子证据的法律地位。
5. 简述电子证据的认定理论。

主要参考文献

1. 张楚主编:《网络法学》，高等教育出版社 2003 年版。

2. 张楚主编:《电子商务法》，中国人民大学出版社 2007 年版。

3. 李双元、王海浪:《电子商务法》，北京大学出版社 2004 年版。

4. 饶传平:《网络法律制度——前沿与热点专题研究》，人民法院出版社 2005 年版。

5. 张楚、郭斯伦编著:《网络与电子商务法教程》，首都经济贸易大学出版社 2005 年版。

6. 蒋志培主编:《网络与电子商务法》，法律出版社 2001 年版。

7. 齐爱民、刘颖主编:《网络法研究》，法律出版社 2003 年版。

8. 刘德良:《网络时代的民法学问题》，人民法院出版社 2004 年版。

9. 吴爱明、王淑清主编:《国外电子政务》，山西人民出版社 2004 年版。

10. 高富平:《在线交易消费者保护法律研究报告》，法律出版社 2005 年版。

11. 李适时:《各国电子商务法》，中国法制出版社 2003 年版。

12. 王利明主编:《电子商务法研究》，中国法制出版社 2003 年版。

13. 郭懿美:《电子商务法律与实务》，科学出版社 2004 年版。

14. 郑成思:《知识产权法》，法律出版社 1997 年版。

15. 吴汉东、胡开忠:《无形财产权制度研究》，法律出版社 2005 年版。

16. 赵秉志主编:《侵犯知识产权罪疑难问题司法对策》，吉林人民出版社 2000 年版。

17. 薛虹:《网络时代的知识产权法》，法律出版社 2000 年版。

18. 高言、曹德斌主编:《反不正当竞争法理解适用与案例评析》，人民法院出版社 1996 年版。

19. 张玉瑞主编:《互联网上知识产权——诉讼与法律》，人民法院出版社 2000 年版。

20. 郑成思:《知识产权论》，法律出版社 2003 年版。

21. 吴汉东等:《知识产权基本问题研究》，中国人民大学出版社 2005 年版。

22. 吴汉东等:《走向知识经济时代的知识产权法》，法律出版社 2002 年版。

23. 张文显:《法理学》，高等教育出版社、北京大学出版社 1999 年版。

24. 齐爱民、万暄、张素华：《电子合同的民法原理》，武汉大学出版社 2002 年版。

25. 苏丽琴主编：《电子商务法》，电子工业出版社 2006 年版。

26. 张楚：《电子商务法初论》，中国政法大学出版社 2000 年版。

27. 高富平主编：《电子合同与电子签名法研究报告》，北京大学出版社 2005 年版。

28. 薛虹：《知识产权与电子商务》，法律出版社 2003 年版。

29. 李先波：《契约法论》，湖南人民出版社 2001 年版。

30. 齐爱民、徐亮：《电子商务法的原理与实务》，武汉大学出版社 2001 年版。

31. 陈欣、胡鹏："电子商务中关于合同订立问题的探讨"，载《中南民族大学学报（人文社会科学版）》2004 年第 S2 期。

32. 尹楠："电子合同法律问题研究"，山东大学 2006 年硕士学位论文。

33. 杨立新：《合同法总则》，法律出版社 1999 年版。

34. 钟丽："网络空间争议的在线解决方式研究"，武汉大学 2007 年硕士学位论文。

图书在版编目（ＣＩＰ）数据

网络法/李艳主编. —2版. —北京：中国政法大学出版社, 2017.1(2021.7重印)
ISBN 978-7-5620-7286-7

Ⅰ.①网…　Ⅱ.①李…　Ⅲ.①计算机网络－科学技术管理法规－中国－高等学校－教材
Ⅳ.①D922.17

中国版本图书馆CIP数据核字(2016)第324731号

出　版　者　　中国政法大学出版社

地　　　址　　北京市海淀区西土城路 25 号

邮　　　箱　　fadapress@163.com

网　　　址　　http://www.cuplpress.com (网络实名：中国政法大学出版社)

电　　　话　　010-58908435(第一编辑部) 58908334(邮购部)

承　　　印　　北京朝阳印刷厂有限责任公司

开　　　本　　720mm×960mm　　1/16

印　　　张　　22

字　　　数　　407 千字

版　　　次　　2017 年 1 月第 2 版

印　　　次　　2021 年 7 月第 2 次印刷

印　　　数　　3001～4500 册

定　　　价　　49.00 元